Kees van der Pijl – Die belagerte Welt

Kees van der Pijl

Die belagerte Welt

Corona: Die Mobilisierung der Angst
– und wie wir uns daraus befreien können

der Politikchronist

Kees van der Pijl, 1947 in Dordrecht (Niederlande) geboren, war bis 2019 Professor für Internationale Beziehungen an der University of Sussex. Umfassende Studien über transnationale Klassen und globale politische Ökonomie waren sein Forschungsschwerpunkt. Er ist Autor einer Vielzahl von Büchern, zuletzt „Der Abschuss – Flug MH17, die Ukraine und der neue Kalte Krieg". Als Antikriegsaktivist ist er derzeit u. a. Mitarbeiter im niederländischen „Wachsamkeitskomittee gegen die Wiederkehr des Faschismus".

Dieses Buch ist der Jugend gewidmet, deren Glück und Zukunft der Selbsterhaltung einer kriminellen Oligarchie geopfert wird.

Deutsche Erstausgabe; 1. Auflage 2021
Bibliografische Information der Deutschen Nationalbibliothek:
Die Deutsche Nationalbibliothek verzeichnet diese Publikation in der Deutschen Nationalbibliografie; detaillierte bibliografische Daten sind im Internet über dnb.d-nb.de abrufbar.

ISBN 978-3-98586-024-1

978-3-98586-024-1

Der Politikchronist – gemeinnütziger Verein für politische Bildung e.V. (i.Gr.)
Birkenweg 2
57614 Ratzert
Deutschland
E-Mail: info@politikchronist.org

Inhalt

Einführung

Meine These in diesem Buch ist, dass die Gesellschaft, wie wir sie kennen, der globale Kapitalismus mit seiner Basis im Westen, in eine revolutionäre Krise geraten ist. Nach jahrelanger Vorbereitung hat die herrschende Oligarchie, die heute weltweit die Macht ausübt, den Ausbruch der SARS-CoV-2 zugeschriebenen Atemwegserkrankung Covid-19 zum Anlass genommen, Anfang 2020 einen globalen Ausnahmezustand auszurufen. Mit dieser Machtergreifung soll verhindert werden, dass die Revolution der Informationstechnologie (im Folgenden: IT-Revolution), die in dieser Hinsicht mit dem Aufkommen des Buchdrucks am Ende des Mittelalters verglichen werden kann, einen demokratischen Wandel einleitet.

Im Jahr 2008 kam die Spekulationsmaschine eines 20 Jahre zuvor entfesselten Kapitalismus zum Stillstand. Das Kasino wurde nach kurzer Zeit wiedereröffnet, mit einem Wasserschaden, wie es schien, doch in der Zwischenzeit hatte sich in der Weltbevölkerung eine nie dagewesene Unruhe entwickelt. Anders als am Vorabend des Ersten Weltkriegs hatte die Massenunzufriedenheit keine eindeutige politische Ausrichtung, da die IT-Revolution, anders als die industrielle Revolution, keine organisierte revolutionäre Kraft wie die sozialistische Arbeiterbewegung hervorbrachte. Die Unruhen, die nach 2008 aufkamen, gingen in alle Richtungen – Arabischer Frühling, *Occupy Wall Street*, die Gelbwesten in Frankreich und so weiter. Streiks, Unruhen und regierungsfeindliche Demonstrationen sowie Massenmigration und Drogenmissbrauch haben seither alle bisherigen Rekorde gebrochen – bis die Weltgesundheitsorganisation den Notstand ausrief. Regierungen auf der ganzen Welt folgten und verhängten Ausnahmezustände, die paradoxerweise mit dem Abklingen des Virus verschärft wurden.

Dieses Buch soll zur Befreiung von der Psychose der Angst beitragen, in die die Welt gestürzt wurde. Im Laufe der Recherchen und des Schreibens habe ich festgestellt, dass die „Pandemie" kein einfacher, einmaliger Betrug oder großartiger Plan ist, der von Klaus

Schwab, dem Orakel von Davos, ausgeheckt und von den nationalen Regierungen gehorsam ausgeführt wird. Es handelt sich um eine komplexe historische Krise, eine Machtergreifung durch die weltweit herrschende Klasse, die von verschiedenen Ausgangspositionen aus eingeleitet wurde. Vieles von dem, was über die Covid-„Pandemie" noch geheimnisumwittert ist, bleibt vorläufig unenthüllt. Es scheint sicher, dass das Virus aus einem Labor entwichen ist, aber aus welchem, wissen wir nicht. Was wir feststellen können, ist, dass die offizielle Darstellung dessen, was um uns herum geschieht, in hohem Maße unrichtig ist und irgendwann zusammenbrechen wird. Die Zeitspanne, bis dies geschieht, sollte nicht unterschätzt werden, denn die Mainstream-Medien sind ein wichtiger Teil des Komplexes von Kräften, die in diesem Prozess die Macht ergriffen haben. Täuschung und Propaganda in Bezug auf wichtige historische Ereignisse sind seit den 1990er Jahren zur Routine geworden.

Entscheidend ist, dass die Machtergreifung der „Coronisten" einen demokratischen Übergang zu einer Gesellschaft jenseits des Kapitalismus verhindert. Die revolutionäre Krise, die jetzt akut geworden ist, besteht darin, dass die Regierungen ihre Bevölkerungen als Geiseln genommen haben und sie nicht freizulassen wagen oder können. Dies ist ein weiterer Grund, warum das ganze Unternehmen zum Scheitern verurteilt ist. Zu viel ist zu früh und unzusammenhängend in Gang gesetzt worden, und die Widersprüche zwischen den verschiedenen Interessen und Institutionen, die scheinbar alle übereinstimmen, werden zwangsläufig in einen offenen Konflikt münden.

Das Buch ist wie folgt aufgebaut. Im ersten Kapitel stelle ich die wichtigsten Fakten zur Pandemie vor, die deutlich machen, dass wir es nicht mit einem medizinischen, sondern mit einem politischen Notfall zu tun haben. Was sich vor unseren Augen abspielt, ist der schrittweise Austausch des westlichen Liberalismus gegen eine autoritäre Staats- und Gesellschaftsstruktur, alles im Namen des „Virus".

Der im Frühjahr 2020 ausgerufene Kriegszustand dient in Wirklichkeit der Sicherung der bestehenden Ordnung; wie George Orwell in seinem prophetischen Roman *1984* darlegte, dienen alle modernen Kriege in erster Linie diesem Zweck. Doch der Ausnahmezustand hat im Westen andere Vorläufer als in den sogenannten Anwärterstaaten wie China. Deren Gesellschaften leben in gewissem Sinne in einem permanenten Ausnahmezustand. Daher ist auch die Art und Weise, in der die Bevölkerung Repressionen ausgesetzt ist, eine andere. In einem Land wie China sind die Menschen seit Generationen an die Grenzen des politischen Engagements gewöhnt; in der liberalen Tradition hingegen sind drakonische, nur mit psychologischer Kriegsführung und geistiger Folter vergleichbare Sanktionen nötig.

In Kapitel 2 gehe ich auf die Frage ein, *warum* dieser Prozess eingeleitet wurde, wenn es keinen echten medizinischen Notfall gibt. Der Vergleich mit dem Ersten und Zweiten Weltkrieg ist hier angebracht. Auch hier ist in bestimmten Regionen und Ländern eine zunehmende Welle von Volksunruhen zu beobachten, die an einen Aufstand grenzen. Im Nahen Osten und in Ländern wie Indien, Chile und Frankreich traten Bewegungen auf den Plan, die in der Lage waren, Regierungen zu stürzen, oder dies bereits getan hatten und die den herrschenden Klassen in aller Welt Angst einflößten. Mit dem Ausnahmezustand von Covid ist die Volksbewegung in ihrer ganzen Vielfalt vorerst eingefroren worden. Die spezifische soziale Struktur Nordamerikas, Australasiens und Europas hat diese Quasi-Normalisierung bisher begünstigt. Auf der einen Seite haben wir einen kosmopolitischen Kader, der für die Oligarchie arbeitet und sich in den Großstädten konzentriert. Er teilt sich den städtischen Raum mit einer wachsenden Einwandererpopulation, die vor allem in niederen Berufen tätig ist. Ihr gegenüber steht eine marginalisierte einheimische Bevölkerung, die weitgehend überflüssig geworden ist. In diesem komplexen Kräftegefüge hat sich eine politische Pattsituation herauskristallisiert, in der die Bezeichnungen „links“ und „rechts“ an Aussagekraft verlieren, die aber dennoch ein revolutionäres Potenzial birgt. Das Kapitel beschreibt auch die Schattenstrukturen der Repression, die die vorherige Ära des Klassenkompromisses begleiteten. Diese sind nun offen zutage getreten und haben sich Methoden der Aufstandsbekämpfung zu eigen gemacht, um dem wachsenden Widerstand gegen den Ausnahmezustand zu begegnen.

In Kapitel 3 analysiere ich die Covid-Krise als Machtergreifung, die der Gesellschaft eine „neue Normalität" aufzwingen soll. Jede Machtausübung im liberalen Kapitalismus beruht auf einem Gesellschaftsvertrag mit einer begleitenden Ideologie, einem *umfassenden Herrschaftskonzept*, das die Rolle ersetzt, die zuvor die Religion, die Nation oder eine Zivilisation gespielt hat. Diesmal hat sich die herrschende Klasse dafür entschieden, nicht darauf zu warten, dass sich eine „neue Normalität" organisch aus dem Prozess der Klassenbildung ergibt, wie nach dem Zweiten Weltkrieg und in den 70er Jahren. Der Kapitalismus ist nicht mehr in der Lage, einen rationalen Klassenkompromiss herbeizuführen, und hat stattdessen begonnen, mittels Worst-Case-Szenarien zu regieren. Der neue Machtblock, der aus den nachrichtendienstlichen Bedürfnissen des nationalen Sicherheitsstaats der USA hervorgegangen ist und als IT-Monopole und ausufernde (Multi-)Medienkonglomerate privatisiert wurde, hat das Covid-Szenario durch einen externen Schock von oben aufgezwungen, der eine Überwachungsgesellschaft schaffen soll. Das Finanzwesen hatte von den IT-Innovationen profitiert, aber nach dem Crash von 2008 wurden die riskantesten Formen der Spekulation durch die Umstrukturierung der Finanzkontrolle in Form von „passiven Indexfonds" wie BlackRock eingedämmt. Ob die Covid-Krise genutzt wurde, um einem drohenden Finanzkollaps zuvorzukommen, die Wiederwahl des populistischen Präsidenten Donald Trump zu verhindern, oder beides, lässt sich nicht mit Sicherheit sagen. Der nationale Populismus, der die politische Krise der westlichen Demokratie überwinden will, indem er wie in den 1930er Jahren die Unzufriedenheit gegen die privilegierten städtischen Kader und gegen Einwanderer mobilisiert, präsentiert sich als revolutionäre Kraft.

Doch unter den gegenwärtigen Bedingungen scheint der Mainstream in der Oligarchie diese Hilfskraft vorerst nicht zu brauchen.

In Kapitel 4 zeige ich, dass eine – reale oder eingebildete – Pandemie zum idealen Deckmantel für die Etablierung der Überwachungsgesellschaft geworden ist, ohne auf offene Gewalt zurückgreifen zu müssen. Nachdem die Angst vor dem Terrorismus nachgelassen hatte, erwiesen sich die vermeintliche Bedrohung durch „Putin", das Gespenst des Klimawandels und andere Worst-Case-Szenarien als ungeeignet, die Gesellschaft in gleichem Maße zu mobilisieren. Der Ausbruch einer unbekannten Infektionskrankheit hat sich stattdessen als äußerst wirksame Umsetzung der Politik der Angst erwiesen, auf die sich die Legitimität der Regierungen im Westen nach dem Zusammenbruch des Staatssozialismus stützt. Nach der Jahrhundertwende zeigten SARS-1, die Vogelgrippe und nach dem Finanzkollaps die Mexiko- oder Schweinegrippe-Panik von 2009, was mit einem Virusalarm politisch möglich war, auch wenn diese Epidemien nicht weit genug verbreitet waren, um die Verhängung eines Ausnahmezustands zu ermöglichen. Doch die Lockdowns in China und Kanada zur Zeit von SARS-1 haben gezeigt, dass die Bürger einen solch radikalen Eingriff als Test für ihre Staatsbürgerschaft, ja sogar für ihren Patriotismus empfinden. 2010 entwarf die Rockefeller Foundation ein detailliertes Szenario für eine imaginäre Pandemie, die eine Massenunterdrückung ermöglichen würde. In den darauffolgenden Jahren wurde das Drehbuch für eine integrale Abschaltung der Gesellschaft im Detail ausgearbeitet. Dabei diente die Gates Foundation von Microsoft-Gründer Bill Gates, dem Exponenten des IT-Machtblocks schlechthin, als Schaltzentrale, über die das Virenszenario an die WHO, die nationalen Regierungen und den eigentlichen *biopolitischen Komplex*, auf den ich in Kapitel 6 näher eingehe, weitergeleitet wurde.

Einer der unsichersten Faktoren in der Covid-Krise ist das Verhältnis zwischen dem Westen, insbesondere den USA, und China. In Kapitel 5 zeige ich, dass die USA eine umfassende Forschungs- und

Entwicklungsinfrastruktur für biologische Kriegsführung aufgebaut haben, die auf Russland und China ausgerichtet ist und Schwarzafrika als zusätzliches Testgebiet nutzt. Paradoxerweise gab es auch im Bereich der mikrobiologischen Forschung eine enge Zusammenarbeit mit China, obwohl China ein Machtkonkurrent ist, der z. B. im IT-Bereich als Gegner behandelt wurde. Im Laufe des Jahres 2019 ging die US-chinesische Zusammenarbeit bei der Bioabwehr schief, an der auch Kanada beteiligt war. Dass „das Virus" aus einem Labor entwich, in dem Viren „verbessert" wurden, um sie gefährlicher zu machen, scheint sicher zu sein, aber ob es sich dabei um das Labor in Wuhan handelte, an das die USA Forschungsaufträge vergeben hatten, oder um Fort Detrick in Maryland, ist ungewiss. Das Kapitel schließt mit der Feststellung, dass es trotz der autoritären Umwandlung des liberalen Westens in das chinesische Modell angesichts der raschen Verschiebung des Kräfteverhältnisses unwahrscheinlich ist, dass dies auch zu einem stabilen, „ultraimperialistischen" Waffenstillstand in den gegenseitigen Beziehungen führen wird.

In Kapitel 6 erörtere ich die Pandemie als *Katastrophenkapitalismus*, Naomi Kleins Begriff für die wirtschaftlichen Möglichkeiten, die sich für Unternehmen durch große Katastrophen ergeben. In diesem Fall sind dies Chancen für den biopolitischen Komplex, insbesondere für die pharmazeutische Industrie, den Biotech-Sektor, die Gates-Stiftung und medizinische Schulen und Forschungszentren wie die Johns Hopkins University. Die Internationalisierung des Staates, bei der die einzelnen Regierungen die auf globaler Ebene festgelegten Richtlinien umsetzen, bot die Kanäle, über die der Geheimdienst-IT-Medien-Block im Verbund mit dem biopolitischen Komplex den Covid-Ausnahmezustands durchsetzen konnte. Im Laufe des Jahres 2019 werden wir sehen, wie eine Reihe von Planungstreffen einen möglichen Virusausbruch vorbereitete, sich insbesondere auf die „Infodemie" abweichender Meinungen konzentrierte und die politische Stoßrichtung des angenommenen medizinischen Notfalls hervorhob. Warum der aufstrebende Machtblock eine echte Gesundheitskatastrophe riskierte, indem er Pharmaunternehmen erlaubte, experimentelle Gentherapien ohne ordnungsgemäße Tests als Impfstoffe an die Weltbevölkerung zu vermarkten, ist ein Rätsel; es sei denn, es gibt Pläne, die Menschheit biochemisch zu kontrollieren, vielleicht mit Hilfe von IT und/oder Nanotechnologie, und die „Impfung" unter dem Deckmantel einer Pandemie wäre das Mittel, um auf die menschliche Biomasse zuzugreifen. Ich behaupte, dass es sich hierbei um einen völlig verfrühten Sprung handelt, der aus der Angst vor der Weltbevölkerung und den Fantasien der reichsten IT- und Medienoligarchen wie Gates, Eric Schmidt von Google und anderen hervorging.

Das abschließende Kapitel 7 untersucht die Möglichkeiten der IT-Revolution für einen anderen Kurs, der auf radikale Demokratie und digitale Planung abzielt. Das Besondere an der IT-Revolution ist, dass zum ersten Mal in der Geschichte der Widerspruch zwischen individueller Freiheit und kollektiver sozialer und ökologischer Sicherheit prinzipiell überwunden wird. Die herrschende Klasse des kapitalistischen Westens ist sich dieses Potenzials bewusst und will es im Keim ersti-cken; auch die herrschenden Klassen der nichtwestlichen Länder sind an diesem Eingriff interessiert, wenn sie nicht schon selbst wichtige Schritte zur permanenten Überwachung ihrer Bevölkerungen unternommen haben. Wie der (Staats-)Sozialismus leidet auch die Planung nach der Stagnation und dem Zusammenbruch der sowjetischen Kommandowirtschaft heute unter einem schlechten Ruf, obwohl alle großen Unternehmen digitale Logistiksysteme einsetzen. In diesem Kapitel zeige ich, dass zu Sowjetzeiten bemerkenswerte Initiativen ergriffen wurden, um ein solches digitales Planungssystem auf nationaler Ebene zu implementieren, was jedoch aufgrund von bürokratischem Konservatismus und mangelnder Demokratie scheiterte. In Chile wurde ein vergleichbares Experiment durch den Pinochet-Putsch abgebrochen. Diesmal ist es anders. Die Welt ist von der Oligarchie in eine revolutionäre Situation gezwungen worden und steht nun vor der Wahl, sich zu fügen oder sich für eine tragfähige Alternative zu entscheiden, die die Enteignung der milliardenschweren Besitzer des, wie Marx es nannte, „sozialen Gehirns“ mit sich bringen würde. In diesem Prozess wird eine breite, politisch heterogene Freiheitsbewegung entstehen, die die Demokratie wiederherstellt und erneuert und dabei die Möglichkeiten der IT-Revolution für eine lebensfähige menschliche Zukunft nutzt – oder untergeht.

* * *

Dieses Buch ist ursprünglich im Juni 2021 auf Niederländisch erschienen. Ich schulde dem Verleger, Tom Zwitser von De Blauwe Tijger in Groningen, und dem Lektor, Dr. Henk-Jan Prosman, Dank für ihre gewissenhafte Arbeit an dem Text. Ich habe während des Produktionsprozesses dieser Ausgabe an einer englischen Fassung gearbeitet und die ist hier auf deutsch übersetzt worden, zuerst auf Basis einer Maschinenübersetzung durch Frau Jacqueline Ingenhoes. Die englischsprachige Ausgabe von Clarity Press in Atlanta, Georgia, die von Diana Collier redigiert worden ist, war zur Zeit dieser Übersetzung noch nicht fertig, so dass viele darin vorgenommen Ergänzungen hier nicht eingeschlossen sind.

Bei den Recherchen und dem Verfassen der Studie bin ich Karel van Wolferen zu großem Dank verpflichtet, der wie kein anderer seine Erfahrung als Auslandskorrespondent für Asien und als Akademiker genutzt hat, um über die Covid-Krise zu recherchieren, über die er inzwischen eine erfolgreiche Zweiwochenschrift, *Gezond Verstand,* herausgibt. Zusammen mit anderen Printpublikationen und Internetkanälen ist diese zu einer wichtigen Dokumentationsquelle geworden, ohne die ich die vorliegende Studie nicht in relativ kurzer Zeit hätte schreiben können.

Andere, die mir auf verschiedene Weise bei der aktuellen Version geholfen haben, sind Gary Burn, Ab Gietelink, Elze van Hamelen, Olaf Harleman, Stan van Houcke, Bhabani Nayak, Örsan Senalp, Jaap Soons und Sebe Vogel und eine Reihe anonymer Twitter-Korrespondenten. David Klooz hat mir freundlicherweise seine beiden im Selbstverlag erschienenen Bücher zu diesem Thema geschickt. Einer der führenden Köpfe des demokratischen Widerstands in Deutschland, Ullrich Mies, übergab mir gerade noch rechtzeitig zwei in Deutschland veröffentlichte Studien zum Thema. Christine war wie immer meine unermüdliche Unterstützerin bei diesem Unternehmen.

Jochen Mitschka danke ich für die Einladung, das Buch bei Politikchronist zu veröffentlichen, und Michael Sailer für seine ausgezeichnete Lektoratsarbeit.

Selbstverständlich kann keiner der Genannten für die verbleibenden Fehler verantwortlich gemacht werden.

1
Die Covid-Krise als Belagerungszustand

Seit die Weltgesundheitsorganisation (WHO) am 11. März 2020 die durch das Coronavirus SARS-CoV-2 (im Folgenden SARS-2) verursachte Atemwegsinfektion zur Pandemie erklärt hat, ist praktisch weltweit der Ausnahmezustand eingeführt worden. Viele empfinden ihn als die schwerste Verletzung der Grundrechte und bürgerlichen Freiheiten, die sie je erlebt haben, vergleichbar nur mit einem Kriegszustand. Alles deutet darauf hin, dass der Ausnahmezustand, wenn es nach den Machthabern ginge, dauerhaft bleibt. Denn als die zunächst verzeichnete Sterblichkeit nach einigen Monaten abflaute, gingen die Regierungen dazu über, „Infektionen" auf der Grundlage positiver PCR-Tests zu zählen, die für diesen Zweck ausdrücklich *nicht* geeignet sind. So wurde die Massenpsychose aufrechterhalten.

Ich beginne dieses Kapitel mit einem kurzen Überblick über die Gründe, aus denen wir mit einem hohen Maß an Sicherheit feststellen können, dass die Covid-Krise ein Betrug ist. In Wirklichkeit haben wir es mit einer politischen Machtergreifung zu tun. Anschließend gehe ich auf den tatsächlichen Kriegszustand und seine Auswirkungen ein. Dazu unterscheide ich zwischen drei Arten von Ausnahmezuständen, die in der gegenwärtigen Situation ineinander übergegangen sind: dem ursprünglichen liberalen Ausnahmezustand, dem permanenten Ausnahmezustand in den so genannten Anwärterstaaten, die sich dem hegemonialen Westen entgegenstellen, und dem globalen Ausnahmezustand, den der französische Philosoph Michel Foucault in den 1970er Jahren aus dem ableitete, was er als *Biopolitik* bezeichnete. Wir schließen mit einem Vergleich zwischen der aktuellen psychologischen Kriegsführung gegen die Bevölkerung, die darauf abzielt, jede Form von Widerstand zu lähmen, und der psychischen Folter.

Atemwegserkrankung oder politische Agenda?

Der Ausrufung der Pandemie durch die WHO am 11. März waren mehrere Monate intensiver Konsultationen vorausgegangen. Obwohl es in der Zeit davor bereits Verdachtsfälle in anderen Ländern gegeben hatte, wurden die ersten drei Fälle von Covid-19 offiziell am 27. Dezember 2019 in der Stadt Wuhan gemeldet, zwei Wochen bevor rund 400 Millionen Chinesen zu ihren Familien reisen wollten, um das chinesische Neujahr zu feiern. Am 23. Januar, zwei Stunden nach Mitternacht, kündigten die Behörden in Wuhan an, dass um 10 Uhr am nächsten Morgen eine vollständige Abriegelung der 11-Millionen-Stadt in Kraft treten würde. Zu diesem Zeitpunkt waren bereits Hunderttausende, wenn nicht gar mehrere Millionen Einwohner in Panik geflohen, um der Quarantäne zu entgehen. In der Zwischenzeit diskutierten die Teilnehmer des Weltwirtschaftsforums (WEF), das vom 20. bis 24. Januar in Davos (Schweiz) stattfand, in Anwesenheit des Generaldirektors der WHO, des Äthiopiers Dr. Tedros Adhanom Ghebreyesus, darüber, wie darauf zu reagieren sei. Tedros flog anschließend nach China, um am 28. Januar mit Präsident Xi Jinping zu sprechen. Zwei Tage später rief die WHO einen „Public Health Emergency of International Concern" aus, während ihr Chef den chinesischen Lockdown als beispiellosen, aber entscheidenden Schritt lobte, obwohl fast ein Monat seit den ersten Infektionsfällen vergangen war. Weitere fünf Wochen später erklärte die WHO offiziell eine Pandemie; zu diesem Zeitpunkt gab es nach ihren Angaben mehr als 118.000 Covid-19-Fälle in 114 Ländern, und es wurden 4.291 Todesfälle registriert.[1]

In der Zwischenzeit waren Bilder der chinesischen Metropole, die aussah, als wäre sie vom letzten Bewohner verlassen worden, durch die Medien in der ganzen Welt verbreitet worden. Wuhan war ein unvergessliches Spektakel, das „die westliche Psyche stark beeinflusst hat", so Patrick Henningsen. „Als das Coronavirus die europäischen und nordamerikanischen Küsten erreichte, war die Öffentlichkeit bereits darauf konditioniert, von ihren eigenen Regierungen eine Reaktion nach chinesischem Vorbild zu erwarten. Es ist nicht verwunderlich, dass sie genau das bekommen und sogar gefordert haben."[2] Inmitten apokalyptischer Expertenvorhersagen in den Medien, uns stehe eine noch nie dagewesene Katastrophe bevor, die nur mit drakonischsten Mitteln abgewendet werden könne, überschlugen sich die Regierungen, um dem Ruf zu den Waffen zu folgen und drastische Maßnahmen einzuleiten.

Die Medien, insbesondere die Talkshows im Fernsehen, übernahmen von Anfang an die Rolle von Propagandakanälen und schlossen jede abweichende Stimme aus. Auch die Parlamente fügten sich, ohne zu murren. Als der Höhepunkt überschritten war und sich die „Pandemie" als weit weniger tödlich erwies als vorhergesagt, blieben die restriktiven Maßnahmen in Kraft, obwohl sie bereits enormen wirtschaftlichen und sozialen Schaden angerichtet hatten, insbesondere für die psychische Gesundheit.

Zunächst wurden die Schließungen mit der begrenzten Kapazität der Krankenhäuser gerechtfertigt, ohne zu erwähnen, dass jahrzehntelange neoliberale Sparmaßnahmen die Fähigkeit zur Bewältigung von Gesundheitsnotfällen eingeschränkt hatten. In China wurden in rasantem Tempo neue Krankenhäuser gebaut, aber im Rest der Welt gab es kaum Schritte zur Verbesserung der angeschlagenen medizinischen Infrastruktur. Einige wenige Länder weigerten sich, den globalen Ausnahmezustand zu befolgen, etwa Tansania und Weißrussland, deren Infektions- und Sterblichkeitsraten sich nicht wesentlich von denen ihrer Nachbarn unterscheiden sollten. Weißrussland wurden von der Weltbank 940 Millionen Dollar angeboten, wenn es Lockdown und Ausgangssperre verhängte; die Regierung lehnte das Angebot jedoch ab.[3] Der Präsident von Tansania, John Magufuli, der die Epidemie ins Lächerliche zog, indem er Pflanzen- und Tiergewebe positiv testen ließ, starb Anfang 2021 im Alter von 61 Jahren, wie sein Amtskollege aus Burundi, der ebenfalls erklärt hatte, das Virus sei nichts Außergewöhnliches.[4]

Innerhalb der EU verfolgte Schweden einen Kurs, der sich zumindest anfangs deutlich von den übrigen Ländern unterschied. Laut David Klooz, einem kanadischen Gesundheitsbeamten mit mehr als 30 Jahren Erfahrung, war es eines der wenigen Länder, die eine faktenbasierte Covid-Politik verfolgten. Als Mitte Juni der Höhepunkt der Krankenhauseinweisungen und der Sterblichkeit sowohl in Schweden als auch in den abgeschotteten Niederlanden überschritten war, waren 6.057 Niederländer als Covid-Tote registriert worden, das sind 0,035 Prozent der Bevölkerung; in Schweden waren es 4.866, das sind 0,048 Prozent. 9,6 Prozent der schwedischen Fälle starben, in den Niederlanden waren es 12,5 Prozent. Über alle Altersgruppen hinweg ergab sich praktisch das gleiche Bild: ein Drittel der Verstorbenen war über 90 Jahre alt, ein Drittel zwischen 80 und 89 Jahre, ein Fünftel bis ein Viertel war in den 70ern, 6 bis 8 Prozent in den 60ern.[5] Obwohl es sich bei Covid-19 nicht um eine Grippe handelt (der Ursprung des Virus in einem Biokriegslabor wird später erörtert), weist es ein ähnliches Opferprofil in Bezug auf die Altersgruppen auf: hauptsächlich ältere Menschen mit schlechtem Gesundheitszustand und/oder Grunderkrankungen. Bereits im März 2020 litt beispielsweise im relativ stark betroffenen Italien die Hälfte der Todesfälle, die dem Virus zugeschrieben wurden, an *drei* anderen schweren Erkrankungen, ein Viertel an zwei und das restliche Viertel an einer. Nur 0,8 Prozent der Verstorbenen waren offenbar bei guter Gesundheit.[6]

Die WHO ging zunächst von einem Mortalitätsfaktor (Prozentsatz der Infizierten, die daran sterben) von 3,4 Prozent aus, Anfang Oktober 2020 wurde dieser auf 0,14 Prozent herabgesetzt; die Zahl der auf Covid zurückgeführten Todesfälle hatte zu diesem Zeitpunkt gerade die Marke von einer Million weltweit überschritten (in der großen Grippewelle von 1968/69 gab es eineinhalb Millionen Opfer), während die Zahl der Infektionen auf ein Zehntel der Weltbevölkerung geschätzt wurde. Sogar Klaus Schwab, Gründer und Animator des Weltwirtschaftsforums und Autor von *The Great Reset*, einer Blaupause für die „neue Normalität", die nach der einer Blaupause für die „neue Normalität“, die nach der „Pandemie“ Gestalt annehmen sollte, schreibt in diesem Buch, Covid sei bis dahin (Juli 2020) „eine der am wenigsten tödlichen Pandemien, die die Welt in den letzten 2.000 Jahren erlebt hat“ (zum Vergleich: HIV-AIDS hat seit Anfang der 1980er Jahre etwa 30 Millionen Menschen getötet). [7]

Anfang Juni war nämlich klar, dass das SARS-2-Virus seinen Höhepunkt überschritten hatte. Der Leiter des San-Raffaele-Krankenhauses in Mailand in der ursprünglich stark betroffenen Region Lombardei erklärte, dass das Virus im klinischen Sinne nicht mehr existiere und dass sein Land so schnell wie möglich zu normalen Bedingungen zurückkehren sollte. Der ehemalige Direktor des Instituts für Immunologie der Universität Bern, Beda Stadler, sagte das gleiche. Die norwegische Ministerpräsidentin Erna Solberg entschuldigte sich Ende Mai 2020 sogar im Fernsehen für den Lockdown, der ihrer Meinung nach nur auf der Grundlage von „Worst-Case-Szenarien“, die fälschlicherweise als selbstverständlich angenommen wurden, eingeführt worden war.[8]

Warum also mit den sozial und wirtschaftlich schädlichen „Maßnahmen“ fortfahren?

Die Umstellung auf Tests und „Infektionen“

Die Antwort auf diese Frage kam nach dem Sommer, als die Todesraten weiter gesunken waren. Nun gingen staatliche Gesundheitsinstitute wie die Centers for Disease Control (CDC) in den USA, das Robert-Koch-Institut (RKI) in Deutschland und ihre Äquivalente in anderen Ländern dazu über, Personen zu zählen, die „positiv“ auf SARS-2 getestet wurden. Diese wurden als „Infektionen“ bezeichnet, mit dem Hinweis, dass sie selbst ohne Symptome neue Infektionen verursachen könnten. Um den Eindruck aufrechtzuerhalten, dass die Zahlen auch dann noch steigen, wenn die „Pandemie“ abklingt, wurden die Zahlen veröffentlicht, ohne die Zahl der durchgeführten Tests zu erwähnen oder sie in einen der durchgeführten Tests zu erwähnen oder sie in einen anderen Zusammenhang zu stellen.

Der betreffende Test, die PCR (*Polymerase Chain Reaction*), dient der Vervielfältigung von Molekülen für mikrobiologische Untersuchungen. Nach 30facher Vervielfältigung der Probe verfügt der Forscher bereits über eine Milliarde Moleküle, in denen Spuren von genetischem Material auf Reste eines Coronavirus hinweisen können. Führt man weitere Zyklen durch, wird der „Test" sinnlos. Der Erfinder der PCR, Dr. Kary Mullis, der dafür 1993 den Nobelpreis für Chemie erhielt, hat vor seinem Tod im Jahr 2019 mehrmals erklärt, dass ein PCR-Test auf virale RNA-Reste (Nukleinsäure in einer einzelnen Helix wie SARS-2) nicht für eine medizinische Diagnose verwendet werden kann; was gefunden wird, hängt von der Wahl des sogenannten Primers ab.[9] Im April 2020 veröffentlichte *The Lancet* einen Brief, der darauf hinwies, dass virale RNA noch lange nach einer Infektion nachgewiesen werden kann. Das Immunsystem kann auf unterschiedliche Weise mit einem Virus fertig werden, aber danach kann die virale RNA noch wochenlang existieren, z. B. sechs bis acht Wochen bei Masern.[10] Ein positiver PCR-Test bedeutet also keine Kontamination, geschweige denn Infektiosität.

Dennoch veröffentlichte der deutsche Virologe Prof. Christian Drosten im Januar 2020 in der Fachzeitschrift *Eurosurveillance* einen PCR-Test für SARS-2 (damals noch weitgehend unbekannt). Drosten hatte bereits 2003 einen solchen Test für SARS-1 beschrieben und über ein Hamburger Biotechnologie-Unternehmen erfolgreich vermarktet. Im selben Jahr wurde er promoviert, und obwohl seine Doktorarbeit bis 2020 unauffindbar blieb und er ohne das übliche Examen *(Habilitation)* Professor wurde, wuchs sein Ruhm und er wurde schließlich zum Chefvirologen an der Berliner Charité ernannt.[11] Der Artikel in *Eurosurveillance* (das Organ, in dem über die Ausbreitung von Infektionskrankheiten berichtet wird, damit Präventions- und Kontrollmaßnahmen ergriffen werden können) wurde von Autoren aus neun europäischen Ländern mitunterzeichnet. Es stellte sich heraus, dass er ohne Peer Review angenommen worden war und eine Reihe von Fehlern enthielt. Der niederländische Mikrobiologe Dr. Pieter Borger wandte sich schriftlich an die Autoren, die Zeitschrift und die zuständige EU-Institution, und als er keine zufriedenstellende Antwort erhielt, reichte er zusammen mit zehn weiteren Experten ein Papier zur Rücknahme ein. Dieses wurde ordnungsgemäß einem Peer Review unterzogen und im Januar 2021 abgelehnt. Borger hatte seine Kritik bereits im Frühjahr geäußert, war damit aber in den Medien auf taube Ohren gestoßen und wurde schließlich auch von der Webseite LinkedIn entfernt.[12]

In der Zwischenzeit wurde der PCR-Test überall zum Nachweis von Covid eingesetzt. Der Test erfordert drei Gene für den Nachweis eines Virus, aber ab September wurde in mehreren Ländern die Anzahl der Zyklen auf 35 und mehr erhöht und die erforderliche Anzahl von Genen auf zwei oder sogar eines reduziert. Auf diese Weise werden die Ergebnisse bedeutungslos. Nun wurde vor einer „zweiten Welle" gewarnt, die sich nicht mehr auf Todesfälle oder Krankheiten stützt, sondern auf eine steigende Zahl positiver Tests („Infektionen"). Im Juli 2020 räumte selbst die *New York Times* ein, dass 85 bis 90 Prozent der in diesem Monat auf der Grundlage von 40 PCR-Zyklen positiv getesteten Personen bei 30 Zyklen negativ gewesen wären.[13] Warum die WHO bis Januar 2021 brauchte, um die Benutzer des PCR-Tests zu ermahnen, die Gebrauchsanweisung zu befolgen und den Test nur als Ergänzung zur eigentlichen Diagnose zu benutzen, bleibt der Spekulation überlassen.[14]

In der Zwischenzeit wurden im Namen der angeblich grassierenden „Pandemie" weltweit Maßnahmen ergriffen, autoritäre Kontrollen ausgeweitet und Grundrechte nach und nach außer Kraft gesetzt. Die Schließung von Schulen und Universitäten, das obligatorische Tragen von Gesichtsmasken, soziale Distanzierung, sogar Ausgangssperren und in einigen Ländern ein Verbot, die Wohnung zu verlassen, wurden eingeführt. Die daraus resultierende soziale Katastrophe, deren Hauptopfer ältere Bewohner von Pflegeheimen,

Kinder, Jugendliche, junge Eltern und Unternehmer sowie Freiberufler sind, beruht nicht auf einem medizinischen Notfall. Sie ist das Ergebnis von Manipulationen und einem Informationskrieg, den die Behörden gegen ihre Bevölkerung führen. Dieser Krieg wird von den Mainstream-Medien unbeirrt unterstützt, während Internetplattformen Zensur betreiben, um Informationen über die Verfügbarkeit wirksamer Medikamente (*Hydroxychloroquin* und *Ivermectin*) und über die Gefahren der Impfung mit eilig entwickelten gentechnischen Verfahren zu entfernen.

Daraus lässt sich schließen, dass es keinerlei Verhältnismäßigkeit zwischen dem tatsächlichen medizinischen Notfall und den Maßnahmen gibt, die in Europa an die Nazi-Besatzung, in den USA an die Jahre des McCarthyismus erinnern. Covid scheint, jedenfalls seit Sommer 2020, in jeder Hinsicht hervorragend beherrschbar zu sein; wir werden von Politikern und Medien belogen, dass weiterhin eine außergewöhnliche Gefahr besteht. Es geht also etwas anderes vor sich.

Der Zustand des Krieges in Friedenszeiten

Eine der vielen relevanten Einsichten in George Orwells Roman *1984* ist, dass sich der Krieg in der heutigen Gesellschaft nicht mehr in erster Linie gegen einen ausländischen Feind richtet. Der bekannteste Aspekt dieses zu Recht weltberühmten Buches ist die permanente Überwachung per Videokamera („Big Brother is watching you“). Dennoch findet der Protagonist, Winston Smith, einen Platz, um eine wissenschaftliche Studie zu lesen, die die Gesellschaft, in der er lebt, kritisiert. Diese fiktive Studie stammt von einem gewissen Emmanuel Goldstein, dem Alter Ego des russischen Revolutionärs Leo Trotzki (richtiger Name: Bronstein). Wie schon *Animal Farm* wurde auch *1984* durch die Korruption der russischen Revolution unter der Stalin-Diktatur inspiriert. Trotzki wurde schließlich im mexikanischen Exil von einem sowjetischen Agenten ermordet. In

1984 ist er das Modell des Volksfeindes, das Ziel des orchestrierten Volkszorns in den täglichen „Zwei Minuten Hass", ein bisschen wie „Putin" in unserer Zeit.

Krieg, so liest Smith in Bronstein/Goldsteins fiktiver *Theorie und Praxis des oligarchischen Kollektivismus,* ist in der heutigen Zeit pure Täuschung, eine rein interne Angelegenheit. Und der Text fährt fort: „In der Vergangenheit kämpften die herrschenden Gruppen aller Länder gegeneinander, auch wenn sie ihr gemeinsames Interesse erkannten und daher die Zerstörungskraft des Krieges einschränkten, und der Sieger plünderte stets die Besiegten aus. In unserer Zeit kämpfen sie überhaupt nicht mehr gegeneinander. *Der Krieg wird von jeder herrschenden Gruppe gegen ihre eigenen Untertanen geführt, und das Ziel des Krieges ist nicht die Eroberung von Territorien oder deren Verhinderung, sondern die Aufrechterhaltung der Gesellschaftsstruktur.* Das Wort ‚Krieg' selbst ist daher irreführend geworden. Wahrscheinlich wäre es zutreffend zu sagen, dass der Krieg aufgehört hat zu existieren, weil er zu einem Dauerzustand geworden ist."[15]

Es wird oft übersehen, dass der Erste und der Zweite Weltkrieg in diesem Sinne auch weitgehend konterrevolutionäre Episoden waren. Der Erste Weltkrieg hat dazu beigetragen, einen Prozess der fortschreitenden Demokratisierung zu unterbrechen: Die deutsche herrschende Klasse fürchtete nach den Ereignissen in Russland 1905 die sozialistische Arbeiterbewegung, die britischen Machthaber fürchteten einen Aufstand in Irland, die großen europäischen Reiche fürchteten die Nationalitäten innerhalb ihrer Grenzen usw. Die russische Revolution war nach drei Jahren des Blutvergießens zwar erfolgreich, aber die demokratische politische Kultur wurde irreparabel beschädigt. Faschismus und Nationalsozialismus, aber auch der Stalinismus in der Sowjetunion, sind ohne das Blutbad von 1914-18 nicht zu verstehen. Der Zweite Weltkrieg wurde daher zu einem noch grausameren, rücksichtsloseren Massaker. Erneut stand die Notwendigkeit im Vordergrund, „die Struktur der Gesellschaft zu erhalten", auch wenn es nach dem Ende der Feindseligkeiten wiederum zu noch größeren sozialen Explosionen kam.[16]

Der Sozialismus, der die herrschenden Klassen in der ersten Hälfte des 20. Jahrhunderts bedrohte, erwuchs aus der industriellen Revolution, und der Krieg gegen ihn war mechanisch und zielte auf die physische Vernichtung der Massen ab. Heute leben wir im Zeitalter der IT-Revolution, und sowohl die demokratische Herausforderung als auch die Antwort darauf haben sich in den Bereich der *Informationen*, der vorherrschenden Denkmuster und der allgemeinen Geisteshaltung der Untertanen verlagert. Wir werden hierauf noch ausführlich zurückkommen. Im Westen stützt sich die Autorität der Regierungen nach dem Zusammenbruch des Sowjetblocks nicht mehr auf einen echten Gesellschaftsvertrag, sondern auf eine Politik der Angst, und nach den Anschlägen vom 11. September 2001 („9/11") ist auch diese dauerhaft geworden und der Übergang zu einem „Krieg, den jede herrschende Gruppe gegen ihre eigenen Untertanen führt" unumkehrbar. Die Enthüllungen von Edward Snowden über die weltweiten Abhörpraktiken der *Five Eyes*, der Geheimdienste des englischsprachigen Westens unter Führung der National Security Agency der USA, haben zudem gezeigt, dass auch an der anderen Kernbotschaft von *1984* kein Zweifel mehr besteht: *Big Brother Is Watching You.*

Dass der Krieg anderen Zwecken als dem „Sieg" dient, unterstrich ein Artikel der *Washington Post* anlässlich des 10. Jahrestages des 11. September. In einem Bericht aus dem Armeestützpunkt Fort Campbell in Kentucky erklärt der Autor, dass die Vorstellung, ein Krieg sei irgendwann zu Ende, nicht mehr gelte. In der Vergangenheit sahen das Militär und die Öffentlichkeit den Krieg als Ausnahme an, Frieden war die Norm. Einem Bericht des Pentagons zufolge sind wir nun aber in eine Periode permanenter Konflikte eingetreten, bei denen sich die Industrieländer nicht der Illusion hingeben sollten, sie zu gewinnen. Die Menschen, so der Autor, müssen lernen, mit einem gewissen Maß an Unsicherheit und Angst zu leben.[17]

Heute, zehn Jahre später, sind wir wieder dabei. Auf den 11. September, den Patriot Act, die Ausrufung des Krieges gegen den Terror und die Veröffentlichung der von den USA und Großbritannien in diesem Krieg begangenen Verbrechen durch *WikiLeaks* folgten die Beschwörung einer russischen Bedrohung und die angebliche Verseuchung unserer Nachrichtenversorgung durch „Moskau". Ein nicht enden wollender Strom weitgehend erfundener Drohungen sorgt für Angst. Trotzdem folgte auf den Finanzkollaps von 2008, wie wir sehen werden, ein beispielloses Wiederaufflammen sozialer Unruhen, von Streiks bis hin zu regelrechten Aufständen, die alle eine neue Antwort erforderten, für die der IT-Sektor und die dahinter stehende Milliardärs-Oligarchie die Mittel bereithielten.

Drei Arten des Ausnahmezustands

Der in *1984* beschriebene permanente Krieg ist nicht nur ein Sicherheitsventil, um die Bevölkerung im eigenen Land unter Kontrolle zu halten. Er wird auch nominell *zwischen* drei Kontinenten ausgetragen, nämlich Ozeanien, Eurasien und Ostasien. „Ozeanien" bezieht sich auf die englischsprachige Welt, d. h. auf die britischen Inseln, Nordamerika, Australien und Neuseeland sowie das weiße Südafrika. Winston Smith lebt in England, der *Landebahn 1* von Ozeanien, direkt gegenüber von Eurasien, mit dem er sich im „Krieg" befindet.

Das reale Ozeanien war das erfolgreichste der neuen überseeischen Reiche, die nach den Entdeckungsreisen aus Europa am Ende des Mittelalters (Spanien, Portugal und die Niederlande) gegründet wurden. Beginnend mit den britischen Inseln und den ersten englischsprachigen Kolonien in Nordamerika im 17. Jahrhundert wurde hier das spezifische Gleichgewicht zwischen zentraler Staatsgewalt und Selbstregulierung der besitzenden Klassen erreicht. Nur unter diesen Bedingungen konnte sich der Kapitalismus als freies Unternehmertum entwickeln und dennoch gefördert und geschützt werden. Die anderen drei blieben im wesentlichen Handelsmächte, und wenn sie Zivilisten in ihre Kolonien verpflanzten, vermischten sich diese meist mit der einheimischen Bevölkerung. Die englischsprachigen Völker hingegen verfolgten eine Politik der ethnischen Säuberung gegen die Ureinwohner und trennten auch die afrikanische Sklavenbevölkerung, die sie in die Kolonien der westlichen Hemisphäre brachten, strikt von Einheimischen.

Der ursprüngliche Liberalismus stützt sich auf Freiheit und Bürgerrechte, hatte aber immer eine eingebaute Notbremse für den Fall, dass diese nicht durch ein gesetzliches Verfahren aufrechterhalten werden können. In seinen *Two Treatises of Government (Zwei Abhandlungen über die Regierung)* von 1689 hat John Locke diese besondere Staats-/Gesellschaftskonfiguration detailliert beschrieben. Locke war der Ideologe der Freihändler und kommerziell orientierten Grundbesitzer, die ein Jahr zuvor durch einen Regimewechsel des niederländischen Statthalters Willhelm von Oranien an die Macht gekommen waren, der dann zum nicht erblichen König von England ernannt wurde. In Lockes Modell ist die besitzende Klasse souverän (im Sinne der höchsten Autorität); der Staat (oder der König) genießt eine *abgeleitete* Souveränität. Die Notbremse steht für den Fall zur Verfügung, dass die Eigentumsrechte bedroht sind, und würde das Gesetz vollständig außer Kraft setzen. Zu diesem Zweck verfügen die Herrscher laut Locke über ein „Vorrecht“: Es berechtigt sie, die Macht nach Belieben anzuwenden und das *öffentliche Wohl ohne eine Regel zu fördern.* [18]

Der liberale Kapitalismus wird also immer durch einen Notstand geschützt, der in Reserve gehalten wird, ansonsten bräuchte man keinen starken Staat, der sich der Gesellschaft permanent aufdrängt. Nach außen war der kapitalistische Liberalismus expansiv und extrem gewalttätig; nach innen war er nominell regelbasiert, aber die Regeln in der englischsprachigen liberalen Gesellschaft wurden hart angewandt und werden es heute noch.[19] Doch das Gleichgewicht zwischen zentraler Autorität und selbstregulierender Gesellschaft war zu Lockes Zeiten nicht ein für alle Mal hergestellt. Es musste nach dem Englischen Bürgerkrieg, der wiederum im Wesentlichen ein *atlantischer Bürgerkrieg war,* zweimal feinjustiert werden – zunächst im amerikanischen Unabhängigkeitskrieg und dann im Bürgerkrieg, bevor es seine globale Hegemonie erlangte. Der Triumph des kapitalistischen Westens im 19. und 20. Jahrhundert als liberales Kernland kann nur als Ergebnis dieser wiederholten Koordination von Staatsgewalt und Liberalismus verstanden werden, nicht als Folge des Liberalismus allein.[20]

Um sich gegen ein wirtschaftlich überlegenes England zu verteidigen, entwickelten sich ab dem 17. Jahrhundert politische Formationen, in denen die *Staatsmacht Vorrang vor jeder gesellschaftlichen Initiative hat.* Jeder andere Weg würde ein solches Land schutzlos machen, offen für Kolonisierung oder anderweitige Unterwerfung unter den expandierenden anglophonen Westen. In diesen *Anwärterstaaten*, von denen Frankreich zur Zeit Ludwigs XIV. und erneut nach der Revolution von 1789 unter Napoleon der Prototyp war, herrscht ein anderes Verhältnis zwischen Staat und Gesellschaft. Nicht das Schema von Locke ist das leitende Prinzip, sondern (so kann man folgern) das von Thomas Hobbes, der in einer früheren Phase des englischen Bürgerkriegs schrieb. In seinem *Leviathan* von 1651 vertrat Hobbes die Ansicht, dass eine Gesellschaft unmöglich der Selbstregulierung überlassen werden kann; dies würde einen Krieg aller gegen alle auslösen. Daher müsse die Staatsmacht *permanent* in jeden Aspekt des gesellschaftlichen Lebens eingreifen. Zu der Zeit, als Hobbes schrieb, wurde in Frankreich der Begriff des *Staatsstreichs* entwickelt, um die schockartigen Eingriffe zu erfassen, mit denen die Zentralgewalt ihre Macht über die Gesellschaft ausweitet und sich selbst als die leitende Instanz für ihr Funktionieren in jeder Hinsicht positioniert.[21]

Alle nachfolgenden Anwärterstaaten (das vereinte Deutschland, Japan nach der Meiji-Revolution, die Sowjetunion und China, um nur die wichtigsten zu nennen) nahmen diese Position gegenüber dem liberalen, englischsprachigen Westen ein. Sie haben einen mehr oder weniger *dauerhaften Ausnahmezustand* aufrechterhalten, der in der Regel durch „Putsche", also Revolutionen von oben (manchmal im Anschluss an Volksrevolutionen), bestätigt wurde.

Wir sehen also, dass in dieser Art von Staat/Gesellschaft-Komplex der Ausnahmezustand anders eingebaut ist als im liberalen Westen. Nicht nur ist der Liberalismus im Sinne individueller Selbstbestimmung und gesetzlicher Selbstregulierung schwach oder gar nicht vorhanden. Auch der Kapitalismus als Wirtschaftssystem unterliegt staatlicher Aufsicht oder ist, wie in der UdSSR, formell abgeschafft. Die Herrschenden in einer solchen Anwärterformation (die „Staatsklasse") haben andere Prioritäten als den Schutz des Privateigentums. Das zeigte sich, als das zweite deutsche Kaiserreich nach der Niederlage im Ersten Weltkrieg kurzzeitig zur Weimarer Republik mutierte, die *ohne* Zeltstaat und permanenten Ausnahmezustand auskommen musste. Für uns ist diese Episode von großer Bedeutung, denn der Ausnahmezustand, der sich heute in Europa und an vielen anderen Orten etabliert hat, ähnelt eher den deutschen Erfahrungen der 1920er und 1930er Jahre als dem ursprünglichen Schema von Locke.

Der Ausnahmezustand in Deutschland, der schließlich zur Ernennung Hitlers zum Reichskanzler führte, war die zentrale Referenz für den ultrakonservativen Rechtsgelehrten Carl Schmitt. Schmitt definierte 1922 den *Souverän* (die oberste Macht im Land) als denjenigen, der über den Ausnahmezustand entscheidet.[22] Doch selbst als der Ausnahmezustand im Juli 1930 eingeführt worden war, warnte Schmitt davor, dass in einer Situation, in der keine Klasse die Oberhand gewinnt, die Verfassung selbst (immerhin bestand die Weimarer Republik weiter) instabil wird. In einer solchen existenziellen Krise, schrieb er 1931, müsse der mit einem Mandat des Volkes ausgestattete Präsident der Republik „die Einheit des Volkes als politisches Ganzes gegenüber der Vielzahl der gesellschaftlichen und wirtschaftlichen Machtgruppen bewahren und den politischen Willen unmittelbar ausüben".[23]

Dies geschah, als Reichspräsident Hindenburg im Januar 1933 Adolf Hitler als Kanzler einsetzte. Innerhalb eines Monats festigten die Nazis ihre Macht mit Hilfe des Reichstagsbrandes, und im folgenden Jahr wurde die plebejische SA-Führung, unter deren Anhängern die Idee einer Revolution gegen das Kapital (die „jüdische Plutokratie") noch lebendig war, von der SS in der „Nacht der langen Messer" massakriert. Schmitt verfasste daraufhin einen kurzen Text, in dem er die Argumentation seines Buches von 1931 radikalisierte, um der neuen Situation Rechnung zu tragen, indem er behauptete, das Recht habe seinen Ursprung im Institut des *Führers*. „In der höchsten Not bewährt sich das höchste Recht (...). Alles Recht stammt aus dem Lebensrecht des Volkes."[24] Dieses „Recht auf Leben eines Volkes" als Grund für die Aussetzung der Demokratie hat eine unheimliche Ähnlichkeit mit der Rolle des Gesundheitsmotivs in der gegenwärtigen Corona-Diktatur.

So führte der Ausnahmezustand zu einer Rückkehr zur Anwärterkonstellation, in diesem Fall in Form von faschistischer Diktatur und Krieg. Nach der Niederlage der Achsenmächte wurden die UdSSR und der Ostblock die neuen Herausforderer. Die Verlierer verloren ihre Souveränität an die Sieger, „Ozeanien", und nach dem Zusammenbruch des Staatssozialismus wäre das Gleiche mit Russland und China geschehen, wenn diese Länder nicht trotz ihrer Umstellung auf den (staatsoligarchischen) Kapitalismus wieder in die Rolle der Herausforderer gedrängt worden wären. Dennoch haben sich auch diese Staaten in erheblichem Maße der Global Governance unterworfen, insbesondere durch ihre Mitgliedschaft in den Vereinten Nationen und ihren funktionalen Organisationen: UNESCO, UNICEF, die Ernährungs- und Landwirtschaftsorganisation FAO, die Internationale Arbeitsorganisation ILO und – für die vorliegende Diskussion besonders wichtig – die WHO.

In der Covid-Krise sind China und in geringerem Maße auch Russland von dem erfasst worden, was Robert Cox die „Internationalisierung des Staates“ nennt, bei der die Souveränität ganz oder teilweise auf die internationale Ebene verlagert wird. Von dieser Ebene aus wird die allgemeine Richtung der Politik, manchmal bis ins Detail, an die nationalen Regierungen weitergegeben. In jedem Land wird diese dann je nach den Möglichkeiten eines bestimmten Kräfteverhältnisses umgesetzt. In jedem Land wird die Macht der internationalen herrschenden Klasse separat und *konzentriert* eingesetzt.[25] Dies ist in der aktuellen Krise deutlich sichtbar.

Auch der Ausnahmezustand verlagert sich unter diesen Umständen auf die internationale Ebene. Nach Foucault wird „politische Herrschaft durch ein komplexes Dreieck aus Souveränität, Disziplin und staatlicher Verwaltung ausgeübt, das die Bevölkerung als Hauptziel hat und Sicherheitsapparate als wesentlichen Mechanismus benutzt“. Foucault bezeichnet dies mit dem Begriff der *Biopolitik*. Der biopolitische Ausnahmezustand geht einerseits über die Ebene des einzelnen Staates hinaus, aber die Macht reicht tiefer und „nimmt das Leben selbst in die Hand“.[26]

Wie so oft bei Foucault bleibt offen, *wer* die Macht ausübt, aber die Idee ist nichtsdestoweniger entscheidend. Die Covid-Krise, in der 178 Länder ihren früheren vertraglichen Verpflichtungen im Rahmen der WHO nachkommen, eine Reihe von vorgeschriebenen Maßnahmen zu ergreifen, sobald eine Pandemie ausgerufen wird, scheint perfekt zu seiner Definition eines globalen Ausnahmezustands zu passen. Es bleibt uns der Rest dieses Buches, um herauszufinden, wer die treibenden Kräfte hinter dieser Intervention sind und warum sie darauf zurückgegriffen haben.

Gewaltsamer Übergang zu einer „neuen Normalität“

Unter dem Ausnahmezustand Covid wird ein biopolitisches Programm durchgeführt, d. h. ein politisches Projekt, das die Bevölkerung direkt, möglicherweise sogar physisch, an IT-Netze anbinden will. Der Höhepunkt der „Pandemie" mag im Sommer 2020 überschritten sein, aber die Fiktion muss aufrechterhalten werden, sonst ist die Notwendigkeit einer „Impfung" (in Wirklichkeit eine experimentelle Gentherapie) nicht mehr zu rechtfertigen. Das erforderliche Maß an Angst wird durch „steigende Zahlen" aufrechterhalten, zunächst durch die täglichen Berichte über die Zahl der Todesfälle, die mittels Geschichten von Massengräbern und Vorhersagen über Millionen von Opfern dramatisiert werden, bevor man zu „Infektionen" übergeht, die angeblich durch PCR-Tests nachgewiesen werden, und dann durch wiederholte Warnungen vor neuen Varianten des Virus, begleitet von düsteren Vorhersagen, was schlimmstenfalls passieren könnte, und so fort. Dies ist die erste Pandemie in der Geschichte, die nicht für jedermann offensichtlich ist, sondern eine Massenindoktrination auf der Grundlage umfangreicher „Tests", Medienzensur usw. erfordert. Sonst wüssten wir nicht, dass wir uns in einem Gesundheitsnotstand befinden.

Die Strategie, die Bevölkerung in Angst und Schrecken zu versetzen, lässt sich nur anhand von Dokumenten rekonstruieren, die in einigen Ländern aufgetaucht sind. So wurde eine Beratungsgruppe, die in Großbritannien während der Schweinegrippe-Epidemie 2009 eingerichtet wurde, die *Scientific Pandemic Influenza Group on Behaviour and Communications* (SPI-B & C), in der Covid-Krise reaktiviert. Ihr verhaltenswissenschaftlicher Zweig, die SPI-B, wählte angesichts der neuen Gesundheitsbedrohung sofort einen aggressiven Ansatz. Sie stellte fest, dass sich die Menschen auf der persönlichen Ebene nicht ausreichend bedroht fühlten, und empfahl Eingriffe, um das Gefahrenempfinden zu erhöhen. Dies sollte mit Maßnahmen einhergehen, um die „soziale Missbilligung" derjenigen zu mobilisieren, die Hygienemaßnahmen, Abriegelung und dergleichen ignorieren oder sich ihnen widersetzen.[27]

Die SPI-B räumte ein, man müsse sich vor gefährlichen Situationen schützen, die dadurch entstünden, dass bestimmte Personen zu Sündenböcken gemacht würden. Es habe bereits Aggressionen gegen Menschen chinesischer Abstammung gegeben, die für die „Freisetzung des Virus" verantwortlich gemacht worden seien. Dennoch müsse eine starke kollektive Identität gefördert werden, indem an die Verantwortung für andere, an die Solidarität und Ähnliches appelliert werde (Gefühle, die in Fragen der sozialen Ungleichheit, der Obdachlosigkeit, der ausländischen Kriege usw. selten oder nie beschworen werden). Die Regierung muss dies durch ein gezieltes Vorgehen erreichen, indem sie Kritiker ausgrenzt und isoliert, während die Medien die Öffentlichkeit durch eine alarmierende Berichterstattung in einem Zustand der Spannung halten sollten.

In Deutschland, das in Europa eine führende Rolle im Covid-Ausnahmezustand spielt, sind weitaus detailliertere Dokumente darüber aufgetaucht, wie die Angst in der Bevölkerung geschürt werden kann. Laut durchgesickerten E-Mails zwischen dem deutschen Innenministerium und verschiedenen Forschungseinrichtungen und Universitäten unmittelbar nach Ausrufung der Pandemie forderte die Bundesregierung Computermodelle und andere wissenschaftliche Instrumente an, um „kurzfristig präventive und repressive Maßnahmen" durchzusetzen. Innenminister Horst Seehofer und sein Staatssekretär Markus Kerber verlangten, ein „Worst-Case-Szenario" zu erarbeiten, das eine extreme Abriegelung legitimieren könnte. Seehofer wurde nach einem Besuch des Virologen Prof. Christian Drosten und des Leiters des RKI, Dr. Lothar Wieler, bei ihm zu Hause aktiv. Am 19. März forderte Kerber das RKI und die wichtigsten wirtschafts- und politikwissenschaftlichen Fachgremien sowie einzelne Universitäten auf, innerhalb von vier Tagen die erforderliche „wissenschaftliche" Grundlage für ein drastisches Vorgehen zu liefern. Statt auf die medizinische Situation einzugehen, erklärte er den Adressaten, dass es bei dieser Forderung um die „innere Sicherheit und die Stabilität der öffentlichen Ordnung" gehe.[28]

Die von Seehofer und seinen Mitarbeitern angeforderten Ratschläge wurden in ein geheimes Dokument zur Erzeugung von Angst und Gefügigkeit aufgenommen. Das „Gefühl der Ohnmacht muss durch den Eindruck eines starken staatlichen Eingreifens gebremst werden", heißt es in einem der Gutachten. In einem Szenario wurde skizziert, wie die Öffentlichkeit mit Bildern konditioniert werden sollte, in denen „viele Schwerkranke von Angehörigen ins Krankenhaus gebracht werden, dort abgewiesen werden und nach der Rückkehr nach Hause hilflos nach Luft schnappend sterben" usw.[29]

Die Bereitschaft, solche extremen Katastrophenszenarien einzureichen, ohne sich vorher zu erkundigen, was tatsächlich passiert, ist ein schmerzlicher Beleg für die Korruption in der heutigen Wissenschaft. Am Ende beließ es die Bundesregierung bei einem Szenario, dem zufolge es eine Million Covid-Tote geben würde, und rechtfertigte damit die Abriegelung.

Psychologische Kriegsführung und Folter

Der ausgerufene Ausnahmezustand beruht im Wesentlichen auf psychologischer Kriegsführung. Nach Ansicht des italienischen Richters Dr. Angelo Giorgiani haben wir es mit einer neuen Form des Terrors seitens des Staates zu tun, bei dem er drei Phasen unterscheidet. Die erste Phase besteht darin, Angst und Unsicherheit hervorzurufen. Dies geschieht durch die bereits erwähnten Beispiele der absichtlichen Dramatisierung der Situation, durch die Verunglimpfung und Nichtanwendung verfügbarer Medikamente (oder gar deren Verbot) und die Umgehung von Ärzten in vorderster Front, durch den Entzug grundlegender Freiheiten für Menschen, die nicht krank sind, und durch die Abschottung der Wirtschaft.

Die zweite Phase besteht in der „messianischen" Ankündigung, die Impfstoffe seien auf dem Weg und eine Lockerung der Sperren möglich, sobald sie in ausreichendem Umfang verabreicht worden seien. Dies weckt die Hoffnung, dass die absurde Situation, in der sich die Menschen befinden, bald aufgehoben wird, *wenn nur die Impfstoffe in der erforderlichen Menge eintreffen.* Fragen wie die Entwicklung des Virus, die tatsächliche Schwere der Infektion, die Wahrscheinlichkeit eines tödlichen Ausgangs usw. rücken in den Hintergrund; wenn nur die Impfstoffe eintreffen, kann unser Leben wieder normal werden! Die dritte Phase besteht aus der eigentlichen Impfkampagne mit den neuartigen Gentherapien. Zu dem Zeitpunkt, als Giorgiani sein Interview gab, verfügte nur Israel über ein fortgeschrittenes Programm, um die Bevölkerung zu zwingen, diese „Impfstoffe" zu akzeptieren. Diese werden auf Grundlage einer Vereinbarung mit dem Pharmariesen Pfizer verabreicht, wonach Israel dem Unternehmen mitteilt, bei welchem Anteil der Bevölkerung die Gentherapie angewendet wurde, welche Nebenwirkungen aufgetreten sind usw.

Auch hier werden Ärzte an vorderster Front umgangen, und der Staat ergreift drakonische Maßnahmen, um die Kampagne am Laufen zu halten, indem er Menschen, die nicht „geimpft" sind, den Zugang zu allen möglichen Annehmlichkeiten und öffentlichen Dienstleistungen verwehrt.[30] Inzwischen haben auch Großbritannien, Portugal und die Vereinigten Arabischen Emirate den Weg der Massenimpfung eingeschlagen. Wir werden in Kapitel 6 auf dieses Thema zurückkommen.

Dass ein italienischer Richter von einer neuen Form des Staatsterrors spricht, sollte vor dem Hintergrund der Strategie der Spannung in den 1970er Jahren in diesem Land verstanden werden. Aufeinanderfolgende Regierungen und staatliche Institutionen wie die Geheimdienste waren durch gezielte Attentate, Bombenanschläge unter falscher Flagge und andere Terrorakte daran beteiligt, die Kommunistische Partei von der Regierungsbeteiligung auszuschließen.[31] Giorgiani selbst war als Anti-Mafia-Richter tätig, ein weiterer Bereich, in dem Teile des Staates mit der Unterwelt zusammenarbeiteten. Während also in einem Land wie den Niederlanden ein Gesundheitsminister, der die Verträge mit den Impfstoffherstellern zum *Staatsgeheimnis* erklärt, nach allgemeiner Auffassung (jedenfalls im Parlament und in den Medien) triftige Gründe dafür hat, hat die italienische Erfahrung ein viel tieferes Misstrauen gegenüber dem Staat und seinen Beamten hinterlassen. Andere Länder, die Erfahrungen mit staatlichen Behörden gemacht haben, die systematisch in böser Absicht oder noch schlimmer gehandelt haben, sind laut Giorgiani Uruguay und Polen, und es wird weitere Länder geben, die sich gegen den derzeitigen Ausnahmezustand wehren.[32]

In den meisten Ländern bleibt der Großteil der Bevölkerung bei diesem Umbruch jedoch weitgehend passiv und unterwirft sich der Revolution von oben, die einen oligarchischen IT-Kapitalismus durchsetzen soll, auf den wir später noch zurückkommen. In dem Roman *Il Gattopardo* über die italienische Einigung, einem Schlüsselbeispiel für eine solche passive Revolution, wird dies mit dem berühmten Satz zusammengefasst: „Wenn wir wollen, dass die Dinge gleich bleiben, müssen sie sich ändern."[33] Aber wie bei anderen Revolutionen, die von oben nach unten durchgeführt wurden, wurde der Bevölkerung eine untergeordnete Rolle zugewiesen (in Italien die Garibaldi-Bewegung). In der Covid-Krise verbietet die Abriegelung *jede* politische Aktivität, nachdem die Versammlungs- und Demonstrationsfreiheit abgeschafft wurde, ebenso wie das souveräne Verfügungsrecht über den eigenen Körper ausgesetzt wird, um die Impfpflicht durchzusetzen. Dass Bundeskanzlerin Merkel die Kritik an den Abriegelungsmaßnahmen als „Angriff auf unsere Lebensart" denunziert, mag grotesk klingen, zeigt aber, dass die Regierenden und die herrschende Klasse, für die sie ihre Rolle spielen, erkennen, dass der Covid-Ausnahmezustand der Rettung unserer besonderen Gesellschaftsordnung dient.[34]

In ihrem 2007 erschienenen Buch *The Shock Doctrine* beschreibt die kanadische Journalistin Naomi Klein, wie es in einer existenziellen Krise zu zwei Veränderungen kommt: Die Vergangenheit wird ausgelöscht, eine „neue Normalität" tritt an ihre Stelle. Dies war der Fall in Chile und Argentinien in den 1970er Jahren und in der Sowjetunion, als sie 1991 zusammenbrach.[35] Das Gleiche gilt jetzt für die Covid-„Pandemie". Damit kommen wir zu dem Vergleich mit der Folter, der auf den ersten Blick alles andere als naheliegend ist. In den Handbüchern der CIA wird die Folter („Verhör unter Zwang“) als eine Technik beschrieben, die den Gefangenen in einen Zustand grundlegender Desorientierung versetzt. Ziel ist es, die Möglichkeit des Widerstands auszuschalten, was dadurch erreicht wird, dass die Fähigkeit des Gefangenen, die Welt um ihn herum zu verstehen, unterbrochen wird. Dies kann durch das Verbinden der Augen, einen Sack über dem Kopf oder dadurch geschehen, dass der Gefangene extremem Licht oder Musik, physischer Gewalt oder Elektroschocks ausgesetzt wird. Jeff Halpers Studie über die israelischen Techniken, die Palästinenser unter Kontrolle zu halten, zeigt, wie eine Bevölkerung, die sich potenziell wehren kann, zu einer „formbaren Masse wird, (...) ein schwindendes Feld, in dem Herrschaft möglich wird“.[36]

Schließlich zitiert Naomi Klein die Aussage eines chilenischen Psychiaters, dass die Folter unter dem Pinochet-Regime erwachsene Opfer in einen kindlichen Zustand zurückversetzte. Die Menschen wurden „verwirrt und verzweifelt, formbar und bereit, Anweisungen zu befolgen (...) sie wurden abhängiger und ängstlicher.“[37] Laut einem der zitierten CIA-Handbücher gibt es einen Moment (der sehr kurz sein kann), in dem alle geistigen Aktivitäten ausgeschaltet sind. Klein vergleicht dies mit einem psychologischen Schock oder einer Lähmung. Dies wiederum wirkt wie ein traumatisches oder subtraumatisches Erlebnis, das die Welt, mit der die Versuchsperson vertraut war, einschließlich des Bildes, das sie von sich selbst in dieser Welt hatte, gleichsam sprengt. Erfahrene Vernehmungsbeamte erkennen diesen Effekt, wenn er eintritt, und wissen, dass die Quelle zu diesem Zeitpunkt sehr viel offener für Suggestionen ist und viel leichter gehorcht als vor dem Schockerlebnis.[38]

Folter muss nicht unbedingt die mechanische Form haben, die bis weit ins 20. Jahrhundert vorherrschte. Bereits in den 1950ern suchte die CIA im Rahmen des MKULTRA-Projekts nach neuen Methoden zur Erzwingung von Gehorsam, etwa durch Einsatz von

Psychopharmaka wie LSD. Unter dem Vorwand, US-amerikanische Kriegsgefangene seien im Koreakrieg einer „Gehirnwäsche" unterzogen worden, suchte man nach psychologischen Foltermethoden, bei denen die Desorientierung im Mittelpunkt stand. Der Leiter von MKULTRA, der Chemieingenieur Dr. Sydney Gottlieb, trat 1951 in die CIA ein; er nutzte die Kriegserfahrungen japanischer und nationalsozialistischer Lagerärzte und brachte sie in einigen Fällen sogar in die USA.[39] Ich werde in Kapitel 5 darauf zurückkommen.

Als MKULTRA in den 1980er Jahren an die Öffentlichkeit gelangte (laut Max Parry war ein Whistleblower bereits 1953 unter verdächtigen Umständen gestorben), wurde klar, dass das eigentliche Ziel darin bestand, die Foltertechnik zu verfeinern. Naomi Klein zitiert Alfred McCoy, den Autor von *A Question of Terror. CIA Interrogation from the Cold War to the War on Terror*, der schreibt, im Rahmen des MKULTRA-Projekts sei entdeckt worden, dass Menschen einem Schock ausgesetzt werden können, indem man ihre Sinne zunächst überhaupt nicht stimuliert („sensorische Deprivation") und sie dann plötzlich einer Überdosis aussetzt.[40] Inzwischen haben die Enthüllungen über die Behandlung von „Terrorverdächtigen" aus Afghanistan auf dem US-Stützpunkt Guantánamo Bay auf Kuba und die Verhöre irakischer Gefangener im Gefängnis von Abu Ghraib deutlich gemacht, dass bei einer solchen Behandlung körperliche Gewalt und Demütigung in der Tat schwer zu trennen sind.

Der psychologische Schock, der mit der Ausrufung einer Pandemie einhergeht, zielt ebenso wie die Folter darauf ab, die Akzeptanz einer „neuen Normalität" zu erreichen und das Urteilsvermögen auszuschalten. Dieser Zustand wird durch das Vorenthalten von Informationen über die tatsächlichen Vorgänge erreicht, und zwar durch extrem einseitige Informationen seitens der Politiker und der Mainstream-Medien. Abweichende Meinungen von oft hochqualifizierten Experten werden nicht erwähnt oder als „Verschwörungstheorien" abgetan. Dies ist vergleichbar mit der sensorischen Deprivation bei der psychologischen Folter.

Andererseits wird durch die zunächst tägliche Berichterstattung über „Tote" (statt Anzahl der Verstorbenen), „anonyme Massengräber" usw., ohne die Zahlen jemals zu relativieren, eine intensive, existenzielle Angst hervorgerufen, die wiederum mit der Überdosis an Reizen vergleichbar ist. Gesichtsmaskenpflicht, soziale Distanzierung und ähnliche, medizinisch unsinnige oder sogar kontraproduktive Maßnahmen erzeugen eine absurde, irreale Atmosphäre, die die Psyche der Menschen zutiefst beeinträchtigt. Untersuchungen in den Niederlanden ergaben, dass sich bei einer von drei Personen während der ersten, noch recht begrenzten Abriegelung „die psychische Gesundheit während der Coronazeit durch eine Zunahme von Angstzuständen, Depressionen und Schlafstörungen verschlechterte". Jeder Zehnte dachte häufiger an den Tod als zuvor.[41]

Ich behaupte, dass die Einführung der „neuen Normalität" in der Covid-19-Krise, auch wenn sie auf den ersten Blick anders aussieht, im Wesentlichen auf denselben Prinzipien und Ergebnissen beruht wie die beschriebenen Techniken zur Her–beiführung von Desorientierung und Verlust der kognitiven Funktionen. Die Enthüllungen über die britischen und deutschen Pläne machen deutlich, dass dies beabsichtigt war. Wir haben es mit einer biopolitischen Machtergreifung zu tun, die auf der Ebene der Global Governance beginnt und tief in die Souveränität des Individuums eingreift, eine Machtergreifung, die eine Reihe von Gewaltformen beinhaltet, nicht zuletzt die polizeiliche Brutalität gegen Demonstranten, die bei allen politischen Unterschieden ein gemeinsames Anliegen haben – den Verlust ihrer Freiheit und den Wunsch, sie zurückzugewinnen.

Daraus ist zu schließen, dass die Verhängung des Ausnahmezustands in praktisch der ganzen Welt angesichts des tatsächlichen Ausmaßes der „Pandemie" in erster Linie ein politischer Schritt ist, der, wie wir sehen werden, von langer Hand vorbereitet und in einer Reihe von transnationalen Denkfabriken, beratenden Strukturen und offiziellen Organisationen wie der WHO und der Weltbank koordiniert wurde. Auf deren Rat und ausdrückliche Anweisung hin haben die Regierungen ihre Bevölkerungen in einen Würgegriff genommen, den mit allen Mitteln aufrechterhalten müssen. Schließlich geht es um das Überleben der bestehenden Gesellschaftsordnung.

In dieser Hinsicht ist eine Wiederholung der Vorgänge zu beobachten: Viele der Phänomene um die Anschläge vom 11. September 2001 in New York und Washington und den anschließenden Krieg gegen den Terror mit seinen Invasionen und Regimewechseln in einer Reihe von Ländern des Nahen Ostens und Nordafrikas wiederholen sich in der Covid-Krise. Offensichtliches Vorwissen, eine Propagandaoffensive, die Unterdrückung abweichender Meinungen und Informationen, „Einnahmemodelle“, um von den Maßnahmen zu profitieren, zunehmende Spannungen in der Gesellschaft, all das hat man schon einmal gesehen. Dasselbe gilt für die Anti-Putin-Kampagne nach der Wiederwahl des russischen Präsidenten im Jahr 2012, gefolgt vom Putsch in Kiew 2014 usw.

Die Covid-„Pandemie“ hat jedoch alle früheren Angstkampagnen weit hinter sich gelassen. Große Teile der Weltbevölkerung sind in einen permanenten Angstzustand versetzt worden, der jederzeit in Panik umschlagen kann, wenn die Herrschenden es für wünschenswert halten, ganze Gesellschaften werden demoliert. Drakonische Gesetze, die elementare Freiheiten unterdrücken, das Außerkraftsetzen von Verfassungen, die Geiselnahme ganzer Bevölkerungen – all das offenbart, dass es im Herzen unserer Gesellschaftsordnung liegen muss, wenn im Namen eines vorübergehenden Virus so viel Elend geschaffen wird. Das Programm, das umgesetzt wird (der *Great Reset* mit *Build Back Better*, der *Screen New Deal*, oder wie auch immer es bezeichnet wird), hat jedoch nichts mit Gesundheit zu tun. Wie ich im weiteren Verlauf dieses Buches zeigen werde, geht es um den Machterhalt der Oligarchie, der transnationalen herrschenden Klasse, die von einer ruhelosen Bevölkerung bedroht wird, die eine Korrektur der absurden Ungleichheiten fordert, die von einem kapitalistischen System erzeugt werden, das wirtschaftlich, sozial und ökologisch auf Grund gelaufen ist.

2
Kann die Weltbevölkerung noch unter Kontrolle gehalten werden?

Von allen Faktoren, die in der Covid-Krise eine Rolle spielen, ist die Bedrohung durch eine unkontrollierbare Weltbevölkerung der wesentlichste. Die Menschheit wächst in absoluten Zahlen immer noch exponentiell; zwischen 1970 und unserem Jahrzehnt hat sie sich auf fast acht Milliarden verdoppelt. Unter kapitalistischen Bedingungen und bei rasch fortschreitender Digitalisierung und Automatisierung wird es für viele keine Grundlage mehr für eine menschenwürdige Existenz geben. Viel wichtiger als die Zahl selbst ist jedoch die Tatsache, dass die Menschheit seit 2008 in einem nie dagewesenen Ausmaß unruhig geworden ist. Streiks, Unruhen und Anti-Regierungs-Demonstrationen haben in diesem Zeitraum in jeder Kategorie Rekorde gebrochen.[42]

Die Wiederherstellung der Ordnung ist daher die grundlegende Erklärung für die Verhängung des globalen Ausnahmezustands, für den im Sommer 2020, als das SARS-2-Virus überstanden war, keine gesundheitlichen Gründe mehr bestanden. Doch nach mehr als einem Jahr aufgepeitschter Covid-Panik scheint der Sinn der Öffentlichkeit für Dringlichkeit ernsthaft zu erodieren. Anfang 2021 musste die PR-Firma Edelman, die eng in die Vorbereitungen für die „Pandemie“ eingebunden war, feststellen, dass die Absicht, die Angstpsychose zu nutzen, um eine experimentelle Gentherapie auf die gesamte Bevölkerung anzuwenden („Impfung“), im Wesentlichen gescheitert ist.[43] Derweil lässt die Strenge der „Maßnahmen“ nicht nach, obwohl sich vor allem in den USA Risse auftun: Bundesstaaten wie Florida und Texas und zum Zeitpunkt der Abfassung dieses Berichts etwa 20 weitere haben alle Covid-Maßnahmen eingestellt und sogar die Verwendung sogenannter Impfpässe verboten, die ihren Inhabern bestimmte Privilegien in Bezug auf die Grundfreiheiten einräumen.

In diesem Kapitel befassen wir uns mit Zbigniew Brzezinskis Vorhersage, dass ein neues „1848“, ein Aufstand der Völker, bevorstehe. Natürlich stand die Demokratie, wie wir sie kennen, *schon immer* unter Beobachtung. Nicht nur durch die Möglichkeit der Verhängung eines Ausnahmezustands, wie wir bereits gesehen haben, sondern durch eine permanente, wenn auch lange verschleierte Überwachung. Mit der „Pandemie“ ist sie offen geworden, obwohl die herrschende Klasse ungewollt eine revolutionäre Krise herbeigeführt hat, indem sie versucht hat, die Wirtschaft und das soziale Leben zum Stillstand zu bringen. Als Folge der großen Verschiebungen in der Klassenstruktur ist die traditionelle Linke, die mit der Arbeiterbewegung verbunden ist, in der „breiten Mitte“ aufgegangen, die die Politik des internationalisierten Staates (einschließlich des Ausnahmezustands von Covid) umsetzt. Infolgedessen ist es vor allem der nationalistische Populismus, der seinen Einfluss bisher ausgebaut hat. Die Bedrohung durch große Aufstände (ich nenne Indien, Chile und Frankreich als Beispiele) hat eine militarisierte Antwort auf die „Pandemie“ hervorgebracht. Nicht nur in den genannten Ländern, sondern auch in den Vereinigten Staaten und anderswo wird das Modell der Informationskriegsführung, das bei der Aufstandsbekämpfung in Südostasien und Mittelamerika entwickelt wurde, nun auch an der westlichen Heimatfront eingesetzt.

Demokratie unter Beobachtung: Gladio und die „Kontinuität der Regierung“

Die Demokratie ist in der Covid-Krise weitgehend zerstört worden, und eine „Rückkehr“ ist unter den gegenwärtigen Bedingungen nicht zu erwarten. Die Demokratie ist keine natürliche Entwicklung, sondern ein erzwungenes *Zugeständnis,* das durch die Machtverhältnisse zwischen den Klassen bestimmt wird. Im englischsprachigen Westen waren Zugeständnisse aufgrund des relativen Reichtums möglich, der durch die frühe Industrialisierung und die Superprofite aus der Ausbeutung der imperialistischen Peripherie, der Kolonien und Halbkolonien, geschaffen wurde. In Mittel- und Osteuropa hingegen reichte nach dem Ersten Weltkrieg selbst der Ausnahmezustand nicht mehr aus, um die starke Arbeiterbewegung zu kontrollieren, mit der Sowjetunion im Hintergrund. Deshalb griffen die am meisten gefährdeten Fraktionen der herrschenden Klasse (Großgrundbesitzer, Armee und die veraltete Schwerindustrie) in Italien und Deutschland auf ein faschistisches Regime zurück, um die Bevölkerung erneut zur Unterwerfung zu zwingen, indem sie schließlich in den Krieg zogen, mit der paradoxen Unterstützung der gleichen Bevölkerung. Dieser letzte Aspekt ist auch im gegenwärtigen Ausnahmezustand wieder im Spiel.

In den USA erreichte die Arbeitsproduktivität in den 1920ern durch die Massenproduktion von Automobilen (einschließlich Stahl, Gummi, Glas und anderen Vorprodukten) ein neues Niveau. Als das bisherige, aus dem 19. Jahrhundert übernommene Industriesystem und die Finanzgeschäfte in Übersee in eine Krise gerieten und die Arbeiter zu Massenstreiks und Fabrikbesetzungen griffen, musste der 1936 gewählte Präsident F. D. Roosevelt weitreichende Zugeständnisse machen, um eine Revolution zu vermeiden: den *New Deal*. Er konnte sich diese Zugeständnisse leisten, weil das Ford-System (hohe Produktivität und eine für die Schaffung eines Massenmarktes ausreichende Kaufkraft) ungeahnte Wachstumschancen im eigenen Land bot. Die alten und neuen Industriekapitäne wollten jedoch erst mit Roosevelts Plänen kooperieren, nachdem die Wirtschaftspolitik so angepasst worden war, dass der Arbeitsmarkt nicht mehr zu eng werden konnte, und die Gewerkschaften nach dem Kriegsnotstand durch eine kommunistische Hexenjagd unter Kontrolle gebracht worden waren. Auch die formale Demokratie musste eng begrenzt werden. Alle vier Jahre eine Wahl unter den angebotenen Kandidaten zu treffen, war gut genug, so Joseph Schumpeter 1942.[44]

Im Vergleich zu den USA war Europa durch den Krieg geschwächt, und die sozialistischen und kommunistischen Bewegungen waren dort tief verwurzelt. Nach der Niederlage des Nationalsozialismus drohte der Einfluss der Sowjetunion zu wachsen. Für den Ernstfall wurde daher ein westeuropäisches Netz von militärischen Untergrundeinheiten mit geheimen Waffenlagern eingerichtet. Nach der kommunistischen Machtübernahme in der Tschechoslowakei Anfang 1948 begannen auf Initiative der britischen Labour-Regierung geheime Verhandlungen mit den USA und Kanada über eine atlantische Sicherheitsstruktur. Als die NATO im April 1949 formell gegründet wurde, übernahm sie auch das Kommando über das geheime Netz im Untergrund. Erst am Ende des Kalten Krieges wurde es aufgedeckt und unter dem Namen des italienischen Ablegers bekannt: *Gladio.*[45]

Dennoch war die Wahlbeteiligung in den drei Jahrzehnten nach dem Krieg auf beiden Seiten des Atlantiks vor allem in der arbeitenden Bevölkerung am höchsten. Es waren die „Goldenen Jahre" der Tarifverhandlungen, Preisstützung für die Landwirtschaft und alljährlicher Verbesserung der Bedingungen am Arbeitsplatz und in der Gesellschaft insgesamt. All dies im Austausch für die Hinnahme des Kalten Krieges und der (neo-)kolonialen Abenteuer in Südostasien, im Nahen Osten und anderswo.[46]

In den späten 60er und frühen 70er Jahren begann dieser Gesellschaftsvertrag wegen des Arbeitskräftemangels ins Wanken zu geraten. Außerdem rebellierte die Nachkriegsgeneration gegen die US-Kriegsführung in Südostasien, über die damals noch ausgiebig im Fernsehen berichtet wurde, gegen die Verweigerung der Bürgerrechte für Schwarze im amerikanischen Süden und für den Aufstieg einer neuen Jugendkultur. Die herrschende Klasse suchte nun nach Wegen, die Demokratie zurückzudrängen, was natürlich nicht dauerhaft durch die Ermoderung vom Kurs des Kalten Krieges abweichender Politiker geschehen konnte. In den Vereinigten Staaten ereilte dieses Schicksal noch die Kennedy-Brüder (den Präsidenten 1963, seinen Bruder Robert 1968) und den schwarzen Bürgerrechtsführer Martin Luther King, ebenfalls 1968.[47] In Italien wurde Aldo Moro 1978 ermordet, nachdem er mehrmals davor gewarnt worden war, der Linken eine Rolle in der Regierung zuzugestehen. In Westdeutschland wurde Bundeskanzler Willy Brandt, der Architekt der Ost-West-Annäherung, durch einen Spionageskandal ins Abseits gedrängt, um nur die bekanntesten Fälle zu nennen. Die in den gefährdeten europäischen Ländern angewandte Politik war die bereits erwähnte Strategie der Spannung, die die Bevölkerung verängstigen soll und den paradoxen Effekt hat, sie enger an die Regierung zu binden. Terroranschläge waren eine der Taktiken, mit denen Angst erzeugt werden sollte, und der NATO-Untergrund trug wesentlich zur Gewalt bei.[48] Dies war einer der Gründe, warum der unabhängige französische Präsident De Gaulle sein Land aus der militärischen Organisation der NATO zurückzog, deren Hauptquartier dann 1966 von Paris nach Brüssel verlegt wurde.

Die Ernsthaftigkeit der demokratischen Herausforderung verlangte nach einem durchdachteren und nachhaltigeren Ansatz. 1975 erschien ein Bericht zu diesem Thema von der Trilateralen Kommission (TC), einem neuen privaten Beratungsgremium, das aus den Bilderberg-Konferenzen hervorgegangen war. In solchen Netzwerken kommen prominente Persönlichkeiten aus Nordamerika und Westeuropa, in diesem Fall erweitert um politische Führer und Geschäftsleute aus Japan (heute aus ganz Asien), zusammen, um mögliche Antworten auf Probleme zu erörtern, die eine gemeinsame Reaktion erfordern. Wie alle Vorschläge der TC sollte auch dieser Bericht der vorgeschlagenen „neuen Normalität" einen technokratischen, sogar oberflächlich fortschrittlichen Anstrich geben und sie nicht als reaktionär erscheinen lassen. Hauptberichterstatter Samuel P. Huntington und seine Mitautoren (für die beiden anderen in der Kommission vertretenen Regionen) stellten fest, dass „in den letzten Jahren die Abläufe des demokratischen Prozesses (...) zu einem Zusammenbruch *traditioneller Formen der sozialen Kontrolle*, zu einer Delegitimierung politischer und anderer Formen der Autorität und zu einer Überlastung der Regierung geführt zu haben scheinen, die deren Reaktionsfähigkeit übersteigt".[49] Mit anderen Worten: Die Demokratie lief aus dem Ruder.

Der Bericht ließ eine Reihe von Fragen offen, aber Elemente der neoliberalen neuen Normalität waren bereits zu erkennen. Ein sicherer Weg zur Verringerung der Nachfragebelastung des Staates bestand darin, die Struktur der Wirtschaft von dem abzukoppeln, was legitim durch Wahlen und parlamentarische Verfahren entschieden werden konnte. Andere hatten sich bereits mit Themen wie der Notwendigkeit der Abschaffung großzügiger Sozialleistungen, einschließlich Studienbeihilfen, befasst, um die Möglichkeiten der Menschen einzuschränken, ohne direkte Kosten für sich selbst politisch aktiv zu werden.[50]

1978 wurde Huntington Sicherheitskoordinator in der Regierung von Präsident Jimmy Carter, der sein Amt im Januar des Vorjahres angetreten hatte. Gemeinsam mit Brzezinski, der an der Gründung der TC beteiligt gewesen und nun Carters Nationaler Sicherheitsberater war, machte er sich an die Arbeit, das System der Krisenplanung neu zu gestalten, insbesondere durch die Schaffung der Federal Emergency Management Agency (FEMA). Die FEMA hatte die Aufgabe, die Infrastruktur für Notfälle, einschließlich Naturkatastrophen, einzurichten.[51] Damit wurde das bestehende Programm für den Ausnahmezustand in den USA, das System der *Continuity of Government*, kurz COG, erheblich erweitert.

Die COG wurde in den 1950er Jahren unter Präsident Eisenhower eingeführt und sollte die Regierung nach einem Atomangriff weiterführen. Nach den Aufständen, die auf die Ermordung von Robert Kennedy und Martin Luther King im Jahr 1968 folgten, wurde sie auf ausdrücklichen Wunsch des US-Militärs Teil der Infrastruktur für die Wiederherstellung der Ordnung nach größeren Unruhen. Wie wir später sehen werden, wurde sie auch in der Covid-Krise aktiviert. Paradoxerweise wurde Richard Nixon, der als Kandidat für Recht und Ordnung zum Präsidenten gewählt wurde, nicht nur von den liberalen Medien und der Demokratischen Partei bekämpft, sondern geriet auch in Konflikt mit der CIA und anderen Elementen des nationalen Sicherheitsstaates. Insbesondere das US-Militär nahm ihn und seinen Berater und späteren Außenminister Henry Kissinger wegen der Entspannungspolitik gegenüber der Sowjetunion und der vor dem Pentagon geheim gehaltenen Annäherung an China ins Visier. Kurz nach seiner überwältigenden Wiederwahl im Jahr 1972 wurde Nixon im Zuge des Watergate-Skandals zum Rücktritt gezwungen.[52]

Unter Nixons Nachfolger Gerald Ford wurden die Befürworter einer härteren Gangart sowohl in der Innen- als auch in der Außenpolitik stärker. Donald Rumsfeld, der unter Nixon Botschafter bei der NATO gewesen war, wurde Verteidigungsminister, sein Assistent, der Kongressabgeordnete Dick Cheney, Stabschef des Weißen Hauses. Zur gleichen Zeit (1975/76) korrigierte die CIA ihre Schätzungen der sowjetischen Rüstungsausgaben nach oben und nutzte die (falschen) Zahlen für eine alarmistische Medienkampagne. Nach dem Carter-Interregnum brachen die „Neokonservativen" (Neo-Cons) unter der Präsidentschaft von Ronald Reagan durch, der ein beispielloses Wettrüsten sowie Angriffe auf die Gewerkschaften einleitete. Rumsfeld und Cheney (die ansonsten kein Amt in der Reagan-Administration bekleideten) wurden nun damit beauftragt, das COG-System weiter auszubauen, damit das Militär im Notfall die Macht übernehmen könnte.[53]

Huntington befand unterdessen in seinem 1981 erschienenen Buch *American Politics. The Promise of Disharmony (Das Versprechen der Disharmonie),* dass die USA schlecht auf soziale Unruhen vorbereitet seien. Europa habe den Vorteil, dass es über eine viel längere Erfahrung im Umgang mit der Arbeiterbewegung und sozialistischen Kräften verfüge, und genau das fehle in den USA. Es fehle auch ein klares Verständnis des Staates; das Land sei während des größten Teils seiner Geschichte nie einer wirklich zentralisierten Autorität unterstellt gewesen und verfüge auch nicht über den erfahrenen bürokratischen Apparat der großen europäischen Staaten. Historisch gesehen sei das politische System der Vereinigten Staaten daher schwach und anfällig für aufständische Bewegungen.[54]

Die Überarbeitung der COG-Infrastruktur durch Rumsfeld und Cheney sollte das Defizit beheben. Geplant waren umfangreiche Einrichtungen zur Massenüberwachung und Inhaftierung von Dissidenten in Lagern sowie die Ernennung von Militärbefehlshabern, die unter besonderen Umständen Autorität ausüben sollten. Neben der Leitung der Contra-Operation in Nicaragua arbeiteten Vizepräsident George H. W. Bush und sein Vertrauter im Weißen Haus, Oberst Oliver North, mit der FEMA zusammen, um das COG-System zu einer Schattenregierung zu perfektionieren, die an die Stelle der offiziellen, gesetzlich vorgeschriebenen Behörden treten konnte. Mit einem System von über die USA verteilten Kommandozentralen, einige davon mobil, und einer Kommunikations- und Logistikzentrale in Arizona konnte das Land im Bedarfsfall im Ausnahmezustand geführt werden. Die Kommandozentralen waren mit vier Boeing E-4-Kommandoposten, so genannten Doomsday-Flugzeugen, verbunden, die auf dem Luftwaffenstützpunkt Offut in Nebraska stationiert waren.[55]

Dieser Parallelstaat trat am 11. September 2001 in Aktion, mit Cheney als Vizepräsident an der Spitze und Rumsfeld als Verteidigungsminister, umgeben von Neocons wie seinem Stellvertreter Paul Wolfowitz und anderen. Wie Adam Curtis in der BBC-Dokumentation *„The Power of Nightmares“* (2004) zeigt, verflüchtigten sich im darauf folgenden Krieg gegen den Terror die Versprechen des amerikanischen Traums bald und wurden durch die Politik der Angst ersetzt, eine Regierungsform, die auf Verängstigung der Öffentlichkeit beruht. Mit dem Patriot Act wurde die Demokratie um mehrere Stufen zurückgeschraubt. Orwells Einschätzung des permanenten Krieges als Mittel zur Sicherung der bestehenden Gesellschaftsordnung hatte sich bewahrheitet. Erst durch die Enthüllungen von Wikileaks über US-Kriegsverbrechen und von Edward Snowden über das Abhören der ganzen Welt durch die *Five Eyes* (die Geheimdienste der USA, Großbritanniens, Kanadas, Australiens und Neuseelands) wurde das ganze Ausmaß dieses Systems sichtbar.[56]

In der Covid-Krise erfährt das oben beschriebene parallele oder „tiefe Staatssystem" eine weitere große Umgestaltung, diesmal als Teil eines globalen Informationskriegs gegen die Weltbevölkerung. Denn die Errichtung einer autoritären Überwachungsgesellschaft setzt voraus, dass die liberale Gewaltenteilung zwischen Legislative, Exekutive und Judikative durch eine integrale Staatsmacht ersetzt wird, die die Volkssouveränität abschafft und die Bevölkerung einer permanenten Kontrolle unterwirft.

Bevölkerungsüberschuss im digitalen Kapitalismus

Seit den 1980er Jahren hat der Angriff auf den Sozialstaat im Namen des Neoliberalismus in praktisch allen Ländern der Welt den Puffer beseitigt, der die Bevölkerungen vor der hemmungslosen Ausbeutung durch das Kapital schützte.[57] Der größte Schock in diesem Übergang war die Öffnung Chinas und der Zusammenbruch des Ostblocks und der UdSSR, wodurch das weltweite Arbeitskräfteangebot innerhalb von zwei Jahrzehnten von 1,5 auf mehr als 3 Milliarden Menschen anstieg.[58]

Aufgrund des gleichzeitigen Abbaus der Sozialsysteme auch in den reicheren Teilen der Welt (wenn auch weniger schockartig) hat die soziale Unsicherheit überall zugenommen. Dies führt nicht nur zu „rationaler Armut", d. h. zu einem Mangel an Kaufkraft, sondern auch zu spezifischen psychischen Störungen.[59] Wenn dies bereits in den noch relativ wohlhabenden Teilen der Welt der Fall ist, wie sieht es dann in den weniger begünstigten Regionen aus? Je weiter entfernt vom kapitalistischen Kernland, desto mehr führen dort die Erschöpfung der sozialen und natürlichen Grundlagen der organisierten Existenz sowie die daraus resultierenden bewaffneten Konflikte um Rohstoffe und andere Reichtumsquellen zu Extremen von Armut und Elend.

Zu Beginn des Jahrhunderts schätzte die Internationale Arbeitsorganisation ILO, dass etwa ein Drittel der weltweiten Erwerbsbevölkerung arbeitslos oder nur teilweise beschäftigt war. Zum Zeitpunkt des Finanzkollapses 2008 wurde geschätzt, dass 82 Prozent der nicht-landwirtschaftlichen Arbeitskräfte in Südasien, zwei Drittel in Afrika südlich der Sahara sowie in Ost- und Südostasien und 51 Prozent in Lateinamerika „informell" beschäftigt waren. Die globalen „Produktketten", über die billige Industriegüter in die entwickelten Märkte gelangen, haben ihren Ursprung in diesen unregulierten Arbeitsmärkten.[60] Im Jahr 2011 waren weltweit 1,53 Milliarden Menschen in unsicheren Arbeitsverhältnissen beschäftigt, die Hälfte der lohnabhängigen Bevölkerung. Im Jahr 2019 befand sich die Mehrheit der 3,5 Milliarden Arbeitnehmer in dieser Situation. In einem UN-Bericht wird vorausgesagt, dass das Aufkommen von Online-Arbeitsbörsen die Abwärtsspirale der Beschäftigungsbedingungen weiter vertiefen wird.[61]

Dieser Trend ist auch in den fortgeschrittenen Industrieländern zunehmend zu beobachten. Seit 2008 haben die neue Welle der Digitalisierung und das Aufkommen von IT-Plattformen eine sehr schnelle Transnationalisierung von Dienstleistungen ausgelöst. Im Jahr 2017 machten sie rund 70 Prozent des gesamten Bruttoweltprodukts aus. Infolgedessen wird selbst hochqualifizierte Wissensarbeit durch Computer ersetzt, und es kommt zu einer Verschmelzung neuer Technologien, da die Grenzen zwischen der physischen, digitalen und biologischen Welt verschwinden.[62] In einem Weißbuch hat das bereits erwähnte Weltwirtschaftsforum (WEF) die Konturen des für 2030 erwarteten Arbeitsmarktes gezeichnet. Es schätzt, dass 83 Prozent der Arbeitskräfte von zu Hause aus arbeiten werden und 40 Prozent aller Aus- und Weiterbildungsmaßnahmen digitalisiert sein werden, so dass sie aus der Ferne organisiert werden können. Dadurch wird die soziale Dimension dieser Tätigkeiten (Arbeit und Bildung) weitgehend beseitigt, was zur Folge hat, dass die große Mehrheit der Menschen tatsächlich isoliert ist und sich zu Hause einschließt. Zwischen 13 und 28 Prozent der Weltbevölkerung werden vorübergehend oder dauerhaft überflüssig, d. h. 1 bis 2 Milliarden Menschen, die keine Rolle mehr im Prozess der sozialen und wirtschaftlichen Reproduktion spielen.[63]

Gleichzeitig häuft sich der Reichtum an der Spitze. „Kapitalismus" bedeutet heute, dass eine Oligarchie von Multimilliardären an der Macht ist, die von einem Kader relativ gut ausgebildeter und bezahlter Spezialisten unterstützt wird. In seinem Bestseller *„Das Kapital im 21. Jahrhundert"* spricht Thomas Piketty von einem oligarchischen Trend, „einem Prozess, bei dem *reiche Länder zum Eigentum ihrer eigenen Milliardäre werden"*.[64] Diese Tendenz ist auch in China und Russland zu beobachten, obwohl die Staatsklasse, die ihre Macht nicht auf Eigentum, sondern auf ihrem Zugriff auf den Staatsapparat gründet, immer noch einen Einfluss hat, der dem der Oligarchen mindestens gleichwertig ist.

Ein neues „1848"?

Die Menschen, die im digitalen Kapitalismus entlassen werden, bleiben nicht passiv und warten ab, was als nächstes passiert. Sie reagieren aktiv, durch alle Arten von Widerstand und durch Migration aus den armen Teilen der Welt in die reicheren, vom Land in die Städte. Seit den 1980ern lebt die Mehrheit der Weltbevölkerung in städtischen Gebieten, und auch dort sind Unruhen endemisch geworden. Eine Folge davon ist, dass Konflikte, die früher auf dem Land oder im Dschungel ausgetragen wurden, etwa in Indonesien, Vietnam oder Mittelamerika, jetzt in den Städten stattfinden. Auch die Grenzen zwischen Streiks, Demonstrationen und Straßenunruhen mit Brandstiftung und Plünderungen sind fließend geworden. Ein Bericht der RAND Corporation von 1997 spricht von einer „Urbanisierung der Aufstände". Dabei spielt es keine Rolle, ob wir es mit politisch bewussten Gegnern, „Terroristen", gewöhnlicher Straßenkriminalität oder ziellosen Unruhen zu tun haben. Jeff Halper zitiert einen israelischen Spezialisten für Bevölkerungskontrolle, der die Betonung des Terrorismus zurückweist. Es gehe vielmehr darum, sich mit einer „unruhigen Unterschicht" auseinanderzusetzen.[65] „Der wirkliche Krieg gegen den Terror", schreibt Mike Davis, „ist der weltweite Krieg von geringer Intensität und unbegrenzter Dauer gegen kriminalisierte Teile der armen Stadtbevölkerung."[66]

In seinem Werk *Clash of Civilizations,* das ursprünglich als Artikel in *Foreign Affairs* 1993 erschien, versah Huntington den globalen Arbeitskräfteüberschuss mit dem Etikett „muslimisch" und sah den Nahen Osten als Hauptbrandherd. Die westliche Zivilisation, argumentierte er, stehe vor der Herausforderung der kombinierten Bedrohung durch den Islam und den „Konfuzianismus" aus Asien. Der Islam sei auch eine Quelle der Inspiration für Gewalt, sprich: Terrorismus. Die junge, arbeitslose Bevölkerung in den muslimischen Ländern, die nur darauf hoffen kann, in den Städten, auch im Westen, Arbeit zu finden, hat diese gewalttätige Doktrin in das Herz der christlichen Zivilisation getragen – zumindest nach Huntingtons These.[67] Als Folge des allgemeinen Gefühls der Unsicherheit aufgrund der vielen Neuankömmlinge in den expandierenden Städten ist es auch zu einer Militarisierung der Polizei gekommen, und das Ausmaß der Gewalt hat allgemein zugenommen. In diesem Prozess hat die Strafverfolgung bestimmte Merkmale des Bandenlebens übernommen, wobei das Vorgehen der Polizei immer brutaler wird, da sie sich die Praktiken der Straßenkriminalität zu eigen macht, die nicht durch Rechtsstaatlichkeit, sondern durch schiere Gewalt gedeckt ist.[68] In der Covid-Krise haben viele Menschen diese Art von Verhalten aus erster Hand erfahren.

Huntingtons Ansichten über die Bedrohung durch die islamische Welt deckten sich mit den Ideen, die Kriege Israels mit seinen Nachbarn von den USA als Krieg gegen den Terror führen zu lassen. Benjamin Netanjahu, der künftige Ministerpräsident, sprach auf einer der Vorbereitungskonferenzen, auf denen dieses Thema entwickelt wurde (1984 in Washington), von einer „Bevölkerung, die durch Angst geeint ist“. Dies ist nicht nur der Fall, wenn ein Zwischenfall eintritt; vielmehr wird jetzt ein permanenter Ausnahmezustand geschaffen, in dem der Unterschied zwischen normalen Zeiten des geordneten Zusammenlebens und Situationen akuter Bedrohung aufgehoben wird.[69] Auch hier ist die beste Bezeichnung für diesen Zustand der „falsche Krieg“, von dem Orwell in *1984* sprach.

Im November 1999 entstand jedoch auch eine spezifisch antikapitalistische Bewegung, als sich Tausende von Demonstranten aus der ganzen Welt in Seattle an der amerikanischen Westküste versammelten, um ihren Widerstand gegen eine weitere Liberalisierung und Internationalisierung der Weltwirtschaft zu bekunden.[70] Sicherlich wurde die „Antiglobalisierungsbewegung“, die in Seattle aufkam, durch die Gewaltexplosion nach dem 11. September ins Abseits gedrängt, aber die Bedrohung durch einen globalen Aufstand und die Möglichkeit, dass er sich explizit gegen die kapitalistische Ordnung richten könnte, wurde nicht gebannt. Letztlich spielt es für die westliche herrschende Klasse keine Rolle, ob sich der Widerstand aus organisierten Arbeiterunruhen oder religiös oder ethnisch inspirierter Unzufriedenheit speist, und der Rückgriff auf Armee- und Polizeigewalt ist daher langsam, aber sicher zur Routine geworden.[71]

Die Finanzkrise hat den sozialen Kampf auf globaler Ebene nur beschleunigt. Gleich im Jahr 2008 kam es in mehr als 20 Ländern zu schweren Unruhen, weil die Menschen ihre täglichen Einkäufe nicht mehr bezahlen konnten. Die Weltmarktpreise für Lebensmittel waren zunächst durch die aus dem Ruder gelaufenen Spekulationspraktiken in die Höhe geschossen; als diese zusammenbrachen, blieben die Preise in vielen armen Ländern hoch, da das Angebot versiegte. Die Verpachtung landwirtschaftlicher Flächen in armen Ländern zugunsten der Ernährungssicherheit reicher Länder hat die Probleme vor Ort nur noch verschärft.[72]

Wie bereits erwähnt, zeigten in den folgenden Jahren alle Indikatoren für soziale Unruhen weltweit einen Aufwärtstrend. Ein Vergleich der Zahlen in der *Cross National Time Series* (CNTS) zeigt, dass alle Rekorde für soziale Unruhen im Zeitraum ab 2008 gebrochen wurden. Nach 2011 gab es einen starken Anstieg der Streiks, als sich die Zahl nach Jahren des Rückgangs in einem Jahr verdreifachte; 2015 wurde der bisherige Rekord (1988) gebrochen. Auch die Zahl der regierungsfeindlichen Demonstrationen nahm nach 2010 rapide zu, und die Zahl der Unruhen stieg nicht minder spektakulär an (nach 2011 versechsfachte sie sich) und brach 2013 den Rekord von 1968/69. Das Vertrauen in die Regierung und noch mehr in „offizielle" Informationen nahm in allen Ländern ab. Eine solche Explosion sozialer Unruhen fand auch am Vorabend der beiden Weltkriege statt, was wiederum an Orwells Schlussfolgerung erinnert, dass Kriege hauptsächlich dazu dienen, die bestehende Ordnung aufrechtzuerhalten.[73]

Für Brzezinski waren die Aufstände in Tunesien, Ägypten und anderswo in Nordafrika und im Nahen Osten (der „arabische Frühling") Anlass für die Warnung, der globale Bevölkerungsüberschuss in Verbindung mit der Informationsrevolution kündige ein neues 1848 an (das Revolutionsjahr in Europa, in dem auch das *Kommunistische Manifest* erschien). Es könne durchaus sein, argumentierte er in seinem letzten Buch *Strategic Vision*, dass die Millionen junger Menschen in der Welt von heute das Äquivalent zu Marx' „Proletariat" sind; während ihre Aussichten auf ein menschenwürdiges Dasein minimal sind, sind sie durch das Internet über die politische und soziale Realität, die ihre Misere verursacht, reichlich informiert.[74] Auch andere erkannten die Ähnlichkeit mit 1848, aber in einem Bericht von 2013 kam die Internationale Arbeitsorganisation (ILO) zu dem Schluss, die akuteste Gefahr einer solchen Explosion bestehe nicht im Nahen Osten, sondern in der EU, und zwar in der südlichen Hälfte mehr als im Norden.[75] Vor allem Frankreich schien auf eine revolutionäre Krise zuzusteuern – bis die „Pandemie" ausgerufen wurde. Bevor wir darauf eingehen, sollten wir die Veränderungen in der Klassenstruktur der westlichen Gesellschaft im Allgemeinen betrachten.

Migration und das metropolitane Universum

Die Entlassung von mehr als einer Milliarde Menschen unter den Bedingungen von Verarmung, Konflikten und dem Zusammenbruch der natürlichen Lebensgrundlagen aufgrund Raubbau und Umweltverschmutzung ist in der ehemaligen Dritten Welt natürlich viel brisanter als im Westen, der in dieser Hinsicht noch einige Reserven hat. So wie Afrika einst von dem späteren US-Finanzminister Larry Summers als „unterverschmutzt" bezeichnet wurde und sich daher gut als Deponie für Chemieabfälle eignete, ist Kontinentaleuropa nach Ansicht eines anderen führenden Wirtschaftsstrategen, des Iren Peter Sutherland, von Nichteuropäern „unterbevölkert".

Sutherland bekleidete mehrere Schlüsselpositionen wie den Vorsitz von Goldman Sachs International, BP und anderen Unternehmen und war gegen Ende seines Lebens auch Hoher Beauftragter für Migration der Vereinten Nationen. Im Jahr 2012 hielt er in einer Reihe von Vorträgen und Interviews den englischsprachigen Westen als Vorbild für Europa in Sachen Migration hoch. Die EU solle ihre Grenzen komplett öffnen, denn auch die USA, Kanada, Australien und Neuseeland verdankten ihren Wohlstand laut Sutherland diesem Vorgehen. Als strukturelle Einwanderungsländer assimilieren sie viel leichter weitere Neuankömmlinge, unabhängig von deren unterschiedlichen Hintergründen. Im Gegensatz dazu „haben wir [als Europäer] immer noch ein Gefühl der Homogenität und des Unterschieds zu anderen", und Sutherlands dringender Rat war, die Europäische Union solle ihr Möglichstes tun, „um das zu untergraben".[76]

Bei den Vereinten Nationen und als Leiter des Globalen Forums für Migration und Entwicklung setzte sich Sutherland bis zu seinem Tod konsequent dafür ein, dass Migration eine allgemein akzeptierte und normale Form der Verteilung des Bevölkerungsüberschusses auf den Kontinenten wird. Im Dezember 2018 wurden seine Bemühungen belohnt, als 164 Länder in Marrakesch den *Global Compact for Safe, Orderly and Regular Migration* unterzeichneten. Bei dieser Gelegenheit bezeichnete UN-Generalsekretär Antonio Guterres Migration als unvermeidlich und notwendig; das Abkommen erklärt Migration zu einem Grundrecht, das mit vollem Zugang zu öffentlichen Dienstleistungen in den Ankunftsländern, unabhängig vom Status des Migranten, gewürdigt werden sollte. Übrigens fehlen in dieser (nicht verbindlichen) Vereinbarung die Unterschriften zweier der von Sutherland empfohlenen Einwanderungsländer: USA und Australien.[77]

Eine wichtige Erklärung für die Fähigkeit der anglophonen Siedlergesellschaften, mehrere Einwanderungswellen zu verkraften, liegt in der Tatsache, dass die indigenen Bevölkerungen Nordamerikas, Australiens und Neuseelands, nämlich die Amerindians, Aborigines und Maoris, weitgehend verdrängt, dezimiert und sogar ausgerottet wurden. Sicherlich gibt es offensichtliche Hierarchien zwischen den ursprünglichen angloamerikanischen Siedlern und den später Eingewanderten, aber letztlich kann keine der Einwandererkategorien von sich behaupten, die „ursprünglichen" Bewohner zu sein, da nur Reste von ihnen am Rande der Gesellschaft, in Reservaten usw. überleben. Hinzu kommt, dass in den USA die Nachkommen der aus Afrika verschleppten Sklaven zwar nach dem Bürgerkrieg formell emanzipiert, aber nach dem Sieg des Nordens im Rahmen der „Reconstruction" wieder zu Bürgern zweiter Klasse degradiert wurden. Trotz der schwarzen Bürgerrechtsbewegung in den 1960ern ist der Status als Bürger zweiter Klasse in vielerlei Hinsicht erhalten geblieben und hat die Einheit der weißen Bevölkerung gefestigt, zu der in gewissem Maße auch die Hispanics gehören.

Es ist nicht einfach, die Beweggründe für die Förderung der Migration zu rekonstruieren. Ein möglicher Grund für die Vision von Sutherland und der UNO (die, wie wir sehen werden, in den 1980er Jahren durch einen früheren *Global Compact* unter die Aufsicht des transnationalen Kapitals gestellt wurde) scheint in dem Versuch zu liegen, den sozialen Zusammenhalt der europäischen Gesellschaften aufzulösen. Schließlich haben sich die „Einheimischen" in Europa behaupten können, weil die Einwanderer in erster Linie als Arbeitskräftereserve und nicht als bewaffnete Kolonisatoren gekommen sind. Aber dieser Zusammenhalt macht sie auch zu einem potenziellen Hindernis für die Erhöhung der Ausbeutungsrate, auf die sich die Kapitalakkumulation stützt. (Dies ist auch ein Aspekt der aktuellen Covid-Krise, durch die medizinisch sinnlose „soziale Distanzierung"). Eine weitere mögliche Überlegung ist, dass die Sozial- und Sicherheitsinfrastruktur des Westens besser in der Lage ist, mit sozialen Unruhen umzugehen als die Auswanderungsländer, so dass es auch einen Kontrollaspekt bei der Migration gibt, da es immer die jüngeren, aktivsten und unternehmungslustigsten (und potenziell problematischen) Menschen sein werden, die auswandern. Dennoch ist das Überleben des Großteils der einheimischen Bevölkerung in Europa nach wie vor ein Thema von großer Bedeutung. Ihr Widerstand gegen die Masseneinwanderung hat bisher vor allem den Aufstieg des Nationalpopulismus begünstigt.

Kader, Einwanderer und die einheimische Überschussbevölkerung

Die Verteilung des globalen Bevölkerungsüberschusses auf die Städte (das Ergebnis *jeglicher* Migration ist Urbanisierung) hat dazu geführt, dass sich im Westen ein städtisches Immigranten-Subproletariat bildete, das einen gewissen Modus vivendi mit der privilegierten Schicht der technischen und leitenden Angestellten erreicht hat, die ebenfalls in den Städten konzentriert ist. Diese moderne Dienstleistungskategorie, die in Ländern wie Frankreich und den Niederlanden bis zu 20 Prozent der Erwerbsbevölkerung ausmacht, teilt sich den städtischen Raum mit einer Einwandererbevölkerung der untersten Einkommensklasse, mit unregelmäßiger Arbeit, schlechten Wohnungen usw. In Osteuropa hingegen wurden die Einwanderer weitgehend ferngehalten, und die konservativen Führer haben ihre Wählerschaft erfolgreich unter der „einheimischen" Bevölkerung aufgebaut, die sich in Westeuropa vergessen und verlassen fühlt.

In seinem Buch *La France périphérique* von 2015 vergleicht Christophe Guilluy die Demografie der französischen Metropolen Paris, Lyon usw. mit der der Provinzstädte. Er zeigt auf, dass letztere, die die „Peripherie" bilden, in der Regel von einer marginalisierten „einheimischen" Bevölkerung bewohnt werden, deren wirtschaftliche Rolle stark abgewertet wurde.[78] In anderen Ländern gibt es eine vergleichbare Unterscheidung: in den USA ist der Mittlere Westen die Peripherie der Großstädte an der Ost- und Westküste; in Großbritannien ist der Norden Englands die Peripherie Londons und des Südostens. Selbst in den Niederlanden, wo der Westen (Holland) einen fast vollständigen Ballungsraum bildet, stellen die östlichen Provinzen eine Peripherie im Sinne Guilluys dar, auch wenn die Trennlinien weniger scharf gezogen sind. Die Peripherie wird überall von ehemaligen Arbeitern, Büroangestellten, Ladenbesitzern und Landwirten dominiert, die im Vergleich zu den Großstädten marginalisiert sind. Wer also lebt dort?

Die Oligarchie als solche zählt zahlenmäßig nicht, obwohl ihr Einfluss auf die Gesellschaft enorm ist. Aber die 20 Prozent starke Oberschicht der qualifizierten Kader in den städtischen Ballungsräumen hat in wichtigen Bereichen eine herausragende Stellung. Sie verdienen hohe Gehälter im Dienstleistungssektor, in Design- und Beratungsunternehmen, Banken und Versicherungen, Investmentfirmen – als Angestellte oder Selbstständige. Auch in der modernen Industrie, die zunehmend mit allen Arten von Vermittlungsunternehmen verbunden ist, gibt es nach wie vor Fach- und Führungskräfte, die ebenfalls immer mehr dem Dienstleistungssektor ähneln. Daneben stehen Anwälte, Ärzte und andere freie Berufe. Sie alle sind zunehmend internationalisiert, d. h. gewohnt, mit Partnern im Ausland zu kommunizieren, zu Geschäfts- und Ausbildungszwecken ins Ausland zu reisen, und es gibt viele „Expats" in den Städten, die ihr kosmopolitisches Profil verstärken (mit den entsprechenden Folgen für den Wohnungsmarkt).

Paris und die anderen großen französischen Städte konzentrieren sich also auf Design und Forschung, wissensbasierte Wirtschaft, Governance, Finanzen usw. Obwohl in Paris nur 18 Prozent der französischen Bevölkerung leben, trägt es 30 Prozent zur Wertschöpfung der französischen Wirtschaft bei, mit drei anderen Ballungsräumen zusammen sogar mehr als die Hälfte.[79] Das ist in den Großstädten anderer westeuropäischer Länder, in Nordamerika und Ostasien nicht anders. In Amsterdam, der Heimatstadt des Autors, ist die Arbeitnehmerschaft typischerweise in den Bereichen „Beratung und Forschung“ (ein Fünftel der Gesamtbeschäftigtenzahl), Finanzinstitute, Information und Kommunikation usw. angesiedelt. Der Arbeitsmarkt im großstädtischen Dienstleistungssektor ist sehr dynamisch; die Einkommen in der wissensbasierten Wirtschaft sind relativ hoch, und Wohnraum ist eine gute Investition. Natürlich sind nicht alle Stadtbewohner hochbezahlt: Das Gesundheits- und Sozialwesen, die zweitgrößte Kategorie in Amsterdam, beschäftigt einen großen Anteil an Niedriglöhnern. Politisch und kulturell dominieren jedoch die privilegierten Kader die großen Städte im Westen.[80]

Der politische Mainstream und die regulären Medien, insbesondere die Nachrichtensendungen und Talkshows, in denen die wichtigsten Themen des Tages behandelt werden, spiegeln die Lebenswelt der großen städtischen Ballungsräume wider. Die Themen, mit denen sich die qualifizierten Kader beschäftigen, dominieren auch die Medien und die Politik. Die Besorgnis über die Verschlechterung der Umwelt und eine darauf abgestimmte Lebensweise, wie Veganismus, erneuerbare Energien usw., finden in der öffentlichen Debatte Widerhall. Das Einkommen wird in der Regel individuell ausgehandelt oder durch *Job-Hopping* verbessert. Das intellektuelle Erbe der Arbeiterbewegung, von Löhnen und Streiks bis hin zum Kampf gegen den Imperialismus, hat hier hingegen wenig Bedeutung. Stattdessen lässt sich leicht Unterstützung für eine „humanitäre Intervention“ mobilisieren, wenn auch mit einem hohen Anteil an „Keksen für Sarajewo“ (die exemplarische symbolische Unterstützung für die illegalen NATO-Bombardierungen von Rumpf-Jugoslawien in den Jahren 1995 und 1999). Moralische Bedenken haben den Materialismus bei der Analyse des Weltgeschehens gänzlich verdrängt, Geopolitik ist eine Angelegenheit der Guten (wir) gegen die Bösen und Hässlichen (sie). Daher rührt auch die Mode, sich für die Sklaverei und andere historische menschliche Tragödien zu „entschuldigen", bei denen wir leider *nicht* die Guten waren, die wir heute zu sein vorgeben.

Die Themen, die die städtischen Kader beschäftigen, fallen im Großen und Ganzen unter den Begriff der *Identitätspolitik,* insbesondere der Vielfalt, sowohl in sexueller als auch in ethnischer Hinsicht. Die Verbreitung von immer mehr Tabus durch Veränderung der Terminologie, oft durch subtile Verschiebungen, die über Universitäten und Medien verbreitet werden, hält den „richtigen Ton" aufrecht, von dem man besser nicht abweichen sollte.[81] Für die Kader ist das Leben eine Frage der Wahl. Toleranz gegenüber Unterschieden reicht nicht aus: Männlich oder weiblich zu sein (oder natürlich transgender) ist ebenfalls eine Entscheidung, die bereits den Schulkindern vermittelt werden muss.

Die Feier der Vielfalt schließt ethnische Unterschiede ein. Antirassismus ist der Ansatzpunkt. Nicht so sehr aus materieller Solidarität mit irgend jemandem, sondern um zu vermeiden, dass die Einwanderer und Minderheiten, mit denen man den städtischen Raum teilen muss, beleidigt werden. Eine Wiederholung der Krawalle, die in der jüngeren Vergangenheit London und Paris und natürlich die amerikanischen Großstädte heimgesucht haben, muss daher um jeden Preis vermieden werden. Die großstädtischen Antirassisten machen sich in der Regel weniger Sorgen um die dreieinhalb Millionen Kongolesen, die in den Gebieten umgekommen sind, in denen das Coltan für die Handys der Kader abgebaut wird.

Auch für die Fach- und Führungskader ist die anhaltende Zuwanderung kein Thema, da sie nur mit ihrer eigenen Gruppe um Arbeit und Wohnraum konkurrieren. Im Grunde genommen hat die städtische Oberschicht keinerlei Affinität zu Menschen, die ihren Lebensunterhalt nicht hinter einem Laptop verdienen, und sie hat auch keine Ahnung davon, wie sie z. B. die Covid-Verbote ertragen.[82] Dies hat dazu geführt, dass das Vertrauen, das die Herrschenden und die Medien bei den „besser Informierten“ Kaderleuten, und der Masse der Bevölkerung, sowohl der städtischen Einwandererbevölkerung als auch der marginalisierten „Einheimischen“, genießen, sich immer mehr unterscheidet. Dem Edelman-Vertrauensbarometer zufolge vertrauen in Frankreich 65 Prozent der „besser informierten“ Kader der Regierung und den Mainstream-Medien, gegenüber 45 Prozent der Masse der Bevölkerung; in den Vereinigten Staaten sind es 62 Prozent der erstgenannten Gruppe gegenüber 44 Prozent der Gesamtbevölkerung. In Großbritannien liegen die Prozentsätze bei 59 bzw. 43 und in Deutschland bei 62 bzw. 52. Glaubt man Edelman, so haben sowohl in Russland als auch in China die Regierung und die Mainstream-Medien kaum noch Glaubwürdigkeit.[83]

Nach der Abwanderung der Industrie ins Niedriglohnland ist das eingewanderte Subproletariat in die ehemaligen Arbeiterviertel gezogen. Mehr als die Hälfte der Bewohner solcher Viertel in Frankreich sind heute Einwanderer, deren Einkommen zusammen mit der Wohnqualität stark gesunken ist. Menschen mit Migrationshintergrund stellen heute die Mehrheit in westeuropäischen Großstädten.[84] Auch für sie gibt es einen funktionierenden Arbeitsmarkt, auf dem ständig Jobs angeboten werden: als Reinigungskräfte, in der Gastronomie, notfalls auch im kriminellen Bereich. Für diejenigen, die den Schritt aus der legalen Tätigkeit nicht wagen wollen, gibt es einen sozialen Nutzen oder das lokale familiäre Netzwerk, denn für verschiedene Gruppen von Zuwanderern gibt es am neuen Wohnort eine Ersatzgesellschaft mit eigenen qualifizierten Beschützern und über Satelliten-TV, Moschee etc. eigene subkulturelle Enklaven.

Es stellt sich nun die Frage, was mit dem *politischen Erbe* der einheimischen arbeitenden Bevölkerung geschehen ist, die im Zuge des Verlusts von Industriearbeitsplätzen und des Niedergangs der damit verbundenen Mittelschicht durch das Anwachsen dieser urbanen Kombination aus qualifizierter Wissensökonomie und Unterschicht an den Rand gedrängt wurde. Und mit den Ladenbesitzern infolge des Vordringens der großen Einzelhandelsketten.

Meine These ist, dass der Niedergang der traditionellen Linken als Lebenswelt es ihren ehemaligen politischen Vertretern (Arbeiterparteien, Gewerkschaften) ermöglicht hat, in dem zu verschmelzen, was ich die *breite Mitte* der Politik nenne. Innerhalb der breiten Mitte, in der die Positionen, die ihren Ursprung in dem vom Kader dominierten metropolitanen Universum haben, hegemonial sind, bilden sie die linke Mitte, oft in Koalitionen mit der rechten Mitte. Abgesehen von den oben beschriebenen (sub-)kulturellen Positionen (Diversität und Identitätspolitik) geht es dabei um Hinnahme, Bekenntnis zu und sogar aktive Förderung des neoliberalen globalisierenden Kapitalismus einschließlich seiner „polizeilichen" Dimension, der humanitären Intervention, die früher als Imperialismus und Kanonenbootpolitik kritisiert und bekämpft wurde. Infolgedessen ist die einzige politische Strömung, die noch in der Lage ist, die Unzufriedenheit der Ausgegrenzten zu repräsentieren und davon zu profitieren, der nationalistische Populismus, auf den wir im nächsten Kapitel näher eingehen werden. Die gesamte einheimische Bevölkerung, die von den mit der Globalisierung verbundenen sozialen Kräften verdrängt wird, am oberen wie am unteren Rand, wird von der breiten Mitte als rassistisch und „rechts", ja sogar „rechtsextrem" abgetan, sobald sie ihre Stimme erhebt. Im Gegenzug wird die breite Mitte mit ihrem enormen politischen und kulturellen Einfluss von den Wortführern des nationalen Populismus als „links" oder „linksgrün" bezeichnet. Diese Verwirrung der Bezeichnungen wird in Kapitel 3 weiter ausgeführt, wo ich argumentieren werde, dass der nationalistische Populismus maßgeblich auch von der herrschenden Klasse unterstützt, aber vom Mainstream aus den dort erläuterten Gründen auf Distanz gehalten wird.

Dennoch hat die Protestbewegung in mehreren Ländern unbestreitbar progressive Formen angenommen. Ich würde so weit gehen zu sagen, dass, wenn dies nicht der Fall gewesen wäre, die Notwendigkeit, die Covid-Notbremse zu ziehen, vielleicht gar nicht erst entstanden wäre.

Aufstände in Indien, Chile und Frankreich

Wir haben bereits gesehen, dass die schnell wachsende Weltbevölkerung in den Jahren nach dem Finanzkollaps von 2008, genau wie am Vorabend der beiden Weltkriege, unruhig wurde, und zwar in einem noch nie dagewesenen Ausmaß. Konkrete Forderungen, soweit solche gestellt wurden, gingen in alle Richtungen: von Lohnkämpfen und antikapitalistischen Bewegungen bis hin zu separatistischen Bestrebungen wie in Schottland und Katalonien. Aber auch Krawalle und Plünderungen ohne klare politische Handschrift waren Teil der zunehmenden Unzufriedenheit und Wut der Bevölkerung. Ein neues „1848" bedeutet jedoch mehr als das: fortschrittliche soziale Bewegungen mit umfassenden, nicht-sektiererischen Forderungen, von Einkommen und Wohnraum bis hin zur Demokratie. Solche Bewegungen waren in mehreren Ländern zu beobachten.

Ich beginne mit Indien. Hier waren Narendra Modi und seine Hindu-Nationalisten, eine praktisch faschistische Bewegung, an die Macht gekommen. Modi war 2014 dank seiner persönlichen Popularität und der Mobilisierung einer sektiererischen Unterströmung im Hinduismus gegen die Muslime des Landes gewählt worden. Diese Strömung ging im Grunde bis auf den britischen Kolonialismus zurück, der sich stets auf den Kommunalismus gestützt, aber unter der verwestlichten Kongressherrschaft die synkretistische hinduistische Tradition nie ganz verdrängt hatte.[85] Modi zog jedoch alle Register der antimuslimischen Stimmung im Land und setzte gleichzeitig die neoliberale Wende fort, die zu einem beispiellosen, buchstäblich selbstmörderischen Elend führte, vor allem unter den Kleinbauern.

Doch im Vorfeld der Wahlen im Frühjahr 2019 begann sein Glanz zu verblassen, und obwohl er durchhielt, war dies offensichtlich der Zeitpunkt, seine letzten Karten auszuspielen. Im Dezember 2019 hob Modi die Autonomie der Provinz Kaschmir mit ihrer großen muslimischen Bevölkerung auf; außerdem ließ er ein Einwanderungsgesetz erlassen, das Neuankömmlingen die Staatsbürgerschaft verlieh, sofern sie keine Muslime waren. Dies führte in ganz Indien zu massiven Demonstrationen und Unruhen, in denen auch andere Themen zum Ausdruck kamen. Politisch schlug sich dies nieder, als Arvind Kejriwal seine Partei der Armen, AAP, im Februar 2020 zu einem überwältigenden Wahlsieg in der Hauptstadt Delhi führte. Der Wahlslogan, der sich gegen die antimuslimische Politik von Modis BJP richtete, lautete: Der wahre Nationalismus besteht darin, sich für das Volk zu engagieren.[86]

Mit einer gewissen Vorsicht könnte man sagen, dass diese Wiederbelebung des sozialen Kampfs keineswegs vorhatte, in nationalpopulistische Gewässer vorzudringen, im Gegenteil: Der antimuslimische Populist war ja bereits an der Macht. Die „Pandemie" kam Modi jedenfalls gerade recht. Indien verzeichnete 97 Todesfälle durch Covid-19 pro eine Million Einwohner, das sind knapp 160.000 Menschen in einem Land, in dem jedes Jahr 7,2 Millionen der 1,4 Milliarden Einwohner sterben.[87] Dennoch wurde das Land am 24. März streng abgeriegelt; die Regierung trat im Fernsehen mit Gesichtsmasken und in großzügigem Abstand zueinander auf. Für die Masse der Bevölkerung war das Spektakel weniger angenehm: Hunderttausende von Hausangestellten wurden aus Angst vor „Verseuchung" weggeschickt und mussten zu Fuß in ihre Dörfer zurückkehren. Das Land befand sich in einer politischen Sackgasse und schlug im April 2021 sogar Alarm wegen einer neuen „Welle" der „Pandemie", die im Zuge einer Impfkampagne auftrat (obwohl die Regierung kurz zuvor damit begonnen hatte, das hochwirksame Ivermectin zu verteilen).

Um die Jahreswende 2019/20 wurde auch Chile von einem gewaltigen Aufstand erschüttert, der zwei Monate andauerte und von großer symbolischer Bedeutung war, denn 1973 setzte ein blutiger Militärputsch der sozialistischen Regierung von Salvador Allende ein Ende. Danach hatte das Land die zweifelhafte Ehre, zum ersten Testgebiet für die neoliberale „Marktreform" zu werden, die der integrierten industriellen Wirtschaft und der Arbeiterbewegung für immer ein Ende setzen sollte. Im Oktober 2019 kam es jedoch zu Studentenunruhen, auf die die Regierung des Milliardärs Piñera mit militärischer Gewalt reagierte. Die daraufhin einsetzende breite Protestbewegung ließ sich wiederum nur schwer eindämmen. Als nach monatelangen Protesten bereits 26 Tote zu beklagen waren, mehrere davon in Polizeigewahrsam oder durch das Militär, schien die Regierung zu Zugeständnissen bereit, doch dies kam offensichtlich zu spät. Nur eine neue Verfassung konnte die Öffentlichkeit zufriedenstellen, und für den 26. April 2020 war ein Referendum geplant, bei dem die Bevölkerung gefragt werden sollte, welche Form eine verfassungsgebende Versammlung haben sollte.[88] Eine vorläufige Volksbefragung ergab eine noch nie dagewesene Unterstützung für eine neue Verfassung – aber auch hier griff die Covid-„Pandemie" gerade noch rechtzeitig ein. Am 22. März wurde eine landesweite Ausgangssperre verhängt, um den Ausbruch der Krankheit einzudämmen (zu diesem Zeitpunkt gab es in Chile 632 „Fälle"). Kurze Zeit später wurden Santiago und andere Städte abgeriegelt. Inzwischen ist Chile das einzige Land, in dem ein offizielles System von Immunitätspässen eingeführt wurde.[89] Das Verfassungsreferendum wurde auf Oktober 2020 verschoben, aber die Wahlen für eine Verfassungsversammlung im Mai 2021 endeten mit einem überwältigenden Sieg der progressiven Kräfte.

Wenden wir uns nun Frankreich zu, dem eigentlichen Brennpunkt der Unzufriedenheit in der EU. Auch wegen Frankreich sah die IAO in ihrem Bericht 2013 (Süd-)Europa als das Zentrum eines neuen „1848". Das erklärt, warum die EU eine so herausragende

Rolle bei der Vorbereitung auf die „Pandemie" und die Impfkampagne gespielt hat, wie wir weiter unten sehen werden. Meine These ist, dass die französische Bewegung auch nicht auf Populismus reduziert werden kann; nur weil es keine wirklich progressive Alternative gibt, ist die Unterstützung für Marine le Pen so stark; Luc Mélenchon mit seinem *La France insoumise* , dem „Frankreich, das sich nicht unterkriegen läßt", konnte seinen überraschenden Erfolg bei den Präsidentschaftswahlen 2016 nicht konsolidieren. Hinzu kommt, dass die Partei von Marine Le Pen, anders als der nationalistische Populismus in anderen Ländern, kein neoliberales Sozialprogramm hat. Sie hat im Großen und Ganzen die Wirtschaftspolitik öffentlicher Investitionen und Kaufkraft übernommen, die auch das Rückgrat des *Programm Commun* der vereinigten Linken in den 1970er Jahren war.

Guilluy, der Autor des bereits erwähnten *La France périphérique*, war natürlich ein gefragter Kommentator, als Ende 2018 die wöchentlichen Demonstrationen der Gelbwesten begannen, ausgelöst durch eine Erhöhung des Dieselpreises. Schließlich war nicht schwer zu erkennen, dass hier die marginalisierten „einheimischen" Franzosen aus der Provinz demonstrierten. Ihr Slogan lautete „on est là" („Wir sind (noch) hier"). Die Bewegung wurde jedoch nicht von den Gewerkschaften unterstützt, selbst die CGT-Führung hielt sich trotz Druck der Mitglieder zurück – bis die landesweite Revolte gegen die Privatisierung des französischen Rentensystems alle sozialen Proteste zu einer einzigen Bewegung zusammenführte. Die städtischen Kader hielten sich jedoch weiterhin zurück. Als die Tageszeitung *Le Monde* entgegen den Gepflogenheiten der Mainstream-Medien über eine Demonstration der *Gilets jaunes* berichtete und deren Hintergründe beleuchtete, reagierten die Leser in Paris und anderen Großstädten heftig. Selbst die Redakteure der Zeitung waren über die aggressive Verachtung gegenüber den Demonstranten erstaunt. Das hielt Guilluy nicht davon ab, vorherzusagen, dass die *Gilets jaunes* nicht aufzuhalten sein würden.[90] Dies war lange vor der „Pandemie", die sich seitdem zu einer neuen Etappe der laufenden Klassenkämpfe in Frankreich entwickelt hat. Während „die Maßnahmen" zu den bereits 5,8 Millionen registrierten Arbeitssuchenden eine weitere Million hinzufügten, zeigt der Einsatz der Armee, dass wir es mit einem Staatsstreich zu tun haben.[91]

In Frankreich kommt es seit fünf Jahren zu heftigen sozialen Unruhen, die auf die Politik der Deindustrialisierung und den anhaltenden Abbau des Sozialversicherungssystems durch die aufeinanderfolgenden Präsidenten, zuletzt François Hollande (mit Macron als Berater, dann als Minister und jetzt selbst als Präsident), zurückzuführen sind. Noch im November 2020 fand trotz der Covid-Einschränkungen eine Massendemonstration gegen das Sicherheitsgesetz statt. Sie knüpfte an Proteste gegen das Arbeitsgesetzbuch von 2016 und die der Gelbwesten an, die im Kampf gegen die Rentenreform gipfelten. Letzterer nahm zur Jahreswende 2019/20 Züge eines allgemeinen Aufstandes an. Dazwischen gab es eine Reihe lokaler Bewegungen gegen Fabrikschließungen und Entlassungen. Bei allen Unterschieden sind diese Volksbewegungen laut Claude Serfati Ausdruck der sozialen Erschöpfung Frankreichs, auf die mit dem Covid-Ausnahmezustand reagiert wurde. Darüber hinaus hat die Regierung Macron ein Registrierungssystem eingeführt, das die politischen, philosophischen und religiösen Ansichten einer Person sowie ihre Mitgliedschaft in einer Gewerkschaft erfasst.

Das Sicherheitsgesetz mit seinen weitreichenden Bestimmungen steht in gewisser Weise im Widerspruch zu Guilluys These. Die Strafverfolgungsbehörden sind nun gegen ein Kontinuum von vermeintlichen Bedrohungen, von sozialen Bewegungen bis hin zu Wutausbrüchen in den Vorstädten, gewappnet. Im Visier sind sowohl die Anhänger der Gelbwesten als auch die eingewanderte Stadtbevölkerung. Nach Ansicht des Bildungsministers sieht sich Frankreich mit der Bedrohung durch den *Islamo-Gauchismus* konfrontiert, d. h. die Linke plus Islam, eine Kombination, die vor allem an den Universitäten grassiert. Das Gesetz gegen den Separatismus soll insbesondere dieser Bedrohung entgegenwirken.[92]

Wie in Indien und Chile ist also die fortschrittliche Bewegung das Angriffsziel der Staatsmacht, und das ist natürlich niemals eine Angelegenheit Frankreichs allein. Schließlich spricht vieles für die These, dass Deutschland als mächtigstes Land in der EU und wichtigster ausländischer Investor in Frankreich eng in den Gegenangriff eingebunden ist. Wie 1870 und 1940 kann es (damals militärisch) in dem Wissen intervenieren, dass auf der anderen Seite der Grenze ein wesentlicher Teil der herrschenden Klasse die deutsche Unterstützung bei der Niederschlagung des Volksaufstandes begrüßt.[93] Auch hier kam die „Pandemie" gerade zur rechten Zeit, nämlich auf dem Höhepunkt des Kampfes um die Rentenreform, an dem sich auch die Gelbwesten beteiligten. Bereits im Januar 2020 war klar, dass Macrons „Partei" bei den Kommunalwahlen im Frühjahr schwere Verluste erleiden würde. Als die „Pandemie" ausgerufen wurde, zögerte der Präsident daher nicht, den zweiten Wahlgang zu verschieben. Als dieser schließlich stattfand, lag die Wahlenthaltung noch näher bei 60 Prozent als im ersten Wahlgang, da sich die Politikverdrossenheit weiter ausbreitete.[94]

Damit sind wir bei der tatsächlichen Anwendung militärischer Gewalt angelangt.

Informationskrieg als Nebenprodukt der Aufstandsbekämpfung

Die Covid-Krise wurde genutzt, wenn nicht sogar überhaupt erst entfesselt, um die Disziplin in der Bevölkerung durch eine auf Angst basierende Informationskampagne wiederherzustellen. Die Techniken für eine solche Kampagne wurden in der US-amerikanischen Aufstandsbekämpfung entwickelt. Wie beim Vergleich mit der Folter scheint die Verbindung auf den ersten Blick sehr dünn, aber es besteht ein direkter Zusammenhang zwischen der imperialistischen

Guerilla-Bekämpfung in Vietnam, Mittelamerika, Afghanistan und Irak und der Repression, die derzeit durch die Abriegelungen ausgeübt wird.

Im Kampf um die Entkolonialisierung Afrikas und Asiens ging es darum, zu verhindern, dass die Unabhängigkeit von den europäischen Mutterländern durch Gruppen errungen wird, die sich nicht in ein neokoloniales Verhältnis fügen wollen. Nach der Entkolonialisierung übernahmen die USA, die dieses strategische Ziel verfolgten, die Taktik der Briten aus Malakka und Kenia, Agenten in den Widerstand einzuschmuggeln und dessen Führung auszuschalten. Nach dem Erfolg des blutigen Militärputsches gegen Sukarno in Indonesien im Jahr 1965, bei dem Militärkommandeure und radikale muslimische Studenten mit Todeslisten versorgt wurden, starteten sie die *Operation Phoenix*, um auch in Vietnam führende Kader aufzuspüren. Sie wurden zu Zehntausenden ermordet, um den Widerstand an der Wurzel auszurotten.[95]

Das Phoenix-Modell mit seiner auf systematischer nachrichtendienstlicher Erfassung basierenden Penetration und Provokation wurde in den 1970er Jahren in Italien in der Strategie der Spannung und in den 1980er Jahren in einer Reihe von illegalen Drogen- und Anti-Terror-Operationen im Libanon und in Mittelamerika weiter ausgebaut. Nach dem Sechs-Tage-Krieg von 1967, in dem Israel weitere große Teile des arabischen Landes eroberte, die es bis heute innehat (mit Ausnahme des Sinai), entwickelte es ebenfalls eine eigene Taktik des Einsatzes von Doppelagenten und der gezielten Tötung von Palästinensern. US-amerikanische und israelische Agenten und Berater waren ihrerseits an den Todesschwadronen in Guatemala und El Salvador beteiligt, die die Guerilla in diesen Ländern bekämpften.[96]

Israels Erfahrung mit diesem Modell hat in Geheimdienstkreisen großes Ansehen erlangt. Als der scheidende Chef des Inlandsgeheimdienstes 2005 gefragt wurde, ob er Skrupel habe, Gegner willkürlich zu ermorden, antwortete er, dass jede Woche ausländische

Delegationen nach Israel kämen, um sich diese hochwirksamen Methoden beibringen zu lassen, und zwar nicht nur aus den Vereinigten Staaten. Schließlich hat Israel die „gezielte Prävention" zu einer Kunstform erhoben: Erfahrene Führer werden ausgeschaltet, und die Neulinge, die an ihre Stelle treten, sind viel leichtere Gegner.[97] Daraus entwickelte sich die bereits erwähnte „globale Kontrollmatrix", die mit der Covid-Krise in eine neue und entscheidende Phase getreten ist.

Nach dem 11. September 2001 wurden US-Spezialeinheiten damit beauftragt, Terrornetzwerke zu infiltrieren und „Reaktionen anzuregen", d. h. sie zum Handeln zu bewegen. Im Jahr 2005 enthüllte Seymour Hersh, dass die USA systematisch mit eigenen terroristischen Einheiten arbeiteten, die in bestimmten Situationen Gewalt durch andere auslösen oder selbst begehen könnten. Das Pentagon verfügt über eine Datenbank von fast 2.000 nichtstaatlichen Gruppen, darunter Rebellenmilizen, komplexe kriminelle Organisationen, Hacker und dergleichen. Sie können im Rahmen von US-Spezialoperationen eingesetzt werden, die dann nach Belieben als „Terrorismus" oder „Terrorismusbekämpfung" propagiert werden. Zur Unterstützung solcher Operationen hat das Pentagon auch Theorien zur Informationskriegsführung („perception management") entwickelt. Neben der Störung und Demoralisierung des Gegners und seiner Verbündeten besteht ein wichtiger Faktor dieses Wahrnehmungsmanagements darin, die Öffentlichkeit in der Heimat davon zu überzeugen, dass sich die Kosten des Kriegseinsatzes lohnen. Daraus entstanden die Konzepte der „Netzkriegsführung" und des „Cyberwar".[98]

Nach dem Finanzcrash von 2008 begann die Obama-Regierung, ihre Infanteriepräsenz in Afghanistan und Irak schrittweise abzubauen und stattdessen Drohnen, Söldner und das *Joint Special Operations Command* (JSOC) einzusetzen. Unter General Stanley McChrystal, dem Oberbefehlshaber der US-Streitkräfte in Afghanistan, nutzte das JCOS elektronische Informationen, um gezielte Tötungen durchzuführen. Laut Obamas Berater John Brennan, der 2012 zum CIA-Direktor ernannt wurde, sollte der Terror wie ein metastasierter Krebs bekämpft werden, ohne das ihn umgebende Gewebe zu zerstören. Diese Philosophie machte die gezielte Tötung zur Haupttätigkeit der CIA.[99]

Im November 2012 unterzeichnete Obama einen Befehl an das Pentagon und andere Regierungsstellen, ein globales Programm aggressiver Cyber-Operationen einzuleiten.[100] Einen Monat später wurde Glenn Greenwald von Edward Snowden kontaktiert, der dieses Programm in allen Einzelheiten öffentlich machen wollte. Das Motto der US-Cyber-Operationen lautete *Total Information Awareness:* Sicherstellen, dass alles über die Bevölkerung bekannt ist, bevor sie überhaupt an eine Revolte denken kann. Im Jahr 2014 intensivierte das Pentagon die Datenerfassung mit einem Programm namens *A New Information Paradigm? From Genes to „Big Data" and Instagram to Persistent Surveillance … Implications for National Security*.[101] Beachten Sie, dass genetisches Material unter den Zielen gesondert aufgeführt ist. Im nächsten Kapitel werde ich darauf eingehen, wie die IT-Revolution durch das Paradigma des totalen Informationsbewusstseins (Total Information Awareness) geprägt wurde und wie sie durch den Krieg gegen die Bevölkerung inspiriert wurde. In den Worten von Jeff Halper: „Der Krieg wird dadurch endemisch, weil es weder möglich noch wünschenswert ist, den ‚permanenten Notstand' zu beenden (…) Die Befriedung der Menschheit wird zum einzigen Weg, den Krieg zu beseitigen, aber dieses Unterfangen wird selbst zu einem gewalttätigen, nie endenden totalitären Projekt."[102] Das ist es, was sich vor unseren Augen abspielt.

Die Anwendung der in Afghanistan und Irak angewandten Methoden an der Heimatfront erfolgte mit dem Abschied des JSOC-Kommandeurs McChrystal ins zivile Leben. In einem aufschlussreichen Bericht über das Scheitern der Afghanistan-Operation im *Rolling Stone* im Jahr 2010 verunglimpfte McChrystal die politische Führung in Washington; er wurde abberufen und entlassen. Der

Journalist, der das Interview geführt hatte, Michael Hastings, veröffentlichte 2012 ein Buch über das Afghanistan-Abenteuer; im Juni 2013 wurde sein Mercedes gehackt und bei einem Zusammenstoß ferngesteuert zur Explosion gebracht. Kurz vor seinem Tod hatte sich Hastings an Wikileaks gewandt, weil er an einem Artikel über die Rolle von CIA-Direktor John Brennan bei der Bespitzelung kritischer Journalisten arbeitete und sich verfolgt fühlte.[103]

McChrystal gründete unmittelbar nach seiner Entlassung 2011 die Beratergruppe McChrystal Group, die mit seinen angeblichen Erfolgen bei der Zerschlagung des Al-Qaida-Netzwerks im Irak renommierte. Laut Website der McChrystal Group hatte der JCOS dort ein Jahrhundert militärischer Erfahrung über Bord geworfen und einen Teamansatz entwickelt (der militärische Einheiten, CIA usw. verbindet). Dieser wurde nun für den Einsatz im Inland angeboten. 2020 wurde die McChrystal-Gruppe zum zentralen Beratungsunternehmen für die Bewältigung der Covid-„Pandemie" und sicherte sich einen steten Strom von Aufträgen einzelner Städte und Staaten.[104] Es überrascht nicht, dass der Exgeneral findet, der Kampf gegen Covid-19 müsse wie ein Krieg geführt werden, wie er im April in einem Interview in *Forbes* sagte. Die Bundesregierung solle die Führung übernehmen; es sei sinnlos, 50 Staaten den Krieg einzeln führen zu lassen. Auch solle es keine politische Intervention geben. Ein Krieg müsse „ohne Opposition" geführt werden, sonst ende er, wie in Vietnam, mit Rückzug statt Sieg.[105] Kein Wunder, dass die McChrystal-Gruppe im Vorfeld der Wahlen im November 2020 auf ihrer Website DefeatDisinfo.com offen gegen Trumps Umgang mit der „Pandemie" Stellung bezog.

Für seinen Informationskrieg stützt sich McChrystal auf eine Vielzahl von Verbündeten in den Mainstream-Medien, von Fox News über CBS bis CNN.[106] In den Podcasts der Gruppe – vielsagender Titel: *No Turning Back* – kommen neben Medienvertretern auch Sprecher des militärisch-industriellen Komplexes wie Michèle Flournoy (ehemalige stellvertretende Verteidigungsministerin mit dem Ruf eines extremen Falken) sowie Vertreter des biopolitischen Komplexes wie Sue Desmond-Hellman (2014-20 CEO der Bill & Melinda Gates Foundation) zu Wort. Als führendes US-amerikanisches Cyber-PR-Unternehmen führt die McChrystal Group auch Kampagnen gegen Corona-Skeptiker und „Anti-Vaxxer", ebenso wie das *Poynter Institute*, das von der Gates Foundation, dem Omidyar Network (des eBay-Eigentümers Pierre Omidyar), der Open Society Foundation von George Soros und Facebook finanziert wird.[107] Im nächsten Kapitel werde ich systematischer auf die breite Koalition hinter dem Covid-Ausnahmezustand eingehen.

Furcht und Aufstandsbekämpfung in Europa

Frankreich, das europäische Land, das am Vorabend der Covid-Krise als am stärksten von revolutionären Umbrüchen bedroht galt, ist den USA auch am nächsten, wenn es um den Einsatz des Militärs gegen die Bevölkerung geht. Wie in den USA lässt sich der Ursprung der im Rahmen des Covid-Ausnahmezustands angewandten Techniken auf den Übergang von der kolonialen zur neokolonialen Unterwerfung der Peripherie zurückführen. In Frankreich wurde der Ausnahmezustand, zwischen Gewohnheitsrecht und dem allgemeinen Kriegszustand angesiedelt, 1955 eingeführt, um die Folgen der kolonialen Kriegsführung für die Heimatfront zu bewältigen. Nach der Entkolonialisierung Algeriens führte die Bombenkampagne reaktionärer Militärs, die in der „Geheimarmee" OAS organisiert waren, 1962 zur Verlängerung des Ausnahmezustands, doch nun war der Zusammenhang mit den ausländischen Kriegen nicht mehr unmittelbar ersichtlich, und die Repressionsmaschinerie wurde völlig neu auf die innenpolitische Situation ausgerichtet.[108]

Als der Westen nach dem 11. September 2001 wegen der „Terrorbedrohung" den Klassenkompromiss aufgab, schloss sich Frankreich, das sich noch unter Chirac gegen die anglo-amerikanische Invasion im Irak gewehrt hatte, nach der Wahl von Nicolas Sarkozy im Jahr 2007 an. Sarkozy unterstellte sich dabei der US-israelischen

Aufsicht, indem er die französischen Nachrichtendienste umstrukturierte: Der Generalnachrichtendienst (RG) und die Abteilung für Sicherheit (DST) wurden zu einer einzigen Generaldirektion für innere Sicherheit (DCRI) mit einem engen Vertrauten Sarkozys an der Spitze zusammengelegt. Ein weiterer Sarkozy-Verbündeter wurde zum Leiter des Auslandsgeheimdienstes DGSE ernannt. Die neue DCRI intensivierte die Überwachung von Muslimen und vertiefte die Zusammenarbeit mit Israel. Als Sarkozys Wiederwahl 2012 ungewiss war und er öffentlich darauf hingewiesen wurde, nur ein dramatischer Notfall könne ihn noch retten, ereigneten sich im März in Südfrankreich zwei scheinbar nicht miteinander zusammenhängende Schießereien: Eine wurde Neonazis zugeschrieben, die auf nordafrikanische Soldaten eines Fallschirmjägerregiments zielten, die andere war ein blutiger Schusswechsel mit einer jüdischen Religionsschule in der Nähe. Sarkozy warf beide Fälle in einen Topf und brachte im Parlament Anti-Terror-Gesetze im Stil des *Patriot Act* der USA ein, die jedoch keine Mehrheit fanden. Die Geheimdienste identifizierten daraufhin einen einzigen Täter für beide Anschläge: einen arabischstämmigen Informanten des DCRI, der in einer zirkusähnlichen Belagerung erschossen wurde, weil ihn die Polizei als mörderischen Fanatiker einschätzte.[109]

Sarkozy unterlag jedoch von François Hollande, auf den man nicht so sicher zählen konnte wie auf seinen Vorgänger, um die Linie zu halten. Als Hollande nach einem Besuch in Berlin das versprochene Ende der Sparmaßnahmen abblies, sah er sich mit wachsenden Unruhen in der Bevölkerung konfrontiert. Sein Wirtschaftsminister trat aus Protest zurück und wurde 2014 durch Emmanuel Macron ersetzt. Unterdessen stimmte die sozialistische Mehrheit im Parlament für die Anerkennung eines unabhängigen Staates Palästina, und am 5. Januar 2015 sprach sich Hollande gegen Sanktionen gegen Russland wegen der Ukraine aus. Wenige Tage später, am 7. Januar, erschossen maskierte Bewaffnete 12 Menschen in der Redaktion der antimuslimischen Zeitschrift *Charlie Hebdo*, kurz darauf wurden vier Geiseln in einem jüdischen Supermarkt getötet. Wie 2012 schien es, als wäre ein antisemitischer Anschlag an eine ansonsten nicht damit zusammenhängende Gräueltat „angehängt" worden. Eine elegante Erklärung für die „Generationen" im islamistischen Dschihad könnte der strategischen Ausrichtung der Täter Glaubwürdigkeit verleihen, während die „Verschwörungstheorie" ausdrücklich abgelehnt wird,[110] jedoch deuten zu viele Ungereimtheiten auf eine Operation unter falscher Flagge hin, die Hollande zu einem Kurswechsel zwingen und der französischen Gesellschaft Angst einflößen sollte.[111]

Nach einer weiteren, noch blutigeren Serie von Terroranschlägen in Paris im November wurde der Ausnahmezustand eingeführt und seitdem fünfmal verlängert. 2016 begann die Anti-Terror-Operation *Sentinelle*, die auf Dauer gestellt wurde und 10.000 Soldaten auf die Straße brachte, unter dem Kommando eines von Sarkozy geschaffenen Organs, des Verteidigungsrats, der von seinen Nachfolgern eifrig als Kriseninstrument genutzt wurde.[112] Damit wurde Frankreich faktisch in einen *permanenten* Ausnahmezustand versetzt. Als Macron 2018 den *Gilets jaunes* entgegentrat, machte er den Verteidigungsrat zur zentralen Schaltstelle der Reaktion. Dieses Gremium berief er auch am 4. März 2020 ein, als die „Pandemie" ausgerufen worden war, was Frankreich Claude Serfati zufolge zur einzigen westlichen Demokratie machte, die das Vorgehen gegen die Krise militarisierte.[113] Die brutalen Angriffe der militärisch aufgerüsteten Polizei gegen Demonstranten – sowohl Gelbwesten als auch Lockdown-Gegner – und das mafiaartige Vorgehen gegen vom Konsens abweichende Experten erreichten einen Tiefpunkt, als der Pharmazieprofessor Jean-Bernard Fourtillan am 10. Dezember 2020 wegen seiner brisanten Enthüllungen über den Ursprung des Virus in seinem Haus verhaftet und in der psychiatrischen Klinik in Uzès eingesperrt wurde, aus der er nach einer landesweiten Protestwelle vorübergehend entlassen wurde, um später erneut inhaftiert zu werden.[114]

Doch selbst in Europa ist Frankreich nicht das einzige Land, das einen militärischen Ansatz verfolgt. In Großbritannien wurde vom GCHQ, dem britischen Pendant zur NSA, eine Cyberwar-Einheit eingerichtet. Sie nutzt Methoden, die zur Bekämpfung von Terrornetzwerken entwickelt wurden, und wird, wie in den USA gängig, gelegentlich an der Grenze zwischen der Bekämpfung und der Begehung von Terrorakten tätig. So wurde das GCHQ, wie in der Londoner *Times* im November 2020 zu lesen war, beauftragt, Impfgegner zu „eliminieren". Eine geheime Militäreinheit, unterstützt von der 77. Brigade der britischen Armee, hat den Auftrag, abweichende Meinungen über die „Pandemie" und ihre Bekämpfung durch Impfung aufzuspüren.[115] In Deutschland erhielt eine Sonderabteilung des Inlandsgeheimdienstes ebenfalls den Auftrag, Dissidenten zu suchen, die die Richtigkeit der offiziellen Darstellungen bestreiten.

Auch die Niederlande setzten Soldaten im Informationskrieg ein. Die Militarisierung der Repression baut dort auf nachrichtendienstlichen Strukturen auf, die nach der Finanzkrise von 2008 errichtet wurden. Gemeinsames Element ist die Aufhebung der Gewaltenteilung und eine Vereinheitlichung der Staatsgewalt gegen „Subversion". Die zu diesem Zweck eingerichteten Gremien, zu denen auch ein eigener akademischer Zweig gehört, stützen sich alle auf „datengesteuerte Operationen und die Entwicklung künstlicher Intelligenz". Im September 2019, lange vor der Ausrufung der „Pandemie", wurden Schritte zur Schaffung eines militärischen Zentrums für „informationsgesteuerte Aktionen" eingeleitet. Am 16. März 2020 wurde das *Land Information Maneuver Center* (LIMC) gegründet, um „Desinformation" zu bekämpfen und Internetkanäle ins Visier zu nehmen, die nicht bereits durch die Zensur von YouTube und Facebook zum Schweigen gebracht wurden.[116] Das LIMC arbeitet eng mit dem nationalen Koordinator für Terrorismus und Sicherheit zusammen, der den Herausgeber der niederländischen Version des vorliegenden Buchs öffentlich als Sicherheitsrisiko bezeichnet hat. Die Social-Media-Aktivitäten des LIMC werden nach der *Behavioral-*

Dynamics-Methode organisiert, die von SCL, der Muttergesellschaft von Cambridge Analytica, entwickelt wurde und, wie wir im nächsten Kapitel sehen werden, ein Schlüsselfaktor für die Wahlerfolge der nationalistischen populistischen Parteien war. Um „Desinformation" (wie Sozialkritik im Covid-Ausnahmezustand bezeichnet wird) in den Griff zu bekommen, umfasst die Informationskriegsführung die Beteiligung an Diskussionen in sozialen Medien, um die Identitäten lautstarker Kritiker zu ermitteln und sie an die Polizei weiterzuleiten.

In den USA ist alles Militärische in dem umfassendsten und mächtigsten militärisch-industriellen Komplex der Weltgeschichte verankert. Doch auch Europa holt in dieser Hinsicht auf. Die offensichtliche Militarisierung der Europäischen Union hat dazu geführt, dass eine Reihe von EU-Programmen für Rüstungsunternehmen geöffnet wurden, wodurch die Beteiligung der Industrie an einstmals zivilen Bereichen der europäischen Zusammenarbeit vertieft wurde.[117] Wir werden später die Rolle der EU bei der Vorbereitung auf die „Pandemie" und die Impfstrategie lange vor dem tatsächlichen Ausbruch der Covid-Angst diskutieren. Im Bereich der Sicherheit hat die EU die Vorbereitungen für einen groß angelegten Landkrieg mit Russland bisher der NATO überlassen und sich auf ergänzende Aktivitäten zur „hybriden Kriegsführung" und den Kampf gegen „Desinformation" konzentriert. Der Prozess der Klassenbildung, der die Reaktion auf die Covid-Krise befeuert, hat seinen Ursprung in der IT-Revolution und ist darauf ausgerichtet, deren Errungenschaften zur Bevölkerungskontrolle zu nutzen.

3
Umstrukturierung der herrschenden Klasse in der IT-Revolution

Auf Herausforderungen der bestehenden Ordnung zu reagieren, insbesondere wenn es sich um Unruhen von unten handelt, ist per definitionem die Aufgabe der herrschenden Klasse. Im Westen handelt es sich um eine atlantische herrschende Klasse, die im Zuge der britischen Kolonisierung Nordamerikas entstanden ist. Nach dem Unabhängigkeitskrieg blieben die gemeinsame Sprache und die politischen Traditionen erhalten, und nach dem Sieg des industriellen US-Nordens im Bürgerkrieg schuf der Zustrom von britischem Kapital für den Eisenbahnbau neue Bindungen. Die im gleichen Zeitraum gegründeten Großunternehmen expandierten ins Ausland, und die Weltkriege verschafften den USA eine dauerhafte Präsenz in Westeuropa. Auf diese Weise entstand auch ein atlantisches *politisches* System, in dem die großen Veränderungen synchron verlaufen. Entweder erhält das gesamte System eine neue Dynamik und expandiert, wie etwa in den Kennedy- und Reagan-Jahren, oder es verliert an Boden und wird von inneren Brüchen geplagt, wie in den Zeiten dazwischen und seit 2008.[118]

Der Covid-Ausnahmezustand ist ein Versuch, die gegenwärtige Tendenz von Verfall und Desintegration umzukehren und die durch die IT-Revolution geschaffenen Möglichkeiten zu nutzen, und sei es nur zur Abwehr der Gefahr einer demokratischen Alternative.

In diesem Kapitel erörtere ich, wie die Privatisierung neuer Technologien im Verteidigungs- und Geheimdienstbereich zur Entstehung der großen IT-Monopole geführt hat. Der nationale Sicherheits- und Nachrichtendienstsektor, das Internet und die damit verbundenen Konzerne sowie die (Multi-)Medienkonglomerate bilden ein Dreieck, den Kern des Machtblocks, der hinter der „neuen Normalität" steht. Das ist an sich nichts Neues: Der moderne Kapitalismus hat sich schon mehrmals um einen solchen Machtblock herum neu erfunden, von dem das informelle Quasi-Regierungsprogramm ausgeht, das es der herrschenden Klasse ermöglicht, eine gewisse Zeit lang an der Spitze zu bleiben. Ein umfassendes Herrschaftskonzept verbindet die vorrangigen Interessen des zentralen Machtblocks mit denen aufeinander folgender Verbündeter und – was entscheidend ist – mit dem weithin geteilten Gefühl, dass es den angemessensten Ansatz für die jeweils aktuellen Probleme darstellt.

In der derzeitigen Krise hat es der aufstrebende Machtblock aber vorgezogen, nicht auf die Bildung einer solchen breiteren Koalition zu warten; die Anzeichen für eine Revolution sind zu ernst. Stattdessen versucht er unter Berufung auf die „Pandemie" eine digitale Überwachungsgesellschaft von oben durchzusetzen. Gleichzeitig wird der Finanzsektor umstrukturiert, um einen Zusammenbruch wie 2008 zu vermeiden. Der nationale Populismus schließlich ist weit davon entfernt, eine revolutionäre Kraft darzustellen; er ist im Grunde nur ein Segment, eine Fraktion der herrschenden Klasse. Anders als in den 1920er und 30er Jahren ist heute die politische Mitte die größte Bedrohung für die Demokratie. Der Nationalpopulismus mag als Kraft nützlich sein, um die Solidarität zwischen den unteren Klassen zu brechen, aber für die neue Normalität ist er ein Hindernis, was in der Kampagne gegen die Wiederwahl von Donald Trump deutlich wurde.

Der IT-Medien-Machtblock und die integrale Überwachungsgesellschaft

Die technologische Komponente des Informationskriegs geht auf den Zweiten Weltkrieg zurück, als sich Großbritannien und die USA zusammentaten, um Telefon- und andere Kommunikationssignale abzuhören. In den Jahren 1947/48 wurden die *Five Eyes* gegründet, wozu die Briten auch Kanada, Australien und Neuseeland mit ins Boot holten. Dieses englischsprachige Geheimdienstnetz ist nach wie vor eine wichtige Unterstützungsstruktur für die atlantische herrschende Klasse und arbeitet eng mit den Diensten von Vasallenstaaten wie Deutschland und Frankreich, Südkorea und Japan sowie dem Verbündeten Israel zusammen.[119] Während des Krieges schalteten die USA auch die ersten Computer zu einem integrierten Luftverteidigungssystem zusammen und entwickelten gleichzeitig verwandte Theorien wie die Kybernetik.[120] Der britische Beitrag war die *Operationsanalyse* für die U-Boot- und Luftkriegsführung, bei der riesige Mengen Variablen von einem Computer mittels Algorithmen geordnet werden können.[121]

Die IT-Revolution erhielt einen großen Auftrieb, als die Sowjetunion 1957 die Welt mit dem Start des ersten von Menschenhand geschaffenen Weltraumsatelliten Sputnik überraschte. Die USA reagierten innerhalb eines Monats mit der Gründung der Advanced Research Projects Agency (ARPA), die später den Zusatz „Defense" erhielt. Die DARPA wurde zum Zentrum der IT-Revolution in den USA und setzte Erfindungen wie den integrierten Schaltkreis und später den Mikroprozessor ein. Innerhalb von drei Jahren nach dem Sputnik wurde am MIT bereits ein Prototyp des Internets für Zwecke der Luftverteidigung entwickelt, und 1969 war die erste Computerverbindung zwischen zwei kalifornischen Universitäten in Betrieb. 1972 machte ein NBC-Korrespondent außerdem öffentlich, dass es ein Computernetzwerk gab, das Daten über politische Gegner zugunsten der CIA und der NSA austauschte. Verhinderung einer sozialen Revolution war von Anfang an ein zentrales Motiv der neuen Informationstechnologie.[122]

Im Gefolge des Sputnik-Erfolgs begann die UdSSR auch mit dem Aufbau digitaler Netze für die Planwirtschaft, wie wir in Kapitel 7 sehen werden. Nach Chruschtschows Sturz verlagerte sich die Initiative jedoch wieder in den Westen. Als die Nixon-Administration 1971 die Golddeckung des Dollars aufhob, wurden enorme öffentliche Mittel in die Entwicklung digitaler Kommunikationsmittel, Computer und dergleichen investiert. Der Wert des Dollars hing fortan vom Vertrauen der herrschenden Klassen der Welt in die „Führungsrolle" der USA ab und davon, inwieweit der Dollar als Währungsreserve und als Zahlungsmittel für Rohstoffe verwendet wurde. So entstand unter Ausnutzung der Steuerfreiheit und anderer Vorteile das Silicon Valley. Kein anderes kapitalistisches Land befand sich in einer derartigen steuerlichen Luxusposition oder verfügte über einen derart mächtigen Militärapparat (obwohl die UdSSR versuchte, auf Kosten ihrer eigenen Zivilindustrie mitzuhalten).[123]

Die Hippie-Subkultur des Silicon Valley, aus der der Personal Computer hervorging, sollte nicht darüber hinwegtäuschen, dass der erste Apple im Jahr 1976 auch Technologien verwendete, die von der DARPA, d. h. vom Pentagon finanziert wurden. Ein Jahr später wurde der Prototyp einer Internetverbindung genutzt, um eine virtuelle Militärübung mit England und Schweden per Satellit durchzuführen. Kurz darauf begann die DARPA, die Forschung in Stanford im Bereich der künstlichen Intelligenz (Algorithmen für Suchmaschinen) zu subventionieren.[124] In den 1980er Jahren wurde bekannt, dass Reagans Sicherheitsberater Admiral John Poindexter eine Direktive ausgearbeitet hatte, alle Computerdateien in den USA von der NSA überprüfen zu lassen, worauf er zum Rücktritt gezwungen wurde. Er zog sich in ein Unternehmen zurück, das für die DARPA arbeitete, und wurde später Leiter von deren „Total Information Awareness"-Agentur, die sich auf „Verhaltensprofilierung", „automatische Erkennung, Identifizierung und Verfolgung" und andere Projekte zur Datensammlung spezialisierte.[125] Ursprünglich sollten diese Projekte dazu dienen, „Terroristen" aufzuspüren und die Aufhebung bürgerlicher Freiheiten zu rechtfertigen; etwas, wofür heute „der Virus" herhalten muss.

In den 1990er Jahren, als der Kapitalismus nach dem Zusammenbruch des Ostblocks keine politische Lenkung mehr duldete, gingen die Errungenschaften der IT-Revolution in private Hände über. 1995 übergab die National Science Foundation das NSFNET, das Rumpfinternet, an eine Gruppe privater Anbieter. Ein Jahr zuvor hatte die Digital Library Initiative (einem Programm der National Science Foundation, der NASA und der DARPA) die erste Suchmaschine entwickelt. Dasselbe Programm bezahlte die Stanford-Doktoranden Sergey Brin und Larry Page für die Entwicklung einer automatischen Suchmaschine auf der Grundlage der Häufigkeit von Zitaten. Darüber hinaus sollten sie eine Methode entwickeln, um die so gefundenen Informationen an die Interessen des Nutzers anzupassen, was den Kern der künstlichen Intelligenz bilden sollte.[126]

Nachdem Brin und Page ihr privates Unternehmen Google 2004 an die Technologiebörse Nasdaq gebracht hatten und Milliardäre geworden waren, brachen die Verbindungen zum nationalen Sicherheitsstaat nicht ab. Über Google Mail werden Metadaten gesammelt, um ein vollständiges Profil des Nutzers zu erhalten; Google hat zudem einen eigenen Direktor, der in ständigem Kontakt mit dem Nationalen Sicherheitsrat in Washington und den Geheimdiensten steht. Dass diese Daten zu kommerziellen Zwecken gesammelt werden, ist nur die halbe Wahrheit.[127]

Auch andere IT-Giganten wie Apple und Sun Microsystems haben einen Hintergrund in der militärischen Aufklärung. Selbst die Hardware war oft ein Produkt der militärischen Forschung, etwa LCD-Bildschirm, Touchscreen usw.[128] Durch Verträge mit CIA, NSA und der National Geospatial Agency (NGA), die Weltraumsatelliten betreibt, blieben die IT-Gruppen Teil des US-Verteidigungs- und Nachrichtensystems. Im Gegenzug wurde die Verteidigungsinfrastruktur durch die Kommerzialisierung bestimmter Technologien, etwa des Satellitenüberwachungsprogramms Keyhole (aus dem Google Earth hervorging), für die allgemeine Nutzung verfügbar gemacht.[129] Das Schlüsselkonzept ist immer „Total Information Awareness“, denn auch die „private“ Nutzung wird überwacht und landet in den Datenbanken der nationalen Sicherheit.

IT und der Schattenbankensektor

Der IT-Sektor hatte unter anderem durch die Anwendung spezifischer Technologien im liberalisierten Finanzsektor („FinTech") und die dort erzielten Rekordgewinne an Glanz gewonnen. Das Bankengesetz von 1980 ermöglichte die Geldschöpfung außerhalb des Regelungsbereichs der US-Währungsbehörden. Nicht-Bankinstitute durften fortan Geld durch Kredite schaffen und Finanzdienstleistungen anbieten. Dies rief eine völlig neue Kategorie von Akteuren ins Leben, die so genannten Schattenbanken.[130] Mit dem Zusammenbruch der Sowjetunion verschob sich die Perspektive der Geldhändler in Richtung reiner Arbitrage und kommerzieller Gewinne. Die Jagd nach Rendite ersetzte jede langfristige Perspektive, und nicht nur die Marktgeschäfte, sondern auch die Politik wurde zu einer Angelegenheit von Risikobereitschaft und Glücksspiel.[131]

Die exponentielle Zunahme von Finanztransaktionen führte auch in der IT zu einer Datenrevolution: Big Data. Bereits in den 1980ern waren einzelne Computer nicht mehr in der Lage, alle durch Finanzinnovationen erzeugten Daten zu speichern, was eine parallele Datenspeicherung erforderte. Die Discounterkette Kmart, die neuerdings Finanzdienstleistungen für private Kontoinhaber anbot (z. B. Geldmarktzertifikate wie den eigenen Kmart Fund), erwarb 1986 das erste parallele Computer-Datenspeichersystem von Teradata.[132] 2007 war der US-Schattenbankensektor mit einem verwalteten Vermögen von 13 Billionen Dollar um fast ein Drittel größer als der regulierte Bankensektor (10 Billionen Dollar). Der explodierende Finanzsektor entwickelte sich von nun an parallel zur IT-Branche, einschließlich des Online-Kaufs von Waren und Dienstleistungen, und wurde, um sich weiter zu entwickeln, in immer stärkerem Maße von IT-Innovationen abhängig. Man sammelte private Daten in noch nie dagewesenem Ausmaß, um etwa Entscheidungen über Verbraucherkredite zu treffen.[133] Die Schattenbanken (Hedgefonds, Investmentbanken, Pensionsfonds usw.) waren Vorreiter bei der Entwicklung der neuen Finanzinstrumente, die schließlich den Zusammenbruch von 2008 verursachten.[134]

Genau aus diesem Grund steht der Finanzsektor nicht im Mittelpunkt des Blocks, der im Rahmen des Covid-Ausnahmezustands die Macht übernommen hat – schon gar nicht das spekulative Kapital, das in den zwei Jahrzehnten vor dem Crash die Oberhand gewann. Zwar haben sich die Gewinne der Schattenbanken erholt, aber als Kapitalfraktion ist dieser Sektor nicht mehr in der Lage (wenn er es je war), einer breiteren Klassenkoalition die strategische Richtung vorzugeben, noch kann er der Bevölkerung etwas anderes anbieten als „Austerität" und offene physische Gewalt. Diese ist bisher marginal geblieben, beschränkt auf Protestdemonstrationen gegen „die Maßnahmen", denn die Fassade der Demokratie muss bis zum Schluss intakt bleiben, auch bei der Machtergreifung. Ein ungezügelter Angriff auf die Bevölkerung birgt große Risiken und kann sogar zu einem allgemeinen politischen Zusammenbruch führen. Die Möglichkeit, dass die Polizei sich weigert, ihre Mitbürger weiterhin anzugreifen, ist ein solches Risiko.

Später in diesem Kapitel werde ich darauf zurückkommen, was dann stattdessen mit dem Finanzsektor geschieht.

Informationsmacht: das Dreieck Geheimdienst-IT-Medien

Die Umgruppierung der herrschenden Klasse in der IT-Revolution hat ihren Dreh- und Angelpunkt im IT-Sektor; aber um zu verstehen, wie dies in der Praxis funktioniert, müssen wir auf die Herausforderung zurückkommen, der die bestehende Ordnung *als System* gegenübersteht. Das ist die Bedrohung durch ein neues „1848", einen allgemeinen Volksaufstand. Es gibt eine objektive Verschiebung in den Kräfteverhältnissen, die unter den gegebenen Umständen eine objektive Antwort erfordert, und die IT-Revolution bietet diese Antwort – wiederum auf der Ebene des Systems, der „Produktivkräfte", in denen die Macht der herrschenden Klasse verankert ist.

Die IT-Revolution verschaffte den privaten Konzernen und den hinter ihnen stehenden Oligarchen die objektive Möglichkeit, den physischen Krieg gegen die Bevölkerung durch die Alternative permanenter Überwachung und des Informationskriegs zu umgehen. Diese auf „Total Information Awareness" basierende Alternative erinnert an das Bild des Kuppelgefängnisses, in dem die Zellenblöcke kreisförmig angeordnet sind, um von einem zentralen Observatorium, dem *Panoptikum,* permanent überwacht zu werden. Der Entwurf für ein solches Gefängnis stammt von dem britischen Denker Jeremy Bentham. In den 30er Jahren des 19. Jahrhunderts gab Bentham den Optimismus der Aufklärung und der Französischen Revolution auf und nahm eine restriktivere Position an: Es genüge, dass die größtmögliche Anzahl von Menschen glücklich werde, der Rest müsse lediglich unter Kontrolle gehalten oder sogar eingesperrt werden. Mehrere Autoren haben erkannt, dass dieses Panoptikum das Modell für unsere Form des Spätkapitalismus ist, die von der IT-Industrie organisierte und betriebene Überwachungsgesellschaft.[135]

Während die Überwachung von Finanztransaktionen aufgrund der vielen Offshore-Möglichkeiten, Steuerparadiese usw. immer unvollständig bleiben wird, kann die Überwachung der Bevölkerung im Prinzip wasserdicht gemacht werden, da das Leben zunehmend über das Internet vermittelt wird. Im Jahr 2019 war der gesamte Internetverkehr 60mal größer als im Jahr 2005, während der weltweite Internetprotokoll (IP)-Verkehr, ein Proxy für Daten, von etwa 100 Gigabyte (GB) pro Tag im Jahr 1992 auf mehr als 45.000 GB pro Sekunde im Jahr 2017 anstieg. Und doch steht die Welt erst am Anfang der datengesteuerten Gesellschaft; bis 2022 wird erwartet, dass der globale IP-Verkehr 150.700 GB pro Sekunde erreichen wird, angetrieben durch immer mehr Menschen, die „online gehen", und die Ausbreitung des „Internets der Dinge", also der mit dem Internet verbundenen Maschinen.[136] Darüber hinaus werden derzeit Methoden zur Verfolgung der physischen Bewegungen von Personen und ihren Kontakten entwickelt, wofür die „Pandemie" den Vorwand liefert. Die „Kontakt-App" auf dem Mobiltelefon und die digital zertifizierte „Impfung gegen Covid" sind Schritte, um eine ständige Überwachung zu ermöglichen. Sicherlich ist dies noch weitgehend eine Frage der Zukunft, aber wie wir in Kapitel 6 sehen, rückt diese Zukunft schnell näher.

Die großen IT-Konzerne Microsoft, Apple, Amazon, Facebook und Google (in China Tencent und Alibaba), inzwischen auch Zoom und ähnliche Unternehmen, sind für das genannte Aufgabenspektrum bestens geeignet. Sie haben die Instrumente dafür selbst entwickelt und im letzten Jahrzehnt ein enormes finanzielles Wachstum erfahren. Apple und Microsoft hatten im Jahr 2020 eine Marktkapitalisierung von jeweils 1,4 Billionen Dollar, gefolgt von Amazon mit 1,04 Billionen Dollar, Alphabet (der Muttergesellschaft von Google) mit 1,03 Billionen Dollar und Facebook mit 604 Milliarden Dollar. Die Kapitalisierung von Samsung (Südkorea) lag bei 983 Milliarden Dollar, die von Alibaba und Tencent bei jeweils rund 500 Milliarden Dollar. Da Google im Jahr 2008 weniger als 200 Milliarden Dollar wert war, handelt es sich um eine Verfünffachung. Insgesamt stieg der Marktwert der IT-Konzerne mit einer Marktkapitalisierung von mehr als 100 Millionen Dollar um 67 Prozent auf mehr als 7 Billionen Dollar.[137]

Es folgte eine Klassenbildung als Kapitalfraktion zur Ausübung organisierter sozialer und politischer Macht. Im Jahr 2017 wurde auf Initiative von ARM, dem britischen Chiphersteller im Besitz der japanischen Softbank, *2030Vision* gegründet. Zu den Mitgliedern gehören Amazon, Google, Facebook, Salesforce, Hewlett-Packard, Unilever, McKinsey, Huawei, mehrere UN-Organisationen und die Regierung von Botswana(!). Sie alle betrachten *2030Vision* als Modell für die globale öffentlich-private Partnerschaft, die die wichtigsten Herausforderungen angehen wird, dieses Mal mit Hilfe neuer Technologien.[138]

Das Vermögen der mit diesen Firmen verbundenen Milliardäre wuchs im ersten Jahr der Covid-Krise um weitere 1.064.300.000.000

(also um mehr als ein Drittel) auf 4.011.800.000.000 Dollar.[139] Die 10 größten US-Milliardäre sind jetzt zusammen mehr als eine Billion wert. Wie dies im Gegensatz zur dramatischen Verarmung der übrigen Bevölkerung steht, mag dahingestellt sein: Allein in den USA sind 67 Millionen Menschen arbeitslos, 20 Millionen sind auf Sozialleistungen angewiesen, 98.000 Unternehmen haben geschlossen, es gibt keine Krankenversicherung mehr, nicht genug zu essen. Das ist eine andere Welt. Hier geht es um die Bildung eines neuen Machtblocks, der den Willen und die Mittel hat, eine unruhig gewordene Weltbevölkerung zu disziplinieren und zweitens, was die USA und andere westliche Milliardäre betrifft, der chinesischen Herausforderung zu begegnen. Die extreme Konzentration des Reichtums in den Händen dieser Oligarchie bedeutet auch, dass ihre persönlichen Eigenheiten zunehmend einen noch nie dagewesenen, unverhältnismäßigen Einfluss auf das gesellschaftliche Leben ausüben.

Jeff Bezos von Amazon, dem die *Washington Post* gehört und der mit der CIA in Verbindung steht, an die er einen Teil der Amazon-Cloud für die Speicherung von Big Data vermietet hat, verdiente in der Krise 71,4 Milliarden Dollar und kletterte auf 184,4 Milliarden Dollar, seine Ex-Frau MacKenzie Scott kletterte um mehr als 20 auf fast 60 Milliarden. Mark Zuckerberg von Facebook verdoppelte sein Vermögen in den ersten neun Monaten der Krise auf mehr als 100 Milliarden. Brin und Page, die Gründer von Google, kassierten in diesem Zeitraum jeweils etwa 28 Milliarden zusätzlich. Und so weiter und so fort. Es gibt auch Milliardäre, die in anderen Bereichen reicher geworden sind, am spektakulärsten Elon Musk von Tesla (Elektroautos) und SpaceX (Satelliten), der in der Krise 118,5 Milliarden verdiente, statt zuvor 24 Milliarden nun über 143,1 Milliarden Dollar verfügt und der zweitreichste Mann in den USA nach Bezos ist. Die IT-Kapitalisten sind jedoch führend.

Bill Gates kletterte um 20 Milliarden auf 118,7 Milliarden. Obwohl Microsofts Beitrag zur technischen Entwicklung sowohl des Computers als auch des Internets vernachlässigbar ist (im Vergleich zu Oracle, Apple, Sun Microsystems, Intel und anderen), gelang es Gates durch seine geschickte Marketingstrategie, MS-DOS und später Windows zum weltweiten Standard zu machen. Regelmäßige „Updates“ dieser Betriebssysteme nähren den Verdacht, dass die Geheimdienste die ganze Zeit über eine Hintertür in diesen Systemen hatten, die es ihnen ermöglichte, den Inhalt einzelner Laptops zu inspizieren, Cookies zu installieren und ähnliches. Die Verbindung mit dem nationalen Sicherheitsstaat ist also nur noch enger geworden: Gates hat dem Pentagon die JEDI-Cloud (im Wert von 10 Milliarden Dollar) zur Verfügung gestellt, und ich erwähnte den Amazon-Cloud-Vertrag mit der CIA, den auch andere Geheimdienste nutzen können. Dies ist Teil der Entwicklung eines weltweiten Systems digitaler Schnittstellen, an dem auch die Pharma- und Biotech-Branche beteiligt ist, wie wir in Kapitel 6 sehen.[140]

Dabei spielt die Gates Foundation, die vor allem im Gesundheitsbereich tätig ist, eine Schlüsselrolle. Mit der Gründung seiner eigenen steuerbefreiten Stiftung trat Bill Gates in die Fußstapfen der berühmten Raubritter des späten 19. und frühen 20. Jahrhunderts. Jahrhunderts. Sie alle wandelten auf diese Weise ihren Reichtum in soziale Macht um: Die Rockefeller Foundation, die Carnegie-Institutionen und später die Ford Foundation waren lange Zeit die größten und einflussreichsten. Heute ist die Bill & Melinda Gates Foundation die bei weitem reichste Stiftung (an zweiter Stelle steht, gemessen am investierten Kapital, der britische Wellcome Trust), und nur wenige werden so autokratisch geführt. Die Gates Foundation hat keinen Stiftungsrat, Bill und Melinda teilen sich die Macht nur mit Bills Vater William H. Gates Sr. (der im September 2020 verstarb; die Scheidung der Gates' könnte weitere Veränderungen mit sich bringen). Die Programme der Gates Foundation haben je eigene Direktoren, aber die Programmvorsitzenden, die Investmentmanager und der CEO der Stiftung wurden immer von Bill und Melinda ernannt. Darüber hinaus ist die Gates-Stiftung in erster Linie eine steuerfreie Investmentgesellschaft; für jeden gespendeten

Dollar hat sie ein Vielfaches in große Unternehmen investiert, sowohl in pharmazeutische Unternehmen (dazu später mehr) als auch z. B. in BP und ExxonMobil.[141]

Gates ist also kein IT-Revolutionär wie Steve Jobs von Apple, sondern vor allem ein klassenbewusster Stratege. Er sieht seine eigene Rolle und die seiner Stiftung als Beitrag zum „kreativen Kapitalismus", unterstützt durch „katalytische Philanthropie". Von der Gates-Stiftung wird erwartet, dass sie „alle Instrumente des Kapitalismus einsetzt, um das Versprechen der Philanthropie mit der Macht der Privatwirtschaft zu verbinden", so Gates.[142] Alle Führungspersönlichkeiten, sowohl in der Politik als auch in der Wirtschaft, müssen natürlich eine Art Herrscherinstinkt haben, und Gates ist da sicherlich keine Ausnahme. Schon früh wurde er als „Citizen Gates" bezeichnet (in Anspielung auf den größenwahnsinnigen Zeitungsmogul *Citizen Kane* aus dem gleichnamigen Film von Orson Welles), der nicht nur die Softwarebranche, sondern die ganze Welt übernehmen wollte – auf Grundlage übelster Beschäftigungsbedingungen für Microsoft-Mitarbeiter.[143]

Gates spielt auch eine wichtige Rolle in der Demokratischen Partei, die immer mehr zum politischen Werkzeug der Oligarchie und des Blocks aus US-Geheimdiensten, IT und Medien geworden ist. Im Jahr 2008 unterstützte er Obamas Kandidatur, zusammen mit anderen Mitgliedern der New America Foundation (Google und sein ehemaliger CEO Eric Schmidt, die Ford Foundation usw.). Als Obamas Wiederwahl 2012 durch das Urteil des Obersten Gerichtshofs der USA in der Rechtssache *Citizens United* gefährdet war, wonach Unternehmen das gleiche Recht auf freie Meinungsäußerung haben wie einzelne Bürger, und eine Reihe rechtsextremer Milliardäre Super-PACs für ihre eigenen Kandidaten einrichteten, konnte Obama Gates auffordern, sein eigenes Super-PAC zu mobilisieren, um seine Kampagne zu retten.[144]

Gleichzeitig wurde die Partei durch Obamas Fortsetzung der Kriege in Zentralasien, im Nahen Osten und Nordafrika weiter in

Richtung Interventionismus getrieben. Die NeoCons waren zunächst hauptsächlich in der Republikanischen Partei (von Reagan bis George W. Bush) beheimatet, wandten sich aber nach Trumps Sieg 2016 der Demokratischen Partei zu. Dies spiegelte sich in einer Umgruppierung von Think Tanks wider, wie der Gründung der Alliance for Securing Democracy, einer Initiative unter dem Dach des German Marshall Fund, in der sich ein ehemaliger Berater von Hillary Clinton mit einem ausgesprochenen NeoCon zusammengetan hat. Wie auch anderswo verwischten sich frühere „Links/Rechts"-Grenzen durch die sich ausbreitende Mitte, wie im Fall der Gründung des Quincy Institute durch den NeoCon-Milliardär Charles Koch und den Neoliberalen George Soros, obwohl in diesem Fall die Konvergenz durch das Anliegen motiviert war, ausländische Kriege zu beenden und nicht mehr davon zu führen.[145]

Pikettys Aussage, dass wir uns auf eine Welt zubewegen, in der jedes Land seinen jeweiligen Milliardären gehört, gilt in den USA insbesondere für die IT-Oligarchen.[146] Neben der dauerhaften Verbindung zum militärischen Geheimdienstsektor, aus dem die Internet-Giganten hervorgegangen sind, waren in den 1990er Jahren auch die (Multi-)Medienunternehmen mit diesem Komplex verbunden. Unter Clinton gab das Telekommunikationsgesetz von 1996 der Fusion von Kabelbetreibern, Radio-, Film- und Zeitungskonzernen, Telefongesellschaften und Fernsehsendern sowie Internetanbietern freie Hand. In Kombination mit den IT-Giganten und den dahinter stehenden Geheimdiensten wurde so ein Apparat zur Informationskriegsführung geschaffen, wie ihn die Welt noch nie gesehen hat.[147] Ein Geheimdienst-IT-Medien-Block, der sich in den Händen einer sehr kleinen Gruppe von Personen befindet.

Aufgrund von Fusionen im Rahmen des Telekommunikationsgesetzes sind von den etwa 50 Unternehmen, die Anfang der 1980er Jahre den US-Medienmarkt unter sich aufteilten, ganze sechs übrig geblieben. Diese atlantischen Mediengiganten kontrollieren in Verbindung mit der anglophonen kulturellen Hegemonie weitgehend die globalen Informationsströme. Der Homeland Security Act schreibt ausdrücklich die Umsetzung eines umfassenden nationalen Plans für die Informationsversorgung auf allen Kanälen vor, um einen mit der US-Politik synchronisierten Informationsfluss zu gewährleisten.

Die sechs größten Multimediakonzerne sind heute Comcast (Familie Ralph Roberts mit MSNBC und anderen); Disney (einschließlich ABC); TimeWarner (einschließlich CNN); 21st Century Fox (einschließlich Fox News; die News Corp. von CEO Rupert Murdoch besitzt das *Wall Street Journal*, die *New York Post* und die britische *Times*, *Sun*, Sky TV u. a.); die deutsche Bertelsmann-Gruppe der Familie Mohn, die den Fernsehsender RTL und eine Reihe von Top-Verlagen (Penguin, Simon & Schuster u. a.) betreibt. Schließlich Viacom mit CBS (Familie Redstone). Bei den Medienkonzernen, die nicht vollständig in Familienbesitz sind, kontrollieren die drei größten passiven Indexfonds (auf die wir später noch eingehen werden) und die wichtigsten Banken große Aktienpakete.[148]

Bill Gates hat kein eigenes Medienimperium, obwohl MSNBC als Partnerschaft zwischen Microsoft und NBC, damals noch im Besitz von General Electric, entstand. Es gibt jedoch eine breite Palette von Medien, die er großzügig subventioniert. Tim Schwab untersuchte, welche Medienorganisationen Gates-Zuschüsse erhalten, und fand heraus, dass 250 Millionen Dollar an Subventionen an die folgenden Organisationen verteilt wurden: an erster Stelle die BBC (ein Fünftel der Gesamtsumme), gefolgt von NBC, Al Jazeera, ProPublica, *National Journal*, *The Guardian*, Univision, Medium, *Financial Times*, *The Atlantic*, *Texas Tribune*, Gannett, *Washington Monthly*, *Le Monde* und dem Center for Investigative Reporting. Ende 2018 erhielt die deutsche Wochenzeitung *Der Spiegel* 2,5 Millionen Dollar von Gates, um über „globale Gesundheit und Entwicklung“ zu schreiben. Mehrere dieser Medienorganisationen befinden sich bereits in den Händen großer Finanziers, die aktiv in die Redaktionspolitik eingreifen, dennoch kann Gates Akzente in die eine oder andere Richtung setzen.

In Anbetracht seiner zentralen Rolle in der Covid-Krise und insbesondere der seiner Meinung nach absolut alternativlosen Impfkampagne ist dies eine noch nie dagewesene Reichweite.[149]

Michael Bloomberg, ursprünglich Banker bei Salomon Brothers, bevor er mit einem nach ihm benannten Medienunternehmen, das sich auf Finanznachrichten konzentrierte, ein Vermögen machte (das sich 2020 auf 55 Milliarden Dollar belief), ehemaliger Bürgermeister von New York und Präsidentschaftskandidat, spielt durch seine Rekordspenden an medizinische Institute der Johns Hopkins University seine eigene Rolle in der Covid-Panik. Dass die Medien weltweit um den 20. Januar 2020 von einem „unbekannten Virus" berichteten (und damit nicht mehr aufhörten), lässt sich auf einen Bericht des von Bloomberg finanzierten Johns Hopkins Center for Health Security zurückführen, obwohl auch andere Zusammenhänge im Spiel waren. Johns Hopkins begann ab diesem Zeitpunkt, tägliche Updates über die Ausbreitung des Virus herauszugeben. Die extreme Konzentration des Medienkapitals und die Anwesenheit mehrerer seiner Eigentümer auf dem WEF in Davos in derselben Woche (20.-24. Januar) werden die gleichzeitige Veröffentlichung in so vielen verschiedenen Medien sicherlich erleichtert haben. Schließlich war die „Pandemie" selbst kaum von Bedeutung (am 1. Februar gab es weniger als 200 gemeldete „Fälle" außerhalb von China).[150]

Medien- und PR-Agenturen sind ebenso wie die IT-Branche mit dem militärischen und geheimdienstlichen Komplex verflochten. Viele Journalisten stehen auf der Gehaltsliste der Geheimdienste (der deutsche Journalist Udo Ulfkotte hat darüber spektakuläre Enthüllungen gemacht) oder sind mit den NATO-Think-Tanks, dem Atlantic Council, dem German Marshall Fund und anderen verbunden. Die CIA investiert in die PR-Firma Visible Technologies die täglich mehr als eine halbe Million Social-Media-Posts für „Open Source Intelligence" verfolgt, von Twitter bis zu kleinen Websites. Ein Jahr nach der Gründung dieser Firma im Jahr 2005 ging sie eine Partnerschaft mit WPP ein, dem größten PR-Konglomerat der Welt, das 125 einzelne PR- und Marketingfirmen mit so berühmten Namen wie J. Walter Thompson, Young & Rubicam, Burson-Marsteller, Ogilvy usw. umfasst.[151]

Eine parallele Struktur zur Informationskriegsführung, die sogenannte „Integrity Initiative", wurde vom britischen Verteidigungsministerium geschaffen. Sie wurde 2015 vom in London ansässigen Institute for Statecraft ins Leben gerufen und widmet sich ganz der Anti-Russland-Propaganda.[152] Die Integrity Initiative arbeitet eng mit der Abteilung für öffentliche Diplomatie im NATO-Hauptquartier in Brüssel zusammen und verbreitet Informationen über Think Tanks wie Egmont, Chatham House und andere. Verschiedene Websites arbeiten unter der Schirmherrschaft der Integrity Initiative, darunter Buzzfeed, Irex, Detector Media und Bellingcat.[153] Bellingcat, das auch mit dem Atlantic Council und dem King's College London in Verbindung steht, spielte eine Schlüsselrolle bei der Verbreitung der NATO-Darstellung des Abschusses von Flug MH-17 über der Ostukraine, der westlichen Lesart der Gasvorfälle in Syrien und anderer Propagandageschichten im Dienste der atlantischen Linie gegen ihre Feinde. Ihr Hauptsitz befindet sich in den Niederlanden, wo sie inzwischen mit einer Reihe anderer Medien und Propagandaorganisationen und halboffiziellen Einrichtungen wie der Universität Leiden verflochten ist.[154]

Daraus schließe ich, dass die zentrale Rolle bei der Entwicklung der Antwort auf die Unruhe der Weltbevölkerung dem Dreieck der Informationskriegsführung zukommt.

Dies ist der Kern, um den sich die herrschende Klasse im Westen nach 2008 neu zu gruppieren begann und der nun den Informationskrieg gegen die Bevölkerung unter dem Covid-Ausnahmezustand führt.

Der „Bildschirm-New-Deal"

Im Zentrum der Pläne des Geheimdienst-IT-Medien-Komplexes zur Wiederherstellung der Ordnung (bei gleichzeitigem Ausbau der westlichen Macht, Gewinnmaximierung der Eigentümer und anderen individuellen Nebenmotiven) steht die umfassende Strategie der Digitalisierung der gesamten Gesellschaft. Damit soll eine integrierte Überwachungskonstellation der Weltbevölkerung erreicht werden, die oben als Panoptikum bezeichnet wurde. Eric Schmidt, der einflussreiche Ex-CEO von Google, erklärte im Mai 2020 auf einer vom Gouverneur des Bundesstaates New York, Mario Cuomo, organisierten Videokonferenz, das neue Gesellschaftsmodell solle auf der Ersetzung von Aktivitäten von Angesicht zu Angesicht durch digitale Schnittstellen basieren. Fernunterricht, *„Telemedizin"* (d. h. Gesundheitsfürsorge über das Internet – wir müssen davon ausgehen, dass Algorithmen für die Diagnose verwendet werden und dann die verschriebenen Medikamente über den Bildschirm bestellt werden) und auch alle anderen Einzelhandelsgeschäfte über E-Mail-Bestellungen im Stil von Amazon sind die Hauptbestandteile dieses großen Plans. Naomi Klein nennt dies den „Screen New Deal", für den Cuomo bereits die Hilfe von Bill Gates in Anspruch genommen hat, den er als „Visionär" bezeichnete. Wir müssten die Ideen von Gates umsetzen, meint Cuomo, denn warum sollten wir all diese Gebäude und Klassenzimmer finanzieren, wenn wir uns sofort in die winkende Zukunft der digitalen Welt begeben können?[155]

Die Pläne von Gates, Schmidt und anderen führenden Köpfen gehen jedoch wesentlich weiter als nur Fernunterricht und Mail-Ordering. Die gesamte Gesellschaft soll in IP-Adressen aufgeteilt werden, die rund um die Uhr überwacht werden; ich habe bereits die Kontakt-App erwähnt, und der nächste Schritt wird die tatsächliche Fernsteuerung sein. Wie wir in Kapitel 6 sehen, wird im Auftrag der Gates-Stiftung an der Implantation von Nano-Beacons in Menschen geforscht, um deren Körper für kommerzielle Zwecke zu nutzen. Auch dies ist nicht auf pharmazeutische Anwendungen beschränkt.

Anfang 2020 meldete Microsoft ein Patent auf die Nutzung des menschlichen Körpers als Energiequelle für die Schaffung von Kryptowährungen („*Mining*") an.[156] Ich werde später darauf zurückkommen. Sowohl Gates als auch Jeff Bezos sind auch in den Gesundheitsmarkt eingestiegen, der allein in den USA einen Jahresumsatz von 3,5 Billionen US-Dollar ausweist. Google hat über die Holding Alphabet zusammen mit den Universitäten von North Carolina und Harvard ein eigenes medizinisches Forschungsinstitut, Verily Life Sciences, gegründet.[157] Michael Bloombergs Rolle als Spender für die medizinische Fakultät und verschiedene Gesundheitseinrichtungen der Johns Hopkins University in Baltimore wurde bereits erwähnt.

Moderna, einer der Hersteller der revolutionären Gentherapie, die jetzt im Rahmen einer vorläufigen Zulassung massiv als „Impfstoff" in der Covid-Krise eingesetzt wird, erklärt auf seiner Website, dass Menschen in Computer verwandelt werden müssten, die dann überwacht und aktualisiert werden können. Es geht also nicht um Gesundheit, sondern darum, sich Zugang zu einer Biomasse von 7,5 Milliarden Menschen zu verschaffen. Diese Masse muss kartiert werden, und wie wir später sehen werden, brauchen die Menschen Bio-Identitätsdokumente, in die inzwischen alle großen IT-Konzerne investiert haben. Catherine Austin Fitts sieht Microsoft als eines der wichtigsten Bindeglieder, über die ein digitales Zahlungssystem in Kombination mit biometrischen und Tracking-Systemen eingeführt werden soll, letztlich über Injektionen.[158]

Gates, Schmidt und Bloomberg haben auf Einladung von Gouverneur Cuomo einen Ausschuss gebildet, der Pläne für die Auslagerung öffentlicher Schulen, Krankenhäuser, der Polizei und anderer öffentlicher Dienste an private Technologieunternehmen schmiedet. Wie der Chef eines Selbstparkerunternehmens in Maryland sagt, erinnert uns die Pandemie daran, dass Menschen biologische Risiken darstellen, Maschinen jedoch nicht. Schmidt hatte bereits in der Vergangenheit verschiedene Positionen inne, um seine Ideen voranzutreiben. So saß er etwa im Defense Innovation Board, das das Pentagon bei der Anwendung künstlicher Intelligenz im Verteidigungssektor berät, und der National Security Commission on Artificial Intelligence (NSCAI), die den Kongress berät und deren Vorsitzender Schmidt ist. Das Defense Innovation Board setzt sich hauptsächlich aus akademischen IT-Spezialisten zusammen; der NSCAI gehören u. a. die CEOs großer Technologieunternehmen und In-Q-Tel (der Risikokapitalarm der CIA) an. Bei den NSCAI-Sitzungen im Jahr 2019 wurde vor dem Vorsprung Chinas im Bereich der digitalen Überwachung (u. a. dank 5G) und der mobilen Zahlungssysteme gewarnt: Alibaba, Baidu und Huawei profitieren davon. Schmidt warnte, dass China dank der künstlichen Intelligenz bis 2030 die Vereinigten Staaten überholt haben werde. Die Antwort darauf sollte die Schaffung „intelligenter Städte" sein, aber ein Google-Projekt, das dies in Toronto testen sollte, musste aufgrund des Widerstands der Bevölkerung gegen die damit einhergehende permanente Überwachung eingestellt werden.[159] Hier zeigt sich, dass die Idee eines Panoptikums kein Hirngespinst ist, sondern bereits erprobt wird.

Das „Dreieck" entwickelt sich als Komplex mit ständiger Rückkopplung zwischen seinen Komponenten weiter. In den USA werden aufgrund des Tabus staatlicher Beihilfen Innovationen vorzugsweise über den Verteidigungshaushalt abgewickelt.[160] Weltweit stiegen die Verteidigungsausgaben (ohne Geheimbudgets) von 2006 bis 2015 um 50 Prozent auf 2,03 Billionen Dollar. Digitale militärische Anwendungen, etwa zur Kriegsführung, sozialen Kontrolle und Repression, bilden einen Hunderte-Milliarden-Markt. Der globale Markt für Biometrie hat sich zwischen 2015 und 2020 auf 35 Milliarden Dollar mehr als verdoppelt. Der Schlüssel dazu ist eine enge Zusammenarbeit zwischen Regierungen und Unternehmen nach chinesischem Vorbild. Im Westen ist dies am einfachsten durch die Privatisierung öffentlicher Dienstleistungen (sogenannte „öffentlich-private Partnerschaften") zu erreichen.[161] Währenddessen wird die

Kriegspropaganda in den Mainstream-Medien auf einem Niveau gehalten, das es in Friedenszeiten noch nie gegeben hat.

Bevor wir auf die Einzelheiten eingehen, müssen wir zunächst rekapitulieren, wie der Machtblock des Dreiecks aus Geheimdiensten, IT-Konzernen und Medien als Dreh- und Angelpunkt innerhalb der herrschenden Klasse fungiert, der eine bestimmte Ideologie propagiert, mit deren Einsatz die Macht gefestigt werden kann, wie das jetzt mit dem Covid-Ausnahmezustand geschieht. Auf plumpe Putschversuche ist die IT-Oligarchie selbstverständlich nicht angewiesen, denn sie kann auf eine weit verbreitete Begeisterung für alles zählen, was mit der neuen Kommunikationstechnologie zu tun hat – nicht nur bei den direkt beteiligten Kapitalisten, den Geldhändlern und dergleichen, sondern in allen Gesellschaftsschichten. Der Tech-Sektor genießt ein enormes Wohlwollen in der Bevölkerung, vor allem unter jungen Menschen, die mit dem Internet aufgewachsen sind. IT wird mit Fortschritt, grenzenlosen Möglichkeiten usw. assoziiert. Im letzten Kapitel werden wir sehen, dass diese Einschätzung nicht falsch ist, daß die herrschende Klasse in der gegenwärtigen Krise jedoch alle Register zieht, um dafür zu sorgen, dass dies nicht demokratisch interpretiert wird, und dass wir alle „geimpft" werden, bevor sich so etwas wie ein progressiver sozialer Wandel anbahnen könnte.

Konzepte der Herrschaft und der Klassenbildung

Die Covid-Gesundheitskrise und der Ausnahmezustand sollen eine „neue Normalität", eine andere Gesellschaftsordnung innerhalb der bestehenden kapitalistischen Eigentumsverhältnisse herbeiführen.[162]

Der Schock, mit dem dies geschieht, ist in Friedenszeiten historisch ohne Beispiel, die Idee einer neuen Normalität hingegen nicht so neu. Die Politikwissenschaft, die Wissenschaft von der Machtausübung, hat sich schon immer mit der Frage beschäftigt, wie eine Minderheit die große Mehrheit der Bevölkerung dazu bringen kann, ihrer Herrschaft zuzustimmen, und das ist ihr nie auf ein und derselben Grundlage gelungen. Einer der Begründer der modernen Politikwissenschaft, Gaetano Mosca, argumentierte 1896 in seinen *Elementen der Politikwissenschaft*, dass die herrschende Klasse ihre Macht erhalten kann, indem sie sich auf einen bürgerlichen Kader von technischen und administrativen Spezialisten stützt. Dieser Kader entwirft eine bestimmte *politische Formel*. Eine solche Formel, die regelmäßig an die sich ändernden Umstände angepasst wird, beruht letztlich auf einer organischen, historisch gewachsenen Einheit, z. B. einer Religion, einer Zivilisation oder der Nation, die die Individuen eint.[163]

Die Fähigkeit dieser Bindungen, eine Bevölkerung davon zu überzeugen, die Herrschaft einer Minderheit sei „normal", wurde jedoch in der ersten Hälfte des 20. Jahrhunderts ernsthaft untergraben. Der Faschismus war eine letzte Verherrlichung der Nationalität, um die Gefahr einer sozialistischen Revolution abzuwehren; nach seiner Niederlage entstand in Westeuropa auch die Christdemokratie, um das, was von der religiösen Solidarität übrig geblieben war, politisch zu nutzen. In den angelsächsischen Ländern setzte sich jedoch eine eher sachliche und berechnende Haltung gegenüber den alten und bewährten sozialen Bindungen durch. Infolgedessen beruhte die politische Macht zunehmend auf einem rationalen Gesellschaftsvertrag, der im Wesentlichen ein Klassenkompromiss war – beginnend mit dem New Deal in den USA, der dann weitgehend auch auf Westeuropa übertragen wurde. Japan und Südkorea entwickelten ihre eigenen Varianten mit einer stärkeren Betonung traditioneller autoritärer Strukturen, die aus der Erfahrung der Anwärterstaaten übernommen wurden.[164]

Eine politische Formel hat ihre Grundlage in dem, was Ries Bode ein „umfassendes Herrschaftskonzept" nennt, das sich auf ein bestimmtes Segment oder eine *Fraktion* der Kapitalistenklasse zurückführen lässt. (Bode unterscheidet auch zwischen einer Fraktion des Kapitals und einer Fraktion der Bourgeoisie, aber das braucht uns hier nicht zu interessieren.)[165] Eine solche Fraktion agiert uns hier nicht zu interessieren.)[165] Eine solche Fraktion agiert als Organisator eines großen Kräfteblocks, eines historischen Blocks, und propagiert eine bestimmte Vorstellung von „öffentlichem Interesse" von ihrem Standpunkt aus. Im vorliegenden Kontext wäre diese richtungsweisende Fraktion das Dreieck Geheimdienste-IT-Medien. Im weiteren Verlauf dieses Buches werden wir sehen, dass sich andere Kapitalfraktionen, insbesondere der biopolitische Komplex, bestehend aus der Gesundheits- und Pharmaindustrie und den damit verbundenen privaten und öffentlichen Einrichtungen, mit dieser Vorhut verbündet haben.[166] Ihre Rolle wäre es, sowohl den Vorwand als auch ein Schlüsselelement für die Umsetzung des Panoptikums zu liefern. Denn während ein Smartphone verloren gehen kann, kann der menschliche Körper selbst nicht verloren gehen, und die Impfung bietet den Weg in ihn hinein.

Das Kräfteverhältnis im Umfeld des Zweiten Weltkriegs unterschied sich deutlich von dem der Gegenwart, und dementsprechend entwickelte sich daraus eine andere Vorhut. Der korporative Liberalismus (ein Liberalismus der großen Organisationen) hatte die neuen Massenproduktionsindustrien in seinem Zentrum. Im Gegensatz dazu war der Finanzsektor, der für die Große Depression und alles, was sie mit sich brachte, verantwortlich gemacht wurde, gezwungen, sich auf die Kreditvergabe an Unternehmen zu beschränken. Keynes plädierte 1936 sogar für eine „Euthanasie" der Rentiers, der „funktionslosen Investoren".[167] Der organisierten Arbeiterschaft hingegen wurde eine untergeordnete Rolle im historischen Block zugestanden, sofern sie den Antikommunismus und das Wettrüsten des Kalten Krieges sowie die kolonialen und neokolonialen Abenteuer in der Dritten Welt mittrug.

Als die progressiven Kräfte in den späten 1960er Jahren zu stark wurden, kündigte das Kapital den Gesellschaftsvertrag der Nachkriegszeit auf. Mit der bereits erwähnten Aufhebung der Golddeckung des US-Dollars und dem Ende fester Wechselkurse lebten die internationalen Finanzmärkte wieder auf. Im Nachhinein betrachtet war es keine Euthanasie, sondern ein langer Winterschlaf in der Londoner City, der den internationalen Finanziers widerfahren war, und aus dem sie nun mit Wucht erwachten.[168] Das Herrschaftskonzept, das in den 1970er und 1980er Jahren Gestalt annahm, der Neoliberalismus, die Ideologie des freien Marktes von Hayek und Friedman, geht also auf das Weltbild der Rentiers zurück. Von einem Außenseiter wurde die Finanzfraktion zum Mittelpunkt des neuen historischen Blocks, und es war diese „neue Normalität", die den Westen 2008 an den Rand des Zusammenbruchs brachte.

Vom Gesellschaftsvertrag zum Worst-Case-Szenario

Lockes liberales Kernland, in dem sich der Kapitalismus und die atlantische herrschende Klasse entwickelt hatten, war bereits in den 1990er Jahren in eine existenzielle Krise geraten, trotz der triumphalen Proklamation des „Endes der Geschichte".[169] Das System verlor seine innere Kohärenz, nachdem der Gegner, der den Westen zu einer politischen Einheit gemacht hatte, zusammengebrochen war. Da der Boden des Antikommunismus aus dem Nachkriegskonsens herausgefallen war, legte der „Sieg" im Kalten Krieg in Wirklichkeit eine moralische und ideologische Leere frei, in der sich die Frage stellte: Was nun? Tony Blair, in den das fortschrittliche England damals noch all seine Hoffnungen gesetzt hatte, erklärte 1995, ein Jahr vor seiner Wahl zum Premierminister, auf dem Labour-Parteitag: „Wir genießen tausend materielle Vorteile gegenüber jeder früheren Generation, und doch leiden wir unter einer tiefen Unsicherheit und geistigen Zweifeln, die sie nie gekannt haben."[170]

In einer Bevölkerung, in der ein Herrschaftskonzept, das auf einem Gesellschaftsvertrag über eine bestimmte, gut funktionierende Variante des Kapitalismus beruht, nicht mehr zustande kommen kann, wird ein Konsens schwer zu erreichen sein. Er ist jedoch die notwendige Bedingung dafür, dass eine Mehrheit akzeptiert, dass sie von einer Minderheit regiert wird. Daher wurde in den Jahren nach

1991 bewusst versucht, neue ideologische Schemata, *Szenarien*, zu entwickeln, die auf Angst basieren. In diesen Szenarien werden imaginäre Gefahren zu Katastrophen vergrößert, die uns alle bedrohen („worst case scenarios"). Nachdem die materiellen Vorteile, die früher die Belohnung für politischen Konformismus waren, verschwunden sind, bleibt die Angst ein scheinbar unerschöpfliches Reservoir, um Menschen auf Linie zu bringen. Mit Hilfe dieser Worst-Case-Szenarien wurde das geschaffen, was Patrick Zylberman einen „Weltmarkt der Fantasie" nennt, denn im gleichen Zeitraum entstanden die 24-Stunden-Nachrichtenkanäle und das Internet als globaler Knotenpunkt für unbegrenzte Informationen.[171] Mit anderen Worten: Der Geheimdienst-IT-Medienkomplex bewegte sich auf das Zentrum der Macht zu, aber der „Weltmarkt der Fantasie" war in vielerlei Hinsicht Neuland, was die konkrete Ausübung von Autorität betraf.

Huntingtons bereits erwähnte These vom „Kampf der Kulturen" aus dem Jahr 1993 kann als ein solches Fantasieszenario betrachtet werden.[172] Diese Theorie hatte großen Einfluss und trug unter den veränderten Umständen dazu bei, die Angst vor dem Terrorismus zu reaktivieren, die ursprünglich von Israel ausgegangen war, mit „Moskau" als Zentrum. Ein noch nachdrücklicherer Entwurf für die Lenkung der öffentlichen Meinung wurde auf einer Konferenz im Miller Center der Universität von Virginia im Oktober 1998 diskutiert. Der Direktor des Miller Centers, Philip Zelikow, erläuterte dort, wie die Politik in jeder Ära, die etwa eine Generation dauert, um bestimmte öffentliche Mythen herum aufgebaut wird. Bei diesen Mythen handelt es sich um Vorstellungen, die die Massen für wahr halten (auch wenn sie sich dessen nicht ganz sicher sind) und die von der „relevanten politischen Gemeinschaft" geteilt werden, die sie aktiv propagiert. Hier zeigt sich wieder der ursprüngliche Gedanke von Mosca, dass nämlich eine Mittelschicht zum Träger einer politischen Formel oder unserer Vorstellung von Kontrolle werden muss. Für die Generation des Zweiten Weltkriegs, so Zelikow, war „München 1938“ eine solche Idee (das Nachgeben gegenüber einem Diktator); als öffentlicher Mythos konnte diese Idee im Kalten Krieg (auch im zweiten unter Reagan und heute wieder) beschworen werden.

Dies ist nicht dasselbe wie die politische Formel, die objektiv ist (Nation, Religion, Zivilisation sind nicht erfunden), noch ist es dasselbe wie ein Herrschaftskonzept, das auf einem rationalen Austausch beruht (wirtschaftliches Wohlergehen für die Hinnahme der imperialistischen Politik und die Ablehnung des Sozialismus). Schließlich sind wir jetzt in das Zeitalter der Szenarien eingetreten, und gerade diese *sind* erfunden, sie sind weitgehend Produkte der Phantasie. Aber wie kann man sie durchsetzen, wenn nicht durch einen organischen Klassenkompromiss? Hier wirft Zelikow einen anderen Blick auf die Geschichte, aber durch eine neue Linse. Bestimmte prägende Ereignisse, so argumentiert er, üben ihren Einfluss noch lange nach der Generation aus, die sie erlebt hat. Pearl Harbor wäre ein Beispiel. Natürlich ist Zelikows eigene spätere Rolle bei „schockierenden Ereignissen mit prägender Wirkung“von großer Bedeutung. Er hat nicht nur die Anschläge vom 11. September 2001 mit unheimlicher Präzision vorhergesagt und war außerdem Mitglied des Übergangsteams für den neu „gewählten“ Präsidenten George W. Bush. Er hat auch den Abschlussbericht über den 11. September 2001 verfasst, den wir als die Blaupause für die Vertuschungsstrategie betrachten können.[173] Es besteht jedoch kein Zweifel daran, dass dieses Szenario einen funktionierenden öffentlichen Mythos schuf, und zwar mit einem schockierenden, prägenden Ereignis, um Angst zu mobilisieren.

Es liegt auf der Hand, dass ein Szenario wie die Anschläge vom 11. September und der Krieg gegen den Terror (eine Idee, die auf das Jahr 1979 zurückgeht und, wie bereits erwähnt, darauf abzielte, die USA dazu zu bringen, fortan stellvertretend Israels Kriege zu führen)[174] darauf abzielt, Angst, ja Panik zu erzeugen. Indem „Terrorismus“ zum Regulator des politischen Prozesses gemacht wird, kann eine Bevölkerung, die vom Kapitalismus als solchem nichts Positives mehr zu erwarten hat, dennoch in seinen Bann gezogen werden. Das ist genau das, was jetzt mit dem „Virus" erreicht wird. Giorgio Agamben sieht darin in der Tat einen Ersatz für die Religion, nachdem die Wirtschaft nicht mehr „liefert". Nachdem die Ökonomie die Politik der Religion und der Nation ersetzt hat, wurde die „Biosicherheit" als neue Religion eingeführt und hat bisher einen beispiellosen Erfolg erzielt.[175]

Neu an Zelikows Ansatz ist, dass er anstelle einer organischen historischen Einheit, wie sie in politischen Formeln anklingt, oder einer ökonomisch-rationalen Synthese, die in einem Herrschaftskonzept Gestalt annimmt, ein prägendes, schockierendes Ereignis als verbindenden Faktor ansetzt. Dieses kann im Extremfall natürlich auch inszeniert oder auf andere Weise ermöglicht werden, sei es ein Terroranschlag oder eine „Pandemie", wie wir sie jetzt erleben.

Dies ist etwas ganz anderes als die organische, moralische Autorität, die früheren Formen des Gesellschaftsvertrags zugrunde lag, und birgt daher große Risiken. Für Zelikow ist das Wichtigste, dass die Massen die Lesart dieser Ereignisse, den öffentlichen Mythos, für wahr halten und dass die Mittelschicht des technischen und administrativen Rahmens (die „relevante politische Gemeinschaft", unsere Kader) ihn aktiv propagiert. In der gegenwärtigen Krise erleben wir genau das: Politiker aller Couleur, die Medien und die Kolumnisten, die Leute, die in den TV-Talkshows sitzen, sie alle erzählen dieselbe Geschichte. Die Mehrheit der Bevölkerung glaubt es auch. Der Betrug ist somit zu einer vorrangigen Aufgabe für alle Regierungen geworden, die von dem neuen Machtblock aus Geheimdiensten, IT-Unternehmen und Medien unterstützt werden.

Transnationale Netzwerke

Die Propagierung eines Worst-Case-Szenarios stützt sich ebenso wie die Entwicklung eines Konzepts der Kontrolle auf ausgedehnte

Kommunikationsnetze, die die Rolle der Kirche, der Freimaurerei usw. im Prozess der Bildung der herrschenden Klasse weitgehend (aber nicht vollständig) verdrängt haben. Dabei handelt es sich in erster Linie um die Netzwerke, die durch die Verflechtung von Direktorien zwischen großen Unternehmen entstehen. Peter Sutherland, der im vorigen Kapitel erwähnt wurde, war ein Beispiel dafür: Er hatte Spitzenpositionen bei Goldman Sachs, BP und einer Reihe anderer Unternehmen inne und war außerdem UN-Migrationsbeauftragter. Des Weiteren ermöglichen vertrauliche, nur für Mitglieder zugängliche Netzwerke wie die Bilderberg-Konferenzen, das Atlantic Council und die Trilaterale Kommission, die G30 (die Gruppe der 30 ehemaligen Präsidenten der Zentralbanken) und das Weltwirtschaftsforum den Eigentümern und Spitzenmanagern dieser Unternehmen, sich vertraulich mit Schlüsselfiguren aus Politik und Medien zu beraten. Diese beratenden Netzwerke für die Politikplanung sind wiederum mit den Netzwerken der Unternehmensvorstände verflochten.[176]

Die Planungsgruppen und Denkfabriken sind ein wichtiges Bindeglied zwischen der herrschenden Klasse und den Regierungen. Barack Obama hatte bei seiner ersten Wahl zum Präsidenten die Unterstützung der Trilateralen Kommission und der G30; elf Mitglieder der TC wurden in seine Regierung berufen, während Zbigniew Brzezinski, ihr Mitbegründer, ihr wichtigster außenpolitischer Berater war. Die Betonung der „russischen Bedrohung" und die Option, Putin zu stürzen, wurden in der TC entwickelt, vom Obama-Team übernommen und gipfelten im Februar 2014 in dem Putsch in Kiew.

Betrachtet man die Zusammensetzung der Führungsgremien dieser Netzwerke, so findet sich in der Executive Group des TC kein klares Muster, das dem Dreieck Geheimdienste-IT-Medien entspricht, sondern ein Querschnitt der Kapitalistenklasse. Das Steering Committee der Bilderberg-Konferenzen hingegen spiegelt den neuen Machtblock wider. Neben Eric Schmidt, ehemals Google, sitzen dort wichtige neue IT-Firmen wie Palantir und IT-Unternehmer wie Peter Thiel, aber auch Direktoren von Airbus und Medienleute wie der belgische Bankier und Pressemagnat Thomas Leysen. Außerdem sind Vertreter von Finanzinstituten wie Lazard, AXA, Deutsche Bank und Investor (die schwedische Wallenberg-Gruppe) vertreten.[177] Henry Kravis, einer der Partner von Kohlnerg-Kravis-Roberts (KKR), einem der Pioniere der Hedgefonds, ist eine Schlüsselfigur der Bilderberger und der Trilateralen Kommission; er ist Emmanuel Macrons wichtigster Förderer in der kapitalistischen Klasse.[178]

Die atlantischen und globalen politischen Netzwerke sind auch mit regionalen europäischen Netzwerken verflochten, etwa mit der belgisch-französischen Elitegesellschaft *Cercle de Lorraine*. Der bereits erwähnte Thomas Leysen ist Mitglied dieser Gesellschaft, ebenso wie der andere belgische Pressemagnat, mit dem er praktisch den gesamten belgischen und niederländischen Zeitungsmarkt besitzt: Christiaan Van Thillo, der auch Direktor der deutschen Verlagsgruppe Bertelsmann ist, einem der sechs bereits erwähnten größten Medienimperien. Ein weiteres belgisches Mitglied des Cercle, Graf Maurice Lippens, ist ebenfalls ein prominentes Mitglied der *Friends of Europe* (bei denen auch der ehemalige belgische Premierminister Guy Verhofstadt und die ehemalige EU-Kommissarin Neelie Kroes Mitglieder sind), und so weiter und so fort.[179]

Wie diese Netzwerke auch dazu dienen, den Konsens der herrschenden Klasse abzustecken, zeigt die Tatsache, dass die einzige Wochenzeitung in den Niederlanden, die kritische Informationen über die Covid-Krise veröffentlicht, auch eine der wenigen ist, die nicht dem Pressekonglomerat von Leysen oder Van Thillo gehören. In Frankreich musste *France-Soir* erst einmal sein Erscheinen einstellen, bevor es von dem ansonsten soliden Medienkonsens über die „Pandemie" abweichen konnte. Andere französische Medien befinden sich größtenteils in der Hand der Oligarchie. Die reichste Dynastie, Bettencourt (L'Oréal), ist an *L'Opinion* beteiligt, gemeinsam mit dem Luxusgüterkonglomerat LVMH von Bernard Arnault (Nr. 2), dem auch die Mediengruppen *Le Parisien* und *Les Echos* gehören. *Le Figaro* gehört dem Luft- und Raumfahrtgiganten Dassault (fünftreichste Familie); F. Pinault (Nr. 7) besitzt *Le Point*; Patrick Drahi (Nr. 9), *L'Express*, *Libération* und indirekt BFM-TV; Xavier Niel (Nr. 11), die Gruppe *Le Monde* (*Courrier International*, *Le Monde Diplomatique*).[180]

Die Oligarchie auf beiden Seiten des Atlantiks besitzt Medien aus politischen Gründen (Printmedien sind meist verlustbringend). Niel kaufte *Le Monde* für den Betrag, um den sein Vermögen an einem Tag schwankte, so wie Bezos die *Washington Post* von der ehrwürdigen Graham-Dynastie erwarb, um seinem Amazon-Imperium eine Stimme zu geben. Der Input kommt oft vom Staat (einschließlich „undichter Stellen") oder von Denkfabriken, die Berichte veröffentlichen. Die Denkfabriken wiederum werden vom militärisch-industriellen Komplex stark subventioniert – natürlich nirgendwo so sehr wie in den USA. Die 50 größten amerikanischen Denkfabriken erhielten im Jahr 2019 mehr als eine Milliarde Dollar von der Regierung und den Waffenherstellern: Größte „Geber" waren das Pentagon (381,7 Mio.), die Air Force (287,4 Mio.), die Army (246,3 Mio.), das Department of Homeland Security (111,2 Mio.) und mit einigem Abstand das State Department mit 9 Mio. Die wichtigsten privaten Förderer waren Northrop Grumman, Raytheon, Boeing, Lockheed Martin und Airbus – der Kern des atlantischen Waffengeschäfts. Dies ist nicht überraschend, weil Hauptnutznießer mit Abstand die RAND Corporation ist, eine Forschungseinrichtung für Rüstung und Militärstrategie, die den Großteil der Gelder (etwas mehr als eine Milliarde) erhielt. Die anderen sind viel kleiner, aber ebenso kriegerisch: Das Center for a New American Security (mit CEO Victoria Nuland, die 2014 den Putsch in Kiew maßgeblich dirigierte) erhielt 8,9 Millionen Dollar. Das Atlantic Council, in dessen Exekutivkomitee Richard Edelman und der Vorsitzende der Münchner Sicherheitskonferenz, Wolfgang Ischinger, sitzen, erhielt 8,6 Millionen Dollar. Die New America Foundation unter Leitung von Anne-Marie Slaughter, Ex-Planungsdirektorin des Außenministeriums unter Hillary Clinton, steht den großen IT-Unternehmen nahe, insbesondere Google (Eric Schmidt) und der Gates Foundation. Sie bekam 7,2 Millionen. Weitere Empfänger waren der German Marshall Fund of the US (6,5 Mio.), das CSIS der Georgetown University, wo die Regierung Biden Kathleen Hicks als Unterstaatssekretärin für Verteidigung eingestellt hat (5 Mio.), der Council on Foreign Relations (2,5 Mio.), die Brookings Institution (2,4 Mio.), die Heritage Foundation (1,3 Mio.) und das Stimson Center (1,3 Mio.).[181]

Der oben beschriebene Geheimdienst-IT-Medien-Block und die transnationalen Netzwerke, über die er seine Macht an eine breitere Koalition weitergibt, haben sich also zusammengetan, um ein neues Worst-Case-Szenario als Antwort auf die Bedrohung durch ein drohendes „1848" zu propagieren. Da in der vorangegangenen Phase die Rolle einer Klassenavantgarde in diesem Sinne dem Finanzsektor und insbesondere dem spekulativen Geldkapital zukam, musste die treibende Ideologie der „Jagd nach Rendite", der Risikogesellschaft (verstärkt durch die Angst vor Terrorismus), durch eine neue ersetzt werden. Ich behaupte, dass dies der Mythos der „Pandemie" war. Er musste die Rolle eines Worst-Case-Szenarios in der Politik der Angst spielen, nachdem der 11. September und der „Terrorismus" in dieser Hinsicht ihre Wirksamkeit verloren hatten. Nach Zelikows Logik bedurfte es eines prägenden Ereignisses, um die Menschen zum Einlenken zu bewegen. Das konnte kein weiterer Finanzcrash sein, denn ein solches Ereignis könnte die gesamte westliche Machtkonstellation mit in den Abgrund reißen.

Konsolidierung des Finanzsektors

Als im September 2019 tatsächlich ein neuer Finanzkollaps drohte, katastrophaler als der von 2008, wurde die Notwendigkeit akut, die Fraktion des Geldhandelskapitals (wie Marx sie nennt) zu disziplinieren. Einer der entscheidenden Faktoren, die zur Ausrufung des Covid-Notstands führten, war daher die Verhinderung einer neuen Finanzkatastrophe, denn angesichts einer bereits angespannten und möglicherweise revoltierenden Bevölkerung war dies ein Risiko, das nicht eingegangen werden konnte. Es gibt noch einen weiteren Faktor, der für den *Zeitpunkt* der Covid-Krise eine Rolle spielte, und zwar die mehr als wahrscheinliche Wiederwahl Trumps im November 2020, auf die ich später eingehen werde. Hier konzentrieren wir uns auf die Notwendigkeit, den Finanzsektor zu konsolidieren und ihn krisenfester zu machen.

„2008" war nicht nur ein gewöhnlicher Börsencrash oder eine Rezession. Für Wolfgang Streeck war es der Moment, in dem die Pyramide der Finanzhilfen, mit denen nach den turbulenten 1960er und 1970er Jahren immer wieder versucht worden war, den sozialen Frieden im Westen aufrechtzuerhalten, endgültig zusammenbrach. Von nun an würde die Demokratie auf Eis gelegt, und die Regierung würde sich auf andere Mittel verlassen müssen.[182] Die Frage war nun, was dies für die Kapitalfraktion bedeuten würde, die seit den 1990er Jahren an der Spitze des Machtblocks stand und sogar den scheinbaren Aufschwung lenken konnte – bis 2020.

Nach dem Zusammenbruch des Sowjetblocks und der UdSSR verlor die disziplinierende Wirkung des Kalten Krieges ihre Wirksamkeit, und wie bereits erwähnt gewann das spekulative Kapital im Finanzsektor die Oberhand. Die Gewinne hingen zunehmend von der Ausnutzung von Preisunterschieden ab, notfalls durch die Schaffung von Blasen, z. B. bei Immobilien. John Meriwether, der diese Art von Geldgeschäften bei Salomon Brothers entwickelt hatte gründete 1994 mit zwei so genannten Nobelpreisträgern einen eigenen Hedge-Fonds, *Long-Term Capital Management* (LTCM). Dieser ging 1998 in Konkurs.[183] Die regulierten Banken sorgten in der Zwischenzeit dafür, dass unter der Präsidentschaft von Bill Clinton die New-Deal-Gesetzgebung – die die Depositenbanken zwang, sich von ihren Investitionszweigen zu trennen – rückgängig gemacht wurde, damit auch sie sich an der Jagd nach kommerziellen Gewinnen beteiligen konnten.[184]

In den 1980er Jahren wurde ein Versicherungssystem geschaffen, bei dem die US-Regierung das Risiko zeichnete und der Spekulant innerhalb bestimmter Grenzen abgesichert war. In den 1990er Jahren folgte ein informelles Versicherungssystem. Als LTCM in Konkurs ging, stellte die Federal Reserve unter Alan Greenspan (ehemaliger CEO von JP Morgan) ein Rettungskonsortium zusammen, um die Auswirkungen auf den gesamten Sektor zu begrenzen. Solche Rettungsaktionen machten jede nachfolgende Finanzkrise zum Auftakt für eine neue Blase (bei Aktien, Immobilien usw.) und hielten den Prozess der Ausplünderung ganzer Volkswirtschaften (um es mit den Worten von Jack Rasmus zu sagen) in Gang. Preissignale leiteten die Investitionsentscheidungen auf Grundlage künstlicher Intelligenz und mit Hilfe von Algorithmen. So kam es nacheinander zur Asienkrise von 1998, zu Pleiten wie in Mexiko, Russland und Argentinien und zur Dot-com-Blase, bis die ganze Pyramide schließlich 2008 zusammenbrach.[185]

Die Geschichte der (Rück-)Versicherungspraktiken, bei denen unsichere Investitionen in Derivate verpackt wurden, die wiederum als Sicherheiten für neue Kreditgeschäfte dienten, muss hier nicht noch einmal erzählt werden. In zunehmendem Maße wurden diese „Instrumente" international als Wertpapiere gehandelt, oft mit einer Schuldkomponente, die niemals zurückgezahlt werden konnte, wie die berüchtigten Subprime-Hypotheken, die an Personen vergeben wurden, bei denen klar war, dass sie nach der anfänglichen tilgungsfreien Zeit nicht in der Lage sein würden, ihre Verpflichtungen zu erfüllen. Ihre Kreditwürdigkeit wurde jedoch von Rating-Agenturen wie Moody's und Standards & Poor's ausnahmslos bestätigt – bis die Subprime-Hypotheken das Kartenhaus zum Einsturz brachten, als es ans Zahlen ging. Zunächst gelang es den Geldhändlern, Wiedergutmachung zu erlangen, z. B. durch das 700 Milliarden Dollar schwere Rettungspaket, das von George W. Bushs Finanzminister, dem ehemaligen Goldman-Sachs-Chef Hank Paulson, auf den Weg gebracht und in voller Höhe an die Banken ausgezahlt wurde, die (zu) große Risiken eingegangen waren.[186]

Dennoch können wir im Nachhinein feststellen, dass der Übergang zu einer neuen Finanzordnung mit dem Amtsantritt von Barack Obama begann. Die Spitzen- und Schattenbanken und sogar Großspekulanten wie George Soros und Paul Tudor Jones hatten Obamas Kandidatur für das Präsidentenamt unterstützt, weil sie eine revolutionäre Situation ähnlich der am Vorabend des New Deal in den 1930er Jahren befürchteten. Die Gefahr eines Aufstands verflog jedoch schnell. Bis 2010 gelang es den Regierungen, die öffentliche Meinung davon zu überzeugen, dass nicht die Spekulanten, sondern die Bonvivants in Südeuropa die Krise verursacht hatten.[187] Griechenland wurde dann geopfert, um die Banken zu retten, die mit griechischen Staatsanleihen spekuliert hatten. Timothy Geithner, Paulsons Nachfolger in der Obama-Regierung, schien ebenfalls geneigt, den Geldhändlern aus der Patsche zu helfen. Geithner kam von der New Yorker Federal Reserve und stand der Citibank nahe. 2010, zwei Jahre nach dem Zusammenbruch, war die Bilanzsumme der Schattenbanken wieder um 20 Prozent höher als die des regulierten Bankensektors. Drei Jahre später kontrollierten die Schattenbanken weltweit 75,2 Billionen Dollar (gegenüber 26 Billionen Dollar im Jahr 2002). Laut Jack Rasmus wurde ein Drittel davon in den USA registriert (25 Billionen Dollar). Dem standen 10,5 Billionen Dollar an Vermögenswerten in regulierten US-Banken (den 38 größten) gegenüber.[188]

Der Sektor war jedoch noch anfälliger geworden, weil die Zentralbanken (die Federal Reserve in den USA, die Bank of England und die Europäische Zentralbank, EZB) zusätzlich zur direkten Unterstützung fragwürdige Wertpapiere durch Quantitative Easing (QE) aufkauften, wodurch den Anlegern von Finanzanlagen erneut Mittel für eine neue Runde von Spekulationsgeschäften zur Verfügung gestellt wurden. Der Öffentlichkeit wurde vorgegaukelt, es handle sich dabei um Investitionen in die Realwirtschaft, während handle sich dabei um Investitionen in die Realwirtschaft, während QE in Wirklichkeit nur die Aktienkurse in die Höhe trieb und die Vermögensanleger verleitete, noch größere Risiken einzugehen. Zwischen 2008 und 2015 führte die US-Notenbank Federal Reserve drei QE-Runden durch und kaufte Staatsanleihen und Schuldtitel in Billionenhöhe auf, um den Finanzinvestoren neues Kapital zuzuführen. Ende 2015 war die Bilanz der US-Notenbank auf 4,5 Billionen Dollar aufgebläht. Ähnliche Operationen führten die EZB unter Mario Draghi (ehemals Goldman Sachs) und die Bank of England durch.[189] Dennoch blieb die US-Zentralbank an der Spitze. Die Biden-Regierung ist dabei, alle Rekorde zu brechen. Insgesamt haben die USA 8 Billionen Dollar „gedruckt", darunter die von Biden vorgeschlagenen 1,9 Billionen. Das hat es noch nie gegeben. Das Gleiche geschieht in Europa. In der Zwischenzeit ist es eine Illusion, zu glauben, dass die Inflation mit 1,4 Prozent unter Kontrolle gehalten wurde und die Zinssätze bei Null liegen: Nur weil die Volkswirtschaften durch Abriegelungen eingefroren wurden, bleiben diese Zahlen so niedrig. Tatsächlich müsste die Inflation bei etwa 10 Prozent liegen. Da der Wert des Dollars an die Finanzanlagen gekoppelt ist, mussten beide gemeinsam sinken, so dass ein anderer Ansatz dringend erforderlich war.[190]

Neuer Stellenwert der passiven Indexfonds

Der Strukturwandel, der nach 2008 zunächst schleichend einsetzte, erfolgte in Form einer Konsolidierung des Finanzsektors, bei der die räuberischen Hedgefonds gegenüber einer neuen Art von Finanzinvestmentunternehmen, den passiven Indexfonds, an Boden verloren. Diese Fonds werden als „passiv" bezeichnet, weil sie nicht mehr auf der Jagd nach Rendite sind, sondern in große, etablierte Unternehmen aus der gesamten Wirtschaft investieren. Zwischen 2008 und 2019 gelang es den passiven Indexfonds, ihr Vermögen um weitere 4 Billionen Dollar zu steigern, während die aktiv agierenden Anleger, die Spekulanten der vorangegangenen Phase, spiegelbildlich ihre Portfolios um mehr als drei Billionen schrumpfen sahen. Im Nachhinein betrachtet war dies die wichtigste Veränderung; andere Maßnahmen zur Eindämmung des spekulativen Kapitals blieben erfolglos. Die Volcker-Regel (benannt nach Paul Volcker, dem Mann hinter der Zinserhöhung von 1979, die die globale Schuldenkrise auslöste) sollte das Eigenkapital und die Einlagen der Banken schützen, wurde aber nicht umgesetzt und kostete Obama nur seine Unterstützung an der Wall Street.

Der Vormarsch der passiven Indexfonds schien zunächst Teil der Rettungsaktion zu sein, mehr nicht. Als der Versicherungskonzern AIG, der ebenfalls in den Handel mit verpackten Wertpapieren eingestiegen war, in Schwierigkeiten geriet, beauftragte Minister Geithner Larry Fink von BlackRock, diese Krise zu lösen, damit große Institute wie Goldman Sachs und die Deutsche Bank nicht in Schwierigkeiten gerieten. Das auffälligste Ergebnis war, dass alle Geldhändler und vor allem ihre Aktionäre gerettet wurden (nur eine Handvoll wurde geopfert, vor allem Lehman Brothers). Dabei übernahmen die drei großen passiven Indexfonds BlackRock, State Street und Vanguard die Führung (80-90 Prozent des passiven Marktindexes) und können von europäischen oder US-amerikanischen Konkurrenten nicht mehr ernsthaft bedroht werden.[191]

BlackRock kam dank großzügigen Gebühren für erbrachte Dienstleistungen relativ unbeschadet durch die Krise. Erst der Rekordkauf von Barclays Global Investors der gleichnamigen britischen Bank im Jahr 2009 katapultierte das Unternehmen in die Spitzengruppe.[192] In den USA ist BlackRock der Mehrheitsaktionär von vier der fünf größten Banken. In der EU ist BlackRock Mehrheitsaktionär der Deutschen Bank, der niederländischen ING, der britischen HSBC und der Banco Bilbao sowie zweitgrößter Aktionär von BNP Paribas, Unicredit und Banco Sanpaolo. In diesem Zusammenhang sei daran erinnert, dass BlackRock selbst auch ein Anlageobjekt für die anderen passiven Indexfonds (Vanguard und State

Street) sowie für JP Morgan Chase, andere US-Banken und die japanische Mizuho ist. BlackRock ist auch in der Pharmabranche als Mehrheitsaktionär von Pfizer aktiv. Im September 2016 organisierte es die Übernahme von Monsanto, dem berüchtigten Hersteller von gentechnisch verändertem Saatgut (an dem BlackRock der drittgrößte Anteilseigner ist), durch Bayer (Hauptanteilseigner: BlackRock).[193]

Dieser qualitative Wandel des Finanzsystems vom spekulativen Hedge-Fonds-Modell zum Muster der passiven Indexfonds hat in gewissem Maße die langfristige Perspektive in diesem Sektor wiederhergestellt. Die passiven Indexfonds sind nicht auf bestimmte Unternehmen ausgerichtet, sondern investieren in die gesamte Wirtschaft und haben somit ein Interesse an deren Gedeihen im Sinne einer hohen durchschnittlichen Gewinnrate.[194] Nach den jüngsten Daten hat BlackRock mit 5,4 Billionen Dollar an investiertem Kapital das größte Anlageportfolio, gefolgt von Vanguard mit 4,4, JP Morgan Chase mit 3,8 und Allianz mit 3,3 Billionen. State Street liegt mit 2,4 Billionen auf Platz 8.[195]

Die drei passiven Indexfonds sowie die Banken und Schattenbanken, die ebenfalls zu breiten Anlageportfolios übergegangen sind, sind alle tief in die IT-Monopole – Microsoft, Apple, Facebook, Google und Amazon – verstrickt. Aber das macht sie nicht zu einem Bestandteil des neuen Machtblocks hinter der Pandemie, denn hier verhindert ihre „Passivität" (die natürlich immer relativ und möglicherweise vorübergehend ist – Fichtner und Heemskerk prophezeien eine aktivere Beteiligung an der Unternehmensführung), dass sie die Führung übernehmen. Sie sind „Mitläufer", nicht die Organisatoren des neuen Klassenblocks. In dieser Hinsicht unterscheiden sie sich von den Banken, die um die Wende vom 19. zum 20. Jahrhundert in Deutschland und Österreich das „Finanzkapital" im Sinne von Rudolf Hilferding bildeten. Es handelte sich dabei um Kombinationen aus einer Investmentbank und einer Gruppe von miteinander verflochtenen Unternehmen, in denen die Banken das

Sagen hatten; ein System, das erst in unserer Zeit rückgängig gemacht wurde.[196]

Wie dieses Modell stellen jedoch auch die passiven Indexfonds einen Fortschritt in der *Vergesellschaftung* der Wirtschaft dar, die die Voraussetzung für ihre Überführung in *öffentliches* Eigentum ist. Auch hier ging der Schritt von der tatsächlichen Kapitalvermehrung zum aktiven Handeln als Klasse oder Fraktion mit der Verlagerung einher. Am Vorabend der Präsidentschaftswahlen 2016 unterzeichneten 13 Fondsmanager und CEOs, darunter Fink, Jamie Dimon von JP Morgan Chase und Warren Buffett von Berkshire Hathaway, eine Erklärung zugunsten einer längerfristigen Perspektive für die Finanzmärkte.[197] Die bereits erwähnte Gruppe der 30 („G30"), die 1978 mit Unterstützung der Rockefeller Foundation gegründet wurde und aus (ehemaligen) Vorsitzenden von Zentralbanken, Direktoren der Bank für Internationalen Zahlungsausgleich in Basel und einigen weiteren Finanzpolitikern besteht, teilt diese Sichtweise. Ihr Rat bezieht sich hauptsächlich auf die Regulierung des Finanzsektors, zuletzt mit Hilfe des 2012 gegründeten Systemic Risk Council, der ein „neues 2008" verhindern soll.[198]

2019 drohte jedoch genau das. Wie wir sehen, haben nur der Covid-Ausnahmezustand und die Lockdowns mit ihrer deflationären Wirkung einen weiteren Crash verhindert. Vorläufig.

Ein „neues 2008"?

Die Möglichkeit, dass der Finanzsektor die kapitalistische Wirtschaft tatsächlich wie 2008 an den Rand des Zusammenbruchs bringen könnte, rückte näher, als der US-amerikanische „Repo"-Markt (von Repurchase) Mitte September 2019 zusammenzubrechen drohte. Dieser Markt sorgt dafür, dass genügend Liquidität vorhanden ist, um das Zahlungssystem am Laufen zu halten. Banken, Investmentbanken und Investmentfonds erwerben diese Liquidität mit Wertpapieren als Sicherheiten, häufig US-Staatsanleihen. Das Geld wird in der Regel innerhalb eines Tages zurückgezahlt. Im Herbst 2019 drohte jedoch ein unerwarteter Anstieg der kurzfristigen Zinssätze den Repo-Markt zu lähmen, und die New Yorker Federal Reserve griff ein, indem sie Dollars zur Verfügung stellte. Bis März 2020 hatte sie bereits 9 Billionen Dollar an neuem Geld geschaffen, um den Repo-Markt in Gang zu halten. Welche Banken davon profitierten, blieb ein Geheimnis.[199]

Beim ersten Anzeichen einer drohenden Störung geschah jedoch etwas anderes, nämlich dass die offensichtlich gut informierten Führungskräfte großer Unternehmen beschlossen, ihre Posten zu verlassen und in vielen Fällen ihre Aktien zu verkaufen. Insgesamt ließen bis Oktober 2019 ganze 1.332 CEOs ihre Posten sausen. In einer Rezession ist ein solcher Exodus nicht ungewöhnlich, aber dass dies in einer Zeit geschieht, in der große Gewinne erzielt werden und der Aktienmarkt ein Allzeithoch erreicht hat, ist ungewöhnlich. Die wahrscheinlichste Erklärung ist also, dass die Topmanager über das bevorstehende Unwetter informiert waren.[200]

Kaum überraschend ging der Exodus der CEOs weiter, als das Covid-Szenario im Januar in Kraft trat. Die Umstrukturierung der Produktionsketten weg von China machte die ohnehin schon fragile, zerfallende Weltwirtschaft noch anfälliger, aber das war nicht die Hauptsorge der CEOs. In der heutigen Wirtschaft sind die Chefs von Nicht-Finanzunternehmen in erster Linie auch Investoren. Der Börsenkurs muss steigen, und das erreichen sie, indem sie ihre Unternehmen ihre eigenen Aktien aufkaufen lassen, die in der Regel auch Teil ihrer Vergütung sind. Im ersten Monat des Jahres 2020 verließen mehr als 200 Spitzenmanager ihre Posten. Im März schließlich kam es zu einem Zusammenbruch des Aktienmarktes, wie er seit dem Schwarzen Montag 1987 nicht mehr vorgekommen war. Der Crash gab all jenen Recht, die rechtzeitig ausgestiegen waren.[201]

Auf die Covid-Krise wurde erneut mit quantitativen Lockerungen reagiert. Bis Ende Mai 2020 hatten die G20-Staaten gemeinsam bereits 7 Billionen Dollar für Steuererleichterungen und Direkthilfen ausgegeben. Das entsprach mehr als 10 Prozent ihres gemeinsamen Sozialprodukts und übertraf bei weitem das, was während des Finanzkollapses 2008 ausgegeben worden war. Die daraus resultierenden Defizite fallen in die Kategorie der Schulden, die z. B. Großbritannien im Zweiten Weltkrieg gemacht hat, und es wird mehrere Generationen dauern, sie zurückzuzahlen. Sparmaßnahmen wie nach 2008 werden nicht ausreichen.[202] Wie erwähnt, wäre es bereits durch die wiederholten QE-Operationen zu einer unkontrollierbaren Inflation gekommen, wenn dies nicht durch die Abschottung der Wirtschaft verhindert worden wäre.[203]

Dabei ist die Auslöschung der alten Mittelschicht kein unvorhergesehener Nebeneffekt der Abriegelungen. Im Rahmen des „Screen New Deal" sollen physische Einkäufe durch Online-Einkäufe bei Amazon und Co. ersetzt werden, um das soziale Gefüge zu lockern, indem alle Transaktionen und Kontakte digital stattfinden. In einer „intelligenten Stadt" wird jeder Einkauf registriert, und die soziale Kategorie der Ladenbesitzer soll ausgelöscht und ihr Marktanteil auf Amazon und Konsorten übertragen werden.[204]

Durch die Kombination von QE, Geheimhaltung und zunehmender Stagnation der Produktion ist der Kapitalverkehr zum Stillstand gekommen: Die 2.000 größten Nicht-Finanzunternehmen der Welt haben Finanzreserven angehäuft, die im Jahr 2020 14,2 Billionen Dollar erreichten, gegenüber 6,6 Billionen Dollar im Jahr 2010. Wie William Robinson feststellt, kann das Kapital jedoch nicht unbegrenzt stillstehen, ohne aufzuhören, Kapital zu sein.[205] Gleichzeitig ist nicht ausgeschlossen, dass die Macht des Geheimdienst-IT-Medienblocks noch tiefer in die Funktionsweise des Finanzsektors eindringt. Wie wir sehen werden, könnte die Beteiligung von MasterCard an verschiedenen Plänen von Bill Gates ein Hinweis darauf sein, dass das Geld, wie wir es kennen, verschwinden wird. Das Unternehmen ist eng mit den IT-Giganten verbunden, und 2018 wurde aufgedeckt, dass es (für einen unbestimmten Betrag) Kreditkartendaten an Google verkauft hatte. MasterCard hat sich auch mit Visa, Citibank, der Gates Foundation, USAID und anderen Unternehmen und Institutionen zusammengetan, um die *Better Than Cash Alliance* für die Abschaffung des physischen Geldes zu finanzieren. Im Februar 2021 kündigte MasterCard an, dass es im Laufe des Jahres auch Krypto-Transaktionen über sein Netzwerk abwickeln wird.[206]

Die Natur als Erklärungsfaktor für die Depression

Während die Aktienkurse nach Mitte März 2020 wieder stiegen, warf die Wirtschafts- und Geldpolitik jede ökonomische Logik über Bord. Wer von den Rettungsaktionen profitiert hatte, blieb anonym, die Banken wurden nicht zur Rechenschaft gezogen. Die „Maßnahmen" (d. h. die Abschottung im Namen der Pandemie) waren auf dem besten Weg, aus einer Finanzkrise eine globale Depression zu machen.[207] Nur durch eine solche Depression kann ein erneuerter Kapitalismus in Gang gesetzt werden, wie es in den 1930er Jahren geschah. Damals spielten jedoch die Mobilisierung der Demokratie und die Auseinandersetzung mit dem Faschismus eine entscheidende Rolle, während in der gegenwärtigen Krise selbst die nominelle, formale Demokratie und die grundlegenden Verfassungsrechte auf Eis gelegt wurden. Ob dies erneut zu einem Krieg führen wird, ist erschreckend ungewiss.

Die Pandemie ist aber auch in einem anderen Sinne von Bedeutung, da die beispiellosen sozialen und wirtschaftlichen Verwüstungen der „Natur" zugeschrieben werden können. Diesmal ist es nicht nötig, die Öffentlichkeit zu täuschen, indem man die Griechen für die Krise verantwortlich macht, auch wenn es viel Gejammer über Italien gibt. Denn jetzt haben wir das Virus, das alles erklärt. Bereits im 19. Jahrhundert, als der Gegenangriff auf die Arbeiterbewegung und die klassische Arbeitswerttheorie begann, die unter der Feder von Marx eine revolutionäre Wendung genommen hatte, kamen die Ideologen der Kapitalistenklasse darauf, die Natur zum erklärenden

Faktor zu machen. Neben der Idee der abnehmenden Fruchtbarkeit des Ackerbodens, auf die sich die neue, subjektive Werttheorie des Marginalismus stützte, postulierte Stanley Jevons (einer ihrer Vertreter), dass der Konjunkturzyklus auf Sonnenflecken beruhe und man deshalb auch nichts dagegen tun könne.[208]

Wie bereits angedeutet, ist die konkrete Machtausübung im Kapitalismus wie auch in anderen Gesellschaftsformen aber immer das Ergebnis der Kräfteverhältnisse zwischen den sozialen Klassen und innerhalb dieser Klassen, den Klassenfraktionen. Im Jahr 2020, dem Jahr, in dem die Covid-Krise ausgerufen wurde, gab es in dieser Hinsicht einen weiteren großen Streitpunkt, nämlich die bevorstehende Wiederwahl des Populisten Donald Trump in den USA. Denn was auch immer Trump repräsentiert, es ist nicht das Dreieck der Geheimdienstwelt, der IT-Konzerne und der Medien, und er hat auch nicht viel Glaubwürdigkeit in den transnationalen und US-amerikanischen Netzwerken erlangt, in denen sie sich verschanzt und ihre Bündnisse mit anderen Interessen aufgebaut haben.

Nationaler Populismus: Stoßtrupp oder Hindernis?

Wenn der Zeitpunkt des Covid-Ausnahmezustands nicht durch den drohenden Finanzkollaps bestimmt wurde (oder zumindest nicht ausschließlich), sollte auch der Aufstieg des nationalen Populismus in Betracht gezogen werden. Insbesondere die Tatsache, dass in den beiden wichtigsten Ländern der westlichen Hemisphäre, den USA und Brasilien, populistische Führer in die höchsten Ämter gewählt wurden, darf in diesem Zusammenhang nicht außer Acht gelassen werden. Damit sind wir wieder bei dem, was ich für die Hauptursache des Covid-Ausnahmezustands halte, nämlich die Gefahr eines neuen „1848“.

Nach der klassischen Definition, die sich auf die Erfahrungen in Lateinamerika stützt (Perón in Argentinien und einige seiner Zeitgenossen), bedeutet Populismus, dass das Volk ständig als Quelle des

Widerstands gegen eine nicht näher bezeichnete „Elite" beschworen wird, das Volk selbst aber nicht als aktive Kraft in irgendeiner Form tätig werden soll.

Der Nationalismus war schon immer ein wichtiger Bestandteil des Populismus. Er geht mit der Leugnung von Klassenunterschieden einher und äußert sich beispielsweise im Korporatismus (berufs- und branchenorientierte sozioökonomische Organisation). Darüber hinaus sieht der Nationalpopulismus die Gesellschaft als einen *Organismus* an, der „gesund" sein kann oder auch nicht und aus dem fremde Elemente entfernt werden müssen. Die ursprüngliche Gesundheit, die nationale oder rassische Reinheit oder, verhüllter, „unsere Kultur" sind aus dieser Sicht durch fremde Ideen oder tatsächliche Einwanderung beeinträchtigt worden. Diese organische Vorstellung eines quasi natürlichen „Volkes" fand ihre extreme Ausprägung im Faschismus und ist das logische Gegenstück zur Klassenkampftheorie des Marxismus. Daher das Paradoxon, dass, obwohl der Marxismus im Westen praktisch aus dem intellektuellen Leben verschwunden ist, Populisten nicht müde werden, gegen ihn zu wettern, wie gegen alles, was mit der historischen Linken in Verbindung gebracht wird. Dabei spielt es keine Rolle, dass die eigentliche politische Linke seit langem in der breiten politischen Mitte als „Mitte-Links" aufgegangen ist und bei der Umsetzung der politischen Entscheidungen des transnationalen Kapitals und des internationalisierten Staates meist maßgeblich mitwirkt, wie heute im Covid-Ausnahmezustand.

Infolgedessen ist die Masse der Bevölkerung politisch nicht mehr vertreten, und so bekommt der nationale Populismus mit seinen Kampagnen gegen Einwanderung (nicht gegen Krieg oder Armut), gegen den Islam und gegen „Europa" seine Chance. In einigen wenigen Fällen haben die Nationalpopulisten wie in Frankreich (Marine Le Pen) das frühere keynesianische Programm der Linken übernommen (öffentliche Investitionen, Kaufkraftkontrolle und aktive antizyklische Politik), aber das ist eine Ausnahme. Meistens fungieren sie als Stoßtrupp für das neoliberale Projekt, indem sie das soziale Gefüge zerstören und die Solidarität zwischen der einheimischen, deklassierten Bevölkerung und dem Subproletariat der Einwanderer oder Minderheiten verhindern. Das Gleiche gilt für ihre Haltung gegenüber billigen Arbeitskräften aus Osteuropa in der EU oder aus Mexiko und Mittelamerika in den USA.

Der nationale Populismus ist der breiten politischen Mitte also viel näher, als oft angenommen wird. Innerhalb der herrschenden Klasse gibt es sogar noch weniger Unterscheidungen, da es keine wirkliche Bruchlinie mit den IT-Oligarchen gibt, die die Mitte unterstützen; man kann höchstens sagen, dass die Unterstützer des Populismus im Vergleich zum Kern des Intelligenz-IT-Medien-Blocks marginal sind. Facebook ist ein Datenlieferant für die IT-Unternehmer, die durch den Einsatz von künstlicher Intelligenz und Big Data zur Wahl von Donald Trump und zum Brexit-Referendum beigetragen haben.[209]

Ein wichtiger Akteur in diesem Bereich ist Robert Mercer, ein Milliardär, der sein Geld mit seinem Hedgefonds Renaissance Technologies verdient hat, der sich auf automatisierte Arbitrage und den Handel mit Vermögenswerten spezialisiert hat. Mercer hat zig Millionen für politische Zwecke ausgegeben, unter anderem für das Heartland Institute, das er gegründet hat, um die Idee des Klimawandels zu bekämpfen. Auch dies ist ein zentrales Thema in der Propaganda der Populisten, wobei ihnen die verlogene Umweltrhetorik der breiten Mitte, die in erster Linie den Kapitalismus aus der Diskussion heraushalten will, zugute kommt. Mercer unterstützte die Brexit-Referendumskampagne seines Freundes Nigel Farage und die Kampagne von Trump und ist einer der Eigentümer des nationalpopulistischen *Breitbart News Network,* benannt nach dem 2012 verstorbenen Andrew Breitbart. Breitbart, das von seinem Gründer mit dem Ziel gegründet wurde, „unsere Kultur zurückzuerobern“, hat Niederlassungen in den USA, Jerusalem und London. Auf Mercers

Empfehlung hin wurde Chefredakteur Steve Bannon Trumps Wahlkampfmanager und (kurzzeitig) Stratege im Weißen Haus.[210]

Anschließend tauchte Bannon in Europa auf, wo er im September 2018 in Brüssel die kleine Organisation The Movement gründete. Seine rechte Hand war der Vorsitzende der belgischen *Parti Populaire*, Michael Modrikamen. Ziel war es, eine siegreiche Koalition der extremen Rechten für die Europawahlen 2019 und darüber hinaus zu bilden. Zu diesem Zweck wollte Bannon bewährte Methoden nach US-Vorbild wie Umfragen, Datenanalysen und intensive Kampagnen in den sozialen Medien einsetzen. Bannons Team hatte ein erstes Treffen in Rom mit dem italienischen Innenminister Mateo Salvini, dem Führer der populistischen *Lega*, der schließlich aus der Koalitionsregierung mit der 5-Sterne-Bewegung ausgeschlossen wurde. Anschließend sprach das Duo mit dem ungarischen Präsidenten Viktor Orbán.[211]

Die technische Seite der Wahlmanipulation wurde dem Strategic Communications Laboratory (SCL) und seiner Tochtergesellschaft Cambridge Analytica anvertraut, deren Vizepräsident Steve Bannon ist. In der Propagandakampagne, die die ausländischen Militärinterventionen im Krieg gegen den Terror begleitete, wurden diese Techniken weiter perfektioniert. Für seine Wahlaktionen arbeitete SCL mit dem Global Engagement Center (GEC) des US-Außenministeriums an der „Publikumsanalyse“ durch Facebook-Anzeigen, die auf bestimmte Altersgruppen in einem bestimmten Land abzielten und „Likes“ sammelten, um Persönlichkeitsprofile zu erstellen.[212]

Wir sehen hier, dass es keine grundsätzliche Unvereinbarkeit zwischen Mainstream-Politik und -Medien und diesen Netzwerken gibt. SCL kooperiert mit dem niederländischen Militärgeheimdienst gegen die Covid-Opposition, und der Leiter von SCL Elections ist Mark Turnbull, ein ehemaliger Werbeleiter von Saatchi & Saatchi, der unter anderem für Margaret Thatcher gearbeitet hat. Turnbull hat auch die einschlägigen Videos mit einem Bin-Laden-Double gedreht und arbeitet eng mit den Verteidigungsministerien der USA und des Vereinigten Königreichs zusammen, um antirussische Kampagnen zu organisieren. Laut Nafeez Ahmed ist all das nicht mehr nur PR, sondern Ausdruck der zunehmenden Radikalisierung des anglo-amerikanischen Militärs.[213]

Bannon unterstützte auch den Wahlkampf des Nationalpopulisten Bolsonaro in Brasilien. Im August 2018 traf sich einer von Bolsonaros Söhnen, Eduardo, mit Bannon in New York, um dieses Engagement zu besprechen. Bolsonaros Kampagne nutzte die Erfahrungen von Cambridge Analytica aus den US-Wahlen 2016 und zielte mit einer Flut von Fake News über die PT, die Arbeiterpartei von Lula und Rousseff, die viele, wenn nicht alle Merkmale der verhassten breiten Mitte übernommen hatte, speziell auf unentschlossene Wähler in den nordöstlichen Bundesstaaten sowie auf die weibliche Wählerschaft. „Theoretisch" flankiert wurde dies durch eine Kampagne gegen den „Kulturmarxismus", der für den Schutz von Migranten und ethnischen Minderheiten eintritt und auch in Europa im Visier von Populisten mit intellektuellem Anspruch steht. Übrigens zog sich Bolsonaro nach einem Messerattentat im September 2018 aus der Öffentlichkeit und der Debatte zurück.[214]

Währenddessen verbreitete seine Kampagne über Whatsapp-Gruppen Fake News, etwa dass unter einer PT-Regierung fortan der Staat über das Geschlecht von Babys entscheiden werde, was Umfragen zufolge tatsächlich von 70 bis 80 Prozent der Zielgruppe geglaubt wurde. Hinzu kommt, dass Bolsonaros Wahl (wie die von Trump in den USA) zu einem großen Teil auf die Unterstützung der evangelikalen Kirchen zurückzuführen ist, die über ihre einflussreichen Fernsehsender konservative soziale Werte predigen. Etwa ein Viertel der brasilianischen Bevölkerung ist mit diesen evangelikalen Bewegungen verbunden, die unablässig gegen die „Linke", d. h. die privilegierten städtischen Kader und ihre extrem liberalen Ansichten wüten. Im Gegensatz zu den meisten europäischen Ländern gibt es in Lateinamerika jedoch nach wie vor eine progressive Linke, die in der Arbeiterbewegung verwurzelt ist, sowie marxistischen Einfluss unter den Intellektuellen. Die Bolsonaro-Kampagne griff erfolgreich die Sexualerziehung in den Schulen sowie die Geschlechterforschung und den Feminismus an.[215] Er trat sein Amt als Präsident am 1. Januar 2019 an.

Der Nationalpopulismus ist also nicht so sehr der autonome Ausdruck einer wütenden Bevölkerung, die aus eigenem Antrieb auf die Straße geht, sondern eine ausgeklügelte PR-Maschine, die diese Wut mit Hilfe modernster IT-Methoden ausnutzt, um das Verhalten zu beeinflussen. Diese Maschinerie überschneidet sich, z. B. auf Facebook, mit ähnlichen Operationen zugunsten des breiten Zentrums, hinter dem sich ein viel mächtigerer Block von Kräften der herrschenden Klasse verbirgt, angeführt von den großen IT-Monopolen und den Mainstream-Medien, dem Mainstream des atlantischen militärisch-industriellen Komplexes und der Geheimdienstwelt sowie der Finanzmacht der Wall Street und der City.

Die Debatte um den EU-Austritt Großbritanniens nährte ebenfalls die Wut der Bevölkerung, die die von Jeremy Corbyn geführte Labour-Partei nicht aufnehmen und zu einer kohärenten Politik formen konnte, weil sie selbst in dieser Frage gespalten war. Guilluy zufolge ging es hier um viel mehr als nur um die Frage, ob man sich von Europa verabschieden sollte oder nicht. Das Brexit-Votum war ein Signal, das die politische Klasse an die Existenz einer „einheimischen" Bevölkerung erinnerte, die durch die Internationalisierung von Kapital und Arbeit überflüssig geworden ist.[216] Die Tories hingegen waren, wie die Republikaner in den USA, sicherlich auch gespalten, passten sich aber erfolgreich an die populistische Flut an, ohne sich ihr völlig zu ergeben, und entgingen so der Krise der „linken Mitte".

Neben den Überschneidungen zwischen Zentrum und Nationalpopulismus in der IT- und Wahltechnologie gibt es noch einen weiteren Bereich, in dem sie sich nur in Nuancen unterscheiden, aber die gleiche Grundhaltung teilen, nämlich die Bewertung Israels und die fortgesetzte Kolonisierung der besetzten palästinensisch-arabischen Gebiete. Die Populisten nehmen typischerweise eine Position der uneingeschränkten Unterstützung dieser Politik ein. Während die Regierungen der breiten Mitte noch eine gewisse Zurückhaltung an den Tag legen, sind die populistischen Führer für die Annexion des restlichen Westjordanlandes. Ob Bolsonaros Liebesbeziehung zur Likud-Regierung noch intensiver war als die von Trump, der ein halbes Jahrhundert westlicher Politik über den Haufen warf, indem er die US-Botschaft in Israel nach Jerusalem verlegte und neue Siedlungen, Enteignungen und ethnische Säuberungen förderte, ist schwer zu sagen.

Eine Folge der Siege von Trump und Bolsonaro ist, dass die Reste der progressiven Kräfte in den USA (und dem übrigen Westen) und Brasilien dazu neigen, ihre Haltung zu „Pandemie", Lockdowns, Medikamenten und Impfungen nach dem auszurichten, was diese populistischen Demagogen dazu sagen und tun. Patrick Zylberman hat bereits darauf hingewiesen, dass die Einstellung der Öffentlichkeit zu Gesundheitsmaßnahmen durch die Matrix von politischer Loyalität und Opposition zustande kommt.[217] Das zeigt die Reaktion auf die Äußerungen der beiden Staatsoberhäupter über das Malariamittel Hydroxychloroquin (HCQ), das sich in Kombination mit Zink und einem Antibiotikum als billiges und wirksames Medikament gegen Covid-19 erwiesen hat, aber von der Pharmaindustrie mit Händen und Füßen bekämpft wird, weil sein Einsatz Experimente mit gentechnischen Veränderungen des menschlichen Immunsystems überflüssig machen und die Zulassung von gentechnischen Impfstoffen verhindern würde. Da Trump und Bolsonaro sich jedoch für HCQ ausgesprochen haben, hat sich ein „antifaschistischer" Konsens gebildet, dass das Medikament sinnlos oder sogar gefährlich sei, auch in Kreisen hochqualifizierter Spezialisten, die damit ihre Abneigung gegen diese Führer zum Ausdruck bringen. In der Tat wurde die Kampagne zur Verhinderung von Trumps Wiederwahl im Jahr 2020 durch Angriffe auf seine Äußerungen über

HCQ angeheizt, und vielleicht war der Zeitpunkt des Ausbruchs sogar durch dieses Ziel motiviert. Es kann sich jedoch auch um ein Zusammenspiel mehrerer Faktoren handeln, von denen – abgesehen von der Notwendigkeit, eine Antwort auf zunehmende Unruhen in der Bevölkerung zu entwickeln – nicht festzustellen ist, welcher Faktor für den Zeitpunkt entscheidend war. Zweifellos indes spielten die Risiken einer weiteren Amtszeit eines schwer zu kontrollierenden Populisten wie Trump eine wichtige Rolle.

Der Putsch gegen Trump

Die zentrale These dieser Studie ist, dass die Covid-Krise eine Antwort auf die wachsende Unruhe in der Weltbevölkerung ist und dass der Geheimdienst-IT-Medien-Block diese Antwort in Form eines autoritären Staates geben will, der mit dem gesamten Spektrum neuer digitaler Möglichkeiten zur permanenten Überwachung ausgestattet ist. Zu fragen ist: War der Anstoß zur Entfesselung der seit langem geplanten Pandemieangst der drohende Finanzcrash, oder ging es darum, sicherzustellen, dass Trumps Regentschaft im Chaos endet, oder ihn notfalls sogar gewaltsam abzusetzen? Während jedoch die Covid-Krise, wie wir noch sehen werden, schon lange vorher ausgearbeitet worden war, hatten nur wenige damit gerechnet, dass ein Trump ins Weiße Haus einziehen würde.

Trumps Wahl zum Präsidenten ist das erste Beispiel für einen Außenseiter, der das höchste Amt der USA unter Umgehung des Machtblocks erlangte und dabei vom allgemeinen Wahlrecht und seinem eigenen Geld profitierte. Normalerweise werden Kandidaten, die nicht über ein vorheriges Mandat der dominierenden Fraktionen der herrschenden Klasse verfügen, irgendwann eliminiert, dies ist für die Vereinigten Staaten gut dokumentiert.[218] In den Niederlanden kam es zu einem besonders dramatischen Fall, als es so aussah, als könnte der Nationalpopulist Pim Fortuyn auf direktem Weg in das Amt des Ministerpräsidenten gelangen, und zwar mit einem Plan zur Reorganisation der niederländischen Streitkräfte und der Stornierung der Bestellung des Kampfjets F-35. Fortuyn wurde 2002 ermordet. Sein Sprecher, ein unbedeutender militärisch-industrieller Berater, der jedoch an einer Bilderberg-Konferenz teilgenommen hatte, ersetzte Fortuyn an der Spitze seiner Parlamentsfraktion, die für das Flugzeug stimmte, bevor sie sich auflöste.[219] Nachfolgende niederländische Populisten wie der Anti-Islam-Kreuzzügler Geert Wilders, dessen Abspaltung von der liberalen Mainstream-Partei von der israelischen Botschaft unterstützt wurde, oder Thierry Baudet, der von protestantisch-fundamentalistischen Immobilieninteressen unterstützt wird, kamen nie an Fortuyns Charisma und seinen kometenhaften Aufstieg heran.[220]

In den USA wurde die Abneigung gegen „Washington“ schon oft in Wahlkampfzeiten ausgenutzt, aber die solcherart gewählten Präsidenten hatten sich nach ihrem Amtsantritt stets angepasst. Trump hingegen war ein echter Außenseiter im Weißen Haus. Umfragen zufolge hätte der gemäßigte Sozialist Bernie Sanders, der sich für ein Vorgehen gegen die Wall Street einsetzte, Trump besiegt – ein weiterer Beweis dafür, dass die Ablehnung des politischen Mainstreams nicht zwangsläufig eine rechtsnationale Wahl bedeutet. Der Parteiapparat der Demokraten untergrub jedoch Sanders' Kampagne in den Vorwahlen, um Hillary Clinton, die Kandidatin des Machtblocks, gegen Trump ins Rennen zu schicken, nur um wider Erwarten geschlagen zu werden.

Seine Außenseiterposition bedeutete für Trump auch unzureichende Kontrolle über den Staatsapparat, insbesondere in der Außenpolitik. Keine einzige Figur in seinem außenpolitischen Team stammte aus den genannten Netzwerken, etwa Bilderberg, der Trilateralen Kommission, dem Atlantic Council oder US-Elitenetzwerken wie dem Aspen Institute, dem Council on Foreign Relations oder der Brookings Institution. Die drei vorangegangenen Präsidenten, sowohl Republikaner als auch Demokraten, hatten ihre Kabinette stets aus diesen Kreisen rekrutiert, so neuerdings auch Joe Biden.[221]

Als Multimillionär, der sofort Steuersenkungen für die Superreichen einführte, konnte Trump auf ein gewisses Wohlwollen der Wall Street zählen (anfangs sogar mit drei Goldman-Sachs-Bankern in Schlüsselpositionen), aber auch in dieser Hinsicht blieb Trump ein Außenseiter: Die finanzielle Basis seines Immobilienimperiums soll die russische Mafia sein.[222] Warum die Versuche, Trump zu entmachten, diese Verbindung nicht nutzten, sondern ihre Amtsenthebungsstrategie auf den unglaubwürdigen Vorwurf stützten, er hänge an der Leine Putins (der nach Angaben der US-Botschaft in Moskau die mit der Mafia verflochtenen Elemente in den Sicherheitsdiensten wahrscheinlich wenig oder gar nicht unter Kontrolle hat), würde eine eigene Untersuchung erfordern.[223]

Da seine Basis in der herrschenden Klasse bereits geschwächt war, distanzierten sich Trumps hochrangige Berater aus der Geschäftswelt bald wieder von ihm. Das Strategic and Policy Forum (Fink, Dimon von JP Morgan Chase, die CEOs von WalMart, Boeing, IBM und einige andere) distanzierten sich nach den Rassenunruhen in Charlottesville im August 2017 vom Präsidenten. Zwei Monate zuvor waren bereits Bob Iger von Disney und Elon Musk von Tesla und SpaceX aus Protest gegen den Austritt der USA aus dem Pariser Klimaabkommen zurückgetreten.[224]

Trump hat keine neuen Kriege angezettelt, nicht unbedingt aus angeborener Friedfertigkeit, sondern weil er die marode Infrastruktur im Inland reparieren und die Wirtschaft aus Übersee zurückholen wollte. Obwohl ihm das teilweise gelang, war er für den aufsteigenden Machtblock aus Geheimdiensten, IT-Monopolen und Medien ein zu unberechenbarer Faktor, um eine weitere Amtszeit im Weißen Haus zuzulassen. Die Tatsache, dass die Covid-19-Pandemie im Jahr der US-Präsidentschaftswahlen angekündigt wurde, ist davon nicht zu trennen. Die sozialen und wirtschaftlichen Verwerfungen, die durch die widersprüchlichen, oft je nach Bundesstaat krass unterschiedlichen Maßnahmen verursacht wurden, und die unmögliche Position des Präsidenten, der nicht nach dem Covid-Drehbuch handelte, verhalfen dem glücklosen Biden zum Sieg (abgesehen vom offensichtlichen Wahlbetrug). Es wurden jedoch auch Schritte vorbereitet, um Trump notfalls gewaltsam abzusetzen.

In einem ausführlichen Bericht in *Newsweek* vom März 2020, auf dem Höhepunkt der Covid-Krise und mit Blick auf Trumps mögliche Wiederwahl, wurde eine Liste von Maßnahmen erörtert, die ergriffen werden könnten, falls die Vereinigten Staaten „unregierbar“ würden.[225] Als Befehlshaber für die Umsetzung des im vorigen Kapitel erörterten Pakets zur Gewährleistung der Kontinuität der Regierung zuständig war damals ein Luftwaffengeneral, Terrence J. O'Shaughnessy. Er war auch Befehlshaber des US Northern Command (NORTHCOM), das nach dem 11. September 2001 eingerichtet wurde und den kanadischen Luftraum mit umfasst. Dem NORTHCOM-Kommandeur stehen drei Szenarien für einen Ausnahmezustand zur Verfügung, während der Präsident und seine Regierung an einen Ort in Maryland evakuiert werden.

Diese Pläne gingen übrigens am 11. September völlig schief, weil die meisten der vorgeschriebenen Verfahren entweder ignoriert oder bewusst beiseite geschoben wurden. Die COG-Kommission, die daraufhin eingesetzt wurde, um sie zu überprüfen, fand im US-Kongress wenig Beachtung. Seltsamerweise gab es kaum Interesse an der Frage, wer im Ernstfall die Autorität ausüben würde. Dennoch werden COG-Maßnahmen jedes Jahr bei der Übung Capital Shield geübt, bei der ein atomarer oder biologischer Überraschungsangriff simuliert wird, sowie bei Anlässen wie der Rede zur Lage der Nation und der Amtseinführung des Präsidenten. Das Kernszenario ist immer, dass die Strafverfolgung zusammenbricht und die Armee eingreifen muss.[226]

Alle Präsidenten seit Eisenhower haben die COG-Bestimmungen mit ihrer Unterschrift erneuert, auch Obama. Bemerkenswerterweise tat er dies erst 2016, in seinem letzten Jahr im Weißen Haus. Das betreffende Dokument, die *Presidential Policy Directive 40*, blieb geheim. Im Januar 2017, nur wenige Tage vor Trumps Amtsantritt, wurde auch die *Federal Continuity Directive 1* herausgegeben, die laut *Newsweek* festlegte, unter welchen Umständen dem Militär die Befugnis übertragen wird, die Ausübung von Regierungsfunktionen zu gewährleisten. Die Richtlinie sieht vor, „Aufstände, innere Unruhen, ungesetzliche Versammlungen oder Verschwörungen" mit militärischer Gewalt niederzuschlagen, wenn die zivilen Behörden nicht in der Lage oder nicht willens sind, die Unruhen angemessen zu bekämpfen.

Ob hier bereits ein Element eines Staatsstreichs ins Spiel kam, ist schwer zu sagen. Die *Federal Continuity Directive 1* sah beispielsweise für den Fall, dass eine US-Regierung (wohlgemerkt wenige Tage vor Trumps Amtsantritt) nicht in der Lage wäre, „eine für die Nation und die Welt sichtbare Führung zu demonstrieren (...) und das Vertrauen des amerikanischen Volkes zu bewahren", eine Machtübernahme durch eine Ersatzbehörde, d. h. ein militärisches Kommando vor. Es stellt sich natürlich die Frage, ob die Öffentlichkeit eine solche Machtübernahme kurz vor einer Wahl hingenommen hätte. Fraglich ist aber auch, wie ein neuer Präsident diese Bestimmungen, die ihm höchstwahrscheinlich bekannt wären, interpretieren würde. Handelte es sich um eine Einschüchterung, um ihn wissen zu lassen, dass Militär und Sicherheitskräfte zum Eingreifen bereit waren, falls er von dem vom regierenden Machtblock vorgegebenen Kurs zu sehr abwiche?

Nach den Bestimmungen des Verteidigungsministeriums sind die militärischen Befehlshaber befugt, unabhängig zu handeln, wenn „die formell ernannte örtliche Behörde nicht in der Lage ist, die Situation zu kontrollieren". Darunter fallen etwa verbreitete Unruhen, die eine große Zahl von Opfern und umfangreiche Sachschäden zur Folge haben. Dem Bericht in *Newsweek* zufolge kann der militärische Befehlshaber dann den Kriegszustand ausrufen, muss die Autorität jedoch so schnell wie möglich in zivile Hände zurückgeben. Diese Bestimmungen wurden im Oktober 2018 von den Generalstabschefs formalisiert, indem sie die Befehlshaber daran erinnerten, dass sie berechtigt sind, vorübergehend eine Militärregierung einzusetzen. Wie bei der Covid-Krise selbst stellt sich immer die Frage: Warum diese Vorbereitungen, insbesondere zu diesem Zeitpunkt?

Im November 2019, als bereits Übungen und Simulationen im Gange waren, die die „Pandemie“ vorwegnahmen, ließ die Firma Cybereason in Washington die Übung „Operation Blackout“ durchführen.[227] Geprobt wurde, wie eine Wahl durch Manipulation von Geräten und Fälschung von Listen gehackt werden kann. Zu den Teilnehmern gehörten der US-Geheimdienst (die Leibwache des Präsidenten), das Ministerium für Innere Sicherheit, das FBI und die Polizei von Arlington, Virginia, die dann von einer Gruppe von Hackern, Sicherheitsexperten und Wissenschaftlern angegriffen wurden. An der Übung *Clade-X* (siehe Kapitel 6), nahmen 2019 Tara O'Toole, damals zuständig für Wissenschaft und Technologie im Ministerium für Innere Sicherheit, und andere Mitglieder des *Dark-Winter*-Teams (die Bioverteidigungsübung vom Juni 2001) teil. Das Szenario sah vor, dass es im zweiten Halbjahr 2020 zu einem Bioterroranschlag kommen würde, auf den mit der Einführung des Ausnahmezustands gemäß den COG-Vorschriften reagiert werden sollte. Danach wechselte O'Toole zur Investitionsabteilung der CIA, In-Q-Tel, wo sie leitende Vizepräsidentin wurde.[228]

Am 1. Februar 2020 erhielt General O'Shaughnessy, Befehlshaber des Kontinuitätsapparats der Regierung und des NORTHCOM, vom Pentagon die Anweisung, die nationalen Pandemiepläne zu aktivieren (40 Tage bevor die WHO eine Pandemie ankündigte). Zuvor hatte Verteidigungsminister Mark Esper Befehle für das NORTHCOM und eine Reihe von Militäreinheiten an der Ostküste der USA unterzeichnet, zur Bereitschaft für den Fall, dass außergewöhnliche Operationen erforderlich würden, die tatsächlich einen Krieg auf US-amerikanischem Boden bedeuten könnten, um zivile Behörden zu unterstützen oder um Washington gemäß den COG-Bestimmungen zu sichern. Nachdem Esper, ein typischer Vertreter des militärisch-industriellen Komplexes (er war von 2010-17 Lobbyist für Raytheon), diesen Befehl erteilt hatte, folgte eine Reihe von Interventionen hochrangiger Soldaten, oft Generäle im Ruhestand. Alle zielten eindeutig darauf, den Präsidenten zu diskreditieren und seine Chancen auf eine Wiederwahl zu untergraben. Da die Covid-Krise alle Titelseiten füllte, konzentrierten sich die Briefschreiber insbesondere darauf, seine Kompetenz angesichts seiner Äußerungen über die „Pandemie" in Frage zu stellen.[229]

Am 9. April 2020 erschien in *The American Mind* ein Artikel mit der vielsagenden Überschrift „The Coming Coup" („Der kommende Staatsstreich"), in dem angedeutet wurde, die Demokraten würden die bevorstehende Wahl als solchen interpretieren, und in dem es hieß, das Internet werde das Schlachtfeld sein. Drei Wochen später, am 1. Mai, schrieb die *Washington Post*, das Organ des Amazon-Eigentümers Jeff Bezos, eine „demokratische Gruppe" nutze die von der DARPA zur Bekämpfung der ISIS-Propaganda entwickelte Webtechnologie, um Trumps Äußerungen über Corona zu disqualifizieren. Die „demokratische Gruppe", *DefeatDisinfo.org*, leitete kein Geringerer als der ehemalige JSOC-Kommandeur Stanley McChrystal, dessen Beratungsfirma, wie wir gesehen haben, inzwischen eine lukrative Hauptrolle in den Städten und Staaten spielt, in denen Lockdowns verhängt wurden. Ziel war es, mit Hilfe von mehr als einer Million „Influencern" in den sozialen Medien (ein Beispiel für Zelikows „relevante politische Gemeinschaft") und unterstützt durch künstliche Intelligenz Trumps eigenwillige Corona-Deutungen zu untergraben, indem das Internet mit den „richtigen" Ansichten gesättigt wurde. Dies war auch das Ziel von Event 201, der Coronavirus-Übung im Oktober 2019, auf die ich später noch ausführlich eingehen werde und bei der der Begriff „The New Normal" eingeführt wurde.

Die „Black Lives Matter"-Bewegung löste nach dem Tod von George Floyd unter dem Knie eines weißen Polizisten weit verbreitete Unruhen aus. Statuen wurden umgestürzt, es kam zu Plünderungen und Brandstiftungen – Ausschreitungen, deren eigentlicher Ursprung möglicherweise die Wut über die Lockdowns war. Bidens Kandidatin für das Amt des Vizepräsidenten, die kalifornische Staatsanwältin Kamala Harris, erklärte im Fernsehen, die BLM-Bewegung solle bis zum Wahltag und wenn nötig auch darüber hinaus weitergehen.

„Farbrevolutionen", wie sie die USA in so vielen anderen Ländern, von den Philippinen über Jugoslawien bis zur Ukraine, inszeniert haben, erfordern Demonstranten auf der Straße; mit der BLM und den Trump-Anhängern, die sich gegenüberstehen, konnte ein Übergang von Trump zu Biden notfalls durch eine hausgemachte Farbrevolution in einen Ausnahmezustand verwandelt werden. In vielen anderen Ländern kam es ebenfalls zu Protestdemonstrationen, bei denen die Virusmaßnahmen ohne viel Aufhebens vorübergehend ausgesetzt wurden.

Als Trump den Insurrection Act nutzen wollte, um das Militär gegen die anhaltende Zerstörungswut einzusetzen, verweigerte Verteidigungsminister Esper die Zusammenarbeit, und der Präsident wurde von hochrangigen Militärs angegriffen. Am 3. Juni 2020 griff Espers Vorgänger, Marinegeneral James Mattis, Trump an und lobte die Black-Lives-Matter-Bewegung. Mattis, der 2018 wegen Trumps Plänen, die US-Truppen aus Syrien abzuziehen (was er übrigens nicht zustandebrachte), zurückgetreten war, nannte die BLM eine gesunde und einigende Kraft und verwies auf den Mangel an reifer Führung im Weißen Haus. *Foreign Policy* unterstrich Mattis' Äußerungen einen Tag später in einem Artikel mit dem Titel „Generals denounce Trump's protest crackdown plan". Darin wurde der Insurrection Act von 1807 als antiquiertes, zwei Jahrhunderte altes Gesetz abgetan. Tatsächlich wurde dieses Gesetz seit seiner Verabschiedung 22mal angewandt, von Jefferson und Woodrow Wilson bis hin zu Lyndon Johnson und George H. W. Bush, um Unruhen und sogar Arbeitskämpfe niederzuschlagen. Wie Richard H. Black, ehemaliger Leiter der Abteilung für Strafrecht der Armee im Pentagon, in einem

Interview mit *Amazing Polly* darlegte, bestand die Neuheit darin, dass diesem Präsidenten die Möglichkeit verweigert wurde, den Act anzuwenden.[230] In der Woche nach der Veröffentlichung von *Foreign Policy* erklärte General Colin Powell, ehemaliger Nationaler Sicherheitsberater und Außenminister, Trump sei der erste Präsident, der das Land *nicht* einige.

Das Militär verweigerte Trump somit das Recht, den Insurrection Act gegen schwere Unruhen anzuwenden, nachdem Esper Trumps Rolle als Oberbefehlshaber der Streitkräfte durch die Missachtung des Präsidentenbefehls de facto suspendiert hatte. In einem offenen Brief in der Zeitschrift *DefenseOne* forderten zwei ehemalige Offiziere daraufhin den Vorsitzenden der Gemeinsamen Stabschefs auf, dafür zu sorgen, dass Trump, falls er nicht bereit sein sollte, das Weiße Haus am 21. Januar 2021 zu verlassen, mit militärischen Mitteln zum Rücktritt gezwungen werde, und dies war nicht der erste Vorschlag in diesem Sinne in der Zeitschrift. Die Nachrichtenagentur *Axios* und die mit Bloomberg verbundene Demokraten-Datenagentur *Hawkfish* verbreiteten auf Twitter das Szenario, dass Trump am Wahltag gewinnen könnte, aber danach durch Briefwahlstimmen besiegt würde und sich dann weigern würde, das Weiße Haus zu räumen. In einer MSNBC-Sendung schärfte Hillary Clinton den demokratischen Wahlkämpfern ein, Biden dürfe unter keinen Umständen nachgeben. Diese Idee stammte vom Transition Integrity Project, das eine Simulation durchgeführt hatte, in der ein solcher Fall geprobt wurde.[231] Hillary appellierte an die IT-Oligarchen Zuckerberg von Facebook, Reed Hoffman von LinkedIn (mit seiner Faktencheck-Maschine *Acronym*), Bill Gates (der selbst in den Bereich des Faktenchecks eingestiegen war) und andere, die widersprüchlichen Informationen im Internet in die richtige Richtung zu lenken und nicht abzuwarten, dass etwas schief gehe.

Am 10. Oktober gab *AsiaTimesOnline* einen Überblick über populistische Machthaber, die vor einem Jahr auf dem besten Weg schienen, ihre Macht dauerhaft zu etablieren. Trump, Erdogan, Bolsonaro, Duterte und Salvini (auch Putin und Xi Jinping fanden sich in der Liste) standen laut *AsiaTimes* alle vor dem Abgang. Trump, berichtete der Washingtoner Korrespondent, sei an Covid erkrankt. Da er, statt sich im Krankenhaus zu isolieren, in der Öffentlichkeit auftrat, habe er das Vertrauen des Geheimdienstes verloren (der, wie wir gesehen haben, in der Operation Blackout das mögliche Hacken der Wahl geübt hatte).[232]

Ob der Wahlbetrug, der den stammelnden Biden ins Weiße Haus brachte, tatsächlich von der US-Botschaft in Rom aus organisiert wurde, die mit einem Weltraumsatelliten des italienischen Rüstungskonzerns Leonardo (dessen CEO William Lynn III. in der Clinton-Regierung stellvertretender Verteidigungsminister war) in die Dominion-Wahlmaschinen einbrach, lasse ich dahingestellt. Die Dokumentation der italienischen Seite sollte jedoch ernst genommen werden; es gibt eine lange Tradition der Untersuchung von Operationen des „tiefen Staates" in diesem Land.[233] Für Trump, der Israel in nie gekanntem Ausmaß freie Hand gelassen hatte, wäre es besonders bitter gewesen, hätte das zionistische Netzwerk (in dem der US-Botschafter in Rom, Lewis Eisenberg, eine Schlüsselfigur ist) aus Unzufriedenheit über Trumps mangelnde Kriegslust Biden zum Sieg verholfen. Dasselbe gilt für den MI6, den Geheimdienst von Trumps mutmaßlichem Kumpel Boris Johnson, der ebenfalls involviert war. Da die NATO und das israelische Militär von den US-Geheimdiensten bereits in der zweiten Novemberwoche 2019 vor einem Seuchenausbruch in Wuhan gewarnt worden waren, hätten sie ein Jahr Zeit gehabt, sich vorzubereiten, falls sie wirklich die Rolle spielen sollten, die ihnen im italienischen Szenario zugeschrieben wird. Nach Angaben einer israelischen Quelle wurde ihre Warnung jedoch vom Weißen Haus ignoriert.[234] Trump selbst und sein Gefolge zogen es vor, „kommunistische" chinesische und venezolanische Einmischungen verantwortlich zu machen, und verpassten so die Gelegenheit, die Wahrheit aufzudecken.

Letztendlich verlief die geplante „Farbenrevolution“ am 6. Januar erfolgreich. Tatsächlich stürzte Trump durch eine Massenkundgebung seiner Anhänger, die, als sie sich in der Nähe des Kapitols versammelten, von bewaffneten Wachen hereingebeten wurden. (Auf einem Video ist zu sehen, wie die Demonstranten mit Gesten aufgefordert werden, hereinzukommen, und ihnen der Weg gezeigt wird, als sie an den Sicherheitsbeamten vorbeigehen.) Der vermeintliche Angriff auf die Demokratie löste in den Medien einen Sturm aus; es gab lautstarke Forderungen nach einem Gesetz, um eine Wiederholung solchen „Inlandsterrorismus“ zu verhindern. Damit wurde die Umwandlung in einen autoritären Staat, die nach dem 11. September 2001 mit dem Patriot Act bereits einen großen Schritt vorangekommen war, noch weiter getrieben. In letzter Minute kam es zu einem Amtsenthebungsverfahren wegen Anstiftung zur Gewalt gegen Trump, um ihn für immer unwählbar zu machen, das aber scheiterte.[235]

Das föderale System der USA ist inzwischen zu einem Leuchtturm der Freiheit geworden. Da die Bundesstaaten weitreichende Autonomie haben (was, wie wir uns erinnern werden, Huntington als Schwäche gegenüber Rebellionen ansah), hat eine wachsende Zahl von ihnen die Covid-Maßnahmen beendet. Die Opferzahlen in Staaten wie Texas, Mississippi und Florida, in denen es nie nennenswerte Lockdowns gab, sind mit Staaten wie Kalifornien vergleichbar, das einen der härtesten Lockdowns überhaupt verhängte.

Dies führt uns zu der Frage, warum und wie das Szenario einer „Pandemie“ anderen Szenarien vorgezogen wurde, um die Politik der Angst fortzusetzen.

4
Das Virus-Szenario als Grundlage für eine Machtergreifung

In diesem Kapitel stellen wir die Frage, warum das für 2020 angekündigte Worst-Case-Szenario eine Virenpandemie war und nicht etwa ein großer Terroranschlag wie der 11. September oder ein schwerer Grenzzwischenfall mit Russland oder China.

Seit dem „Ende der Geschichte“, dem Zusammenbruch der Sowjetunion, wird die Verbreitung von Viren erforscht, meist in Zusammenhang mit dem Terrorismus. Der Ausbruch neuer Infektionskrankheiten war schon immer ein plausibler Grund für die Einschränkung oder Abschaffung von Freiheiten, auch weil es in vielen Ländern seit langer Zeit Gesetze für einen solchen Notfall gibt. Zu Ausbrüchen kann es durch natürliche Ursachen oder ein zufälliges oder absichtliches Entweichen von Mikroben aus einem Labor kommen. (In Kapitel 5 werden wir sehen, dass ein Netzwerk solcher Labors im Rahmen der US-Militärforschung tätig ist und sogar bis nach China reicht.)

Im Nachhinein ist klar, dass ein öffentlicher Gesundheitsnotstand die beste Chance hatte, die Zustimmung, ja die aktive Beteiligung der Bevölkerung zu sichern. Schließlich gibt es dabei keinen formellen „Gegner“, der abweichende Informationen zu einer organisierten Opposition liefern könnte. Da die einzelnen Regierungen und die Politik, einschließlich der Medien und der großen Internetplattformen, vom internationalisierten Staat an der kurzen Leine gehalten werden, sind die Menschen, die der offiziellen Geschichte nicht trauen, auf sich selbst zurückgeworfen, ohne Anleitung und mit nur den sozialen Medien als Informationsquelle. In diesem Kapitel untersuchen wir, wie die WHO – die von Projektfinanzierungen abhängig geworden war, nachdem die fortschrittliche Entwicklung des UN-Systems in den 1980er Jahren unter Beschuss geraten war – dazu gebracht wurde, die Definition einer Pandemie zu ändern, damit sie früher ausgerufen werden konnte. Die „Schläferverträge“ mit der pharmazeutischen Industrie über die Lieferung von Impfstoffen und Medikamenten, die in den *Internationalen Gesundheitsvorschriften* von 2005 festgelegt wurden, würden dann sofort in Kraft treten.

Nach dem Finanzkollaps von 2008 wurden die Ergebnisse früherer Übungen und Simulationen zu sehr detaillierten Szenarien für einen möglichen Ausnahmezustand aufgrund eines vermuteten medizinischen Notfalls ausgearbeitet. Die Lehren aus der SARS-1-„Pandemie“ waren in dieser Hinsicht von entscheidender Bedeutung, auch wenn die Sterblichkeitsrate bei diesem Ausbruch wie bei der Vogelgrippe und der Schweinegrippe unter tausend blieb und auf dieser Grundlage kein globaler Notfall ausgerufen werden konnte. Erst im Januar/März 2020 hatte der Machtblock aus Geheimdiensten, IT und Medien genügend Gründe, um den Informationskrieg gegen die Bevölkerung zu entfesseln, und konnte den Ausnahmezustand einführen lassen. Als Hintergrund zunächst einige Bemerkungen zu Viren.

Viren: Bedrohung oder Bausteine des Lebens?

Viren gibt es seit mindestens 550 Millionen Jahren; sie sind die häufigsten (wenn auch unvollständigen) Organismen auf der Erde. Sie sind unvollständig, weil sich ein Virus nur innerhalb einer Wirtszelle vermehren kann. Es gibt schätzungsweise 100 Millionen verschiedene Virustypen, und sie eignen sich für politische Zwecke, weil die meisten von uns sie in erster Linie mit Krankheit, ja sogar mit Tod (etwa im Fall von AIDS) in Verbindung bringen. Die Ankündigung einer Epidemie, die durch ein „neuartiges Virus“, SARS-2, ausgelöst werde, sorgte also auch dank Unterstützung der Medien für existenzielle Ängste, und in einem Zustand der Angst ist alles möglich. Wir haben bereits gesehen, dass die Angst nach 1989-91 zur neuen Grundlage und Grundregel der Politik wurde, nachdem der Kapitalismus die Fähigkeit eingebüßt hatte, einen lismus die Fähigkeit eingebüßt hatte, einen sinnvollen Gesellschaftsvertrag zu realisieren.

In Wirklichkeit gibt es nur ein paar hundert Virustypen, die beim Menschen Krankheiten auslösen können. Das gilt auch für SARS-2. Besser sollte man sagen: für einen weiteren Typ von SARS-2. Denn Professor Luc Montagnier, der für die Entdeckung des Genoms des HIV-Virus den Nobelpreis für Medizin erhielt, stellte fest, dieses neue Virus sei in einem Labor entwickelt worden. Es enthalte Bestandteile von HIV-1 und -2 sowie von Malaria, was in der Natur eigentlich nicht möglich sei. Wie wir in Kapitel 5 sehen werden, kamen mehrere andere Wissenschaftler, ja sogar Insider des US-amerikanischen Virologienetzes, zu demselben Schluss. Diese Entdeckung wurde jedoch sofort diskreditiert, offenbar um die Rolle der Labors für biologische Kriegsführung herunterzuspielen.[236]

Dass wir, wenn wir von Viren hören, zuerst an Krankheiten denken, ist zu einem großen Teil Louis Pasteur zu verdanken, der Ende des 19. Jahrhunderts das pathogene Potenzial von Mikroben (Bakterien, Viren) entdeckte – ein großer Fortschritt für die Hygiene, der unzählige Leben rettete. Als sich ein gutes Jahrhundert später herausstellte, dass auch das menschliche Genom zum Teil aus Viren besteht, revolutionierte dies das Denken. Man geht heute davon aus, dass Viren aufgrund ihrer Fähigkeit zur Mutation eine entscheidende Rolle in der Evolution spielten und weiterhin spielen.[237]

Die bekanntesten Viren sind die saisonalen Viren, die bei sinkenden Temperaturen und abnehmendem Sonnenlicht die Bevölkerung befallen: Rhinoviren (Erkältung, meist im Herbst), Influenza A und B (Grippe, Winter) und Coronaviren (Winter und Frühjahr). Normalerweise nimmt der menschliche Organismus diese exogenen Viren auf und macht sie körpereigen, was in der Regel unbemerkt bleibt – es sei denn, unser Immunsystem ist geschwächt. Neben einer Erkältung oder anderen körperlichen Krankheit wirkt sich die Aufnahme von Viren auch auf unsere Stimmung und unsere Fähigkeit, auf Stress zu reagieren, aus, neben anderen Folgen, die wir hier außer Acht lassen wollen.

In Bernals Formel ist Leben die Bewegungsform von Protein-Nukleinsäure-Kombinationen, und das gilt auch für Viren, wenn sie in der Wirtszelle einer Pflanze, eines Tieres oder eines Menschen „zum Leben erwachen".[238] Viren sind in Eiweiß verpackte Nukleinsäuretröpfchen, wobei die Nukleinsäuremoleküle entweder eine Doppelhelix (DNA) oder eine Einzelhelix (RNA) bilden. Manche Wissenschaftler halten die RNA für eine noch archaischere Lebensform als die DNA (noch älter als Bakterien, die nicht unbedingt von einem Wirt abhängig sind, sondern von sich aus leben). Ein RNA-basiertes, sogenanntes Retrovirus (wie HIV) kann mit Hilfe eines Enzyms, der „reversen Transkriptase", das das RNA-Virus selbst mitbringt, in unser (DNA-basiertes) System aufgenommen werden.[239] Mindestens 43 Prozent des gesamten menschlichen Genoms bestehen aus Viren und ihren direkten Folgeprodukten (Proteinen); etwa 8 Prozent sind endogene Retroviren (andere Schätzungen liegen weit höher).[240]

Wenn wir Organismen als Stoffwechselnetzwerke verstehen, die sich überschneiden und gegenseitig unterstützen, können wir Viren vielleicht mit den Sporen von Pilzen im Waldboden vergleichen, die den sichtbaren Pflanzen Nahrung liefern, damit sie wachsen können, und sie später wieder aufnehmen, wenn die Pflanze stirbt. Dies geschieht nicht nur auf chemischer, sondern auch auf genetischer Ebene. In diesem Sinne liefern Viren Informationen (genetische Codes), vergleichbar mit einer Aktualisierung eines Computerprogramms. Das ist nicht irgendein Vergleich, denn wie wir sehen werden, basiert die experimentelle Nukleinsäuretherapie, die uns als „Impfstoff gegen Corona" verkauft wird, ausdrücklich auf der Ähnlichkeit zwischen Viren und Computer-Updates. Solche Viren-Updates können auch „Schadsoftware" mit fatalen Folgen sein, wie bei der HIV/AIDS-Epidemie, die mehr als 30 Millionen Todesopfer forderte – übrigens ohne dass das gesellschaftliche Leben zum Erliegen kam wie im Covid-Ausnahmezustand. Aber auch bei HIV kommt es nach einiger Zeit zu einer Symbiose zwischen Virus und Wirt.[241]

Der menschliche Körper enthält Ablagerungen von Millionen Jahren Evolution, das Mikrobiom, ein internes Ökosystem, das neben Viren auch Bakterien und Eukaryoten (Organismen mit einem Zellkern, wie Pilze und Amöben) enthält. Es ist Teil des Immunsystems und wird durch eine gesunde Ernährung und Lebensweise in gutem Zustand gehalten (und durch Alterung, Krankheit, Medikamente und Antibiotika geschwächt). Es findet also ein ständiger Austausch von Viren zwischen dem Mikrobiom und den Stoffwechselnetzen statt, von denen wir ein Teil sind; die ausgehenden Viren sind „Exosomen". (Es gibt auch die Theorie, dass alle Viren Exosomen sind, träge Materie, die ausgestoßen wird und sich in der Zelle eines neuen Wirts wieder vermehrt.)[242]

„Mutation und Selektion" (Darwins Schlüsselbegriffe) gehen also möglicherweise auf die Symbiose zwischen einem Virus und einem Wirt zurück, denn wenn eine Veränderung eintritt, bei der ein neues Genom zusätzlich zu einem bereits vorhandenen entsteht, wird der Selektionsdruck auf dieser Ebene wirksam (die Viren, die in der Evolution die gewichtigste Rolle gespielt haben, sind dem HIV-1, einem der Bestandteile des SARS-2-Virus, bemerkenswert ähnlich).[243] Da Viren ständig mutieren, können die Zellen eines Organismus, z. B. einer Alge, durch ein Virus in Zellen eines anderen Organismus, z. B. einer primitiven Schnecke, umprogrammiert werden. Führt es dabei genetisches Merkmal ein, das der Wirt noch nicht hat, kann dies tödlich sein.[244] Wenn eine Bevölkerung pauschal völlig unbekannten Mikroben (Bakterien und Viren) ausgesetzt wird, wie dies bei den indigenen Völkern Lateinamerikas nach der Ankunft der Spanier der Fall war, kann dies zu einem Massensterben führen.[245]

Nun wurden die Viren, die die Indianer töteten, von Menschen (auch über Haustiere) übertragen, und ihre Genome waren verwandt. Das erleichterte die Weitergabe von Mensch zu Mensch. Das

HIV-Virus, das höchstwahrscheinlich vom Schimpansen stammt und damit einen menschenähnlichen Ursprung hat, konnte ebenfalls leicht von Mensch zu Mensch weitergegeben werden.[246] Stammt ein Virus hingegen von einem genetisch weit entfernten Organismus, etwa einer Fledermaus, ist die Übertragung zwischen Menschen schwieriger – es sei denn, es wurde in einem Labor im Rahmen der so genannten Gain-of-Function-Forschung, wie sie unter der Schirmherrschaft von US-Bio-Warfare-Institutionen praktiziert wird, „aufgerüstet". Ich werde in Kapitel 5 ausführlich darauf zurückkommen.

Das Gespenst der „Spanischen Grippe"

Die „Spanische Grippe" von 1918, die Millionen von Menschen das Leben kostete, ist in der Öffentlichkeit noch immer ein Begriff, wenn es um Infektionskrankheiten geht. Der Überlieferung nach wurde die kriegsgeschwächte Bevölkerung von einem neuen Grippevirus befallen, das eine tödliche Spur in Europa hinterließ. Es handelte sich jedoch weder um eine spanische Krankheit noch um eine Grippe (weil Spanien als Nicht-Kriegsteilnehmer keine Pressezensur hatte, kamen die ersten Zeitungsberichte von dort, und „Grippe" war ein gängiger Begriff für Infektionskrankheiten). Tatsächlich begann die Krankheit auf einem Armeestützpunkt in den USA, wo nach der Kriegserklärung im April 1917 Wehrpflichtige für die Verschiffung nach Europa eingezogen wurden. Es handelte sich offensichtlich um gesunde junge Männer. Die meisten Todesfälle unter den Soldaten sowie krankheitsbedingte Entlassungen erfolgten in den USA, noch vor der Überfahrt.[247] Letztlich war die Hälfte aller Opfer auf beiden Seiten des Atlantiks zwischen 15 und 34 Jahre alt; bei den über 75jährigen, die normalerweise am stärksten von der Grippe betroffen sind (wie auch bei der Covid-Epidemie im März/April 2020), war die Sterblichkeit 1918 geringer als in der Zeit vor der Pandemie.[248]

Natürlich lässt sich eine Katastrophe mit zig Millionen Opfern nicht ohne weiteres auf eine einzige Ursache zurückführen, aber vieles deutet darauf hin, dass die Spanische Grippe das Ergebnis eines fehlgeschlagenen Impfexperiments war. Impfungen sind angesichts der Anfälligkeit und der individuellen Eigenheiten des Immunsystems immer mit Vorsicht zu genießen. Insbesondere eine Kombination von Impfstoffen ist eine riskante Angelegenheit. Praktisch alle Impfstoffe werden auf tierischem Gewebe gezüchtet, z. B. Mäusegehirnen oder Affennieren. Ein Impfstoff kann daher endogene Viren im Menschen reaktivieren und sie durch Einbringen neuer, exogener Viren wieder pathogen machen. Für Covid-19 wurde ein neuer, revolutionärer Impfstoff entwickelt, der darauf abzielt, dass unsere Zellen selbst das Virusprotein produzieren, gegen das dann das Immunsystem mobilisiert werden muss. Die Folgen dieser Art von Injektion, die die für Impfstoffe geschaffenen rechtlichen Möglichkeiten missbraucht, können unvorhersehbar sein. Die Interessen, die für die pharmazeutische Industrie und das institutionelle Umfeld, in dem sie tätig ist (Gates-Stiftung, WHO und andere Teile des biopolitischen Komplexes), auf dem Spiel stehen, sind jedoch enorm. Daher kamen gewisse Unsicherheiten hinsichtlich der wahren Natur der Spanischen Grippe auf. Negative Publicity über Impfungen ist das Letzte, was die interessierten Kreise gebrauchen können, und die Behauptung, Impfungen könnten die Ursache für die Pandemie vor hundert Jahren gewesen sein, muss heute erneut widerlegt werden. Die Gegenbehauptungen sind jedoch alles andere als überzeugend. So liefert ein aktueller Reuters-Faktencheck als Gegenargumente: 1) Die Erklärung für die Impfung ist falsch; 2) es war nicht das erste Mal, dass US-Soldaten zwangsgeimpft wurden, und 3) in jenem Krieg starben mehr Soldaten an Grippe und Lungenentzündung als unter feindlichem Beschuss.[249] Da niemand 2) und 3) bestreitet und 1) beiseite gelassen werden kann, stellt sich die Frage, was wirklich passiert ist.

Die Geschichte beginnt mit der Gründung der Rockefeller Foundation im Jahr 1913, mit der der Begründer des Standard-Oil-Imperiums seinen Reichtum in soziale und politische Macht außerhalb der Reichweite des Fiskus umsetzte. Rockefellers Hauptinteresse galt der Medizin, schon früh förderte er die Allopathie, die auf der Vorstellung beruht, Krankheiten müssten von außen bekämpft werden. Diese Methode umfasst eine gezielte Vorbeugung durch Impfungen und synthetische Medikamente, die gegen die jeweilige Krankheit wirken. Die Alternative ist der ganzheitliche Ansatz, der Naturheilmittel umfasst, die auf den ganzen Menschen ausgerichtet sind, sowie die Homöopathie, die davon ausgeht, dass der Körper selbst eine Störung überwinden muss. Steinkohlenteer, ein Nebenprodukt der Erdölindustrie, wurde zur Grundlage für synthetische Arzneimittel, und je mehr Einfluss die wohlhabenden Rockefeller-Institutionen auf die medizinische Ausbildung und die Behandlungsmethoden nahmen, desto stärker wurde die Allopathie.[250]

Da Medikamente nach Herz-Kreislauf-Erkrankungen und Krebs die dritthäufigste Todesursache in der westlichen Welt sind, sollte dieser Ansatz Fragen aufwerfen.[251] Aber die Allopathie ist nicht nur eine medizinische Disziplin. Die Rockefeller-Stiftung verstand die Verbesserung von Bildung, Hygiene und sanitären Einrichtungen sowie die Förderung der Kontrolle des menschlichen Verhaltens als Schritte auf dem Weg zu einer Gesellschaft, die nicht nur glücklicher ist, sondern auch dem amerikanischen Modell näher kommt. Dies wiederum erhöhte die Empfänglichkeit für den politischen Einfluss und das Kapital der USA. „Die Direktoren der Rockefeller-Stiftung wollten sowohl die Notlage der lokalen Bevölkerung verbessern als auch die Welt zu einem gastfreundlicheren Ort für die nordamerikanischen Eliten machen“, schreiben Ilana Löwy und Patrick Zylberman.[252] Alternative Heilmethoden, von der chinesischen Akupunktur bis zur Homöopathie, werden immer noch als Quacksalberei abgestempelt und abgetan, anstatt sie nach ihrer nachgewiesenen Wirksamkeit zu bewerten. Dabei haben diese Heilmittel eine Eigenschaft mit der modernen Quantenphysik gemeinsam, nämlich dass sie vom Ganzen ausgehen, während die ältere, Newtonsche Mechanik reduktionistisch ist: Materie kann in Elemente zerlegt werden, Wellen (die Einheit der Quantenphysik) jedoch nicht.[253]

Nach der Kriegserklärung im April 1917 wurde das Rockefeller Institute for Medical Research in New York (die heutige Rockefeller University) ermächtigt, Soldaten, die nach Europa verschifft werden sollten, mit einem experimentellen, auf Pferden gezüchteten Bakterienserum gegen Meningitis zu impfen. Ob eine Rockefeller-Mission, die 1917 heimlich nach Frankreich reiste, etwas mit diesem Projekt zu tun hatte, ist nicht bekannt.[254] Die Impfungen fanden zwischen Januar und Juni 1918 auf dem Armeestützpunkt Fort Riley, Kansas, statt. Von dort aus ging es mit dem Zug an die Atlantikküste und weiter mit dem Schiff, und zwar unter nicht gerade idealen hygienischen Bedingungen. In vielen Fällen führte dies zu einer bakteriellen Lungenentzündung. In Europa angekommen, wurden nach offiziellen Angaben von 1.000 Männern 977 ins Krankenhaus eingeliefert; dann breitete sich die tödliche Infektion auch in der Zivilbevölkerung aus und traf, wie erwähnt, nicht die typischen Risikogruppen für Influenza, d. h. ältere Menschen und Menschen mit Grunderkrankungen, sondern Kinder und Jugendliche. Die obligatorischen Gesichtsmasken machten die Katastrophe komplett. In der Zwischenzeit erhielt das Rockefeller-Institut so viele Bestellungen für das Serum aus den alliierten Ländern, dass ein zusätzlicher Pferdestall in Betrieb genommen wurde, um genug produzieren zu können. Als die Soldaten nach der Einstellung der Feindseligkeiten in die USA zurückkehren sollten, wurden ihnen Restbestände verschiedener Impfstoffe injiziert, und nach ihrer Rückkehr steckten sie Millionen von Menschen an.[255]

Im Jahr 2005 wurde die genetische Sequenz des Virus veröffentlicht, das die Spanische Grippe ausgelöst haben soll (in Wirklichkeit handelte es sich um eine Laborrekonstruktion). Neben der bakteriellen Infektion war die Pandemie mit einer Reihe von Kinderkrankheiten wie Masern und Diphtherie verbunden, die unter normalen Umständen niemals gesunde junge Männer befallen hätten. Im Jahr 2008 wurde in einem Papier des National Institute of Health (einer der Autoren war Dr. Anthony Fauci, Direktor des NIH und des National Institute of Allergies and Infectious Diseases, NIAID) festgestellt, dass bei 92,7 Prozent der 9.000 neu untersuchten Autopsien die Todesursache eine bakterielle Lungenentzündung war.[256]

Bioterror-Szenarien und der Ausbruch von SARS

Unter den medizinischen Worst-Case-Szenarien, die Regierungen in den 1990er Jahren erwogen, um inmitten des moralischen Zerfalls der kapitalistischen Gesellschaft ihre Autorität aufrechtzuerhalten, nahm die Spanische Grippe einen Ehrenplatz ein. Bis zu ihrem 100. Jahrestag 2018 simulierte bzw. übte die Welt jahrzehntelang das Auftreten neuer Epidemien. Denn nachdem der biopolitische Komplex die Ära der Infektionskrankheiten zunächst für beendet erklärt hatte (in den späten 1960er Jahren), gab es in den 1990er Jahren alarmierende Berichte über deren Rückkehr. Der Zusammenbruch des Ostblocks und vieler anderer Länder, die ihre Souveränität seiner Existenz verdankten, sowie die in der Folge ausgebrochenen Kriege führten zu einem starken Rückgang des Lebensstandards und neuen Migrationsströmen. Die Migranten brachten Krankheiten aus den Katastrophengebieten mit. 1989 schloss die WHO ihre Tuberkuloseabteilung, doch vier Jahre später wurde gemeldet, die Krankheit sei wieder aufgetaucht; die Labors wurden angewiesen, die Suche nach Bakterien und Viren wieder aufzunehmen.[257]

Unter den fiktiven Bedrohungen, für die seit Verkündigung des „Endes der Geschichte“ Szenarien entwickelt wurden, kam Infektionskrankheiten und Bioterrorismus besondere Aufmerksamkeit zu. Terrorismus ist die ideale Bedrohung: Ein einziger Mensch kann eine Katastrophe auslösen. Daher wurde die Gesundheit zunehmend mit der nationalen Sicherheit verknüpft. Im Mai 1989 fand in

Washington die Konferenz „Emerging viruses" statt, unterstützt von Faucis NIAID und der Rockefeller University. Ebenfalls 1989 spielte das Johns Hopkins Center for Civilian Defense Studies ein Szenario durch, bei dem Washington DC von einem Pockenvirus befallen wurde. Zylberman zufolge geriet die Politik nun ins Reich der Fiktion. Dies war buchstäblich der Fall, als Präsident Clinton einen Science-Fiction-Roman über einen Virusangriff auf New York las, *The Cobra Event*, und einen stellvertretenden Verteidigungsminister des Pentagon fragte, ob dies wirklich möglich sei. Da dieser Beamte auch den Autor von *The Cobra Event* beraten hatte, lautete die Antwort ja.[258] Die verschiedenen medizinischen Institute von Johns Hopkins, die, wie wir sehen werden, die wichtigsten akademischen Unterstützer des Covid-Ausnahmezustands sind, haben eine lange Geschichte der Finanzierung von außen, von der Rockefeller-Stiftung im Jahr 1916 bis zu den Rekordsubventionen (eine von 1,8 Milliarden Dollar) von Michael Bloomberg für die Bloomberg School of Public Health und vielen anderen.[259]

In der Zwischenzeit hatte es Terroranschläge gegeben: 1993 den Anschlag auf das World Trade Center, im März 1995 einen Giftgasanschlag in der Tokioter U-Bahn und einen Monat später den Bombenanschlag in Oklahoma City. Als Clinton im Januar 1998 vom Kongress ein Budget in Höhe von 3 Milliarden Dollar für die Bekämpfung des Bioterrorismus bewilligt bekam, gab es nur eines nicht: Bioterrorismus. Aber das ist für Worst-Case-Szenarien nicht notwendig, möglich ist schließlich alles. Epidemien werden politisiert, Terrorismus medizinisiert, schließt Zylberman, und zwar auf Grundlage einer geringen Wahrscheinlichkeit, aber potenziell enormer Folgen. Mit den Worten von Catherine Austin Fitts sind Epidemien zur medizinischen Variante von Operationen unter falscher Flagge geworden.[260]

Wenn wir heute zurückblicken, fällt auf, dass alle Szenarien für Bioterrorismus von der Prämisse ausgingen, dass in der Panik nach einem biologischen Angriff die Menschen dazu gebracht werden könnten, ihre Freiheiten zugunsten des Kampfes gegen die Epidemie aufzugeben, und dass abweichende Stimmen unterdrückt werden sollten. Auf dieser Grundlage kam es zu einer Annäherung zwischen Epidemiologen und denjenigen, die nach Wegen suchten, die bürgerlichen Freiheiten aufzuheben und die Demokratie zurückzudrängen. Die Institutionen, die noch heute eine wichtige Rolle in der Covid-Krise spielen, waren von Anfang an beteiligt. Das Johns Hopkins Center for Civilian Biodefense Studies wurde 1998 gegründet; 1999 und 2000 fanden Symposien zum Thema Bioterrorismus statt, wobei Politik, Wissenschaft und Medien immer enger miteinander verwoben wurden. Fragen, die zuvor Experten vorbehalten waren, wurden nun Teil des breiteren politischen Prozesses, unterstützend begleitet durch alarmierende Presseberichte. In jenem Jahr fand auch die erste Übung zur Bekämpfung des Bioterrors statt (*TopOff2000*), der mehrere folgen sollten. Das Johns Hopkins Center erstellte zwei Szenarien für einen Bioterroranschlag, *Dark Winter* (geübt im Juni 2001, also vor 9/11) und *Atlantic Storm* (Januar 2005).[261]

Dark Winter fand auf der Andrews Air Force Base in Camp Springs, Maryland, statt. Das Szenario basierte auf folgender Annahme: Saddam Hussein hat sich durch Spezialisten aus der ehemaligen Sowjetunion das Pockenvirus verschafft. Es wird in die USA eingeschleppt, wo es in Oklahoma zu einem Ausbruch kommt. Mehrere Mitglieder des Kongresses, ein ehemaliger CIA-Direktor (James Woolsey) sowie Regierungs- und vertrauenswürdige Medienvertreter (darunter Judith Miller von der *New York Times*) nahmen an der Übung teil und spielten die Rolle des Nationalen Sicherheitsrates. Das Drehbuch schrieben das Johns Hopkins Center und das Homeland-Security-Institut ANSER, die Durchführung betreuten mehrere weitere Institutionen, darunter das Center for Strategic and International Studies (CSIS) der Georgetown University in Washington. Wie die Teilnehmer an *Dark Winter* so sicher sein konnten, dass ein Milzbrandanschlag in der Luft lag, wissen wir nicht. Vizepräsident Cheney nahm Milzbrandmedikamente ein, nachdem er von Tara O'Toole und anderen Mitgliedern des Teams, das *Dark Winter* vorbereitet hatte, informiert worden war. Prominente Neocons (Richard Perle, Donald Kagan) sagten inzwischen mit großer Sicherheit voraus, dass ein Bioterroranschlag unmittelbar bevorstehe.[262]

Der Name *Dark Winter* stammt von Robert Kadlec, einem Geheimdienstlobbyisten, der bereits für die Regierung Bush Sr. gearbeitet hatte. (2019 leitete er die Übung *Crimson Contagion*, 2020 wurde er mit der Erarbeitung einer Covid-Strategie für die USA beauftragt.) Das Szenario sah vor, dass im Sommer 2001 nach der Freisetzung des Pockenvirus eine Panik in der Bevölkerung ausbricht. *Dark Winter* war übrigens auch eine der Quellen für die Behauptung, der Irak besitze Massenvernichtungswaffen; sie kam wieder auf, als nach dem 11. September 2001 Milzbrandbriefe u. a. an die Senatoren Tom Daschle und Patrick Leahy geschickt wurden, die Woolsey und israelische Quellen ebenfalls Saddam Hussein zuschrieben, die in Wirklichkeit aber hausgemacht waren. Die Übung machte deutlich, dass Politiker, wenn sie ausreichend verängstigt werden, die Welt durch die Brille sehen, die ihnen die damit beauftragten Experten zur Verfügung stellen.[263]

Dark Winter warnte bereits vor Desinformation über Medikamente und andere Versuche, die öffentliche Sicherheit zu gefährden. Für die Aussetzung der bürgerlichen Freiheiten wurde die Ausrufung des Ausnahmezustands empfohlen; der Präsident sollte auch von seinen Vorrechten gemäß dem Insurrection Act Gebrauch machen. Dieses Gesetz erlaubt, wie wir gesehen haben, die Errichtung einer Militärregierung, Versammlungs- und Reiseverbote, die Verhängung von Quarantäne und sogar Eingriffe in die körperliche Unversehrtheit. Militärgerichte sollen einspringen, wenn die zivile Justiz der Situation nicht mehr gewachsen ist. Schließlich zogen sowohl die *TopOff*-Übung als auch *Dark Winter* die Möglichkeit in Betracht, dass sich Öffentlichkeit und Ärzte dem Ausnahmezustand widersetzen könnten und Zwang notwendig sei, um sie zur Unterwerfung zu zwingen. Für Vizepräsident Cheney waren die Übungen Grund genug, für eine allgemeine Impfpflicht zu plädieren. Eine erschreckende Vorhersage dessen, was wir 20 Jahre später in der Covid-Krise erleben.[264]

Obwohl man erkannte, dass allzu drakonische Maßnahmen die Menschen in den Untergrund treiben und damit eine echte Pandemie verschärfen könnten, wurde 2002 in den USA ein Gesetz verabschiedet, das die Befugnisse der Regierung erweiterte und die Polizei ermächtigte, Personen ohne Symptome in Quarantäne zu nehmen. Auch Frankreich schuf die Möglichkeit, asymptomatische Personen in Gewahrsam zu nehmen (durch ein Dekret von 2003).[265] Ende 2002 ordnete das Weiße Haus unter dem Vorwand eines drohenden bioterroristischen Angriffs und entgegen medizinischem Rat an, eine halbe Million US-Bürger gegen Pocken zu impfen. Es wurde ein Bürgerwehrkorps gebildet, um Amerika sicherer zu machen. 2006 waren bereits 2.000 solche Bürgerwehrteams aktiv.[266]

In der Zwischenzeit war im November 2002 in Guangdong, China, nicht etwa ein Terroranschlag, sondern das ursprüngliche SARS, das *Schwere Akute Atemwegssyndrom*, ausgebrochen. Das Virus soll auf einem Markt entstanden sein, auf dem lebende Tiere zum Schlachten verkauft wurden. Der prominente niederländische Professor Ab Osterhaus vom Erasmus Medical Center in Rotterdam bestätigte auf Anfrage der Europäischen Kommission, die Quelle des Ausbruchs sei ein neues Coronavirus von Fledermäusen. Ein anderer Virologe, Peter Daszak (dessen Name später wieder auftauchen sollte), kam zu demselben Schluss.[267] Der französische Pharmazieprofessor Jean-Bernard Fourtillan, der, wie wir wissen, im Dezember 2020 zwangsweise in eine psychiatrische Anstalt eingewiesen wurde, veröffentlichte jedoch Dokumente, aus denen hervorging, dass das Institut Pasteur das Coronavirus SARS-1 im Jahr 2003 patentiert hatte; es enthielt Bestandteile der Malaria in einer Kombination, die in der Natur nicht vorkommen kann, sondern das Ergebnis von Gain-of-Function-Forschung in einem Labor ist, entwickelt möglicherweise mit der Absicht, einen Impfstoff dagegen zu entwickeln. Darüber hinaus können Patente nicht für eine natürliche Substanz oder ein natürliches Verfahren erteilt werden. Im Jahr 2011 wollte das Institut Pasteur auch ein SARS-2-Patent anmelden, da das SARS-1-Patent im Jahr 2023 auslaufen würde.[268] Das erklärt übrigens, warum in den sozialen Medien Dokumente kursieren, die zeigen, dass es lange vor dem Ausbruch von SARS-2 ein (patentiertes) Medikament dagegen gab. Wir werden darauf zurückkommen.

Ursache beider SARS-Ausbrüche war vorgeblich die Übertragung eines Virus von Tieren auf Menschen (Zoonose). Dies wird darauf zurückgeführt, dass der Mensch in den Lebensraum von Wildtieren vordringt; die Viren können dann durch Kontakt, Nahrung oder Luft (manchmal mit Haustieren als Zwischenstation) übertragen werden. Das Vogelgrippevirus, das ursprünglich von Wasservögeln stammt, sprang nach seiner Mutation zu H5N1 von Hühnern auf den Menschen über und erwies sich für diesen als tödlich. Die Möglichkeiten einer Übertragung zwischen Menschen blieben jedoch sehr begrenzt. Die „Verdichtung des Lebensraums" (neben Umweltverschmutzung, Temperaturanstieg und anderen Formen der Biotopveränderung) dient auch der „verantwortungsbewussten Linken", die sich seit dem 11. September 2001 der pauschalen Ablehnung von „Verschwörungstheorien" angeschlossen hat, als Erklärung für die Verbreitung von SARS-2. So sind laut Sonia Shah in *The Nation* und *Le Monde Diplomatique* HIV, Ebola in Westafrika und Zika in der westlichen Hemisphäre Beispiele für Zoonose aufgrund von Lebensraumverdichtung. Der Zusammenhang mit der jüngsten Rodung von Urwäldern und dergleichen ist nachweisbar.[269]

Wie bereits erwähnt, ist die Übertragung eines solchen Virus von Mensch zu Mensch jedoch durch den Unterschied im Genom begrenzt: Je weiter das Tier vom Menschen entfernt ist, desto geringer ist die Wahrscheinlichkeit einer Infektion von Mensch zu Mensch. Laut Dr. Judy Mikovits gibt es durchaus eine Übertragung vom Tier auf den Menschen, aber dann über eine Impfung; dies gilt sowohl für HIV als auch für Ebola. HIV soll entstanden sein, als in den 1950er Jahren in Belgisch-Kongo ein oraler Polio-Impfstoff verabreicht wurde, der auf Nierengewebe von Schimpansen und Bonobos gezüchtet worden war. Nachdem Millionen Menschen im Kongo und in Ruanda-Burundi den Impfstoff erhalten hatten, begann das tödliche Wachstum von HIV. Inzwischen sind 30 Millionen Menschen an AIDS gestorben, und bis 2010 hatten sich schätzungsweise 34 Millionen Menschen infiziert.[270]

Die Übungen und Simulationen von Bioterroranschlägen wurden in den Jahren nach 9/11 fortgesetzt und immer umfangreicher und teurer. *Atlantic Storm* (2005) offenbarte ein schockierendes Ausmaß an Vorbereitung unter den NATO-Verbündeten; einen Bioterroranschlag hatte es damals noch nie gegeben. In *Atlantic Storm* spielte u. a. die ehemalige Außenministerin Madeline Albright den US-Präsidenten, der Gründer von *Ärzte ohne Grenzen* und künftige Außenminister Bernard Kouchner den französischen Präsidenten, Gro Harlem Brundtland ihre eigene frühere Rolle als Leiterin der WHO. *TopOff3* fand ebenfalls 2005 statt, geleitet von Michael Chertoff, dem stellvertretenden Staatssekretär für innere Sicherheit. *TopOff4* ging 2007 einen Schritt weiter, was die Zahl der Teilnehmer und der beteiligten Organisationen angeht. Auch die Kosten waren gestiegen, von 3 Millionen Dollar im Jahr 2000 auf 25 Millionen Dollar im Jahr 2007, und das für Übungen, die intern kritisiert wurden, weil sie völlig fiktiv waren, da ein solcher Angriff nie stattgefunden hatte, und nur ein Klima der Angst schürten. Dies blieb ein internes Problem, denn die Übungen waren geheim und nicht für die Öffentlichkeit bestimmt.[271]

Inzwischen war der biopolitische Ausnahmezustand jedoch zu einer ernsthaften Option geworden, die innerhalb weniger Jahre im Detail ausgearbeitet wurde. Aber wer würde ihn einführen?

Die WHO und die biopolitische Souveränität

Die chinesische Regierung hielt in den Jahren 2002 und 2003 monatelang Informationen über das SARS-Virus zurück und informierte die WHO nicht. Dadurch konnte sich die Infektion ausbreiten. Moderne Reiseformen wie das Fliegen haben die Wahrscheinlichkeit einer Epidemie stark erhöht, so dass die Zurückhaltung von Informationen eine ernste Angelegenheit war. Deshalb übernahm die WHO als Reaktion auf die SARS-Krise (an der letztlich weniger als tausend Menschen starben) eine tragende politische Rolle. Vorausgegangen war eine schwere Krise der WHO und des gesamten UN-Systems.

In den 1960er und 1970er Jahren hatten die Vereinten Nationen begonnen, die Bedenken einer großen Zahl neuer Staaten hinsichtlich ihrer wirtschaftlichen Souveränität zu berücksichtigen, die durch die Entkolonialisierung ihre formale Unabhängigkeit erlangt hatten und den UN als souveräne Nationen beitraten. Viele der neuen Staaten hatten jedoch herausgefunden, dass politische Unabhängigkeit als solche nicht unbedingt materielle Souveränität bedeutet. Wenn die Ressourcen eines Landes nach wie vor von ausländischen Konzernen ausgebeutet werden, lassen sich mit Flagge und Nationalhymne kaum das Wohlergehen der Bevölkerung und deren Loyalität sichern. Aus diesem Grund kam im Laufe der 1960er Jahre eine Bewegung für eine Neue Internationale Wirtschaftsordnung (NIEO) in Gang, die die entkolonialisierten Länder auch wirtschaftlich souverän machen sollte. An anderer Stelle habe ich beschrieben, wie eine solche von den Vereinten Nationen koordinierte Weltwirtschaft die Freiheit des Kapitalverkehrs einschränkte und daher für den Westen völlig inakzeptabel war. Der Neoliberalismus war in vielerlei Hinsicht eine Reaktion auf die NIEO, ebenso wie auf andere fortschrittliche Trends jener Zeit.[272]

Die Kampagne gegen die UNO führten die Heritage Foundation in den USA und die weniger bekannte, aber sehr einflussreiche Internationalen Handelskammer (ICC) in Paris an. Unter dem massiven Druck dieser Kreise sah sich der seit 1992 amtierende ägyptische UN-Generalsekretär Boutros Boutros-Ghali zunächst gezwungen, das UN-Zentrum für transnationale Unternehmen (CTC) und mehrere andere UN-Programme einzustellen. Der CTC-Bericht über die Umweltverschmutzung durch multinationale Unternehmen, der für die UNCED-Umweltkonferenz in Rio de Janeiro bestimmt war, kam dort nie an. Als Boutros-Ghali Anfang 1996 vorschlug, eine globale Steuer einzuführen, um die drängende Finanzkrise der UNO zu überwinden, machte Washington kurzen Prozess mit seinem Streben nach einer zweiten Amtszeit. Kofi Annan, ein ghanaischer Absolvent der Wirtschaftshochschule MIT, wurde sein Nachfolger. Kurz nach seinem Amtsantritt unterzeichnete Annan ein Abkommen mit dem WEF in Davos, das das UN-Sekretariat mittels des elektronischen Kommunikationssystem WELCOM direkt mit einer Reihe von Regierungschefs, den Direktoren der Weltbank und anderer internationaler Finanzinstitutionen verband. Die fortschrittlichen NGOs, die in der vorangegangenen Periode eine wichtige Rolle bei der NIEO-Ausrichtung des UN-Systems gespielt hatten, wurden dagegen auf Distanz gehalten. Weniger als sechs Monate später folgte ein Gipfeltreffen über die Rolle der Geschäftswelt bei der politischen Entwicklung der UNO. Neben Annan nahmen daran B. Stigson vom Business Council for Sustainable Development (BCSD), Maria Livanos Cattaui (Generalsekretärin der ICC) und etwa zwanzig CEOs und Regierungsvertreter teil, darunter Larry Summers, stellvertretender US-Finanzminister.[273]

Das UN-System war nun weitgehend dem westlichen Block und den transnationalen Konzernen untergeordnet. 1999 legte Annan einen Plan für eine nachhaltige Zusammenarbeit mit der Wirtschaft, insbesondere mit der Internationalen Handelskammer, vor: den Global Compact. Dieser Pakt sollte die rasch fortschreitende Internationalisierung der Wirtschaft durch Mindeststandards in den Bereichen Arbeitsbedingungen und Umweltschutz vor „Reibungsverlusten“ schützen. Wie wir sehen werden, geht der *Great Reset* des

Weltwirtschaftsforums vom gleichen Ansatz aus, nicht um ein globales „grünes" Projekt zu starten, sondern um sicherzustellen, dass die fortschreitende Internationalisierung des Kapitals nicht durch eine Arbeiter- oder Umweltbewegung gegen die exzessive Ausbeutung von Gesellschaft und Natur zum Entgleisen gebracht wird. Dennoch schrieb Livanos Cattaui am Tag der Ankündigung des Global Compact in einer US-Zeitung, all dies dürfe nicht so verstanden werden, dass die Unternehmen fortan von Außenstehenden beurteilt würden. Annan beschränkte sich daher darauf, die Namen von Unternehmen zu veröffentlichen, die in den genannten Bereichen Arbeit und Umwelt, dem „Standard der besten Praktiken", herausragende Leistungen erbringen.[274]

Die Kampagne gegen die UNO nahm auch die WHO ins Visier, insbesondere der Schweizer Konzern Nestlé, der in den atlantischen Netzwerken der gemeinsamen Direktorien und privaten Planungsgruppen prominent vertreten war. Nestlé und andere wetterten gegen die WHO, weil die Gesundheitsorganisation die Verwendung von synthetischer Babymilch in der Dritten Welt einschränken wollte. Außerdem ermutigte die WHO die armen Länder, ihre eigenen Medikamente herzustellen, was die Pharmakonzerne erzürnte.[275] Den großen US-Tabakproduzenten wiederum missfiel die Anti-Raucher-Kampagne der WHO. Mit gekauften „Experten" aus Wissenschaft und Medien („Mietmäulern") gelang es den Tabakkonzernen, die WHO als „sozialistisches" Bollwerk zu diskreditieren.[276]

Infolge dieser Angriffe wurde die WHO immer abhängiger von außerbudgetärer Finanzierung, d. h. von Geldern von Regierungen und Unternehmen, die ihre Spenden an bestimmte Bedingungen knüpfen. Der Gesamthaushalt der WHO war 1996 geringer als die von der Weltbank für Gesundheitszwecke gewährten Kredite. Daraufhin sprang die Bill & Melinda Gates Foundation ein, die ab dem Jahr 2000 ihre Hilfe anbot und bis 2017 etwa 2,5 Milliarden Dollar an die WHO spendete (circa 5 Prozent ihres damaligen Stiftungsvermögens von 52 Milliarden Dollar). Im Jahr 2004 kamen öffentlich-private Partnerschaften hinzu und verschafften der Pharmaindustrie direkten Zugang zu den Entscheidungsprozessen der WHO.[277]

Derweil wurde 1998 die bereits erwähnte norwegische Ex-Ministerpräsidentin Gro Harlem Brundtland zur Generaldirektorin ernannt, um der WHO unter veränderten Verhältnissen wieder eine wirksame Rolle zu geben. Unter ihrer Führung begann die Gesundheitsorganisation rechtsverbindliche (Vertrags-)Weisungen zu nutzen. Der erste Erfolg war paradoxerweise ein Rahmenübereinkommen für die Tabakpolitik. Solche Konventionen bieten eine Grundlage, auf der dann Verhandlungen über detaillierte Regelungen geführt werden können.[278] Dadurch gewann die WHO wieder an Ansehen, und das Global Outbreak Alert and Response Network, das eine schnelle Reaktion auf Epidemien ermöglichen soll, konnte beispielsweise wieder in den Aufgabenbereich der Gesundheitsorganisation zurückgeführt werden (obwohl noch diskutiert wurde, ob diese Aufgabe nicht der UNO, der EU oder gar der NATO übertragen werden sollte).[279] Die Souveränität, die die WHO damit erlangte, blieb jedoch eine „verliehene" Souveränität. Aufgrund der neuen finanziellen Abhängigkeit war es, wie in der neuen neoliberalen Weltordnung insgesamt, die Souveränität des Kapitals, die hier zum Tragen kam, umgesetzt durch den internationalisierten Staat.[280]

Nach einer Zeit, in der Infektionskrankheiten und insbesondere die Influenza innerhalb der WHO weniger Beachtung gefunden hatten, sorgten der allgemeine Stimmungsumschwung nach dem 11. September 2001 und die (wie sich herausstellte, von Fort Detrick, Maryland, aus verschickten) Anthrax-Briefe an die beiden Senatoren und einige Medien sowie die SARS-1-Epidemie 2002/03 dafür, dass die Gesundheitsorganisation Schritt für Schritt wieder in den Mittelpunkt rückte. Anfang 2002 legte die WHO den Regierungen nahe, ihre Bestände an verfügbarem Pockenimpfstoff zu überwachen und sich auf einen Notfall vorzubereiten.[281] Während SARS empfahl sie, alle nicht unbedingt notwendigen Reisen nach Hongkong, Toronto,

Peking und in die chinesischen Provinzen Guangdong und Shanxi auszusetzen, was im Mai 2003 auf ganz China sowie die taiwanesische Hauptstadt Taipeh ausgeweitet wurde. Doch obwohl im Juni Anzeichen für eine Ausbreitung in der kanadischen Provinz Ontario gemeldet worden waren, – wie wir sehen werden, sollte die Erfahrung der Provinzhauptstadt Toronto die Vorlage für künftige Lockdowns liefern – wurde im Juli offiziell bekannt gegeben, die Ausbreitung sei gestoppt.[282] Dennoch wurde die aus Hongkong stammende WHO-Generaldirektorin Margaret Chan für ihre passive Haltung kritisiert. Unter dem Druck von US-Institutionen (CDC, USAID) und internationalen Gremien, in denen die USA eine führende Rolle spielen (Weltbank, G7), begann die WHO, eine aktivere Haltung gegenüber Infektionskrankheiten einzunehmen. Zu den empfohlenen Maßnahmen zählten Quarantänen und Impfungen, auch HIV/AIDS sollte energischer bekämpft werden. Das Konzept, auf dem dies beruhte, stand unter dem Schlagwort Biosicherheit.[283]

Die WHO-Empfehlung an die Regierungen, Grippemittel wie Tamiflu vorrätig zu halten, geht laut den von Daan de Wit befragten Quellen auf Vertreter von „Grippe-Interessen“ zurück, die während des SARS-Ausbruchs versuchten, Panik zu schüren, indem sie das Gespenst der Spanischen Grippe heraufbeschworen. Die Europäische Arbeitsgruppe für Influenza (ESWI), die von zehn großen Pharmaunternehmen, darunter GlaxoSmithKline und Novartis, finanziert wird, wollte die Länder verpflichten, umfangreiche Vorräte an Medikamenten und Impfstoffen (die sie zufällig selbst herstellen) anzulegen. Ihr Verbündeter in diesem Bestreben war der bereits erwähnte ESWI-Vorsitzende Ab Osterhaus, der während der SARS-Panik ständig in den niederländischen Medien präsent war und es mit einer regelrechten Angstkampagne schaffte, die Niederlande zum Schwachpunkt der europäischen Seuchenpolitik zu machen.[284]

Die Internationalen Gesundheitsvorschriften

Wie wir gesehen haben, wurden Worst-Case-Szenarien in der Zeit von 1989-91 zunehmend zu einer Leitlinie der Politik. Als nach SARS-1 eine neue Variante der Vogelgrippe, H5N1, entdeckt wurde, die vor allem Geflügel befällt und bis 2005 auf den Menschen übersprang, unternahm die WHO im Namen der Biosicherheit Schritte zur Übertragung der nationalen Souveränität auf die WHO.[285]

Festgeschrieben wurde dieser entscheidende Schritt (der, wie dargelegt, tatsächlich auf eine Übertragung der Souveränität auf die Ebene des internationalen Kapitals und des internationalisierten Staates hinauslief) in der dritten Ausgabe der *Internationalen Gesundheitsvorschriften* von 2005. Dieses Dokument stammte ursprünglich aus dem Jahr 1969, wurde aber jetzt verbindlich. In diesen Vorschriften hat die WHO eine Liste von Maßnahmen aufgenommen, die die Staaten im Falle eines Ausbruchs ergreifen müssen. Im Juli 2019 erinnerte die WHO zusammen mit der Weltbank die Mitgliedstaaten ausdrücklich an diese Verpflichtung. Neu war, dass sich die Maßnahmen nicht mehr auf bestimmte Krankheiten oder Infektionsarten beschränken, sondern *alle* Krankheiten oder medizinischen Zustände abdecken, die Menschen erheblichen Schaden zufügen können, unabhängig von ihrem Ursprung.[286] Mit dieser Ausweitung sollte sichergestellt werden, dass medizinische Notfälle nicht durch eine schleppende Berichterstattung außer Kontrolle geraten, wie dies im Falle von SARS in China der Fall war. Durch diese obligatorischen Bestimmungen sollten auch neue Krankheiten früher ins Blickfeld rücken, gegebenenfalls auf inoffiziellem Wege, wenn die Regierungen sie nicht melden. Die Staaten könnten dann um Bestätigung gebeten werden.

Zu den Maßnahmen, zu denen die Staaten von nun an im Fall des Falles verpflichtet waren, gehören alle, die auch heute in Kraft sind: die Ausstellung von Bescheinigungen für internationale Reisen und Transporte, Erleichterungen für den Warenumschlag und Verkehr über internationale Häfen, Flughäfen und Grenzübergänge, die

Verhängung von Quarantäne, obligatorische Impfungen und andere Formen der Vorbeugung, Kontaktregistrierung und ähnliche Maßnahmen.[287]

Bis 2007 hatten 178 Länder nationale Pläne zur Vorbereitung auf eine Grippepandemie ausgearbeitet. Da im Notfall kaum in jedem Land genügend Impfstoffe zur Verfügung stehen würden, leitete man Konsultationen mit der Pharmaindustrie ein, um durch Vorverträge (sogenannte „Schläferverträge") gerüstet zu sein. Diese treten in Kraft, sobald die WHO eine Pandemie ausruft.[288] Dass die WHO inzwischen ein wichtigeres politisches Gremium geworden war als zuvor (wenn auch an der Leine anderer Interessengruppen), zeigte sich, als der französische Gesundheitsminister während der Vogelgrippe-Panik 2006 (Panik war inzwischen die normale Reaktion, wenn etwas passierte) vorschlug, der WHO die gleichen Befugnisse wie der Internationalen Atomenergiebehörde zu geben, also unbegrenzten Zugang und Inspektionen von Orten, an denen ein Verdacht besteht, dass etwas nicht stimmt. Damit, so Zylberman, drückte der Minister die Besorgnis der reichen Länder gegenüber den Staaten aus, die in dieser Hinsicht versagt hatten, und das war in Bezug auf SARS China.[289]

Die neue Macht der WHO war jedoch nur Fassade, nicht nur durch die nicht-budgetäre, bedingte (Projekt-)Finanzierung, sondern auch weil NGOs wie „Ärzte ohne Grenzen" (deren Gründer an *Atlantic Storm* teilnahm und später Außenminister unter François Hollande wurde) bestimmte Aufgaben von der WHO übernommen haben.[290] Sie also waren nun auf kommende Krisen vorbereitet. Bis dahin hatten sich die Vorhersagen über neue Pandemien nicht bewahrheitet: SARS-1 (2002/3, 774 Tote), Vogelgrippe (H5N1, Influenza A, ab 2004, trotz Vorhersagen von Millionen Toten nur 282).[291]

Die Angst vor der („mexikanischen“) Schweinegrippe

Gerade jetzt, da die WHO an Autorität gewonnen und die *Internationalen Gesundheitsvorschriften* den Mitgliedstaaten verbindliche Verpflichtungen auferlegt hatten, die in Kraft treten, sobald die Sturmflagge gehisst wird, wurde die Schwelle für ein Eingreifen der WHO deutlich gesenkt. Am 4. Mai 2009, wenige Wochen vor dem Ausbruch der sogenannten mexikanischen Grippe oder Schweinegrippe (H1N1, Influenza A), änderte die Gesundheitsorganisation die Definition einer Pandemie. Um als Pandemie eingestuft zu werden, musste eine Epidemie eine Reihe von Bedingungen nicht mehr erfüllen, etwa eine rasche Ausbreitung in vielen Ländern, keine oder eine unzureichende Immunität und eine extreme Anzahl von Todesfällen oder schweren Erkrankungen. Von nun an genügte die Verbreitung eines neuen Virus, eine überdurchschnittlich hohe Zahl von Erkrankten – und natürlich ein Beschluss der WHO.

Wie sich später herausstellte, hatte die Änderung der Definition tatsächlich zu heftigen Debatten im Wissenschaftlichen Beirat der WHO (Strategic Advisory Group of Experts, SAGE) geführt. Als nach Ausbruch der Pandemie gemäß den Bestimmungen von 2005 Impfstoffe und Medikamente im Wert von vielen Millionen gekauft wurden, aber letztlich kaum Todesfälle zu beklagen waren, forderte der deutsche Lungenarzt Dr. Wolfgang Wodarg in seiner Eigenschaft als Vorsitzender der parlamentarischen Versammlung des Europarates eine Untersuchung möglicher Interessenkonflikte. Angesichts der Tatsache, dass sowohl die Interessenvertretung der pharmazeutischen Industrie (IFPMA) als auch die Organisation der Impfstoffhersteller für die Entwicklungsländer (DCVMN) an der Änderung der Definition mitgewirkt hatten, war dies eine höchst angemessene Forderung. In einem Interview mit dem *Spiegel* bestätigte der Epidemiologe Tom Jefferson, dass durch die Definitionsänderung ein riesiger Markt für H1N1-Medikamente entstanden sei.[292]

In der Schweinegrippe-Episode sehen wir auch die ersten Versuche, eine politisch-ökonomische Umstrukturierung durchzuführen.

Im Gefolge des Finanzkollapses von 2008 hatten die UN und das Weltwirtschaftsforum begonnen, einen Weg zur „Erholung" zu planen, die erste Version dessen, was jetzt zum *Great Reset* geworden ist.[293] Dieser Plan, die *Global Redesign Initiative*, die inzwischen aus dem Blickfeld der Öffentlichkeit verschwunden ist, enthielt alle Elemente der aktuellen Machtergreifung der Oligarchie. Aber der biopolitische Komplex war zu diesem Zeitpunkt offenbar noch nicht ausreichend in die WEF-Pläne integriert, obwohl UNO-Generalsekretär Bang Ki-moon anwesend war, als eine Delegation von 30 Pharmaunternehmen am 19. Mai den WHO-Hauptsitz in Genf besuchte, um sich mit Frau Chan zu beraten. Am 11. Juni rief die WHO dann die „Pandemie-Notstandsstufe 6" aus und aktivierte damit die Schläferverträge (die u. a. vorsehen, dass Impfstoffhersteller im Falle von Nebenwirkungen von Haftungsansprüchen befreit sind). Darüber hinaus hat die Ausrufung einer Pandemie zur Folge, dass die Sicherheit von Impfstoffen in den Hintergrund tritt; dasselbe geschah in der Covid-Krise 2020/21 aufgrund der angeblichen Notsituation.[294]

Eine weitere Gemeinsamkeit zwischen Schweinegrippe und Covid-Krise war die Angstkampagne in den Medien; Angst ist auch eine Triebfeder für das Medieninteresse, denn verängstigte Menschen „schauen öfter und länger zu". Außerdem wurden schon damals in aller Eile Impfstoffe hergestellt. Das erhöhte Risiko im Jahr 2009 lag in der Zugabe von Adjuvantien – Zusatzstoffen zum eigentlichen Impfstoff, die unter einem neuen Patent verwendet werden. Einer dieser Zusatzstoffe ist Squalen, Öl aus der Leber von Haien. Dass diese Fische geschlachtet werden, ist also nicht nur auf die Nachfrage nach Haifischflossensuppe in Hongkong zurückzuführen. GlaxoSmithKline, das dann mit dem Impfstoff gegen die Schweinegrippe 4,4 Milliarden Euro umsetzte, hatte zum Zeitpunkt der Ausrufung der Pandemie keinen Impfstoff parat, geschweige denn, dass er die von der Europäischen Arzneimittelagentur (EMA) festgelegte Mindesttestzeit (normalerweise 18 bis 24 Monate) durchlaufen konnte. Deshalb wurde auf der Grundlage eines bereits vorhandenen Impfstoffs eine Art Attrappe hergestellt. Dieser wurde dann getestet, in diesem Fall von Osterhaus, der das positive Ergebnis auf einer Pressekonferenz des ESWI, dessen Vorsitzender er ist, bekannt gab. Daraufhin wurde eine vorläufige Zulassung („Präqualifikation“) erteilt, so dass GSK und Novartis mit der Lieferung von Impfstoffen beginnen können.

Letztendlich wurden Millionen Impfdosen gekauft. Weil sich die Schweinegrippe aber als Rohrkrepierer erwies, landete der größte Teil davon im Sondermüll. In den Niederlanden wurden 20 Millionen Dosen weggeworfen, in Deutschland, das im Rahmen eines Geheimvertrags mit GlaxoSmithKline 34 Millionen Dosen gekauft hatte, landeten 86 Prozent in der Tonne.[295] Und so weiter in anderen Ländern. Dennoch verursachten die verabreichten Impfungen schwere Nebenwirkungen. Die Hersteller wurden nicht zur Rechenschaft gezogen, ebenso wenig wie die Regierungen, denn in vielen Ländern, in denen die Impfung freiwillig ist, sind die Bürger nach den Gesetzen für die öffentliche Gesundheit selbst verantwortlich. Zu den Nebenwirkungen der Impfstoffe gegen die Schweinegrippe zählten die Muskelkrankheit Guillain-Barré und Totgeburten. Auch Narkolepsie trat häufig auf, was etwa für Finnland der Grund war, die Impfkampagne im August 2010 ganz einzustellen. Eine weitere wichtige Ähnlichkeit zwischen der Schweinegrippe und SARS-2 besteht darin, dass im Nachhinein der Tod vieler Patienten fälschlicherweise der Krankheit zugeschrieben wurde. In Wirklichkeit litten die Verstorbenen in vielen Fällen an einer anderen Erkrankung und starben nicht an der Grippe, sondern höchstens „mit“ ihr, wenn sie nicht überhaupt nur „positiv getestet“ waren. Die Theorie einer „zweiten Welle“ kursierte auch in den Jahren 2009-10, wurde aber damals von Experten noch mit mehr Vorsicht genossen.[296]

Letztendlich wurde die Schweinegrippe nicht „bekämpft“ oder „besiegt“, sondern sie ging wie alle anderen Virusinfektionen von selbst vorüber. Die Ausrufung der „Pandemie“ diente offenbar hauptsächlich als Generalprobe für die Covid-Krise. Vieles von dem, was jetzt umgesetzt wird, um die Weltbevölkerung im Bann von SARS-2 zu halten, bedurfte jedoch weiterer Forschung, um ein wirksames Szenario erstellen zu können. Die erste und in vielerlei Hinsicht entscheidende Untersuchung stammt von dem führenden französischen Soziologen für öffentliche Gesundheit, Professor Patrick Zylberman.

Zylberman: Die meisten Bürger fordern den Lockdown

Ausgehend von den Erfahrungen mit der SARS-1-Epidemie in China und Kanada und insbesondere den dort auf Anraten der WHO (aber noch nicht verbindlich) verhängten Ausgangssperren erstellte Patrick Zylberman eine umfassende Studie über deren sozialpsychologische Folgen. Damit lieferte er auch das Material für die europäischen und anderen Regierungen, um die Möglichkeiten eines medizinischen Notfalls zur Wiederherstellung der Disziplin in der Bevölkerung abzuwägen. Zylbermans Arbeit erinnert in vielerlei Hinsicht an die Theorie der Risikogesellschaft von Ulrich Beck, ist intelligent und kritisch, liest sich aber letztlich wie eine Rechtfertigung des Zeitgeistes und – in Zylbermans Fall – der „Maßnahmen", also des Lockdowns.[297]

Zylberman verbrachte sechs Monate als Gastforscher am Munk Center for International Studies und an der Munk School of Global Affairs, die beide an der Universität von Toronto angesiedelt sind, wo SARS die größten Auswirkungen außerhalb Chinas hatte. Der in Ungarn geborene Geschäftsmann Peter Munk, Eigentümer von Barrick Gold (dem größten Goldbergbauunternehmen der Welt), hat diese Zentren finanziert. Wie sehr Barrick in die transnationale herrschende Klasse eingebettet ist, zeigt z. B. die Direktorin Dambisa Moyo aus dem mineralienreichen Sambia, die auch in den Vorständen von Chevron und Barclays sitzt, Mitglied der Bilderberg-Gruppe, des WEF usw. ist.[298] Dies sind die Kanäle (die in diesem Fall bis nach Afrika reichen), über die der Konsens zustande kommt, dass Abriegelung eine wirksame Antwort auf globale Unruhen sein kann, ein Konsens, der wiederum global wird.

Von 2007 bis 2009, bevor 2013 das Buch *Tempêtes microbiennes* (Mikrobenstürme) erschien, zirkulierte Zylbermans Arbeit in Form von Papieren für die in Toronto ansässige Lupina Foundation (die Gesundheitsforschung unterstützt). Janice Stein war damals Direktorin sowohl der Munk School (bis 2014) als auch (bis heute) der Lupina Foundation; sie ist eine einflussreiche Persönlichkeit in nordamerikanischen akademischen Kreisen. In den Jahren 2011/12 konnte sich der Autor bei Treffen an den Universitäten von Toronto und Princeton in Anwesenheit von Professor Stein ein Bild von der Funktionsweise dieser Kreisläufe machen. In Princeton waren auch Vertreter des Council on Foreign Relations und des US-Außenministeriums anwesend, während die Ford Foundation, das Carnegie Endowment, der German Marshall Fund und andere Agenturen die jeweilige Veranstaltung sponserten.[299] Die bei solchen Treffen gewonnenen Erkenntnisse werden somit Teil der Wissensbasis dieser und anderer Institutionen, und das Gleiche gilt für Zylbermans Arbeit. Dass „Gesundheit" im neuen Jahrtausend in die internationale Strategie der herrschenden Klasse integriert wurde, geht auch aus der Tatsache hervor, dass 2004 der erste Lehrstuhl für Gesundheit und Globalisierung am Council on Foreign Relations eingerichtet wurde, der von der Bill & Melinda Gates Foundation finanziert wird.

Zylbermans Untersuchungen zu den Abriegelungen während der SARS-Krise 2003 sind in der Öffentlichkeit kaum bekannt, haben sich aber für die Bewältigung der Covid-Krise als sehr wichtig erwiesen. Die in China und Toronto ergriffenen Maßnahmen, wie die Quarantäne für Menschen ohne Symptome und die Rückverfolgung der Kontakthistorie, waren nach Ansicht eines WHO-Experten „mittelalterlich", aber wie sich herausstellte, hat die große Mehrheit sie alle akzeptiert. Mit anderen Worten: SARS-1 hat deutlich gemacht, dass eine Bevölkerung im Falle einer Epidemie gut kontrolliert werden kann. Das Vorbild für ein solch drastisches Regime war die Spanische Grippe von 1918, nicht die Grippeepidemien von 1958 und 1968. Denn obwohl in den beiden letztgenannten Fällen jeweils anderthalb Millionen Opfer zu beklagen waren, ließen diese Grippeepidemien das Leben der anderen unberührt. Damit eine Epidemie als Rechtfertigung für einen Ausnahmezustand „funktioniert", muss sie das gesellschaftliche Leben vollständig zerstören, den Staat an den Rand des Zusammenbruchs bringen und die Moral der Bevölkerung erschüttern. Kurz gesagt, es muss eine Infektionskrankheit geben, die alles zerstört, die gesellschaftliche Struktur, die Institutionen und die Sitten.[300] Eine solche Krise erleben wir heute, im Namen des „Virus",in Wirklichkeit aber als Ergebnis der Lockdowns, nachdem sich das eigentliche Virus als nicht schlimmer als eine Grippeepidemie herausgestellt hat.

Die zuvor erwähnten Übungen und Simulationen auf der Grundlage von Szenarien befassten sich mit Verhaltensfaktoren, die nicht im Voraus berechnet werden können, und zwar mit Hilfe von Modellen. Die Studien von Zylberman zielten stattdessen darauf ab, herauszufinden, wie die kollektive Psychologie und die Dynamik der sozialen Beziehungen in einer schweren Gesundheitskrise funktionieren, und dies erforderte einen anderen Ansatz. Die Komplexität der menschlichen Reaktionen und ihrer spontanen Reflexe in einer Bevölkerung, die starken Einschränkungen unterliegt, muss im Prozess selbst oder in vergleichbaren Situationen untersucht werden. Sogar ein Videospiel aus dem Jahr 2005 – *World of Warcraft*, in dem es um eine Epidemie ging, von der 4 Millionen Menschen betroffen waren – wurde in Betracht gezogen, um Erkenntnisse über die emotionalen Reaktionen der Spieler zu gewinnen. Es stellte sich heraus, dass der Staat viel mehr Macht ausüben kann, als man in der Ära der Privatisierung und Liberalisierung angenommen hatte. In der SARS-Krise erwies sich eine erfolgreiche Disziplinierung der Bevölkerung als möglich und vergleichsweise einfach. Denn obwohl Quarantäne und Schulschließungen nicht nötig waren (Menschen ohne Symptome konnten das Virus nicht übertragen, Kinder auch nicht), wurde die freiwillige Einschließung dennoch akzeptiert. Zylberman zufolge war eine neue Kraft am Werk, eine neue Fiktion sogar: ein extremer Bürgersinn, ja sogar Patriotismus. Gewiss, die Menschen in der Quarantäne leiden unter Einsamkeit, unter dem Abgeschnittensein von der Welt, unter Langeweile und Angst. Je länger die Quarantäne dauerte, desto mehr Depressionen und Stress gab es, dazu kam die Angst, Arbeit und Einkommen zu verlieren. Trotz alledem wurde akzeptiert, dass die Gesichtsmasken auch zu Hause getragen werden mussten. Die oft widersprüchlichen Anweisungen der Behörden verschärften Frustration und Unruhe, und dennoch befolgten die Menschen sie weitgehend.[301] Könnte dies denjenigen entgangen sein, die über mögliche Reaktionen auf die weltweiten Volksunruhen nachdenken und/oder für den derzeitigen Ausnahmezustand verantwortlich sind?

Während der SARS-Epidemie wurde das Gesundheitspersonal sehr bewundert, ähnlich wie Polizei und Feuerwehrleute am 11. September. Man vertraute diesen Streitern an vorderster Front viel mehr als Regierungen, die sich selbst widersprechen, und dieses Vertrauen machte die Menschen bereit zu gehorchen, wiederum aus einer allgegenwärtigen „Bürgerpflicht" heraus. Zylberman rechnet vor, dass 50 bis 68 Prozent gehorchten, nur etwa 15 Prozent waren Dissidenten. Diese Prozentsätze galten auf beiden Seiten des Atlantiks in vergleichbaren Situationen, etwa in Frankreich während der Vogelgrippe und wahrscheinlich auch im aktuellen Ausnahmezustand.

Maßnahmen zur Bewältigung von Epidemien gab es schon lange vorher. Die britische Gesetzgebung sah bereits Ende des 19. Jahrhunderts die Inhaftierung in Krankenhäusern vor, und 1936 war dafür nicht einmal mehr ein Gerichtsbeschluss erforderlich. Ab 1984 war es nicht mehr notwendig, zu beweisen, dass jemand infiziert war. Das verstieß selbstverständlich gegen die Europäische Menschenrechtskonvention. Nach 9/11 wurden auch in den USA neue Bestimmungen eingeführt. Ein Gouverneur eines Bundesstaates konnte fortan aus gesundheitlichen Gründen den Notstand ausrufen, und die Gesundheitsbehörden erhielten weitaus größere Befugnisse. Widerspruch war von nun an strafbar. Die Idee dahinter ist: Der Schutz der öffentlichen Gesundheit schafft alle Rechte der Privatsphäre und der Bürgerrechte ab. Immer wieder wurde das Gespenst eines bioterroristischen Angriffs heraufbeschworen, und die Maßnahmen, auf die die Behörden zurückgreifen konnten, beschränkten sich nicht auf Quarantäne, Zwangsbehandlung und Isolierung, hinzu kamen der Einsatz der Armee und die Zensur der Medien. Alle diese Maßnahmen wurden 2001 in einem US-Bundesgesetz verankert, auch Polizei und Nationalgarde erhielten entsprechende Befugnisse. Aber auf diese Weise, argumentiert Zylberman, wird die „öffentliche Gesundheit" zwangsläufig zur reinen Tyrannei.[302] Man kann es auch umdrehen und zu dem Schluss kommen, dass, wenn das Ziel darin besteht, Tyrannei zu erzwingen, sich die öffentliche Gesundheit als eine äußerst wirksame Rechtfertigung erwiesen hat, um dies zu erreichen, ohne dass man es Tyrannei nennen muss.

Doch es besteht immer die Gefahr von Unruhen. Bürgerpflicht ist ein zweischneidiges Schwert: Ich gehorche, weil es in meinem eigenen Interesse ist, aber eigentlich will ich es nicht. Deshalb müssen Einschränkungen wirksam gefördert werden. Abweichende Meinungen, ja selbst Gerüchte, die das Vertrauen in die Gesundheitsbehörden untergraben könnten, müssen aktiv bekämpft werden. Es kann auch zu einem gefährlichen Missverhältnis zwischen unbeugsamen staatlichen Maßnahmen und den differenzierteren Ansichten von Experten kommen, die sich auf tatsächliche Fakten und Zahlen stützen und nicht unbedingt darauf abzielen, die Panik aufrecht zu erhalten. Je länger es dauert, desto mehr wird man auf die differenzierten Experten hören, lautet Zylbermans Schlussfolgerung.[303]

Die Ähnlichkeiten mit der aktuellen Covid-Krise sind frappierend. Die SARS-1-Epidemie, das Schlüsselbeispiel für Zylberman, hat gezeigt, was möglich ist, wenn ein nationaler Ausnahmezustand, der von einer militanten Bürgerschaft getragen wird, aufrechterhalten werden soll. Jeder Bürger muss ein Kämpfer für die Sache werden. In dieser patriotischen, fahnenstürmenden Atmosphäre sei es sehr schwierig, eine frontale Opposition zu führen. Sie ist auch nicht wasserdicht: Wenn der militante Superbürger herausfindet, dass die „Maßnahmen“ in Wirklichkeit der Gesundheit des Einzelnen schaden, dann wird etwas anderes passieren. Der Hurrikan Katrina in New Orleans war in dieser Hinsicht sehr anschaulich, denn selbst die „Helden“ (Polizei und Rettungskräfte) erschienen manchmal nicht, weil ihre eigenen Familien in Gefahr waren. Etwas Ähnliches kann passieren, wenn die Menschen, wenn auch zähneknirschend, Lockdowns, Gesichtsmasken, soziale Distanzierung, Besuchsbeschränkungen und Ausgangssperren akzeptieren, die alle gleichermaßen absurd sind, aber bei der „Impfung“, wenn der eigene Körper den Behörden anvertraut werden soll, eine Grenze ziehen. Tatsächlich hat sich sogar diese mögliche rote Linie als weitgehend imaginär erwiesen.

Das Lock-Step-Szenario der Rockefeller-Stiftung

Zylbermans Buch wurde 2013 in französischer Sprache veröffentlicht, aber wie erwähnt zirkulierten seine Schlussfolgerungen in Form von Papieren in den Jahren 2009/10 in Netzwerken, die bei den Munk-Institutionen an der Universität von Toronto zusammenlaufen. 2010 wurde seine Idee der Szenarien mit dem gemeinsamen Bericht der Rockefeller Foundation und des Global Business Network (GBN) (einer Tochtergesellschaft von Deloitte, die sich mit der Entwicklung von Szenarien befaßt) auf spektakuläre Weise umgesetzt. Spektakulär auch deshalb, weil es für uns als Zeugen der Covid-Katastrophe fast unglaublich ist, in einem Dokument, das vor zehn Jahren erstellt wurde, das Szenario für das zu lesen, was jetzt passiert, und zwar in allen Einzelheiten.

In ihrem Vorwort zu dem Bericht preist die Präsidentin der Rockefeller-Stiftung die Szenarienplanung als die beste Möglichkeit, das Denken des Status quo zu überwinden, indem sie Erzählungen der Zukunft liefert. Gruppen und Einzelpersonen müssen in diesem kreativen Prozess angeleitet werden, und mit Hilfe einer Geschichte (d. h. einer Erzählung mit einer gewissen inneren Logik) können Ereignisse in Gang gesetzt werden, die aktuellen Entwicklungen eine gewisse Wendung geben, oft auf überraschende Weise.[304] (Wir werden den Autor des Vorworts im Namen von GBN, Peter Schwartz, später als Direktor für Strategie bei Salesforce wiedertreffen, einem IT-Unternehmen, das in den Markt für Impfpässe und biometrische Identifizierung eingestiegen ist).

Wir haben bereits gesehen, dass nach dem Zusammenbruch des sowjetischen Konkurrenzblocks und des Kommunismus Szenarien zum Ersatz für die Herrschaftskonzepte (Unternehmens- und korporativer Liberalismus, Neoliberalismus) wurden, mit denen zuvor Macht ausgeübt worden war. Anstelle einer mehr oder weniger stabilen Klassenkonstellation, deren (ungeschriebener) Gesellschaftsvertrag in einem quasi-staatlichen, breit akzeptierten Programm zum Ausdruck kommt, evozieren Worst-Case-Szenarien Visionen der Angst, denen sich die Bürger unterwerfen, weil es keine andere Möglichkeit gibt, dem drohenden Unheil zu entgehen, als den Anweisungen der Regierung zu folgen. Während ein Herrschaftskonzept seine Logik aus den tatsächlichen Kräfteverhältnissen zwischen den Klassen ableitet und somit an Wirksamkeit verliert, sobald sich diese grundlegend ändern, verlässt sich ein Szenario auf die Logik seiner eigenen Handlung. Seine Autoren können nur hoffen, dass es auch als „logisch" daherkommt, wobei sie sich um die Medien keine Sorgen machen müssen, die schließlich einen zentralen Teil der Fraktion im Herzen des neuen Machtblocks bilden. Aber wie Zylberman eloquent dargelegt hat, befinden wir uns jetzt im Reich der Fantasie, die Geschichte ist im Wesentlichen erfunden. Wie wir in Kapitel 6 sehen werden, ist es daher wichtig, dass Edelman, die PR-Firma, die sich mit der Entwicklung solcher Narrative als Werbeinstrument einen Namen gemacht hat, eine so wichtige Rolle bei der Vorbereitung der aktuellen Covid-Krise spielte. Anfang 2021 kam dieselbe Agentur auf der Grundlage von Umfragen in 28 Ländern zu dem Schluss, dass das Corona-Szenario letztlich ein Fehlschlag war. Wir werden später darauf zurückkommen.

Im Rockefeller/GBN-Bericht werden vier Szenarien erörtert, von denen drei eigentlich keine Rolle spielen. Szenario 1 handelt von einer Welt, in der alles reibungslos läuft und alle glücklich zusammenarbeiten, während 3 und 4 jeweils einen völligen Zusammenbruch beschreiben, das eine wirtschaftlich, das andere politisch, so dass keine Storyline hier viel weiterhelfen wird. Das Szenario, das uns interessieren sollte, ist Nr. 2, *Lock Step*. Es beschreibt eine „Welt mit strengerer staatlicher Kontrolle von oben nach unten und autoritärer Führung, mit begrenzter Innovation und wachsendem Widerstand der Bürger".

Es geht um eine extrem virulente Grippepandemie, die 2012 in China beginnt. Fast 20 Prozent der Weltbevölkerung werden infiziert, 8 Millionen sterben – kurz gesagt: eine echte Katastrophe. Die USA kommen mit dem Notfall sehr schlecht zurecht, die chinesische Regierung hingegen reagiert schnell: Sie setzt „eine obligatorische Quarantäne für alle Zivilisten sowie die sofortige und nahezu hermetische Abriegelung aller Grenzen" durch. Dies „rettet Millionen von Menschenleben, stoppt die Ausbreitung des Virus viel früher als in anderen Ländern und ermöglicht eine schnellere postpandemische Erholung".

In der Zwischenzeit haben laut dem Rockefeller/GBN-Bericht immer mehr Regierungen Maßnahmen wie Gesichtsmasken in Geschäften und öffentlichen Bereichen ergriffen, die auch nach dem Abklingen der Pandemie in Kraft bleiben. Die autoritäre Überwachung der Bürger und ihrer Aktivitäten wird sogar noch intensiviert. Das alles ist genau das, was wir heute erleben. Die Staats- und Regierungschefs auf der ganzen Welt ziehen die Zügel an, „um sich vor der Ausbreitung zunehmend globaler Probleme zu schützen – von Pandemien und grenzüberschreitendem Terrorismus bis hin zu Umweltkrisen und wachsender Armut".

Es ist nicht schwer, in den „zunehmend globalen Problemen", vor denen sich die Staats- und Regierungschefs in aller Welt schützen mussten, die wachsende Unruhe in der Weltbevölkerung, die wir als Hauptgrund für die Errichtung des Covid-Ausnahmezustands identifiziert haben, und die Gefahr von Aufständen zu erkennen. Was sind „transnationaler Terrorismus" und „zunehmende Armut" anderes als Schlagworte, die sich auf die Ursache dieser Unruhen und ihren möglichen Ausbruch beziehen? *Lock Step* ist das Mittel dagegen. „Zunächst", heißt es in dem Bericht über die fiktiven Abriegelungen, „fand die Vorstellung einer stärker kontrollierten Welt breite Akzeptanz und Zustimmung." Die Bürger geben bereitwillig einen Teil ihrer Souveränität – und ihrer Privatsphäre – an paternalistischere Staaten ab, im Gegenzug für mehr Sicherheit und Stabilität.

Dies spiegelt Zylbermans Schlussfolgerungen wider: Die Mehrheit *will* die Abriegelung. Die Bürger sind tolerant, ja sogar erpicht darauf, von oben gelenkt und beaufsichtigt zu werden, und die Staatsoberhäupter haben oft einen unerwarteten Spielraum, die Ordnung so durchzusetzen, wie sie es für richtig halten. In den Industrieländern nahm diese verstärkte Kontrolle viele Formen an: Biometrische Ausweise für alle Bürger gehörten dazu.[305] Der Bericht gab zu bedenken, dass die Bevölkerung diese Einschränkungen nicht unbegrenzt akzeptieren würde. Er prognostizierte jedoch, dass die Menschen die autoritäre Wende erst 2025 (13 Jahre nach dem fiktiven Katastrophenjahr 2012) wirklich ablehnen würden, so dass die Veränderungen in der Zwischenzeit unumkehrbar geworden und das neue Regime so fest verankert wäre, dass es keine Rückkehr mehr geben könne.

Das Lock-Step-Szenario identifiziert die IT-Revolution auch als Grundlage, auf der intensive Überwachung möglich wird und die bestehende Ordnung gesichert werden kann. Um die Krise zu überwinden, schlägt der Bericht daher vor, die Wirtschaft winden, schlägt der Bericht daher vor, die Wirtschaft umzugestalten und ganz auf die Errungenschaften der IT-Revolution zu stützen. Denn in diesem Bereich hat der Westen dank der Internetmonopole mit ihren großen Forschungsbudgets noch alle Trümpfe in der Hand. Heute kennen wir dieses Projekt als *The Great Reset*, propagiert vom Weltwirtschaftsforum seit den 1990er Jahren unter verschiedenen Namen, aber mit demselben Inhalt (eine digitale Weltwirtschaft). Weil der IT-Sektor hauptsächlich im Westen angesiedelt ist, können hier große Schritte nach vorne gemacht werden. Länder wie Russland und Indien hingegen werden sich nur durch protektionistische Maßnahmen gegen diese westliche Übermacht schützen können, so der Rockefeller/GBN-Bericht. Man beachte, dass China hier nicht ebenfalls als Antagonist aufgeführt wird, weil zum Zeitpunkt der Veröffentlichung des Berichts die Beziehungen zu Peking noch relativ gut waren (was sich auch in den Komplimenten für China aufgrund seines entschiedenen Vorgehens gegen die fiktive Pandemie zeigt).

Dieser Rockefeller/GBN-Bericht allein reicht aus, um zu zeigen, dass die Sanktionen, die 2020 verhängt wurden, schon lange vor Covid-19 in Druck waren – als Antwort auf Herausforderungen, vor denen der Westen stand, als der Finanzkollaps von 2008 die globalen Unruhen auslöste, die ich als Hauptproblem des kapitalistischen Regimes betrachte, und nicht so sehr als Antwort auf einen angeblichen medizinischen Notfall.

Die EU war von Anfang an ein wichtiger Akteur in dieser Entwicklung. Denn dort waren die sozialen Unruhen am größten, vor allem in Frankreich, während die Reserven, um eine produktive Antwort darauf zu entwickeln, vor allem in Südeuropa weitgehend erschöpft waren. 2012 veröffentlichte die EU einen bemerkenswerten Comic, *Infected*, über die Ausbreitung eines gefährlichen Virus aus China, hier als Abenteuergeschichte dargestellt. Im Nachwort zu diesem Comic, einer gelinde gesagt sehr ungewöhnlichen EU-Publikation, wird auch deutlich, dass es sich nicht um Zeitvertreib, sondern um Propaganda handelt. Darin wird die Internationale Ministerkonferenz zur Vogelgrippe in Peking im Januar 2006 erwähnt, auf der mehr als 100 Länder eine Erklärung unterzeichneten, in der sie sich verpflichteten, Informationen über nationale Pläne zur Bekämpfung der Epidemie zu entwickeln und auszutauschen. Dies stand im Einklang mit den WHO-Gesundheitsvorschriften von 2005. Unter der Überschrift „Kommunikation“ dort steht im Postskriptum, es wäre vielleicht besser, wenn die Experten auf diesem Gebiet zugäben, dass sie nicht alles so genau wissen. Dies sei nach Ansicht der EU die beste Strategie, um das Vertrauen der Öffentlichkeit zu gewinnen. Das macht es für die Regierungen natürlich nicht einfacher, aber die Alternative ist, das Vertrauen der Öffentlichkeit durch widersprüchliche Aussagen zu verlieren.[306] Wir wissen jetzt: Regierung und Experten können erklären, Gesichtsmasken seien unnötig und sogar schädlich, und zwei Wochen später das Gegenteil behaupten – es wird kaum Beschwerden geben.

Das Rockefeller-GBN-Lockstep-Szenario im Jahr 2010, die Berichte von Zylberman zuvor und die Entwicklung experimenteller Gentherapien, die uns später als „Impfstoffe“ verkauft werden sollten, ja sogar der EU-Comic über die aus China stammende Virusinfektion – all das deutete darauf hin, dass für die westliche herrschende Klasse ein biopolitischer Ausnahmezustand zu einer ernsthaften Option geworden war. Ob China bei diesem Unterfangen Verbündeter oder Gegner sein würde, blieb jedoch abzuwarten.

5
Biologische Kriegsführung mit oder gegen China?

Neben der Revolte der Völker nach 2008-10, die die herrschenden Klassen auf der ganzen Welt bedrohte, und der Möglichkeit eines neuen Finanzkollapses beschäftigte eine weitere Herausforderung speziell die herrschende Klasse im Westen: der Aufstieg Chinas.

Nachdem Großbritannien mit den Opiumkriegen Mitte des 19. Jahrhunderts das jahrtausendealte Reich der Mitte für imperialistische Plünderungen geöffnet hatte, gelang es China in der Revolution von 1949, seine Unabhängigkeit wiederherzustellen. Angeführt von der kommunistischen Partei unter Mao Zedong und Zhou En-lai und zunächst als Verbündeter der Sowjetunion entwickelte sich China zum konkurrenzfähigen Staat. Das Fehlen einer substanziellen Demokratie war die Achillesferse beider Formen des Staatssozialismus, da sie die Initiative und Kreativität unterdrückte, ohne die eine Gesellschaft zur Stagnation verurteilt ist. In den späten 1970er Jahren löste die chinesische Staatsführung dieses Problem mittels partieller kapitalistischer Restauration durch eine Revolution von oben, eine *passive Revolution*, die charakteristische Form des Wandels in einem Anwärterstaat. Die von Deng Xiaoping geführte Staatsklasse machte nun Chinas Arbeitskräftereserve für das Kapital verfügbar, ohne die Staatsmacht vollständig aufzugeben. Die Niederschlagung des Studentenaufstandes von 1989, an den das Bild der Panzer auf dem Tien-An-men-Platz erinnert, verhinderte, dass der Staat die Kontrolle vollständig verlor.[307]

In diesem Kapitel gehen wir zunächst kurz auf die chinesischen Bestrebungen im IT-Bereich ein und darauf, wie der Westen auf diese reagiert. Anschließend wende ich mich der Frage zu, wie die USA die Fähigkeit zur biologischen Kriegsführung entwickelten, bei der – wie bei der internationalen Arbeitsteilung zwischen den USA und China – Kooperation und Rivalität miteinander verwoben sind.

Schließlich ist es durchaus möglich, dass SARS-2 das Ergebnis eines US-Projekts war, bei dem gefährliche Virusforschung an China vergeben wurde, aber es gibt auch andere Erklärungen, die berücksichtigt werden müssen.

Die chinesische Herausforderung

Im Oktober 2016 schrieb der Journalist William Engdahl eine optimistische Reflexion über Chinas Pläne für eine „neue Seidenstraße" oder das Projekt One Belt, One Road (OBOR), das drei Jahre zuvor von Präsident Xi Jinping bei einem Besuch in Kasachstan vorgestellt wurde.[308] Dabei handelt es sich bekanntlich um ein Netz von Hochgeschwindigkeits-Eisenbahnstrecken, das die riesige Landmasse Eurasiens von der chinesischen und russischen Küste über Zentralasien bis nach Nordwesteuropa durchqueren soll, mit Rotterdam als einem der Endziele. Hinzu kommen Schifffahrtsrouten zwischen China über neue Superhäfen nach Piräus, dem Hafen von Athen, der von China übernommen wurde, als Griechenland auf Anweisung der Europäischen Union und des IWF zum Verkauf stand. Die Kosten für diese gigantischen Projekte werden von den großen chinesischen Banken, der von China zu diesem Zweck gegründeten Asiatischen Infrastrukturinvestitionsbank (AIIB) und anderen Quellen getragen.

Mit dieser Initiative, sagt Engdahl, könne die Doktrin des britischen Geographen Halford Mackinder, wonach die eurasische Landmasse niemals zu einer einzigen politisch-wirtschaftlichen Einheit zusammenwachsen dürfe, zu Grabe getragen werden. Die anglo-amerikanische Weltstrategie beruht seit mehr als einem Jahrhundert auf dieser Doktrin, aber weder die bankrotten USA noch die fast bankrotte Europäische Union sind heute in der Lage, dieses Ziel aufrechtzuerhalten. Europa war immer der Hebel gegen die eurasische Einheit, insbesondere durch die Verhinderung einer Annäherung zwischen Deutschland und Russland, die in den beiden Weltkriegen gipfelte.

Chinas Vormarsch muss also gestoppt werden, doch während das Verhältnis zu Putins Russland in dieser Hinsicht eindeutig ist (Untergrabung der russischen Pläne für eine Eurasische Union und sogar unverhohlene Pläne zum Sturz des Präsidenten selbst),[309] ist das Verhältnis zu China ambivalent. Einerseits ist China die „Werkstatt der Welt", in der westliche Unternehmen wie Apple und andere wegen der billigen chinesischen Arbeitskräfte in großem Stil investieren. Damit hat man sich im Westen den sozialen Frieden erkauft, denn dort stagnieren zwar die Einkommen, aber ein iPad oder eine Waschmaschine, Kleidung und Sportschuhe, die mit chinesischen Löhnen produziert werden, machen den Kaufkraftverlust weniger schlimm. Der chinesische Staat wiederum stützt die US-Defizite durch Investitionen in Staatsanleihen, obwohl China wie viele andere nicht-westliche Staaten zunehmend zögert, den Dollar auf diese Weise weiter zu stützen.

Der Finanzkollaps von 2008 markiert auch den Zeitpunkt, an dem die chinesische Herausforderung akut wurde und das Dilemma zwischen Synchronisation und offener Rivalität nicht mehr umgangen werden konnte. Wie David Lane zeigt, überholte 2007 der Anteil des BRICS-Blocks (Brasilien, Russland, Indien, China und Südafrika) am weltweiten BIP die Anteile der NAFTA (USA, Kanada und Mexiko) und der EU; allein Chinas BIP überholte 2014 die USA. Nach 2008 haben Chinas Hightech-Exporte die der USA überholt.[310] Auch im mikrobiologischen Bereich hat China wichtige Schritte unternommen, etwa die Verwendung von Bakterien als Speichermedium für Informationen, wodurch es einen großen Sprung nach vorn im Bereich des Quantencomputings machen konnte.

Ratschläge, wie sich der Westen China nähern sollte, gibt es von allen Seiten, aber mit einem demokratischen Präsidenten im Weißen Haus ist die Meinung des bereits mehrfach erwähnten langjährigen geopolitischen Ideologen der Partei, Zbigniew Brzezinski, von besonderer Bedeutung. Sein letztes Buch, die bereits erwähnte *Strategic Vision. America and the Crisis of Global Power,* wurde 2012 veröffentlicht (er verstarb 2017). In diesem Buch argumentiert Brzezinski, dass der Westen (die USA, die englischsprachigen reichen Länder und die EU) in einer historischen Krise steckt. In der Tat sieht er viele Ähnlichkeiten zwischen dem „Amerika“ der ersten Jahrzehnte des 21. Jahrhunderts und der Sowjetunion am Vorabend ihres Zusammenbruchs. Gleichzeitig wies Brzezinski jedoch darauf hin, dass es von den USA abhängen wird, ob eine Wende im Niedergang des Westens zu erwarten ist: einem Niedergang, der sich seiner Meinung nach in einer Reihe von eng miteinander verflochtenen Bereichen vollzieht: Die Vorstellung, dass China die Rolle der USA übernehmen könne, sei eine Illusion. Selbst bei anhaltendem Fortschritt und wachsendem Einfluss in der Welt wird es keine *Pax Sinica* geben, die auf die schlecht funktionierende *Pax Americana* folgt, sondern nur Chaos. Zusammen mit Unruhe unter den Völkern, exzessiven Spekulationspraktiken und dem Anstieg der globalen Temperaturen wird dies zu extremer Instabilität beitragen.[311]

Im IT-Sektor wird der chinesische Vorsprung offen bekämpft. China ist in einigen Bereichen führend (vor allem durch die Einführung des 5G-Netzes, das die Überwachung der Bevölkerung durch Gesichtserkennung und andere Mittel effizienter macht, wenn auch mit enormen Risiken für die öffentliche Gesundheit).[312] Seit Mai 2019 stuft Washington die führenden chinesischen Unternehmen in diesem Bereich, Huawei und ZTE, als Bedrohung für die nationale Sicherheit ein; sie dürfen nicht mehr in den USA tätig sein. In der Folge geriet auch die Produktion in China in den Fokus. Die 5G-Basisstationen, die Huawei exportiert, verwenden keine US-Technologie. Im August 2019 verbot Washington die Lieferung von Mikrochips an Huawei und schnitt das Unternehmen damit von benötigten Teilen für 5G-Ausrüstung und Smartphones ab. Betroffen sind Zulieferer wie der größte Chiphersteller der Welt, Taiwan Semiconductor Manufacturing Co. (TSMC), sowie Samsung (Südkorea) und Sony (Japan), die Bildschirmsensoren an Huawei liefern. Chiphersteller wie TSMC, Intel und Samsung sind von japanischen

Firmen wie Nikon und dem niederländischen ASML abhängig, die Maschinen liefern, mit denen Schaltkreise auf Siliziumscheiben gedruckt werden (Stepper).[313]

Die Umstrukturierung der IT-Produktkette sollte also China isolieren. Washington hoffte, den Westen mit ins Boot zu holen, und scheute dabei vor kaum etwas zurück. Im Dezember 2018 entführte Kanada auf Ersuchen der USA die Tochter des Huawei-Gründers, selbst Finanzdirektorin des Unternehmens, wegen angeblicher Verletzung des US-Embargos gegen den Iran. Großbritannien, das Huawei die Erlaubnis erteilt hatte, im Januar 2020 im britischen 5G-Netz aktiv zu werden, machte dies auf Druck Washingtons rückgängig. Die Niederlande, die mit ASML ein wichtiges Glied in der globalen IT-Produktkette sind, stehen unter großem Druck der USA, Huawei von ihrem geplanten 5G-Netz fernzuhalten. Durch eine Unterscheidung zwischen dem „kritischen Kern" des Netzes und peripheren Einrichtungen hofft die Regierung, Millionenverluste bei Verträgen zu vermeiden. Die Europäische Kommission versucht ebenfalls, den Schaden auf diese Weise zu begrenzen: Lassen Sie keine politisch unzuverlässigen (sprich: chinesischen) Unternehmen in den kritischen Kern und entscheiden Sie sich stattdessen für Ericsson oder Nokia.[314]

Amerikanische Forschung zur biologischen Kriegsführung

Während die USA und der Westen im Bereich der sich entwickelnden IT offen mit Wirtschaftskrieg auf die chinesischen Bestrebungen reagieren (die USA mehr als der Rest des Westens), besteht im Bereich der mikrobiologischen Forschung ein viel ambivalenteres Verhältnis. Dies gilt sogar für die äußerst sensible Biowaffenforschung.

Die biologische Forschung an Viren und Bakterien dient vielen Zwecken, von der Suche nach Impfstoffen und Medikamenten bis zur Entwicklung von Krankheitserregern für den Einsatz gegen feindliche militärische oder zivile Ziele. In einem Interview Anfang 2020 nannte Francis Boyle, Professor für internationales Recht an der Universität von Illinois und Autor der US-Gesetzgebung zur Umsetzung des Übereinkommens über biologische Waffen von 1972, die Summe von 100 Milliarden Dollar, die die USA nach dem 11. September 2001 (bis 2015) für biologische Waffen ausgegeben hätten. Umgerechnet entspricht dies in etwa den Kosten des Manhattan-Projekts zur Entwicklung der ersten Atomwaffen. Laut Boyle arbeiten in den USA etwa 13.000 Biologen in der verteidigungsbezogenen Forschung. Diese Forschung lässt sich nicht ohne weiteres als offensiv oder defensiv einstufen, da dieselbe Art von Arbeit beiden Zwecken dienen kann. Sowohl die Entwicklung von Waffen als auch die Entdeckung von Impfstoffen und Behandlungsmethoden sind von militärischer Bedeutung.[315]

Die Amerikaner haben seit 1942 in Fort Detrick, Maryland, ein eigenes Labor für biologische Kriegsführung. Dort wurden Experimente mit Anthrax, Botulismus, Pest, Tularämie, Q-Fieber und anderen Krankheiten durchgeführt. Während des Krieges hatte vor allem Japan in großem Umfang biologische Waffen eingesetzt. Das Land hatte das Genfer Protokoll von 1925 über das Verbot biologischer Waffen zwar unterzeichnet, aber nicht ratifiziert. Im Zweiten Weltkrieg führte die Einheit 731 der kaiserlichen japanischen Armee tödliche Experimente mit Cholera und anderen Krankheiten durch und warf sogenannte „Pestbomben" auf chinesische Städte.[316] Nach dem Krieg wurde den Biochemikern der japanischen Armee Straffreiheit gewährt, wenn sie ihr Wissen an Fort Detrick weitergaben; die gleiche Regelung galt für Erich Traub, den Leiter des deutschen Biowaffenlabors auf der Insel Riems, der unter anderem an der Maul- und Klauenseuche und der Newcastle-Krankheit arbeitete. Traub, der unmittelbar nach dem Krieg auch für die Russen arbeitete, versorgte die Amerikaner im Rahmen der Operation Paperclip mit Informationen, die die Grundlage für Tierversuche auf Plum Island, dem Offshore-Testgelände für Biowaffen in Fort Detrick, bildeten.[317] Dies ermöglichte es der US-Armee, Nordkorea während des Koreakriegs (1950-54) mit bakteriologischen Waffen zu bombardieren. Mit Krankheitserregern (Beulenpest u. a.) infizierte Insekten und Wühlmäuse wurden bei nächtlichen Bombardements aus Flugzeugen abgeworfen.[318]

1969 ordnete Präsident Richard Nixon die Vernichtung aller biologischen Waffen der USA an. Er erklärte, die Vereinigten Staaten verzichteten auf den Einsatz dieser Waffen und würden biologische Forschung nur noch zu Schutzzwecken, etwa zur Immunisierung, betreiben. Die Ratifizierung des Übereinkommens über biologische Waffen von 1972 sollte die Biowaffenprogramme der wichtigsten Unterzeichnerstaaten (einschließlich der UdSSR und Großbritanniens) ein für alle Mal beenden. 2001 wurde jedoch bekannt, dass die USA weiter an biologischen Waffen gearbeitet hatten.[319]

Um die Bedrohung durch Biowaffen glaubhaft zu machen, leitete die CIA falsche Informationen über streng geheime US-Programme zur chemischen und biologischen Kriegsführung nach Moskau weiter. Auf diese Weise wollte man die Sowjetunion bewegen, ihre immer knapper werdenden Ressourcen für sinnlose Projekte zu verschwenden, und tatsächlich startete die UdSSR 1973 ihr eigenes biomilitärisches Programm. Unter dem Deckmantel pharmazeutischer Forschung wurden die besten biochemischen Spezialisten eingesetzt (Programm „BioPreparat“). Dies wiederum lieferte die Rechtfertigung für das US-Biowaffenprogramm, indem Überläufer vor den Kongress traten, um zu enthüllen, was vor sich ging (dasselbe geschah erneut nach dem Zusammenbruch der Sowjetunion). Beeindruckt von diesen Berichten beschlossen die Regierungen Reagan und später Clinton, unter anderem Vorräte an Pockenviren in einem Labor in Atlanta, Georgia, aufzubewahren. Als George W. Bush im Juli 2001 auch das Protokoll zur Überprüfung biologischer Waffen aufhob, wurde das Übereinkommen über biologische Waffen von 1972 faktisch außer Kraft gesetzt.[320]

Als Reaktion auf Fragen im Kongress wurde nach und nach (vor allem in den „kritischen" 70er Jahren nach Watergate) bekannt, an welchen Krankheitserregern in der vergangenen Zeit gearbeitet worden war, einschließlich der Borreliose. Das übergreifende Programm war MKULTRA, das bereits in Kapitel 1 erwähnt wurde. Es untersuchte unter anderem den Einsatz von Psychopharmaka für Verhöre. Das Programm zur biologischen Kriegsführung in Fort Detrick hieß MKNAOMI und wurde gemeinsam vom Verteidigungsministerium und der CIA durchgeführt.[321] Der erwähnte CIA-Chemiker Sydney Gottlieb war Doktorand an der Universität von Wisconsin, bei Ira Baldwin, der später Forschungsleiter in Fort Detrick wurde. MKNAOMI bleibt jedoch geheimnisumwittert, weil Richard Helms (der 1973 von Nixon entlassene CIA-Direktor) anordnete, alle Unterlagen über das Programm zu vernichten. Im selben Jahr trat Gottlieb von der CIA zurück. Es ist daher unwahrscheinlich, dass er an der Verwendung von Viren im illegalen Krieg der CIA in Zaire und Angola beteiligt war, wie behauptet wurde.[322][323] Eine Rolle spielte jedoch das Apartheid-Regime in Südafrika – laut einem Dokument von 1998 mit dem South African Institute for Maritime Research (SAIMR). Nach dem Fall der Apartheid wurden die Forschungsergebnisse des SAIMR zur biologischen Kriegsführung an Fort Detrick übergeben.[324]

Gottlieb war auch an Studien über die Verwendung von Drogen wie LSD und Lügendetektoren zur Manipulation des menschlichen Geistes beteiligt. Im Rahmen von MKULTRA führte er Experimente durch, an denen auch das Allan Memorial Institute in Montreal beteiligt war. Die angebliche Beendigung von MKULTRA nach den Enthüllungen im Jahr 1964 stellte sich später nur als eine Namensänderung zu MKSEARCH heraus. Ein anderer Zweig von MKULTRA, ARTICHOKE, zielte darauf ab, eine Person in einen Zustand zu versetzen, in dem sie Anweisungen gegen ihren Willen befolgt. Bei der Ermordung von Robert Kennedy scheint dies auf den Täter Sirhan Sirhan angewandt worden zu sein.[325] Die DARPA hat die Forschung zu den Gehirnwäschetechniken aus der Zeit des Koreakriegs und die biologische Forschung zur Manipulation von Gehirnfunktionen wieder zusammengeführt.[326] Da das SARS-2-Laborvirus auch psychotrope Wirkungen hat (von Geruchs- und Geschmacksverlust bis hin zu Panikattacken), ist dies ein möglicher Hinweis darauf, dass Covid-19 auch mit dieser Art der biologischen Kriegsführung in Verbindung steht. Wir werden später darauf zurückkommen.

Biowaffen und der Krieg gegen den Terror

Anfang Oktober 2001, nach den Anschlägen vom 11. September, wurden Briefe mit Milzbranderregern an den Vorsitzenden der Demokraten im Senat, Tom Daschle, und seinen Kollegen Patrick Leahy (sowie an einige Medien) geschickt. Anthrax war ein wichtiges Forschungsgebiet im Bereich der biologischen Kriegsführung, und unter Clinton, aber ohne sein Wissen, arbeitete das US-Militär an impfstoffresistenten Varianten. Als der Präsident davon erfuhr, ordnete er an, die Arbeiten einzustellen, das Projekt wurde aber unter der Bush-Regierung wieder aufgenommen.[327]

Fort Detrick war inzwischen in US Army Medical Research Institute of Infectious Diseases (USAMRIID) umbenannt worden, und die Programme zur biologischen Kriegsführung gingen unter dem Deckmantel der Nichtverbreitungspolitik weiter. Das USAMRIID verfügte über Vorräte an Toxinen und Kulturen von Milzbrand, Tularemie, Brucellose, Venezolanischer Pferdeenzephalitis und Pocken.[328] Tatsächlich war Fort Detrick ein Entsorgungsort für biologische und chemische Waffen geblieben, weil es das beste Lager für diese Kriegswaffen war und das Militär die Umgebung sogar für Schulungen genutzt hatte, z. B. für Agent Orange, das in Vietnam eingesetzt wurde.[329] In einem vertraulichen NSA-Newsletter vom 6. November 2003 (dem Jahr der Invasion im Irak) wird die Arbeit des USAMRIID als „Forschungseinrichtung der US-Armee für biologische Waffen“ bezeichnet, die mit dem Armed Forces Medical Intelligence Center (AFMIC) der Defense Intelligence Agency (DIA) zusammenarbeitet.

Die Milzbrandbriefe an Daschle und Leahy wurden von israelischen und US-Experten Saddam Hussein zugeschrieben, aber der bereits zitierte Professor Francis Boyle gab in den Medien bekannt, die Erreger stammten höchstwahrscheinlich aus einem US-Biowaffenlabor.[330] Daraufhin wurde er von den Medien auf eine schwarze Liste gesetzt, aber die fragliche Milzbrandvariante (der Ames-Typ) war tatsächlich von den USA entwickelt worden, und dass es sich um eine selbst hergestellte Substanz handelte, wurde deshalb so hartnäckig geleugnet, weil dies Zweifel an den Anschlägen vom 11. September genährt hätte.[331] Das FBI identifizierte einen Labortechniker (Bruce Ivins, der am USAMRIID arbeitete) als Täter, aber die Beweise waren fragwürdig. Nachdem man ihm mitgeteilt hatte, dass er unter Terrorverdacht stand, nahm sich Ivins 2008 das Leben.[332]

In der Zwischenzeit entstand innerhalb eines Monats nach dem 11. September ein völlig neuer Zweig der Verteidigungsindustrie, der nicht auf Kampfjets, sondern auf Genetik basiert. Drei Jahre später hatte sich auch ein privater Biosicherheitssektor konstituiert, der bis 2010 einen Jahresumsatz von 75 Milliarden Dollar erzielte. Risikokapital, das in Biotech-Start-ups investiert wurde, nutzte schnell die Bemühungen der USA im Bereich der Mikrobiologie, die später zum BioShield-Programm wurden. Insgesamt flossen damals etwa 10 Milliarden in den Bioschutz; der Aktienkurs des Unternehmens VaxGen stieg um 20 Prozent, nachdem es einen Regierungsauftrag über fast eine Milliarde für Anthrax-Impfstoffe erhalten hatte, um nur ein Beispiel zu nennen. Rumsfelds „Revolution in militärischen Angelegenheiten“, die unter George W. Bush eingeleitet wurde, bewirkte durch den Anstoß zur Forschung auch eine „Revolution im Gesundheitswesen“.[333]

Obwohl sich die USA aus den Verhandlungen über biologische Massenvernichtungswaffen zurückgezogen hatten, unterstützte Washington 2004 die Resolution 1540 des UN-Sicherheitsrats, mit der die Kontrollregelung für Massenvernichtungswaffen einschließlich Biowaffen, verschärft wurde. Diese Resolution zielte aber speziell auf „Schurkenstaaten" ab, die Terroristen Unterschlupf gewähren. Die USA selbst unterlagen keiner Kontrolle, obwohl sie weiterhin in diesem Bereich tätig waren. In einem Bericht der US-Luftwaffe aus dem Jahr 2010 wird über die Bedrohung durch „binäre biologische Waffen, Designer-Gene, Gentherapie als Waffe, Tarnkappenviren, Wirtswechselkrankheiten und Designer-Krankheiten" spekuliert, was darauf hindeutet, dass das Interesse an dieser Art von Waffen anhält.[334]

Gleichzeitig betrifft die von Edward Snowden aufgedeckte weltweite Überwachung des gesamten Telefon- und Internetverkehrs auch Infektionskrankheiten. Die NSA hört die gesamte Kommunikation der WHO, der „Ärzte ohne Grenzen" und des Internationalen Roten Kreuzes ab und wird unverzüglich über jeden Krankheitsausbruch informiert. Dies war der Fall bei der SARS-1-Epidemie in China, der Cholera in Liberia und einer Reihe von Epidemien im Irak. Das „Target Office of Primary Interest" (TOPI) der NSA lässt die Gesundheitsministerien, Krankenhäuser, internationalen und lokalen Abteilungen des Roten Kreuzes und des Roten Halbmonds in den betroffenen Ländern ständig überwachen.[335] Dies ist auch deshalb wichtig, weil sowohl das Rote Kreuz als auch der Rote Halbmond auf höchster Ebene im Global Preparedness Monitoring Board vertreten sind, dem Gremium der WHO und der Weltbank, das die Welt 2019 warnte, dass im Falle einer Pandemie die 2005 eingegangenen Verpflichtungen in Kraft treten würden, wie wir im folgenden Kapitel sehen werden.

Zusätzlich zu Fort Detrick produziert und testet die US-Armee biologisch aktive Verbindungen für militärische Zwecke auf einer speziellen Basis im West Desert Test Center im Bundesstaat Utah,

Dugway Proving Ground. Dieser Stützpunkt steht unter der Aufsicht des Army Test and Evaluation Command. Die Abteilung für Biowissenschaften des Dugway Proving Ground ist für die Herstellung von Biowirkstoffen zuständig; diese werden wiederum in der Lothar Saloman Life Sciences Test Facility für die Verwendung als Aerosole getestet. Dazu gehören eine Abteilung für Aerosoltechnologie und eine Abteilung für Mikrobiologie. Die Abteilung Aerosoltechnologie entwickelt Aerosole mit biologisch aktiven Substanzen, d. h. Toxinen, Bakterien, Viren und verwandten Organismen, für den Einsatz in Tests.[336]

Eines der Unternehmen, die im National Biodefense Analysis and Countermeasures Center (NBACC) in Fort Detrick arbeiten, ist das private Battelle Memorial Institute, das auch im postsowjetischen Georgien tätig ist (siehe unten). In Fort Detrick arbeitet es im Rahmen eines Vertrags des Ministeriums für Innere Sicherheit, der für die Jahre 2006-16 abgeschlossen wurde, sowie eines kleineren Vertrags für 2015-26. Zu den Experimenten in Fort Detrick gehören die Erprobung von Toxinen in Aerosolen, die Verbreitung von Pulver und die Erprobung von Meliodose, einer Viruserkrankung mit dem Potenzial einer biologischen Waffe, an Primaten. Battelle produzierte bereits andere Substanzen der Biosicherheitsstufe 4 (die höchste Stufe, P4).

Auch das jüngste Programm der DARPA, das Insect-Allies-Programm, ist kein Verteidigungsprojekt, sondern zielt auf die Entwicklung einer „neuen Klasse biologischer Waffen" ab. Das schlossen Wissenschaftler unter Leitung von Richard Guy Reeves vom Max-Planck-Institut für Evolutionsbiologie in einem Artikel in *Science*. Darin warnten sie, der Einsatz von Insekten als Vehikel für horizontale genetische Mittel zur Veränderung der Umwelt (HEGAAS) mache deutlich, dass die Absicht bestehe, die genetische Veränderung auf diese Weise als Waffe einzusetzen.[337] Transgene Manipulationen von Wespen, Bienen und Moskitos könnten entwickelt werden, um biologische Wirkstoffe auf Proteinbasis in großem Maßstab zu übertragen.[338]

Das United States Army Chemical Research and Development Command (Biological Weapons Branch) untersuchte in den frühen 1960er Jahren Stechmücken in einer Reihe von Feldversuchen auf dem Dugway Proving Ground. Noch 1982 experimentierte das USAMRIID mit Sandmücken und Moskitos, die Träger des Rift-Valley-Virus, des Dengue-Virus, des Chikungunya-Virus und der Pferdeenzephalitis sein könnten – alles Viren, die das US-Militär auf ihr Potenzial als biologische Waffen untersucht hat. Die bulgarische Journalistin Dilyana Gaytandzhieva schreibt, dass das US-Militär in einem Bericht aus dem Jahr 1981 zwei Szenarien miteinander verglich: gleichzeitige Angriffe auf eine Stadt mit Gelbfieber-infizierten Aedes-Aegypti-Mücken und Tularämie-Aerosolen. Diese wurden dann hinsichtlich ihrer Wirksamkeit in Bezug auf die Kosten und die Zahl der Opfer verglichen. Das Zika-Virus, das genetische Missbildungen bei Neugeborenen verursacht und vor kurzem in Lateinamerika aufgetaucht ist, war einer der Erreger, die von der Aedes-Aegypti-Mücke (auch bekannt als Gelbfiebermücke) übertragen werden. Während der Invasion im Irak 2003 wurden amerikanische Soldaten von Sandmücken gestochen und erkrankten an Leishmoniasis, deren akute Form unbehandelt tödlich sein kann.[339]

Es wäre interessant zu wissen, wie oft diese Massenvernichtungswaffen, das „B" der ABC-Waffen, in den Debatten über die Verteidigungshaushalte in allen Parlamenten, angefangen beim US-Kongress selbst, zur Sprache gekommen sind. Die Behauptung, SARS-2 stamme aus einem Labor, klingt sicherlich nicht mehr so exotisch, wenn man sich diese umfangreichen Forschungsprogramme vor Augen hält, und das ist nur das, woran in den USA selbst geforscht wird.

Biologische Waffenlaboratorien in Übersee

Neben Forschungseinrichtungen wie Fort Detrick im Inland betreiben die USA eine Reihe von Labors im Ausland. Diese befinden sich hauptsächlich an der russischen und chinesischen Grenze sowie in Schwarzafrika. Dilyana Gaytandzhieva hat sich einen Namen gemacht, indem sie diese ausländischen Netzwerke sehr detailliert kartiert hat. Obwohl Artikel 8 des Römischen Statuts (mit dem der Internationale Strafgerichtshof gegründet wurde) biologische Experimente zu militärischen Zwecken als Kriegsverbrechen einstuft und das UN-Abkommen über die Beseitigung biologischer Waffen aus dem Jahr 1972 stammt, betreibt das Pentagon in 25 Ländern Labors für biologische Kriegsführung. Diese Labors werden von der Defense Threat Reduction Agency (DTRA) im Rahmen des Cooperative Biological Engagement Program (CBEP) mit einem Budget von 2,1 Milliarden Dollar pro Jahr finanziert.

Die ehemalige Sowjetrepublik Georgien ist in dieser Hinsicht wichtig. Im Lugar Center, das nach dem US-Senator Richard Lugar benannt ist und 17 Kilometer vom US-Militärflugplatz Vaziani unweit der Hauptstadt Tiflis entfernt liegt, arbeiten Biologen der US Army Medical Research Unit-Georgia (USAMRU-G) sowie private Unternehmen. Gaytandzhieva konsultierte das US-Bundesregister für Regierungsaufträge und stellte fest, dass sich die Forschung auf biologische Kampfstoffe wie Anthrax, Tularemie und Viren wie das Krim-Kongo-Hämorrhagische Fieber (CCHF) konzentriert, eine Variante des Dengue-Fiebers. Im Vorfeld der US-Invasion in Afghanistan wurde festgestellt, dass CCHF sowohl in Afghanistan als auch in Pakistan weit verbreitet ist.[340]

Gaytandzhieva nannte drei private US-Firmen, die im Labor des Lugar Centers in der Nähe der georgischen Hauptstadt arbeiten: CH2M Hill, Battelle und Metabiota. Die Auslagerung von Forschungsarbeiten an private Unternehmen hat den Vorteil, dass der Kongress keine Kontrolle ausübt und weitere rechtliche Beschränkungen entfallen. Der diplomatische Status aller Forscher (im Rahmen des Abkommens zwischen den USA und Georgien über die Zusammenarbeit im Verteidigungsbereich aus dem Jahr 2002) gewährt ihnen außerdem Immunität gegenüber der juristischen Verantwortung auf georgischer Seite. Neben dem Pentagon arbeiten diese Firmen auch für die CIA und andere US-Regierungsstellen. CH2M Hill hat weitere DTRA-Forschungsverträge in Uganda, Tansania, Irak, Afghanistan und Südostasien, aber der georgische Vertrag ist bei weitem der größte (die Hälfte des Wertes aller Verträge zusammen).

2014 wurde das Lugar Center mit einem Insektenlabor ausgestattet, was damit zu tun haben könnte, dass Tiflis seit 2015 von einer Stechfliegenart geplagt wird, die auch im benachbarten Dagestan (Russland) aufgetaucht ist. Bereits 2014 erschien im Zusammenhang mit einem anderen DTRA-Projekt die tropische Stechmücke Aedes albopictus in Georgien sowie in der Region Krasnodar (Russland) und in der Türkei. Es gibt Hinweise, dass Tests in Russland selbst durchgeführt wurden: Im Frühjahr 2017 meldeten Bürger, dass eine Drohne in der Nähe der russisch-georgischen Grenze weißes Pulver verstreute, aber weder die georgische Grenzpolizei noch die an dieser Grenze tätigen US-Beamten waren für eine Stellungnahme zu erreichen.[341]

Biokriegsforschung wird auch für das bereits erwähnte Battelle Memorial Institute, einen weiteren Unterauftragnehmer des Lugar Center, durchgeführt. Dieses Unternehmen, das an 23. Stelle der für die US-Regierung tätigen Auftragnehmer steht, führt Forschungen und Tests für das Pentagon, die CIA und andere Regierungsbehörden durch. Für die CIA untersucht es die Wiederverwendung von kleinen Milzbrandbomben aus sowjetischer Zeit. Metabiota Inc. hat Verträge im Rahmen des DTRA-Programms in Georgien und der Ukraine. Das Unternehmen konzentriert sich auf globale Feldarbeit, die Verfolgung von Krankheitserregern, Ausbrüche und klinische Studien. Während der Ebola-Krise in Westafrika war das Unternehmen im Rahmen eines Großauftrags in Sierra Leone tätig, einem der Länder, die im Mittelpunkt der Epidemie von 2012-15 standen.

In der Ukraine sind elf von der DTRA finanzierte Biolaboratorien tätig, über die das Land keine Kontrolle hat. Dies geht auf eine Vereinbarung aus dem Jahr 2005 zwischen dem Pentagon und dem ukrainischen Gesundheitsministerium zurück. Es verbietet der Regierung in Kiew, sensible Informationen über das Programm preiszugeben. Die Ukraine ist verpflichtet, dem US-Verteidigungsministerium gefährliche Krankheitserreger für die biologische Forschung zu überlassen. Schließlich hat das Pentagon Zugang zu den ukrainischen Staatsgeheimnissen im Zusammenhang mit dem genannten Abkommen.[342] Eines der Pentagon-Labore befindet sich in Charkow, wo im Januar 2016 innerhalb von zwei Tagen mindestens 20 ukrainische Soldaten an einem grippeähnlichen Virus starben und 200 weitere ins Krankenhaus eingeliefert wurden. Kiew hielt diesen Vorfall jedoch geheim. Außerdem wurden verdächtige Ausbrüche von Hepatitis A im Südosten des Landes (wo sich die meisten US-Labors befinden) und durch verunreinigtes Trinkwasser verursachte Cholera-Fälle gemeldet.

2014 brach in Moskau eine neue, hochvirulente Variante des Choleraerregers Vibrio cholera aus, die mit der in der Ukraine identifizierten Art verwandt ist. Laut einer Studie eines russischen Forschungsinstituts wurde der Ausbruch durch ein identisches Bakterium verursacht, und laut Gaytandzhieva arbeitet das Southern Research Institute in der Ukraine mit Cholera, Influenza und Zika – alles Erreger, die für das Pentagon von militärischem Interesse sind. Das Southern Research Institute arbeitet seit 2008 im Rahmen eines DTRA-Programms in der Ukraine und hat an einem Pentagon-Programm für Milzbrand mitgewirkt, bei dem Advanced Biosystems federführend war, das Unternehmen von Ken Alibek, einem Mikrobiologen und Experten für biologische Kriegsführung aus dem sowjetischen Kasachstan, der nach dem Zusammenbruch der UdSSR in die USA zog.

Die neueste von der DARPA finanzierte Forschung zur Biokriegsführung betrifft Fledermäuse als Überträger tödlicher menschlicher Krankheitserreger. Fledermäuse sind das Reservoir für das Ebola-Virus, SARS, MERS und andere Viren, die tödliche Krankheiten verursachen. Bevor sie sich auf den Menschen übertragen können, muss eine Reihe von Mutationen auftreten, mehr als in der Natur innerhalb eines bestimmten Zeitrahmens möglich sind.[343] Der *Washington Post* zufolge wurde das Interesse des Pentagons an der Fledermausforschung durch die russischen Bemühungen um die „Bewaffnung" von Fledermäusen ausgelöst, aber das kann man getrost vergessen. Die Sowjetunion hat in der Tat geheime Forschungen zum Marburg-Virus betrieben, aber es waren keine Fledermäuse beteiligt, und das Programm endete mit dem Zusammenbruch der UdSSR.[344]

Ich habe mich mit all diesen Labors und Forschungsprogrammen ausführlich genug beschäftigt, um festzustellen, dass ein Virus wie SARS-2, wenn es aus einem Labor käme, in ein umfangreiches Spektrum von US-Einrichtungen auf der ganzen Welt passen würde. Selbst mit China gab es eine umfangreiche Zusammenarbeit in diesem hochsensiblen Bereich.

Zusammenarbeit mit China auf dem Gebiet der Mikrobiologie

Da sich China in den 1970er Jahren mit den USA gegen die Sowjetunion verbündete und eine kontrollierte Rückkehr zu kapitalistischen Beziehungen zuließ, erhielten US-Institutionen einen Zugang, den sie beispielsweise in Russland oder im Iran nicht hatten. Dieser Zugang und die damit verbundene Zusammenarbeit (meist in Form von Unteraufträgen) erstreckte sich auch auf den Bereich der Mikrobiologie. Dies führte zu der paradoxen Situation, dass biologische Kampfstoffe, die sich prinzipiell auch gegen China richten, zum Teil gemeinsam mit diesem Land entwickelt wurden – eine Situation, die dem Beitrag Pekings zur Finanzierung des US-Defizits ähnelt und unter anderem dazu beiträgt, Kriegsvorbereitungen gegen China zu ermöglichen.

Das Ausmaß dieser Zusammenarbeit wurde 2018 durch die Veröffentlichung des vollständigen Genoms von zwei Varianten des Coronavirus deutlich. Dies war das Ergebnis eines Projekts, das vom chinesischen Ministerium für Wissenschaft und Technologie, dem US National Institute of Health und der Entwicklungsorganisation USAID (einer Tarnorganisation der CIA) finanziert wurde. Eine der Schlussfolgerungen dieser Studie war, dass die vorhandenen Impfstoffe gegen MERS (Middle East Respiratory Syndrome) keine Wirkung gegen diese Viren haben. Daher schlugen Chinesen und Amerikaner vor, im Vorfeld neue Impfstoffe zu entwickeln.

Eine weitere Verbindung zwischen dem nationalen Sicherheitsstaat der USA und China war die Duke University, ein wichtiger Partner im Pandemic Prevention Platform (P3)-Programm der DARPA, der an einer Studie über Coronaviren in Fledermäusen in Kasachstan beteiligt war, die vollständig von der DTRA (also dem Pentagon) finanziert wurde. Auch hier suchte man nach Viren, die mit MERS verwandt sind (die tatsächliche MERS-Epidemie hat, wie sich schließlich herausstellte, zwischen 2012 und 2020 nur 866 Todesfälle verursacht, aber im Labor ist ein Ergebnis ganz anderer Art möglich). Im Jahr 2018 schloss die Universität außerdem eine Kooperationsvereinbarung mit der Universität Wuhan, und im selben Jahr wurde die Duke Kunshan University in China gegründet.[345]

Die Zusammenarbeit zwischen dem USAMRIID in Fort Detrick und dem Wuhan-Institut für Virologie reicht bis in die 1980er Jahre zurück, wurde aber nach dem Ausbruch von SARS im Jahr 2003 intensiviert. Das Wuhan-Institut führte ein Versuchsprogramm mit Fledermäusen durch, die nicht auf dem Markt gekauft, sondern in Höhlen in der südchinesischen Provinz Yunnan, fast 2.000 Kilometer südlich von Hubei (der Provinz, deren Hauptstadt Wuhan ist), gesammelt worden waren. Die Gain-of-Function-Studie stand unter der Schirmherrschaft von Anthony Faucis NIAID und NIH und fand in den USA in einer Reihe von Forschungseinrichtungen statt, neben Fort Detrick auch an Universitäten wie der University of North Carolina in Chapel Hill (laut Dr. Francis Boyle wurde an dieser Einrichtung daran geforscht, Säugetiere mit dem Spike-Protein zu infizieren, mit dem sich Coronaviren an Wirtszellen anheften und Atemwegsprobleme verursachen).[346] Ein wichtiger europäischer Knotenpunkt des Netzes der Gain-of-Function-Forschung ist das Erasmus Medical Center in Rotterdam, das von NIAID und NIH finanziert wird.[347]

Die Forschung besteht darin, künstlich Mutationen im Genom eines Virus herbeizuführen, um es virulenter oder ansteckender zu machen (z. B. indem es sich über Aerosole ausbreiten kann). Experimente mit potenziellen Pandemieerregern (Enhanced Potential Pandemic Pathogens, PPPs) sind in den USA legal. Sie zielen darauf ab, die Übertragbarkeit und/oder Virulenz von Krankheitserregern zu erhöhen.[348] In Fort Detrick wird eine neue Technologie (CRISPR-Cas 9) eingesetzt, die bestimmte genetische Sequenzen aus Viren extrahiert. Diese kodiert eine Art von Sequenz („cleavage furin site"), die nach Ansicht einiger Forscher auch in SARS-2 gefunden wurde und dessen außergewöhnliche Virulenz verursacht.[349]

Im Mittelpunkt der 2010 begonnenen Erasmus-Studie stand die Infektion von Frettchen (deren Atmungssystem wie das des Menschen funktioniert) mit dem Influenza-A-Virus, das so manipuliert worden war, dass es sich als Aerosol über die Luft verbreitete. Der Bericht darüber wurde in *Science* vom 22. Juni 2012 veröffentlicht.[350] Im Jahr 2011, nachdem er den H5N1-Vogelgrippestamm auf diese Weise genetisch verändert hatte, prahlte Professor Ron Fouchier damit, dass er „wahrscheinlich eines der gefährlichsten Viren, die man herstellen kann" produziert habe.[351] Ende desselben Jahres erschien in der *Washington Post* ein Meinungsartikel mit dem Titel „A Flu Virus Risk Worth Taking" („Ein Grippevirusrisiko, das es wert ist, eingegangen zu werden"), bei dem Fauci einer der Autoren war.[352] Faucis Zusicherung, es werde immer gleichzeitig ein Impfstoff gegen aufgerüstete Viren hergestellt, hinderte die Obama-Regierung nicht daran, im Oktober 2014 ein Moratorium für die Bundesfinanzierung dieser Art von Forschung zu verhängen. Nachdem wiederholt schwerwiegende Verstöße gegen die Sicherheitsvorschriften festgestellt worden waren, entsprach dieses Moratorium teilweise der Forderung von Kritikern der Gain-of-Function-Forschung, diese ganz zu verbieten.

Kurz vor dem Moratorium hatte Fauci am National Institute of Health (NIH) ein Forschungsprogramm gestartet, um herauszufinden, ob das Coronavirus aus chinesischen Fledermäusen so aufgerüstet werden kann, dass es sich auf eine Reihe anderer Tierarten ausbreitet, darunter auch auf „humanisierte Mäuse", denen eine Reihe menschlicher Gene hinzugefügt wurde, und sogar auf menschliches Gewebe. Nachdem das bundesweite Verbot in Kraft getreten war, beschloss Fauci, die Gain-of-Function-Forschung fortzusetzen, indem er sie an das Labor der EcoHealth Alliance in New York privatisierte. Dieses Unternehmen hatte 2016 zusammen mit USAID eine milliardenschwere Studie (das Global Virome Project) gestartet, um „auf die nächste Pandemie vorbereitet zu sein" und in der freien Natur vorkommende Viren zu identifizieren, die diese verursachen könnten.[353] Der Direktor der EcoHealth Alliance, Dr. Peter Daszak, hatte das SARS-1-Virus auf Fledermäuse zurückgeführt und verfügte über gute Kontakte in Wuhan. Er nutzte 3,7 Millionen Dollar (über sechs Jahre), die für das NIH-Projekt zur Verfügung gestellt wurden, um die Gain-of-Function-Forschung in das dortige Institut für Virologie auszulagern, das von der Virologin Shi Zheng-Li geleitet wird. Das Programm baute auf früheren Forschungsarbeiten für denselben Zuschuss auf, so dass sich die Gesamtkosten auf 7,4 Millionen Dollar beliefen.[354]

Die Auslagerung der risikoreichsten Forschungsarbeiten nach Wuhan wurde ermöglicht, indem dort eine neue Abteilung der Sicherheitsstufe 4 (P4) eingerichtet worden war. Dies ging auf ein Abkommen zwischen Frankreich und China von 2004 zurück. Bei der

Eröffnung der neuen Einrichtung im Jahr 2017 war neben einem französischen Kabinettsminister auch ein hochrangiger Vertreter des Institut Pasteur anwesend. Dieses Institut, das eng mit Sanofi-Pasteur (dem Impfstoffzweig des Pharmakonzerns Sanofi-Aventis) zusammenarbeitet, der für eine intravenöse Gentherapie („Impfstoff") gegen Covid im Rennen ist, hatte SARS-1 im Jahr 2003 patentiert. Laut dem französischen Pharmakologieprofessor Fourtillan, der an dem kritischen Dokumentarfilm *Hold-Up* mitgewirkt hatte und im Dezember 2020 in eine psychiatrische Anstalt eingewiesen wurde, hatte das Institut Pasteur 2011 auch ein SARS-2-Patent angemeldet, da das erste Patent 2023 auslaufen sollte. In beiden Fällen war das nominelle Ziel die Entwicklung eines Impfstoffs gegen dieses weiterentwickelte Virus. Das Institut Pasteur drohte mit rechtlichen Schritten gegen Fourtillan, nachdem dieser behauptet hatte, das französische Institut sei für die Freisetzung des Virus aus dem Labor in Wuhan verantwortlich, doch wurde Fourtillan zwar erneut festgenommen, aber offenbar wegen eines anderen Delikts.[355] Die Tatsache, dass ein Patent auf (ein imaginäres?) SARS-CoV-2 bereits acht Jahre vor dem Ausbruch des Virus angemeldet worden war, könnte erklären, warum in den sozialen Medien alle möglichen abgeleiteten Patente, Bestellungen von Medikamenten usw. gemeldet wurden, denen die authentischen Unterlagen beigefügt waren.

Im P4-Labor in Wuhan wurden mehrere Virusvarianten aus Fledermauskot isoliert, mit denen dann menschliche Zellen infiziert wurden, damit sich das Virus in ihnen vermehren konnte. Ziel war es, herauszufinden, wie das Fledermausvirus so manipuliert werden kann, dass es sich an Rezeptoren in menschlichen Zellen anlagern kann (mit den Spike-Proteinen). SARS-2 bindet beispielsweise 10- bis 20mal stärker an ACE2-Rezeptoren in der menschlichen Lunge als das ursprüngliche Fledermausvirus und ist daher leichter zwischen Menschen übertragbar. Aus dem Projekt in Wuhan gingen 13 Artikel hervor, alle mitverfasst von Shi Zheng-Li, 2017 u. a. auch von Daszak. In letzterem Artikel ist die Projektnummer von Faucis Forschung als Finanzierungsquelle angegeben.[356]

Im Jahr 2017 hob die Trump-Regierung das Verbot der Gain-of-Function-Forschung wieder auf. Das DARPA-Forschungsprojekt Preventing Emerging Pathogenic Threats (PREEMPT) wurde im April 2018 offiziell angekündigt. Es konzentriert sich auf tierische Krankheitsreservoire, insbesondere bei Fledermäusen, mit der Begründung, es sei notwendig, der Natur mittels künstlicher Mutationen einen Schritt voraus zu sein. Durch die Schaffung von Superviren, die pathogener und leichter übertragbar sind, könne man die Entwicklung dieser Viren besser untersuchen und klären, wie genetische Manipulationen die Art und Weise verändern, wie ein Virus mit seinem Wirt interagiert. Außerdem ließen sich so antivirale Medikamente entwickeln, die eine Pandemie verhindern können.

Ob es wirklich um die Abwehr von Krankheitserregern geht, um Biowaffen, um Gentherapie als Behandlungsmethode („Impfstoff") oder höchstwahrscheinlich um eine Kombination von alledem, also um die Herstellung eines Krankheitserregers und die Entwicklung des passenden Impfstoffs – es ist auf jeden Fall eine Gelegenheit, riesige Gewinne zu machen. Immerhin ging es im PREEMPT-Programm um Viren, die von Mensch zu Mensch übertragbar sind, und um die umstrittene DNA- und mRNA-Gentherapie, mit der diese Coronavirus-Typen abgewehrt werden sollen. Mindestens zwei DARPA-Studien mit dieser umstrittenen Technologie sind geheim und befassen sich mit der militärischen Anwendung der Gene-Drive-Technologie.[357] Sie ermöglicht es, veränderte Genome über Insekten auf Nutzpflanzen und Menschen freizusetzen und diese wiederum genetisch zu verändern. Hauptfinanzier dieser höchst umstrittenen Forschung ist die DARPA, in einer öffentlich zugänglichen Dokumentensammlung wird jedoch aufgedeckt, dass die Gates-Stiftung eine PR-Firma bezahlt hatte, um die Diskussion in der UNO, wo die Kritik geäußert worden war, zugunsten der Befürworter zu schlichten.[358]

Andere fortschrittliche mikrobiologische Forschungsarbeiten in den USA und China betrafen den Einsatz von Nanomaterialien (ein Nanometer ist ein Milliardstel Meter). An einem von der Gates-Stiftung finanzierten Projekt am MIT über Nanokristalle arbeitete auch ein Gastforscher des Instituts für Chemie in Peking mit, Jing Lihong. Diese Nanokristalle, sogenannte Quantenpunkte, werden unter die Haut tätowiert und können über mehrere Jahre ein von einem Smartphone lesbares Signal zur biometrischen Identifizierung und für den Zugriff auf die Impfhistorie und andere Daten senden.[359] Darauf werde ich im nächsten Kapitel zurückkommen.

2013 hatte Professor Charles Lieber im Namen der Harvard University eine Vereinbarung mit der Wuhan University of Technology geschlossen, offiziell zur Nano-Verdrahtung von Lithium-Ionen-Batterien. In Wirklichkeit forschte Liebers Labor an der Integration von Nanodrähten in lebende Organismen. Die Batterien waren lediglich ein Deckmantel. Die Nanodrähte werden in das Gehirn oder die Netzhaut (Linse des Auges) injiziert, wo sie sich um Neuronen wickeln und die elektrische Kommunikation zwischen den Zellen aufzeichnen. Auf diese Weise wird es schließlich möglich sein, in die Sinneswahrnehmung des geimpften Tiers oder Menschen einzudringen. Im Januar 2020 wurde Lieber jedoch vom FBI verhaftet.[360]

Laut Francis Boyle, dem erwähnten Verfasser der US-Biowaffengesetze, war Lieber auch am Schmuggel von biologischem Waffenmaterial, einschließlich Coronaviren, aus dem National Microbiology Laboratory (NML) der Universität von Manitoba in Winnipeg beteiligt.[361] Am NML, dem „kanadischen Fort Detrick“, arbeitete Dr. Xiangguo Qiu, eine chinesisch-kanadische Virologin, an einem Ebola-Medikament. Ihr Ehemann, ein Biologe chinesischer Staatsangehörigkeit, arbeitete mit ihr zusammen. Nach Angaben des israelischen Biowaffenexperten Dany Shoham wurde das Projekt von der DTRA der USA unterstützt, und Dr. Qiu kooperierte auch mit drei Forschern aus Fort Detrick.[362]

Im Juli 2019 wurde bekannt, dass das NML im März, also drei Monate zuvor, unter der Leitung von Dr. Qiu Ebola- und Henipah-Viren nach Peking verschickt hatte. Die US-Gesundheitsbehörde CDC hatte diese Viren aufgrund ihrer leichten Verbreitung als Bioterrorismus-Wirkstoffe eingestuft, und die Sendung enthielt nicht die erforderlichen Unterlagen, die darauf hinwiesen, dass es sich um kanadisches geistiges Eigentum handelte. Dr. Qiu, ihrem Ehemann und einer Reihe von Forschungsstudenten wurde daraufhin der Zugang zum NML verweigert, was die kanadischen Geheimdienste schon lange gefordert hatten.[363] Laut Shoham (der übrigens auch behauptete, die Milzbrandanschläge auf US-Politiker im Jahr 2001 seien vom Irak organisiert worden) war all dies Teil der Spionage für das chinesische Biowaffenprogramm. Er behauptete, Wuhan sei ein Biowaffenlabor, was von Francis Boyle bestätigt wurde.[364]

Natürlich war das Labor in Wuhan auch nach dem Ausbruch von SARS-2 in den Nachrichten. Der oft gehörte Einwand, Labors hätten strenge Sicherheitsvorschriften, trifft nicht zu: Nach dem ersten SARS-Ausbruch tauchte das Virus in Labors in Singapur, Taipeh und Peking auf, weil die Sicherheitsprotokolle falsch formuliert oder unzureichend durchgesetzt worden waren.[365] Inzwischen hat sich die Theorie der Laborentweichung durchgesetzt (siehe unten), aber es war immer unwahrscheinlich, dass ein Fledermausvirus auf dem Markt von Wuhan auf den Menschen übergesprungen wäre, da sich unter den dort zum Verkauf angebotenen lebenden Tieren keine Fledermäuse befanden.[366] Außerdem ist das Genom einer Fledermaus so weit von dem des Menschen entfernt, dass ein Virus danach nicht ohne weiteres von Mensch zu Mensch übertragen werden kann; dazu bedarf es einer Aufrüstung in einem Labor.

Ein künstliches Virus

Im Februar 2020 informierte der von der Henry Schein Corp. (einem Unternehmen für zahnmedizinische Produkte, das auch mit

Impfstoffen handelt) entlassene Whistleblower Dr. Leonard Horowitz US-Behörden und Medien, eine indische Gruppe unter Leitung von Dr. Prashant Pradhan habe im Monat zuvor festgestellt, dass der Infektionsmechanismus des SARS-2-Spike-Proteins (mit dem es sich an den ACE-2-Rezeptor anheftet) vier Gene des HIV1-Virus enthalte, was darauf hindeute, dass es in einem Labor entwickelt worden sei. Dies war auch die Theorie von Fourtillan. Die Gruppe, der neben Pradhan selbst (Leiter Südasien im IBM-Watson-Labor für künstliche Intelligenz) neun renommierte Genetiker angehörten, wurde jedoch unter Druck gesetzt, ihren Bericht zurückzunehmen. Horowitz erhielt keine Antwort von den Behörden, an die er seine Warnung gerichtet hatte, und auch die Medien waren nicht bereit, dies aufzugreifen.[367] Offenbar sollte diese Möglichkeit nicht einmal erwähnt werden.

Tatsächlich hatte der innere Kreis der Virologen, die an der Gain-of-Function-Forschung beteiligt waren, die Labortheorie bereits bestätigt. Aus den 3.000 E-Mails von Fauci, die aufgrund einer Anfrage nach dem Freedom of Information Act (FOIA) veröffentlicht wurden, geht hervor, dass einer dieser Forscher, Kristian G. Anderson, am Abend des 31. Januar 2020 eine dringende E-Mail an Fauci und Jeremy Farrar, den Direktor des Wellcome Trust, schickte. Anderson dankte Fauci für die Weitergabe eines Artikels, in dem über die Gain-of-Function-Forschung berichtet wurde, die der NIH/NIAID-Direktor über die EcoHealth Alliance an Wuhan untervergeben hatte. Der Artikel mit dem Titel „A SARS-like cluster of circulating bat coronaviruses shows potential for human emergence“ („Ein SARS-ähnlicher Cluster zirkulierender Fledermaus-Coronaviren zeigt Potenzial für das Auftreten beim Menschen“) war am 9. November 2015 in *Nature Medicine* als Teil der oben erwähnten Serie erschienen, die von Shi Zheng-li mitverfasst wurde. Anderson schrieb nun an Fauci, dass „einige der Merkmale konstruiert aussehen“, und setzte damit eine Mega-Täuschungsaktion in Gang.[368]

Eine halbe Stunde nach Mitternacht riet Fauci seinem Stellvertreter per E-Mail, sich auf einen arbeitsreichen Tag vorzubereiten. Später an jenem Samstag, dem 1. Februar, lud Farrar zu einer vertraulichen Telefonkonferenz über die Gain-of-Function-Experimente. Neben Fauci und einem weiteren NIH-Vertreter, Farrar und zwei weiteren Wellcome-Beamten nahmen Marion Koopmans und Ron Fouchier vom Erasmus MC Rotterdam, Christian Drosten, bekannt durch seine PCR-Tests, und Patrick Vallance (Forschungsleiter bei GlaxoSmithKline und baldiger wissenschaftlicher Chefberater der britischen Regierung) sowie selbstverständlich Anderson teil. Was auf der Konferenz gesagt wurde, ist in einer Reihe weiterer E-Mails festgehalten, die alle in der Fauci/FOIA-Sammlung stark geschwärzt wurden, obwohl Koopmans und Fouchier nicht die Kriterien erfüllen, die eine solche Schwärzung erlaubt hätten. Am 9. Februar jedoch veröffentlichten Anderson und vier Mitautoren (von denen einige auch an der Telefonkonferenz teilgenommen hatten) in *Nature Medicine* den Artikel „The Proximal Origins of SARS-CoV-2". Damit sollte offensichtlich Andersons ursprüngliche Warnung, das Virus sei manipuliert worden, ein für alle Mal widerlegt werden, die er bereits fünf Tage zuvor in einer E-Mail als „Spinner-Theorie" abgetan hatte, und die Medien folgten diesem Beispiel.[369]

Inzwischen hatte die Labor-Theorie die Runde gemacht. Noch im Februar 2020 erklärte Steven Mosher, Direktor des Population Research Institute in Front Royal, Virginia, dass das neue Virus versehentlich aus dem Labor in Wuhan entwichen sei. Der chinesische Botschafter in Washington, Ciu Tankai, nannte diese Theorie „verrückt".[370] In China selbst gingen die Forscher zunächst nicht weiter als bis zu der Feststellung, dass das Virus, mit dem der erste Patient im Dezember 2019 in Wuhan ins Krankenhaus eingeliefert wurde, eng mit SARS-ähnlichen Coronaviren verwandt sei, die bei Fledermäusen in China gefunden wurden, und dass seine Nukleotide zu 89,1 Prozent mit dieser Gruppe identisch seien; sie ließen jedoch offen, woraus die nicht identischen 11,9 Prozent bestanden.[371] Andere chinesische Forscher fanden heraus, dass das SARS-2-Virus die gleiche Methode anwendet, um dem menschlichen Immunsystem zu entgehen, wie das eigentliche HIV. Beide Viren tun dies, indem sie ein „Marker"-Molekül auf der Oberfläche einer infizierten Zelle (den Haupthistokompatibilitätskomplex, MHC) entfernen, wodurch die Infektion chronisch wird. Das Spike-Protein, mit dem dies geschieht (ORF8) ist im SARS-Virus der Fledermäuse nicht vorhanden.[372]

Nun wurden die Stimmen lauter, die meinten, es handle sich um ein künstliches Virus, auch wenn dies von den Medien noch anderthalb Jahre lang energisch als „Verschwörungstheorie" zurückgewiesen wurde. Ruan Jishou von der Nankai-Universität und Li Huan von der Huazhong-Universität kamen unabhängig voneinander zu dem Schluss, dass SARS-2 ein Laborprodukt war.[373] Die tschechische Mikrobiologin Dr. Sona Peková sorgte für Aufsehen, als sie die US-amerikanischen Behauptungen widerlegte, es handele sich um eine natürliche Mutation. Sie wies darauf hin, der „Kontrollraum" am Anfang der RNA-Helix, vergleichbar mit dem BIOS eines Computers, sei so umgestaltet worden, dass es schwer vorstellbar sei, dass dieses Virus überhaupt überleben könne.[374] Dr. Judy Mikovits, eine führende, wenn auch allzu freimütige Wissenschaftlerin (die angeschwärzt wurde, weil ihre Erkenntnisse die Interessen der pharmazeutischen Industrie und der mit ihr verbundenen Regierungsbehörden bedrohten), erklärte, die Zahl der Mutationen in SARS-2 sei so groß, dass die Natur etwa 800 Jahre brauchen würde, um etwas Ähnliches zu erreichen.[375]

Der französische Virologe Luc Montagnier (der zusammen mit Françoise Barré-Sinoussi für die Entdeckung des HIV-Virus im Jahr 1983 den Nobelpreis für Medizin 2008 erhalten hatte) gab schon früh eine entscheidenden Einwand zu bedenken. Nachdem er zusammen mit dem Mathematiker Jean Claude Perez festgestellt hatte, dass das SARS-2-Virus Sequenzen des HIV-Genoms in seinem nicht identischen Teil – HIV1, HIV2 und auch Malaria – enthält, brachte

Montagnier seine Enttäuschung darüber zum Ausdruck, dass die Forschung von Pradhan et al. „unter politischem Druck" zurückgezogen wurde.[376] Montagnier verglich das Coronavirus mit einem Puzzle, das aus 30.000 Teilen besteht, während HIV-1, HIV-2 und SIV (ein Retrovirus, das dem Coronavirus nahe steht) Puzzles mit jeweils 9.000 Teilen sind. Wenn drei Teile jedes dieser letzten Puzzles sauber nebeneinander in dem großen Puzzle zu finden sind, kann man davon ausgehen, dass dies in der Natur nicht vorkommt.[377] Wie Fourtillan glaubte auch Montagnier, dass diese Mutation im Labor in Wuhan künstlich erzeugt worden war (er vermutete, man wollte einen AIDS-Impfstoff herstellen). Die Natur selbst würde diese künstliche Mutation irgendwann wieder entfernen, bis dahin würde das Virus jedoch noch viele Opfer fordern. Noch im Dezember 2020 hielt Montagnier, der von allen Seiten beschimpft wurde, an dieser Aussage fest.[378] In der Zwischenzeit haben auch andere außerhalb der mikrobiologischen Gemeinschaft diese Ansicht unterstützt. Richard Dearlove, ehemaliger MI6-Chef, erklärte im April auf *Sky News*, es handle sich um ein „künstlich hergestelltes Virus", das aus dem Labor in Wuhan entwichen sei. Im Falle dieses Veteranen der Fake News zur Rechtfertigung der Irak-Invasion müssen wir freilich auf der Hut sein vor Versuchen, China die Schuld zu geben und die US-Forschungsrichtung aus der Schusslinie zu nehmen.[379]

Derweil spielten diejenigen, die über den wahren Hintergrund des manipulierten Virus Bescheid wussten (Fauci, Daszak), weiterhin die Anderson-2-Version hoch. Vier Tage vor Ausrufung der Pandemie durch die WHO in *The Lancet* (7. März 2020) ein offener Brief (mit Daszak als Mitunterzeichner) vor „Verschwörungstheorien" über das neue Virus. Daszak erklärte Mitte April, dass es sich bei dem neuen Virus um eine Mischung aus zwei Fledermausviren handle, und deutete an, dass es irgendwie von Yunnan nach Wuhan gelangt sei (übrigens stellte das NIH eine Woche später, am 24. April, das Projekt in Wuhan ein). Trotz seiner früheren Rolle und Aussagen erhielt ausgerechnet Daszak den Auftrag, mit einem internationalen Forschungsteam den Ursprung des Virus zu untersuchen. Im Januar 2021 reiste er mit einer WHO-Delegation (der auch seine Mitverschwörerin Marion Koopmans angehörte) nach Wuhan, um nach der Quelle der Infektion auf dem Fischmarkt zu suchen, wobei die Laboroption nicht in Betracht gezogen wurde.[380] Nach ihrer Rückkehr erklärte die WHO, die Delegation habe nicht feststellen können, dass das Virus aus Wuhan stamme.

Angenommen, dies wäre der Fall – was wäre die Alternative, wenn wir davon ausgehen, dass es sich um ein künstliches Virus handelt?

Von Fort Detrick nach Wuhan

Die Auslagerung der Gain-of-Function-Forschung an Fledermausviren nach Wuhan ist nicht die einzige Option für das Herkunft von SARS-2. Solche Forschungen fanden auch in den USA statt, u. a. in Fort Detrick. Wie erwähnt, ist es üblich, bei der Aufrüstung von Viren im Labor gleichzeitig einen Impfstoff dagegen zu entwickeln, so dass man vermutlich immer geschützt ist. 2018 gewährte das von Norwegen, Indien, der Gates-Stiftung, dem Wellcome Trust und dem WEF gegründete Impfnetzwerk CEPI (Coalition for Epidemic Preparedness Innovations) der Firma Inovio einen Zuschuss von 56 Millionen Dollar für einen Impfstoff gegen MERS. USAMRIID war Partner in diesem Programm. Im selben Jahr wurde ein Patent (eingereicht 2015) für einen Impfstoff mit einem künstlich hergestelltem Coronavirus erteilt. Dem Patent zufolge handelt es sich um ein abgeschwächtes Coronavirus mit einem Gen, das für Proteine kodiert und zur Bekämpfung oder Vorbeugung von Krankheiten wie infektiöser Bronchitis eingesetzt werden kann. Könnte es sich dabei um SARS-2 handeln, das in der Nähe dieses Labors seltsame Vorfälle verursachte?[381]

Am 2. Juli 2019 wurde aus einem Altersheim in Springfield, Virginia, etwa 50 Meilen von Fort Detrick entfernt, eine unbekannte

Atemwegserkrankung gemeldet. Im Nachhinein stellte sich heraus, dass sowohl die Symptome als auch der Prozentsatz der Infizierten, Erkrankten und Verstorbenen in etwa dem SARS-2-Muster entsprachen (abgesehen von der Altersstruktur, siehe unten). Die CDC konnte die Krankheit im Fall von Springfield nicht identifizieren, und das SARS-2-Virus wurde erst im Januar 2020 identifiziert.[382] Stattdessen wurde die Atemwegserkrankung, die bald an 16 weiteren Orten auftrat, dem „Dampfen" („Vaping") elektronischer Zigaretten zugeschrieben. In anderen Ländern, in denen E-Zigaretten verbreitet sind, wurde von einer dadurch verursachten Atemwegserkrankung nie etwas bekannt.

In den USA jedoch breitete sich die „mysteriöse und lebensbedrohliche" Vaping-Krankheit schnell aus und wurde zur Epidemie. Ein in der *New York Times* zitierter Arzt warnte, dass „etwas ganz und gar nicht stimmt".[383] Die meisten Patienten litten unter Atemproblemen, Brustschmerzen, Erbrechen und Müdigkeit, alles Symptome von Covid-19, aber es waren meist Jugendliche oder junge Erwachsene. Da die Grippesaison 2019/20 in den USA ebenfalls früh einsetzte und ungewöhnlich heftig verlief (nach einer Schätzung der CDC erkrankten mehr als 26 Millionen Amerikaner, 250.000 wurden ins Krankenhaus eingeliefert und mindestens 14.000 Menschen starben), war es schwierig, die beiden Erkrankungen voneinander zu trennen. Dennoch waren mehrere Medien bereits im Februar 2020 fest davon überzeugt, dass es sich bei dem tödlichen Atemwegsvirus nicht um das neue Coronavirus handelt.[384] In Italien, einem der ersten von Covid-19 stark betroffenen Länder, registrierten Hausärzte bereits im November 2019 seltsame Formen der Lungenentzündung bei älteren Menschen.[385]

Als die Anklagen gegen China lauter wurden, meldeten sich chinesische Medien zu Wort. Im März 2020 wies eine chinesische Zeitung auf die hohe Zahl von Grippepatienten in den USA in jenem Winter hin und berichtete, dass eine auf der Website des Weißen Hauses eingereichte Petition von der US-Regierung verlangte, zu klären, ob die Schließung des Labors in Fort Detrick etwas mit dem Ausbruch des Virus zu tun hatte. Als sich die Covid-19-Pandemie ausbreitete, verschwanden viele englischsprachige Nachrichtenberichte über die Schließung von Fort Detrick aus dem Internet.[386]

Tatsächlich war der USAMRIID-Komplex auf Anordnung der CDC im Juli 2019 wegen gravierender Sicherheitsmängel geschlossen worden.[387] Diese betrafen insbesondere die unzureichende Behandlung von Abwässern, denn nach einer Überschwemmung im Mai 2018 wurde die zuvor genutzte Dampfsterilisationsanlage durch eine chemische Dekontamination ersetzt. Es war nicht das erste Mal, dass Fort Detrick geschlossen wurde. 2009, im Jahr des H1N1-Ausbruchs (Schweinegrippe), geschah dies ebenfalls. Damals ging es um Unstimmigkeiten bei den Beständen an infektiösem Material. Diesmal war der Anlass der Schließung viel gravierender, denn es bestand die Gefahr einer Kontamination, auch wenn Sprecher von Fort Detrick dies bestritten.[388]

Der Fall geriet in die Schlagzeilen, nachdem die US-Mannschaft bei den World Military Games in Wuhan (18.-27. Oktober 2019) eine miserable Leistung erbracht hatte, die zum Teil auf Krankheiten zurückzuführen war. Einige der 300 US-Teilnehmer hatten kurz vor der Abreise in Fort Belvoir, Maryland, trainiert – 50 Meilen von Fort Detrick entfernt, aber nur 6 Meilen Springfield, dem Ort des ersten Ausbruchs der unerklärlichen „Vaping"-Atemwegserkrankung. In China wohnte das Team im Wuhan Oriental Hotel, 300 Meter vom Huanan-Fischmarkt in Wuhan.[389]

Als der nationale Sicherheitsberater der USA, Robert O'Brien, China vorwarf, mit seiner langsamen Reaktion auf den Ausbruch des Virus wertvolle Zeit zu vergeuden, wies die chinesische Seite umgehend auf die Schließung von Fort Detrick hin.[390] Der Sprecher des chinesischen Außenministeriums, Zhao Lijian, verbreitete einen Artikel von *Global Research*, der Website des kanadischen Center for Research on Globalization, in dem behauptet wurde, das US-Team habe das Virus nach China gebracht. Wann wurde Patient Zero in den USA diagnostiziert? Wie viele Menschen sind infiziert? Wie lauten die Namen der Krankenhäuser? fragte Zhao Lijian in einem Twitter-Post. Bereits am 27. Februar hatte ein führender chinesischer Epidemiologe, Dr. Zhong Nanshan, betont: „Obwohl Covid-19 zuerst in China entdeckt wurde, bedeutet dies nicht, dass das Virus aus China stammt."[391]

Natürlich beeilte sich die *New York Times*, den Vorwurf, das Militärteam habe das Virus aus den USA eingeschleppt, als „haltlose Verschwörungstheorie" abzutun[392], aber Zhao wurde weder von seinen Vorgesetzten widersprochen, noch wurde der Twitter-Post zurückgezogen. Und obwohl Ehrlichkeit das Letzte ist, dessen ein Staat verdächtigt werden sollte, wäre es für Chinas Außenministerium untypisch, sich öffentlich wilden Spekulationen hinzugeben. Die Diplomatie ist der konservativste Zweig eines jeden Staatsapparats, und Anwärterstaaten betrachten Souveränität (und damit die Nichteinmischung in innere Angelegenheiten) als Eckpfeiler der Außenpolitik. Ein Tweet eines Sprechers, der sich als unbegründet erweisen könnte, wird nicht online gestellt, wenn er den Beziehungen zu Chinas wichtigstem Partner in der Welt schaden könnte, obwohl der chinesische Botschafter in Washington, als er dazu befragt wurde, an seiner früheren Feststellung festhielt: Die Behauptung, das Virus stamme aus einem Labor, sei Unsinn.[393]

Mittlerweile hat in China eine Online-Diskussion zu diesem Thema begonnen, die zwar keinen offiziellen Status hat, deren Argumente aber plausibel und bedenkenswert sind.[394] Ich habe bereits das Training in der Nähe von Springfield, Maryland, und den Aufenthalt im Wuhan Oriental Hotel in der Nähe des Fischmarktes erwähnt (das Wuhan-Labor hingegen liegt 30 Kilometer südlich von diesem Hotel, und dazwischen liegt ein Fluss).[395] Aus der chinesischen Internet-Diskussion ging ferner hervor, dass das US- Team den 35. Platz belegte, was unter normalen Umständen schwer vorstellbar wäre. Zudem wurden am 25. Oktober einige US-Teilnehmer mit Fieber in ein Krankenhaus für Infektionskrankheiten in Wuhan eingeliefert. In der Zwischenzeit war bei 42 Angestellten des Wuhan Oriental Hotel die Krankheit diagnostiziert worden, die später als Covid-19 bezeichnet wurde – die erste Häufung in Wuhan. Bei sieben Marktverkäufern war die Krankheit kurz zuvor diagnostiziert worden, und die Hotelangestellten hatten mit ihnen Kontakt gehabt.

Es ist also auch möglich, dass die Infektionsspur in umgekehrter Richtung verlief, also vom Markt zum Hotel, und die Amerikaner erst dort infiziert wurden – dann bleibt aber die Frage, warum das 300köpfige Team der größten Armee der Welt so schlecht abgeschnitten hat. Darüber hinaus telefonierte Außenminister Pompeo (laut Godfree Roberts' Zusammenfassung der chinesischen Diskussion in den sozialen Medien) Mitte März mit Yang Jiechi, Chinas Staatsrat für auswärtige Angelegenheiten, und bat ihn, nicht zu veröffentlichen, was in China über den Verlauf der Infektion gesagt wurde. Dies war sozusagen die höchste Kommunikationsebene, denn normalerweise hätte Pompeo den Außenminister Wang Yi angerufen (Yang ist Wangs Vorgesetzter). Yang soll geantwortet haben: „Wir erwarten Ihre feierliche Erklärung, vor allem zu Patient Null."[396] Die ganze Zeit über wurde der Tweet des Sprechers des Außenministeriums nicht gelöscht.

Die Beziehungen zwischen den USA und China hatten sich bereits durch die US-Handelsmaßnahmen und die Anschuldigungen gegen Peking wegen des Virus erheblich verschlechtert. Dies war zum Teil auf antichinesische Lobbygruppen in den USA und auf Trumps Weigerung zurückzuführen, der Empfehlung zu folgen, einen harten Lockdown anzuordnen.

Die Red-Dawn-Gruppe und die Lockdownpläne

Im Frühjahr 2020 stand Trump vor der Herausforderung, mit der Covid-Pandemie so umzugehen, dass sie seine Wiederwahl nicht gefährdete (die unter normalen Umständen wahrscheinlich wenig Probleme bereitet hätte). Der Machtblock aus Geheimdiensten, IT und Medien hatte sich bereits offen gegen ihn gewandt und große Teile des biopolitischen Komplexes, sowohl des militärischen als auch des zivilen, für einen Angriff auf den Außenseiterpräsidenten mobilisiert.

Die Befürworter eines allgemeinen Lockdowns nach europäischem Vorbild, d. h. das Schüren von Panik mit anschließenden harten Maßnahmen, waren in einer Gruppe organisiert, die sich *Red Dawn* nannte, nach einem Spielfilm von 1984 über eine sowjetisch-kubanische Invasion der USA unter Beteiligung von Nicaragua(!). Die Gruppe wollte das Szenario verwirklichen, das Donald Rumsfeld (gemeinsam mit Dick Cheney federführend bei der Modernisierung des Konzepts der Kontinuität der Regierung) für einen Ausnahmezustand entworfen hatte. 1997 wurde Rumsfeld Vorsitzender des Verwaltungsrats des Pharmakonzerns Gilead Sciences und war damit ein Insider des biopolitischen Komplexes. Nachdem er 2001 Verteidigungsminister von Bush Jr. geworden war, wies er Dr. Richard Hatchett vom Nationalen Sicherheitsrat und Dr. Carter Mecher vom Ministerium für Veteranenangelegenheiten an, das für einen biologischen Angriff auf US-Basen in Übersee entwickelte Quarantänemodell auf die Zivilbevölkerung zu übertragen. Im Krieg gegen den Terror, so Rumsfeld, sei die Unterscheidung zwischen Militär und Zivilbevölkerung ohnehin nicht mehr gültig. Im Jahr 2006, kurz vor seinem Ausscheiden aus dem Pentagon, überzeugten Hatchett und Mecher die CDC, dieses Szenario in einem biologisch-medizinischen Notfall umzusetzen.[397]

Als sich herausstellte, dass Trump nicht gewillt war, die Lockdownstrategie umzusetzen, schlugen Mecher, Hatchett (inzwischen zum Leiter des CEPI-Impfnetzwerks ernannt), Fauci (NIAID), Robert Redfield von der CDC und etwa 30 weitere Mitglieder des *Red-Dawn*-Netzwerks Alarm. In E-Mails an die Gruppe forderte Mecher die Schließung aller Bildungseinrichtungen, denn „was da auf uns zukommt, ist unglaublich“. Hatchett war der erste, der die Covid-Krise als Krieg bezeichnete.[398] Städte wie Größe Chicagos müssten hermetisch abgeriegelt werden, um nur einen seiner Vorschläge zu nennen. Ein anderes Mitglied der Gruppe sagte 490.000 Tote in den USA voraus.[399]

Trumps Gesundheitsminister Alex M. Azar II. schloss sich den Alarmisten an, ebenso wie der Leiter der Katastrophenabteilung, Dr. Robert Kadlec. Wie wir wissen, war Kadlec bereits an früheren Übungen zum Thema Bioterrorismus beteiligt, etwa *Dark Winter* (2001). 2019 leitete er selbst die Übung *Crimson Contagion*, bei der es um ein aus China stammendes Virus und fast 600.000 Todesfälle in den USA ging.[400] Einmal mehr wird deutlich, wie sehr Trump ein Außenseiter in seinem eigenen Staatsapparat war. Er wollte die eigentliche Regierungsgewalt nicht den Experten mit ihren alarmistischen Warnungen überlassen. Wer sich an Trumps Pressekonferenzen mit einem grinsenden Fauci an seiner Seite erinnert, weiß, dass dieser Präsident von seinen Beratern faktisch bloßgestellt wurde. Sein erklärter Einsatz von Hydroxychloroquin als Prophylaxe und andere Verstöße gegen das Corona-Szenario wurden in den Mainstream-Medien als Beispiele dafür dargestellt, dass der Präsident nicht wisse, wovon er spricht. Trumps unbeholfener Spott gegenüber den Reportern tat ein Übriges.

Ob das Covid-Szenario dazu diente, Trumps Chancen auf eine Wiederwahl zu schmälern, oder ob es gar mit diesem Ziel ausgearbeitet wurde, lässt sich nicht feststellen. Zweifellos indes wollten der Präsident und Finanzminister Steven Mnuchin alles vermeiden, was die wirtschaftlichen Turbulenzen im Wahljahr verschärfen konnte. Deshalb widerstand Trump trotz seiner chinakritischen Rhetorik dem Druck der antichinesischen Gruppe in der Verwaltung, die der stellvertretende nationale Sicherheitsberater Matthew Pottinger anführte. Pottinger wollte Peking direkt für das Virus verantwortlich machen und Strafmaßnahmen ergreifen. Auch hier zeigte sich Trump unwillig, war aber nicht in der Lage, einen eigenen alternativen Kurs zu verfolgen. So wurde frühzeitig ein Einreiseverbot für Reisende aus China verhängt, und Pottinger und Außenminister

Pompeo überzeugten den Präsidenten, von einem „Wuhan-Virus" zu sprechen und die G7 davon zu überzeugen, diesem Beispiel zu folgen.[401]

Global Governance und ständige Rivalität

Die Spannungen mit China passen in das mehr als hundert Jahre alte Schema, dass sich Anwärterstaaten gegen den Westen verschanzen, der immer mächtiger war und routinemäßig versucht, jedem Gegner seinen Willen aufzuzwingen. Wie zu Beginn des 20. Jahrhunderts birgt dieser Antagonismus auch heute die Gefahr eines offenen Konflikts, und eine der Nebenwirkungen der zunehmenden Rivalität besteht darin, die Bevölkerung mit dem von den Medien verbreiteten Virus des Chauvinismus zu infizieren, wie am Vorabend des Ersten Weltkriegs die große sozialistische Arbeiterbewegung der gegenseitige Hass, den imperialistische Interessenten und ihre Zeitungen schürten.

Karl Kautsky, ein Führer der deutschen Sozialdemokratie, verfügte über ein viel größeres Publikum als linke Agitatoren wie Rosa Luxemburg, die zu einer allgemeinen Mobilisierung gegen den drohenden Krieg aufriefen. Stattdessen schlug Kautsky vor, die Imperialisten sollten ein Abkommen zur gemeinsamen Ausbeutung der Agrargebiete der Welt (das, was später als „Dritte Welt" bezeichnet werden sollte) schließen und so einen Krieg vermeiden. Warum nicht über den Imperialismus hinausgehen und das verwirklichen, was er *Ultraimperialismus* nannte? Zu seinem Pech erschien der Artikel, in dem er diese Frage stellte, gerade als der Erste Weltkrieg ausbrach.[402] Aber gut, vielleicht dann nach dem Krieg?

Kautskys rhetorische Frage (er glaubte, bereits eine klare Tendenz zur Versöhnung zu erkennen) provozierte eine heftige Tirade des russischen Revolutionärs Lenin, der in Kautsky den Hauptschuldigen für die Bereitschaft der sozialdemokratischen Parteiführer sah, ihre Anhänger der Kriegslust der herrschenden Klassen in den europäischen Ländern zu opfern. Natürlich, sagte Lenin, gebe es eine Tendenz zu einem Global Trust, in dem alle Konzerne und alle Staaten aufgehen werden. Aber diese Entwicklung vollziehe sich unter einem so großen Druck, mit einer solchen Geschwindigkeit und geplagt von so vielen Widersprüchen, Konflikten und Erschütterungen, dass der Imperialismus zerbrechen werde, bevor es so weit kommen könne.[403]

In der Covid-Krise ist diese Debatte wieder aktuell, denn es stellt sich die Frage, ob die Ausbeuter der Welt nun endlich den Punkt erreicht haben, an dem eine Synchronisierung von liberalem Kapitalismus und chinesischem Staatskapitalismus möglich ist – es sei denn, Lenins Einwände gelten weiterhin. Sind wir Zeugen der Konsolidierung eines universellen „oligarchischen Kollektivismus" (Orwell) – eines Waffenstillstands zwischen herrschenden Klassen, die ihre eigenen Bevölkerungen in einem nominellen Kriegszustand gefangen halten?

Schließlich lässt sich die heutige Situation in vielerlei Hinsicht mit der Zeit vor dem Ersten Weltkrieg vergleichen. Es sei unbestreitbar, dass die „Pandemie" in einem entscheidenden Moment auftrete, in dem sich Menschen überall gegen die Macht der internationalen Finanzinstitutionen und der multinationalen Pharmakonzerne auflehnen, deren Würgegriff auf die Regierungen nicht mehr verborgen ist, schreibt die belgische Journalistin Senta Depuydt. Viele Skandale haben das Vertrauen erschüttert. Der Bankrott eines anormalen Wirtschaftssystems beschleunigt sich, und die Versuche, einen dritten Weltkrieg auszulösen, nehmen zu. Es ist zwar unmöglich zu wissen, wie sich die „Coronavirus-Pandemie" auf die Neuverteilung der Macht auswirken wird, sicher ist aber, dass viele versuchen, Covid-19 in den Dienst der politischen Interessen eines globalen Governance-Projekts zu stellen.[404] Und „Global Governance" ist selbstverständlich nichts anderes als die zeitgenössische Version von Kautskys Ultraimperialismus.

Aber würde sich China (und Asien im Allgemeinen) in der gegenwärtigen Situation wirklich mit einem Einfrieren der Beziehungen zu dem von Abstieg und Desintegration geplagten Westen zufrieden geben? Einerseits ja, und zwar in der Frage der Errichtung eines autoritären Staates, in dem sich die ehemals liberalen Heimatländer des Kapitalismus durch einen kollektiven (wenn auch individuell unterschiedlichen) Staatsstreich dem chinesischen Modell anpassen. Alle Herrscher der Welt haben ein Interesse daran, ihre Völker zu disziplinieren, und ich habe bereits ausführlich dargelegt, dass dies das Hauptziel des Covid-Notstands ist. Er wird unter dem Vorwand einer Pandemie mit Hilfe eines permanenten Ausnahmezustands durchgeführt, dem sich die Volksmehrheiten im Namen der öffentlichen Gesundheit unterwerfen. 40 Jahre lang musste China Lektionen vom Westen annehmen (wirtschaftlich, technologisch, in Bezug auf „Menschenrechte"), jetzt ist der Westen an der Reihe, eine Lektion von der anderen Seite zu erhalten.

Aber würden dadurch Reibungen, Konflikte und sogar Kriege wirklich verhindert? Solange es sich nur um die „Pandemie" handelt, ist das denkbar. Hier deutet alles auf einen „Ultraimperialismus" im Sinne Kautskys hin. Bei einem virtuellen Treffen Anfang April 2020, zu dem die WHO, der französische Staatspräsident, die Führung der Europäischen Union und die Bill & Melinda Gates Foundation eingeladen hatten, wurde vereinbart, einen „Access to COVID-19 Tools Accelerator" (ACT Accelerator) einzurichten, um die Entwicklung, Herstellung und Verteilung von „Impfstoffen", Tests und Therapien zu beschleunigen. „Nur durch Solidarität werden wir diese Krise überstehen", erklärte WHO-Generaldirektor Tedros und verwies auf die teilnehmenden Länder, Gesundheitspartner, Hersteller und den Privatsektor, die alle davon profitieren sollten.[405]

Der Höhepunkt der Einmütigkeit schien im November 2020 erreicht zu sein, als die G20 nicht im Gastgeberland Saudi-Arabien, sondern via *Zoom* tagten. Auf dem vorangegangenen G20-Gipfel im März hatten die teilnehmenden Staats- und Regierungschefs den von der WHO ausgerufenen Covid-Notstand bereits in einstimmige Beschlüsse über Lockdowns und andere Maßnahmen umgesetzt. Mehr als ein halbes Jahr später wurde dieser Konsens bekräftigt, wobei nur der russische Präsident Putin einen anderen Ton anschlug, als er davor warnte, Arbeitslosigkeit, Armut und eine noch nie dagewesene wirtschaftliche Depression könnten die größere Gefahr darstellen.[406].

Noch auf dem G20-Treffen schlug der chinesische Präsident Xi Jinping vor, globale QR-Codes mit biometrischen Daten einzuführen, ohne die es nicht möglich sein sollte, zu reisen. Niemand sprach sich für diesen Vorschlag aus, aber auch nicht gegen ihn. Das Problem ist, dass der Westen, Russland und China (und auch Kuba) jeweils ihre eigenen „Impfstoffe" haben und diese erst gegenseitig anerkannt werden müssten, bevor eine solche Bedingung für das Reisen universell eingeführt werden kann. Wie wir sehen werden, birgt auch dies ein nicht unerhebliches Konfliktpotenzial, weil intravenöse Gentherapien (nur Chinas Sinovac verdient die Bezeichnung „Impfstoff") eine nie dagewesene Profitquelle darstellen und die Impfung gesunder Bevölkerungen so lukrativ ist, dass ihre Erlöse nicht kampflos den Rivalen überlassen werden. Es gab noch viele andere Punkte, über die man sich einig war, z. B. einen Schuldenerlass für arme Länder, damit sie sich Impfstoffe leisten können, was eine weitere Subvention für die Impfstoffhersteller darstellt und ebenfalls zu Kautskys Argumentation passt: der gemeinsamen Ausbeutung der Dritten Welt. Die EU schlug vor, sich auf das Programm des Weltwirtschaftsforums (den *Great Reset*) mit dem Slogan „Build Back Better" zu konzentrieren. Die Menschheit habe auf diesem Gipfel einen großen Schritt in Richtung Einheit gemacht, räumte Israel Shamir ein, fügte jedoch hinzu, dies sei zwar besser als Uneinigkeit, Konflikte und Krieg, aber die Einheit der Staats- und Regierungschefs und der Experten sei noch keine Einheit der von ihnen vertretenen Völker.

In der Tat ist der anhaltende Volksaufstand eine unvermeidliche Quelle der Uneinigkeit. Denn eine gemeinsame Politik in diesem Bereich ist angesichts so vieler unterschiedlicher Gegebenheiten praktisch unmöglich, und die Versuchung, Zugeständnisse auf Kosten des anderen zu machen, ist zu groß. Hinzu kommt die rein wirtschaftliche Rivalität, denn praktisch alle Länder werden von einer kapitalistischen Oligarchie kontrolliert, die direkt oder indirekt nach Maximalprofiten strebt (in Russland, China und Iran wird die Macht mit einer Staatsklasse geteilt), aber nicht überall gleich fest im Sattel sitzt.

Es gibt nicht nur eine Rivalität zwischen den USA und China, sondern auch zwischen den USA und der EU in Bezug auf China. So hat die EU im Januar 2021 nach Beratungen zwischen Xi Jinping, Merkel und Macron ein Investitionsabkommen geschlossen, das nominell auch die Chancen europäischer Unternehmen in China erhöht, aber in erster Linie chinesischen Unternehmen den Zugang zur EU ermöglicht.[407] Dass dieses Abkommen, über das sieben Jahre lang verhandelt wurde, kurz vor Bidens Amtsantritt abgeschlossen wurde, hat mit den Plänen der neuen Regierung in Washington zu tun, einen härteren Kurs gegenüber Peking einzuschlagen.[408] Angesichts der extrem instabilen internationalen Wirtschaftslage und der durch die Lockdowns drohenden Depression ist das fast ein Rezept für einen Krieg – der einzige Bereich, in dem die USA mit der NATO noch eine Chance haben, China zu besiegen.

Dies bringt uns zu den Profitmöglichkeiten, die die „Pandemie“ der Pharmaindustrie bietet, und deren Verflechtung mit den Plänen des IT-Machtblocks, die Weltbevölkerung unter ständige Überwachung zu stellen (*leave no one behind*).

6
Die „Pandemie" als Katastrophenkapitalismus

Wir haben gesehen, dass sich nach dem Zusammenbruch des Ostblocks und der UdSSR im Westen eine moralische und politische Krise abzuzeichnen begann. Ab der Jahrtausendwende und insbesondere nach dem Finanzkollaps von 2008 mehrten sich Anzeichen von Unruhen und sogar Aufständen. Unter den Szenarien für eine Antwort auf diese Herausforderungen stand die Option einer „Pandemie" mit dem damit verbundenen Ausnahmezustand schon früh auf der Tagesordnung. Der mehrfach erwähnte biopolitische Komplex, der u. a. über Bill Gates und die Bill & Melinda Gates Foundation, Michael Bloomberg und die Gesundheitsinstitute der Johns Hopkins University mit dem dominierenden US-Geheimdienst-IT-Medienblock verbunden ist, verfolgte unter diesen Umständen eine Strategie der räuberischen Bereicherung, die als Katastrophenkapitalismus bezeichnet wird.

Die Rolle der pharmazeutischen Unternehmen in diesem Komplex ist am besten als parasitärer Faktor zu verstehen. Mit diesem Sektor betreten wir eine tatsächlich kriminelle Sphäre, was keine polemische Übertreibung ist. Die Pharmaunternehmen sind ausnahmslos Wiederholungstäter, wenn es um falsche Informationen über Medikamente, einschließlich Impfstoffe und verwandte Therapien, geht. Als sich bei der Suche nach einem Alptraumszenario der Weg einer Pandemie abzeichnete und die WHO mit ihrer neu erworbenen, formalen Autorität eine führende Rolle dabei übernahm, mischten die Pharmakonzerne mit, wie sie es schon bei der Schweinegrippe getan hatten.

Ich beginne mit der Rolle der Gates-Stiftung und verfolge dann, wie sich die Koalition hinter dem Pandemieszenario im Laufe der Jahre 2018/19 bildete, lange bevor „das Virus" bekannt wurde. Dann wenden wir uns den experimentellen Therapien auf Grundlage des menschlichen Genoms zu, die derzeit entwickelt werden und die, wenn auch mit einer radikal verkürzten Testphase, die Menschheit in eine neue Ära führen sollen. Das ursprüngliche Ziel der permanenten Überwachung einer unruhigen Weltbevölkerung erhält hier eine biopolitische Wendung. Die damit einhergehende Korruption reicht weit über alle bisherigen Skandale großer Pharmakonzernen hinaus. Es hat sich sogar die Illusion durchgesetzt, politische Fehlentwicklungen könnten biochemisch verhindert werden, eine zwar verfrühte, dennoch bemerkenswerte Entwicklung, die ungebremst den Kurs der zukünftigen Forschung bestimmen wird. Das Kapitel schließt mit einem kurzen Rückblick auf die Zukunftsvisionen, die über eine künstlich intelligente Menschheit entwickelt wurden, bevor wir im letzten Kapitel zur aktiven, authentischen Intelligenz zurückkehren, ohne die eine humane Zukunft nicht denkbar ist.

Der biopolitische Komplex und die Gates-Stiftung

In dem Kraftfeld, das die Welt Anfang 2020 in einen Ausnahmezustand versetzte, repräsentieren die Pharma- und Biotech-Konzerne das, was Naomi Klein in ihrer *Schock-Strategie* als „Katastrophenkapitalismus" bezeichnet. Nach einer katastrophalen Krise öffnet die radikale Privatisierung unter dem Motto „Wiederaufbau" die Türen für Unternehmen, die die Notlage als Profitquelle nutzen wollen.[409]

Es ist nicht schwer, diesen Mechanismus auch in der Covid-Krise am Werk zu sehen. Der Katastrophenkapitalismus besteht hier in den Möglichkeiten, die sich für die Pharmaindustrie und die dahinter stehenden Finanziers ergeben. In Europa sind Krankenhäuser und die dazugehörige Gesundheitsindustrie nicht in dem Maße in privater Hand wie in den USA, aber auch hier zieht sich der Staat immer weiter zurück. Die eigentliche Privatisierung wird teilweise ersetzt, teilweise ergänzt durch die Abschaffung von Prüfverfahren für neue Medikamente und Impfstoffe. Deutlich wird dies bei den experimentellen Gentherapien, die in großer Eile auf den Weg gebracht werden, ohne dass geklärt, geschweige denn öffentlich diskutiert würde, ob dies gerechtfertigt ist. Die IT-Branche und die Medien unterstützen dieses kriminelle Unterfangen, indem sie objektive Informationen, kritisches Hinterfragen und generell Ansichten unterdrücken, die dem pharmazeutischen Katastrophenkapitalismus in die Quere kommen könnten.

Wir wissen, dass die WHO im Jahr 2005 den Mitgliedstaaten ein Dokument vorlegte, das deren Verpflichtungen im Falle einer Gesundheitskrise festlegt. Eine dieser Verpflichtungen besteht darin, Medikamente und Impfstoffe im Rahmen von Vorverträgen zu kaufen, sobald die WHO eine Pandemie ausruft. Damals bezeichnete eine Pandemie eine grenzüberschreitende Epidemie eines neuen Typs, die zu einer großen Zahl von Infektionen und Todesfällen führt – eine Definition, die 2009 nach unten korrigiert wurde. Für Novartis, Hofmann-La Roche, Baxter Vaccines, GlaxoSmithKline, Sanofi Pasteur und andere Pharmaunternehmen waren diese Verträge eine Goldgrube, die dazu beitrug, dass die pharmazeutische Industrie heute zu den Sektoren mit der höchsten Rentabilität gehört.

Der Covid-Ausnahmezustand weist alle Merkmale der Biopolitik auf, wie sie von dem Michel Foucault definiert wurde. Dass er dabei den neoliberalen Kapitalismus als solchen und die damit verbundene, tief in den menschlichen Organismus eindringende Marktdisziplin im Sinn hatte, lasse ich hier außen vor. In seinen Vorlesungen in den 1970er Jahren wies Foucault darauf hin, dass Macht – einschließlich der Macht, einen Ausnahmezustand zu verhängen – nicht mehr in erster Linie auf der Ebene des Nationalstaates ausgeübt wird. Sie hat sich auf die internationale Ebene verlagert, an die Schnittstelle, „wo die Natur im Sinne der physischen Elemente in die Natur im Sinne des Zustands der menschlichen Gattung eingreift". Er schließt mit einer erschreckenden Passage: „Hier wird der Souverän eingreifen wollen, *wenn er die menschliche Gattung verändern will.*"[410]

Wie erwähnt, gibt Foucault in der Regel nicht an, wer das Subjekt dieses „Willens“ ist, denn er neigt dazu, sich nicht mit der Rolle der herrschenden Klasse zu befassen, wenn er seine Erkenntnisse über die Disziplinierung der Bevölkerung darlegt. In der gegenwärtigen Covid-Krise besteht jedoch kein Zweifel, dass es sich um ein globales Projekt handelt, bei dem die einzelnen Staaten die Relaisstationen sind. Von den nationalen Regierungen und Expertengremien kann daher nicht erwartet werden, dass sie über alle Details des ursprünglichen autoritären Szenarios Bescheid wissen. Dieses Wissen ist vorhanden, aber nicht in Form eines einzigen Masterplans. Es zirkuliert in mehr oder weniger vollständigen Fassungen in den verschiedenen transnationalen Netzwerken und erreicht dort ein gewisses Maß an Kohäsion und Konsens. Es gibt nie eine einzige Quelle, keinen „Schwab“, der alles erfunden hat und den gesamten Prozess hinter den Kulissen steuert. Der Gründer und Animator des Weltwirtschaftsforums ist allenfalls der Sekretär des Projekts, besser gesagt: einer Reihe sich überschneidender Projekten.

Wenn wir den biopolitischen Komplex als Machtfaktor identifizieren wollen, ist die im Jahr 2000 gegründete Bill & Melinda Gates Foundation zweifellos sein zentraler Bestandteil. Der biopolitische Komplex umfasst darüber hinaus (neben der Pharmaindustrie) den eigentlichen Gesundheits- und Pflegesektor, die internationalen und nationalen Organisationen, die sich der öffentlichen Gesundheit widmen, wie die WHO, die Gesundheitsabteilung der Weltbank, nationale Institutionen des öffentlichen Gesundheitswesens wie die CDC und die NIH in den USA und ihre Äquivalente in anderen Ländern sowie Nichtregierungsorganisationen wie „Ärzte ohne Grenzen“.

Im Zentrum des Interesses von Gates steht der globale Markt für synthetische Medikamente, insbesondere „fortschrittliche“ therapeutische Technologien. Wie kein anderer ist er ein Verfechter des biochemischen Ansatzes bei der Behandlung von Krankheiten und der Medikalisierung sozialer Probleme. In dieser Hinsicht setzt die

Gates-Stiftung die Tradition der Rockefeller-Stiftung fort, die vor dem Ersten Weltkrieg maßgeblich an der Förderung der modernen, auf dem allopathischen Ansatz basierenden Medizin beteiligt war. In diesem Zusammenhang sollte nicht vergessen werden, dass, wie erwähnt, Medikamente in den USA und Europa zur dritthäufigsten Todesursache nach Herz-Kreislauf-Erkrankungen und Krebs aufgestiegen sind.[411]

Weltweite Impfkampagnen waren und sind das Hauptanliegen von Gates. Die Entwicklung von Impfstoffen wird als kürzester Weg zur öffentlichen Gesundheit angesehen, viel mehr als eine Verbesserung der Lebensbedingungen oder die Stärkung der Gesundheitsvorsorge. Sie ist sicherlich auch der profitabelste. Die Globale Allianz für Impfstoffe und Immunisierung (Global Alliance for Vaccines and Immunization, GAVI) erhielt bei ihrer Gründung 1999 eine Starthilfe von 750 Millionen Dollar von Gates, und von 2000 bis 2014 finanzierte die Gates-Stiftung ein weiteres Viertel (2,4 Milliarden Dollar) ihres Gesamtbudgets. Außerdem gelang es Gates, reiche Staaten wie Deutschland und andere dazu zu bewegen, große Beträge beizusteuern.[412]

Auf dem Weltwirtschaftsforum in Davos im Jahr 2010 rief Gates dazu auf, die nächsten zehn Jahre zum „Jahrzehnt der Impfstoffe" zu machen, und sagte dafür 10 Milliarden Dollar zu. Im Dezember desselben Jahres wurde ein „Globaler Impfstoff-Aktionsplan" formuliert, für den Gates auch die WHO, das UN-Kinderhilfswerk (Unicef) und Dr. Fauci gewinnen konnte. Fauci gehörte neben Anthony Lake von Unicef, Margaret Chan, der Leiterin der WHO, und anderen dem Führungsteam des Projekts an.[413]

Aufgrund ihres Reichtums und gezielter Subventionen haben Gates und seine Stiftung einen beispiellosen Einfluss, den nur der zweitreichste Wellcome Trust annähernd erreicht. Seit 2004 übersteigen die jährlichen Zuweisungen der Gates-Stiftung für den Gesundheitsbereich den Haushalt der WHO.[414] Martens und Seitz stellten fest, dass Stiftungen wie die von Gates den reichen Ländern und ihren Unternehmen in den Entwicklungsländern freie Hand lassen, indem sie öffentlich-private Partnerschaften mit Pharmaunternehmen und der Agrarindustrie eingehen. Die Biotechnologie (Gentechnik) spielt dabei eine große Rolle, im Gesundheitswesen wie auch in der Landwirtschaft. In diesem Zusammenhang sind auch die Verbindungen zwischen der Gates-Stiftung und der Pharmaindustrie von Bedeutung. Die vielen Doppelbesetzungen und Subventions- und Investitionsmuster des biopolitischen Komplexes erinnern an den militärisch-industriellen Komplex. Die Direktoren der Gates-Stiftung kommen häufig von großen Arzneimittelherstellern wie Merck, GlaxoSmithKline, Novartis, Bayer HealthCare Services und Sanofi Pasteur. Die Gates-Stiftung wiederum gewährt mehreren dieser Unternehmen Zuschüsse, ist aber auch an ihnen beteiligt, so dass diese Zuschüsse zum Teil Spenden an ihr eigenes Vermögen sind. Darüber hinaus gibt die Stiftung Geld an Interessengruppen wie die Drug Information Association (die von der pharmazeutischen Industrie betrieben wird) und das International Life Sciences Institute (das von den großen Agrarkonzernen finanziert wird). Im Jahr 2006 gründete Gates zusammen mit der Rockefeller Foundation eine Allianz für eine „grüne" (gentechnische) Revolution in Afrika, AGRA.[415]

Der Einfluss, den sich Gates in den Medien erkauft hat, wurde bereits in Kapitel 3 erörtert. Im Jahr 2015 gab die Gates-Stiftung außerdem fast 400.000 Dollar an das Poynter Institute, um das Internet nach unerwünschten Gesundheitsinformationen zu durchforsten und im Gegenzug „Faktenchecks" durchzuführen. In seiner PR-Arbeit überhäuft das Poynter Institute die McChrystal-Gruppe des ehemaligen JSOC-Kommandeurs und Befehlshabers in Afghanistan mit Lob. Wir haben bereits gesehen, dass die McChrystal Group die führende Cyber-Propaganda-Firma in den USA ist, die Städte und Staaten bei Lockdowns berät und die PR-Arbeit für große Pharmaunternehmen übernimmt. Im Wahlkampf 2020 war die Gruppe über DefeatDisinfo.org aktiv und diskreditierte Trumps

Aussagen über Covid. Darüber hinaus führt sie Kampagnen gegen Covid-Skeptiker und „Anti-Vaxxer" durch.[416]

Zwar prahlte Gates 2013 und 2014 in öffentlichen Vorträgen damit, wie viele Menschenleben seine Arbeit durch Partnerschaftsabkommen mit der Pharmaindustrie gerettet habe (in einer Rede sprach er von 10 Millionen, in einer anderen von 6 Millionen). Seine Doppelrolle als Investor und Geldgeber hat ihn laut Tim Schwab in Wirklichkeit zu einem Hindernis für Versuche gemacht, armen Bevölkerungen Medikamente zugänglich zu machen, weil geistiges Eigentum (Patente) geschützt werden muss.[417]

Gates' Vergleiche von Epidemien mit Krieg waren auch auf einer Konferenz in Vancouver 2015 zu hören, als er über die Ebola-Krise in Westafrika sprach. Dort beklagte er, „wir" seien auf die nächste Epidemie nicht vorbereitet.[418] Wenn es etwas gebe, das in den kommenden Jahrzehnten mehr als 10 Millionen Menschen töten werde, warnte er, dann höchstwahrscheinlich ein hochansteckendes Virus und kein Krieg – keine Raketen, sondern Mikroben. In einem Interview erklärte er, dass er mit dem Wellcome Trust und MasterCard zusammenarbeite, um antivirale Mittel – Impfstoffe und andere Therapien – zu entwickeln. Was MasterCard mit antiviralen Mitteln zu tun hat, ist fraglich, aber es besteht kein Zweifel, dass das Unternehmen, wie wir noch sehen werden, Teil des Blocks von Kräften ist, die in der Covid-Krise die Macht ergriffen haben, genauer gesagt: ein Bindeglied zwischen dem IT-Komplex und der Finanzwelt.

In der „Pandemie" wurde deutlich, dass Gates und der biopolitische Komplex die Gelegenheit nutzen wollten, um eine umfassende, teure Produktion von Testkits, antiviralen Mitteln und gentechnisch veränderten Impfstoffen in Gang zu setzen und an die Regierungen zu verkaufen. Eine gefährdete Weltbevölkerung immer und immer wieder einem Test- und Behandlungsregime zu unterziehen, sollte dann zur „neuen Normalität" werden.[419] Darüber hinaus wurde der primäre Gesundheitssektor weitgehend umgangen – und damit auch die seit langem bewährten Medikamente, die sich als wirksam gegen Covid-19 erwiesen. Daraus lässt sich schließen, dass wir es mit einer Philosophie zu tun haben, in der die Menschheit als eine Biomasse von 7,5 Milliarden Exemplaren betrachtet wird, die wie landwirtschaftliche Nutzpflanzen mit Hilfe von Gentechnik verwaltet, kontrolliert und nach den Grundsätzen der Eugenik verbessert werden kann. Impfungen sind besonders wichtig, um sich Zugang zum menschlichen Organismus zu verschaffen, nicht so sehr als Schutz vor Krankheiten.

Aber Gates mag astronomisch reich sein und weltweit wie ein Staatsoberhaupt empfangen werden, Macht und Einfluss der Gates-Stiftung mögen unermesslich, die WHO von den bedingten Spenden des Microsoft-Gründers abhängig sein – nur die Gesundheitsorganisation selbst kann als exklusives völkerrechtliches Gremium die Anweisungen von Gates und dem biopolitischen Komplex, in dem er die dominierende Kraft ist, autoritativ an die Mitgliedsstaaten weitergeben. Nur die WHO kann auf der Grundlage der vertraglichen Verpflichtungen, die die Staaten 2005 eingegangen sind und in den Folgejahren ratifiziert haben, verbindliche Politik vorschreiben. Deshalb kann Gates die WHO nicht ignorieren, denn die Souveränität des Kapitals drückt sich formal nur durch ihre Autorität nach 2005 aus.

Bis zum Rückzug der USA aus der WHO durch Trump war die Gates-Stiftung die zweitgrößte Finanzierungsquelle der Weltgesundheitsorganisation. Für kurze Zeit war Gates die größte, bis Biden den Austritt rückgängig machte. Fauci, der wichtigste biopolitische Beamte im US-Staatsapparat (seine Rolle wurde unter Biden noch aufgewertet), begrüßte diese Entscheidung vor laufender Kamera mit Glückwünschen an „seinen Freund" Tedros bei der WHO. Aber Gates ist der Hauptprotagonist, und das nicht immer in einer positiven Rolle. Im Gegenteil. Bereits 2008 beschwerte sich der Leiter des Malariaprogramms der WHO in einem internen Memorandum an Margaret Chan, der Einfluss von Gates behindere die wissenschaftliche Entwicklung, weil er abweichende Meinungen verwerfe und eine einheitliche, von der Gates-Stiftung gebilligte Linie durchziehe, was „gefährliche Folgen für den globalen gesundheitspolitischen Prozess haben könnte".[420] Doch in den Jahren nach dem Finanzcrash nahm der Einfluss von Gates und seiner Stiftung weiter zu, und immer mehr Interessenten schlossen sich dem von ihm gegründeten Kern einer „Katastrophenkapitalismus"-Operation an.

Konvergenz der Interessen hinter dem Pandemieszenario

Bill Gates und Microsoft bilden somit das Bindeglied zwischen dem nationalen Sicherheitskomplex der USA, der privatisierten IT-Industrie und den dahinter stehenden Milliardären sowie den Medien auf der einen Seite und dem biopolitischen Komplex um die Gates-Stiftung und die Pharmaindustrie auf der anderen Seite. Die Vorstellungen über die angemessene Antwort auf die Herausforderung einer unzufriedenen Weltbevölkerung, eines möglichen neuen Finanzkollapses und des Aufstiegs Chinas nahmen allmählich Gestalt an als Szenario, wie es Zelikow 1998 am Miller-Institut formuliert hatte. Ein öffentlicher Mythos, der durch einen Schock, ein prägendes Ereignis entsteht, der von der jeweiligen politischen Gemeinschaft (den Intellektuellen, die für Oligarchie und städtische Kader sprechen) geteilt und propagiert wird und den die Massen für real halten.

Ein solches Szenario entwickelt sich ähnlich wie ein „organisches" Herrschaftskonzept, da seine Bestandteile in Denkfabriken und Planungsgremien wie der Trilateralen Kommission, dem WEF etc. zirkulieren. Dort entsteht eine Synthese zwischen den verschiedenen Interessen und ein einheitliches Narrativ, eine „Storyline", die den Kurs logisch und selbstverständlich erscheinen lässt. Die Schaffung eines öffentlichen Mythos durch ein schockartiges Ereignis erfordert einen schnelleren Weg durch diese Netzwerke, aber ansonsten hat sich die transnationale Koalition hinter dem Pandemieszenario auf die gleiche Weise gebildet wie zuvor. WHO, Weltbank, EU und untergeordnete oder anderweitig verbundene internationale Organisationen sind somit erneut in einem Quasi-Staat auf internationaler Ebene zusammengeschlossen. Ihre Verbindung zu den USA als führendem Staat im Westen und in der Welt ist in jeder Kombination anders – jedesmal werden unterschiedliche Formen der Souveränität, private und öffentliche, zu einer komplexen, vielschichtigen Struktur kombiniert, in deren Zentrum das transnationale Kapital und die USA stehen.

2016 wurde auf dem Weltwirtschaftsforum in Davos das Projekt „Innovation for Uptake, Scale and Equity in Immunization" (INFUSE) ins Leben gerufen, entwickelt von GAVI. Wie es mit Impfpässen und dem Sammeln von Biodaten zusammenhing, werden wir später sehen.[421] Im folgenden Jahr wurde die bereits erwähnte Coalition for Epidemic Preparedness Innovations (CEPI) von den Regierungen Norwegens und Indiens, Weltwirtschaftsforum, Wellcome Trust und wiederum der Gates-Stiftung gegründet.

Anlässlich des 100. Jahrestags der „Spanischen Grippe" veranstaltete das WEF 2018 zusammen anderen einschlägigen Netzwerken ein Treffen zur Bekämpfung der *mit Sicherheit* erwarteten Pandemie. Die Welt war darauf schlecht vorbereitet: nicht so sehr durch Kürzungen im Gesundheitswesen, Krieg, Luft- und Wasserverschmutzung, sondern „zunehmenden Handel, Reisen, Bevölkerungsdichte, Vertreibung, Migration, Entwaldung (…) und den Klimawandel". Daher habe „eine neue Ära des Epidemierisikos begonnen".[422] Diese neue Ära war auch für die Pharmaindustrie angebrochen, die sich dank „revolutionärer neuer Biotechnologien" nun in der Lage sah, mit Pandemien fertig zu werden; eine dringende Notwendigkeit, da allein eine große Grippepandemie die Weltwirtschaft eine halbe Billion Dollar kosten könnte.

An der WEF-Sitzung zur Spanischen Grippe nahm natürlich auch die Gates-Stiftung teil, außerdem die Institutionen, die sie auf die Beine gestellt hatte, also GAVI, CEPI, die International AIDS

Vaccine Initiative (1994 von der Gates- und der Rockefeller-Stiftung gegründet), und selbstverständlich die Pharmaindustrie. Und zwar mit Abgesandten der International Federation of Pharmaceutical Manufacturers' Associations (IFPMA), aber auch von einzelnen Unternehmen wie GlaxoSmithKline (dem größten Nutznießer der Schweinegrippe), Becton, Dickinson & Co. (medizinische Ausrüstung und Tests), Henry Schein (zahnmedizinische Ausrüstung, aber auch Vertrieb von Pfizer-Impfstoffen; das Unternehmen, das den Whistleblower Leonard Horowitz feuerte) und IBM (dieses Unternehmen hatte Ende 2016 eine Vereinbarung mit Pfizer über die Entwicklung immunologischer Produkte unter Einsatz künstlicher Intelligenz unterzeichnet; wir wissen bereits, dass ein Team unter Leitung des Direktors von IBM Watson für Südasien als erstes entdeckte, dass SARS-2 ein Laborprodukt war). Schließlich waren auch die medizinischen Fakultäten zweier Universitäten (Johns Hopkins und Georgetown) sowie Air Asia vertreten.

Bei diesem Treffen spielte das weltweit größte PR-Unternehmen Edelman eine wichtige Rolle. Auf seiner Website behauptet Edelman, es habe das Konzept des „Geschichtenerzählens" durch die Medien (einschließlich der Schaffung der ersten „Medientour") eingeführt, um Produkte zu verkaufen und Unternehmensmarken aufzubauen. Nach seiner Gründung im Verbrauchermarketing diversifizierte das Unternehmen in die Bereiche Gesundheit, öffentliche Belange, Technologie und Krisenmanagement. Das jährliche „Vertrauensbarometer" von Edelman misst, inwieweit diese „Geschichten" tatsächlich geglaubt werden, und wir haben bereits in Kapitel 2 gesehen, dass dies für die herrschende Ordnung in die falsche Richtung geht. Der Begriff „herrschende Klasse" trifft auf Richard Edelman, den Präsidenten und Eigentümer, zweifellos zu: Er ist Mitglied des Exekutivkomitees des Atlantic Council und diverser prominenter Organisationen: CFR, WEF, Aspen Institute, Jerusalem Foundation usw.[423]

Neben Edelman war auch die BBC (selbst millionenschwerer Nutznießer der Gates-Stiftung) vor Ort, um sicherzustellen, dass jede „Geschichte" über eine Pandemie maximale Resonanz erfährt. Zweifellos hat sich die BBC genau an dieses Drehbuch gehalten. Ironischerweise war es jedoch eine große Studie von Edelman, die im Januar 2021 deutlich machte, dass diese „Geschichte" an Glaubwürdigkeit verliert. Das Unternehmen spricht sogar von einem „Informationsbankrott".[424] Aber das war beim WEF-Jubiläumstreffen zur Spanischen Grippe, in jeder Hinsicht ein Propagandaforum des biopolitischen Komplexes, noch nicht zu ahnen.

Ein Jahr später, im Juli 2019, veröffentlichte ein neues transnationales Gremium, das Global Preparedness Monitoring Board (GPMB), seinen ersten Jahresbericht. Diese Organisation war von der Weltbankgruppe und der WHO einberufen worden, um die Welt auf „das Schreckgespenst eines allgemeinen Gesundheitsnotfalls" vorzubereiten. Konkret handelte es sich um die „sehr reale Bedrohung durch eine sich schnell entwickelnde, sehr tödliche Pandemie eines Erregers der Atemwege, die 50 bis 80 Millionen Menschen töten und fast 5 Prozent der Weltwirtschaft auslöschen würde".[425] In Wirklichkeit ging es diesem Gremium vor allem darum, einen internationalen Notstand auszurufen, mit strengen Verpflichtungen für die einzelnen Staaten. Der Schwerpunkt liegt auf der „Verhinderung von Ausfällen; wenn einer nicht mitmacht, können alle zugrunde gehen".[426]

Organisationen, die diese Ausrichtung im Großen und Ganzen teilen, gab es schon früher: Die Global Health Crises Task Force and Panel wurde vom UN-Generalsekretär nach der Ebola-Epidemie 2014-2016 eingerichtet. Wenn wir jedoch ein Netzwerk benennen sollten, in dem die Übertragung von Befugnissen von legitimen Regierungen auf ein globales Leitungsgremium, das sein Mandat aus einem biopolitischen Ausnahmezustand ableitet (auch wenn dieser noch nicht erkennbar ist), dann ist es das GPMB. Dieses Gremium entscheidet nicht darüber, wozu eine neue biopolitische Katastrophe dienen soll (diese Aufgabe fällt vorrangig dem Weltwirtschaftsforum mit *The Great Reset* zu), aber es würde mit Sicherheit die Umsetzung steuern, etwa nach dem Rockefeller-Lockstep-Szenario.

Wir können daher die selbstgefällige Lobpreisung der „Unabhängigkeit“ des GPMB getrost vergessen. Unabhängig ist es nur von parlamentarischer und anderer demokratischer Kontrolle. Unter Führung von Gro Harlem Brundtland (der norwegischen Ex-Ministerpräsidentin und Ex-WHO-Generaldirektorin) und Elhadj As Sy (Generalsekretär der Internationalen Föderation der Rotkreuz- und Rothalbmondgesellschaften) gehörten dem GPMB an: die Leiter der Nationalen Medizinischen Akademie der USA, des Global Development Program der Gates Foundation, des Wellcome Trust, des NIAID (Fauci), der Unicef sowie die Gesundheitsminister (und ähnliche Beamte) von Chile, China, Indien, Japan, Russland, Ruanda u. a., finanziell unterstützt durch die deutsche Regierung, die Gates Foundation, den Wellcome Trust und von Resolve to Save Lives (einer Stiftung, die von Gates, Michael Bloomberg und Mark Zuckerberg finanziert wird). Arbeitspapiere für das GPMB wurden vom Johns Hopkins University Center for Health Security und der University of Oxford in Zusammenarbeit mit dem Royal Institute of International Affairs in London (Chatham House) zur Verfügung gestellt.

In seinem Bericht weist das GPMB die Regierungschefs der einzelnen Länder an, „ihre verbindlichen Verpflichtungen gemäß den Internationalen Gesundheitsvorschriften von 2005“ zu erfüllen, in denen die neue Autorität der WHO festgeschrieben ist. Diese Bereitschaft sei als „integraler Bestandteil der nationalen und globalen Sicherheit, der universellen Gesundheitsversorgung und der Ziele für nachhaltige Entwicklung (SDGs)“ zu verstehen. Bei einer „sich rasch ausbreitenden Pandemie von Atemwegserkrankungen aufgrund eines tödlichen Erregers (unabhängig davon, ob dieser natürlich entstanden ist oder versehentlich oder absichtlich freigesetzt wurde)“ müssten die Geber und multilateralen Institutionen verstärkt in die Entwicklung innovativer Impfstoffe und Therapien investieren. Kein Wort über die allgemeine Gesundheit der Bevölkerung (die vorrangig von Sicherheit, angemessener Ernährung, Wasser- und Luftqualität sowie angemessenem Wohnraum, Arbeit und Bildung abhängt, nicht von „innovativen Impfstoffen und Therapien"). Paradoxerweise ist die Gesundheit keine Priorität des globalen biopolitischen Komplexes. Es ist auch nicht seine Aufgabe, die anhaltenden Kriege und die Gewalt in der Welt zu beenden. Die Impfstoff-Allianz GAVI spielt eine wichtige Rolle bei der Vorbereitung und Überwachung: Das GPMB fordert „neue Therapien und Breitspektrum-Virenschutzmittel" sowie die „Herstellung von Impfstoffen" (insbesondere von Impfstoffen, die auf Nukleinsäuren basieren).[427] Foucaults visionäre Aussage über die „Veränderung der menschlichen Spezies" erfährt hier eine düstere Bestätigung.

Die Gentherapie wurde auch vom Johns Hopkins Center for Health Security in der bereits erwähnten Übung *Clade X* empfohlen, die auf dem Szenario eines in Deutschland geklonten Virus basiert, der eine weltweite Pandemie auslöst (in Kapitel 3 habe ich die Rolle dieser Übung in der Kampagne zur Untergrabung von Trumps Wiederwahl untersucht). *Clade X* wurde von der Open Philanthropy Foundation des Facebook-Mitbegründers Dustin Moskovitz gesponsert, der auch das Future of Humanity Institute an der Universität Oxford finanziert. Dieses Institut, das von dem schwedischen Philosophen Nick Bostrom geleitet wird, sieht den technologischen Fortschritt als eine Gefahr, gegen die es eigentlich nur ein Mittel gibt: die präventive polizeiliche Überwachung. Kurzum, das Szenario der integrierten Überwachungsgesellschaft, wie es der Geheimdienst-IT-Medienkomplex vorschlägt, muss international koordiniert werden.[428] Auch das Global Preparedness Monitoring Board betrachtet „Protokolle für die öffentliche Sicherheit, Schließung von Schulen und Betrieben, Protokolle für den Luftverkehr und das Transportwesen, Kommunikationsprotokolle, Bereitschaft in der Lieferkette" als Maßnahmen, zu denen sich die Staaten in den Vereinbarungen von 2005 im Zuge der SARS-1-Angst verpflichtet haben.

Obwohl sich der Ausschuss auf die Aufgaben des biopolitischen Komplexes konzentriert, ist er nicht blind für die politische Unsicherheit, die mit der plötzlichen Einführung des neuen Szenarios einhergeht. Er weist darauf hin, dass das Vertrauen in die Institutionen schwindet, wie das Edelman-Barometer bereits seit mehreren Jahren feststellt. Regierungen, Wissenschaftler, die Medien, öffentliche Gesundheitseinrichtungen und die Angehörigen der Gesundheitsberufe selbst sehen sich in vielen Ländern mit einem Vertrauensverlust konfrontiert. „Desinformation" in den sozialen Medien verschärft die Situation und kann die „Krankheitsbekämpfung" behindern.[429]

Dass die EU tatsächlich der Brennpunkt der Sorge um ein drohendes „1848" war, mit Frankreich als Hotspot, bestätigen Pläne zur Einführung einer Überwachungsgesellschaft unter dem Deckmantel einer Pandemie. Ende April 2018 veröffentlichte die Europäische Kommission einen Vorschlag für Impfpässe und Anfang 2019 einen Fahrplan zur Umsetzung der Optionen für ein gemeinsames biometrisches Dokument. Bis 2022 soll dies in verbindlichen Rechtsvorschriften verankert werden. Insbesondere müssten „innovative Impfstoffe" (Gentherapeutika) „zur Bewältigung künftiger Gesundheitsbedrohungen" zugelassen und der einschlägigen Industrie eine Schlüsselrolle eingeräumt werden.[430]

Im September 2019 folgte ein „Impfgipfel", der von der Europäischen Kommission gemeinsam mit der WHO, vertreten durch ihren Chef Tedros, organisiert wurde. Auch hier stand der Kampf gegen Desinformation über Impfstoffe ganz oben auf der Tagesordnung. Politische Entscheidungsträger und prominente Persönlichkeiten aus Wissenschaft, Medizin, Wirtschaft und Philanthropie sowie die „Zivilgesellschaft" mussten sich aktiv an diesem Unterfangen beteiligen. Es stellte sich jedoch heraus, dass die „relevante Industrie" nicht europäisch war: Die hier vertretenen Pharmaunternehmen waren Pfizer und Moderna (die später den revolutionären gentechnisch veränderten „Impfstoff" herstellten) sowie Facebook.[431] Unter den verschiedenen Rundtischgesprächen war dasjenige mit dem Titel „In Vaccines We Trust" wichtig, weil es die Rechtsgrundlagen für Impfungen in den verschiedenen Ländern verglich. In einigen EU-Mitgliedstaaten werden Impfungen empfohlen, in anderen sind sie für alle, für schulpflichtige Kinder bzw. sogar für Kindergartenkinder gesetzlich vorgeschrieben. Als Maßstab dienten die USA mit ihrer umfassenden Impfpflicht. Allerdings musste die Impfpflicht, obwohl sie sehr wirksam ist, mit Bedacht eingeführt werden, um keine Anti-Impfstimmung zu provozieren. Außerdem sind Pflichtimpfungen teuer und nur in Ländern mit hohem Einkommen möglich.[432]

Für die Entwicklungsländer unterzeichneten UNO-Generalsekretär Antonio Guterres und WEF-Chef Klaus Schwab Mitte Juni 2019 in New York eine Vereinbarung, um die Einführung der Agenda 2030 für nachhaltige Entwicklung zu beschleunigen. Grob gesagt handelt es sich dabei um die Agenda, die Schwab in seinem Buch als *Great Reset* festgelegt hat: die ökologischen und sozialen Voraussetzungen für die Einführung der digitalen Gesellschaft in armen Ländern über öffentlich-private Partnerschaften.[433] Als die „Pandemie" schließlich Tatsache war, wurden 80 armen Ländern IWF-Kredite (mit einem gewissen Schuldenerlass) in Höhe von insgesamt einer Viertelbillion unter bestimmten Bedingungen gewährt, eine der wichtigsten war die Umsetzung der Covid-Maßnahmen. Die Weltbank, Partner der WHO im GPMB, sagte bereits im Februar 2020 Hilfe in Höhe von 150 Milliarden Dollar für „betroffene Länder" zu. Besondere Aufmerksamkeit wurde Indien, Nigeria und der Mongolei zuteil, obwohl in keinem dieser Länder zu diesem Zeitpunkt ein einziger „Corona-Fall" festgestellt worden war. Dennoch führte die Mongolei die Pflicht zum Tragen von Gesichtsmasken ein und verhängte eine Ausgangssperre. Auch Nepal war auf das Schlimmste vorbereitet. Im April 2020 erhielt es 26,9 Millionen Dollar von der

Weltbank, Anfang Mai folgten 214 Millionen Dollar vom IWF, nachdem Nepal im März einen Lockdown mit Quarantänelagern verhängt hatte.[434] Das in Kapitel 1 erwähnte Weißrussland, das ein Angebot der Weltbank in Höhe von fast einer Milliarde Dollar angesichts der zu erfüllenden Bedingungen ablehnte, sowie der unerwartete Tod des Präsidenten von Tansania lassen sich so in die richtige Perspektive rücken, auch wenn die Einzelheiten in letzterem Fall noch immer im Dunkeln liegen.

Die Generalprobe: Event 201

Im Oktober 2019, am Vorabend der „Pandemie", trafen sich die inzwischen bekannten Protagonisten des Virus-Szenarios zu einem Symposium in New York, *Event 201 – A Global Pandemic Exercise*, unter Leitung des von Bloomberg gesponserten Johns Hopkins Center for Health Security (das inzwischen einer der Autoren der Simulation *Dark Winter* von 2001 leitete), der Gates Foundation und des World Economic Forum. *Event 201* war eine groß angelegte Simulation, ein „germ game" (eine Anspielung auf „war game"). Die Simulation eines Virusausbruchs (diesmal von einem brasilianischen Schwein) sollte innerhalb von 18 Monaten zum Tod von 65 Millionen Menschen führen, zu einer weltweiten wirtschaftlichen Depression, die ein Jahrzehnt andauern würde, usw. Unter den Teilnehmern waren die Centers for Disease Control (CDC) der USA, der in den USA ausgebildete Dr. George Gao (Leiter der chinesischen Gesundheitsbehörde), ein ehemaliger stellvertretender Direktor der CIA, der jetzt als Lobbyist für IT-Unternehmen bei der US-Regierung und den Geheimdiensten tätig ist, sowie Vertreter des Pharmasektors, insbesondere Johnson & Johnson und Henry Schein (Vertreter von Pfizer-Impfstoffen), sowie die Gesundheits- und Risikospezialisten anderer Großunternehmen.[435]

Zentrales Interesse galt erneut der Gefahr einer „Infodemie", einer Flutwelle von Desinformationen. Empfohlen wurde eine Verschärfung der Zensur sozialer Medien und sogar die völlige Sperrung des Internets. Im vierten Teil des Drehbuchs gab Matthew Harrington (CEO der PR-Firma Edelman, die sich auch bei früheren Übungen um die „Storyline“ der Pandemieszenarien kümmerte) den Ton an. Harrington betonte, die IT-Giganten, die die Social-Media-Plattformen betreiben, müssten im Falle einer Pandemie in die Rolle von Rundfunkanstalten schlüpfen, d. h. Nachrichten nach einer klaren redaktionellen Politik auswählen. Ihre Aufgabe sei es, „die Zone mit den richtigen Standpunkten zu überschwemmen“. Daher schlug er vor, einen zentralen Knotenpunkt einzurichten, von dem aus die richtige Perspektive und die „Schlüsselbotschaften“ an die unteren Ebenen weitergegeben werden könnten.

Andere Teilnehmer unterstützten Harringtons Forderung nach einer strengeren Kontrolle der sozialen Medien. Chen Huang (Apple/Google) ging noch einen Schritt weiter und argumentierte, dass das Internet notfalls abgeschaltet werden sollte, „um Panik zu vermeiden“. Admiral Stephen Redd vom Public Health Service hatte sogar die Idee, Menschen mit „negativen Überzeugungen“ in den sozialen Medien aufzuspüren; eine gewaltige Aufgabe, aber wie ein anderer Redner hinzufügte, könnten Regierungen stürzen, wenn dies nicht in Angriff genommen würde, wie es im Arabischen Frühling geschah. Der Finanzminister Singapurs sprach sich sogar dafür aus, Dissidenten zu verhaften und vor Gericht zu stellen.[436] Dies erinnert uns an den ursprünglichen Auslöser für den pandemischen Ausnahmezustand: die Angst, dass Unruhen nicht mehr eingedämmt werden können.

Darüber hinaus wurden die besonderen Interessen der Pharmaunternehmen berücksichtigt. Dr. Gao (auch Mitglied des Global Preparedness Management Board) warnte vor „Gerüchten“, dass das Virus aus einem Labor stamme und ein Pharmaunternehmen dahinter stecke. Adrian Thomas von Johnson & Johnson wiederum äußerte sich besorgt über die mögliche öffentliche Wahrnehmung, schlecht getestete Impfstoffe könnten tödliche Folgen haben, und fragte sich, ob sein Unternehmen und die Konkurrenten das Richtige täten, wenn sie Todesfälle und Infektionen in Studien meldeten.[437] Es ist bemerkenswert, welches Gespür die Teilnehmer dafür hatten, worauf sich die „Desinformation“ konzentrieren würde.

Damit kommen wir zu den „Impfstoffen“, die in Wirklichkeit gentechnische Therapeutika sind, denen sich Regierungen, Parlamente und Mainstream-Medien vorbehaltlos verschrieben haben und bei denen sie keinen Widerspruch dulden.

Die schöne neue Welt der DNA-Impfstoffe

Impfungen haben in reichen Ländern mit hohen Hygienestandards einen wichtigen Beitrag zur Gesundheitssituation geleistet, obwohl oft darauf hingewiesen wurde, dass sie auch dort Gefahren bergen. Dennoch hat sich die Impfung allmählich von einem unterstützenden Mittel zum vorrangigen Instrument der Gesundheitsfürsorge entwickelt. In der gegenwärtigen Covid-Krise hat dies ein Stadium erreicht, in dem offensichtlich alle Vorsicht über Bord geworfen wurde. Die Impfung von mehr als 7 Milliarden Menschen, die in der Regel nicht krank sind, ist ein Eldorado, das eine ganze Reihe von pharmazeutischen Entdeckern zu erobern versucht. Schließlich ist „Heilung“ kein wirkliches Ertragsmodell. Viel profitabler ist es, Menschen von Medikamenten abhängig zu machen, unabhängig davon, ob sie überhaupt krank zu werden drohen, und genau das wird durch die aktuelle Krise ermöglicht. Die Verabreichung einer intravenösen Gentherapie, die unerwartete Wirkungen zeigt, kann sogar – gewollt oder ungewollt – eine dauerhafte Folgebehandlung einleiten. Schließlich mag die Pandemie in erster Linie eine Pandemie der Angst sein, aber es besteht die reale Chance, dass die Anwendung überstürzt zugelassener Medikamente im großen Stil eine echte Katastrophe auslöst.

Schwere Krankheiten können bereits durch die Züchtung von Viren für Impfstoffe auf tierischem Gewebe verursacht werden: von

Autismus und chronischer Müdigkeit bis hin zu Krebs und Alzheimer. Bei 40 Prozent der Patienten mit frühem Prostatakrebs wurden in den Tumoren integrierte Sequenzen eines retroviralen Mausvirus gefunden. 2012 berichteten Harvard-Forscher der WHO, dass durch Xenotransplantation von Spezies zu Spezies fremde Krankheitserreger in die menschliche Bevölkerung eingeschleppt werden könnten. Ein exogenes Retrovirus kann, sobald es assimiliert wurde, die DNA der Wirtszelle auf unvorhersehbare Weise verändern, wobei Krebs das typische Krankheitsbild ist.[438]

Dennoch hat sich die der westlichen Medizin zugrunde liegende Philosophie, wie so viele Aspekte der kapitalistischen Gesellschaft, zunehmend auf technisch-wissenschaftliche Heilmittel verlagert. Dabei haben chemische und biochemische Lösungen wiederum Vorrang vor elektromagnetischen, obwohl viele Körperfunktionen mit letzteren zusammenhängen. Die Medikalisierung sozialer und psychischer Probleme und die Profitmöglichkeiten des biopolitischen Komplexes, insbesondere der Pharmaindustrie, fördern diese Sichtweise. Ausgeblendet werden die angeborene und erworbene Immunität, ein gesunder Lebensstils und andere Aspekte.

Von der mRNA zur Moderna

Wir haben in Kapitel 4 gesehen, dass der Prozess, durch den Viren in den Körper gelangen, mit „Updates" eines Computerbetriebsprogramms verglichen werden kann. So ist es nur eine Frage der Zeit, bis die Idee aufkommt, dass das, was die Natur kann, auch der Mensch lernen und kommerziell einsetzen kann. Im Jahr 2010 äußerte sich der kanadische Wissenschaftler Dr. Derek Rossi, der in Harvard arbeitete, zu diesem Punkt. Ihm war es gelungen, die Nukleinsäuremoleküle, die die genetischen Anweisungen für die Zellentwicklung tragen, „umzuprogrammieren".[439] Diese Moleküle, die „Boten-Ribonukleinsäure" (mRNA), enthalten die notwendigen Anweisungen, um die Produktion von Proteinen in der Zelle zu beeinflussen („auszudrücken"). Bernal definiert Leben als die Bewegung von Protein-Nukleinsäure-Kombinationen, so dass die betreffende Forschung den ultimativen Kern unserer Existenz erreicht hat.

Bereits 2009 zitierte Frank Ryan Forscher, die von zukünftigen therapeutischen Manipulationen humaner endogener Retroviren schwärmten.[440] Diese Zukunft wird jedoch überstürzt vorgezogen, indem man nun Milliarden von Menschen mRNA „gegen Covid" injiziert. Ganz abgesehen davon, dass dies bis in den Kern des Lebens vordringt und wir äußerste Vorsicht walten lassen sollten, um das menschliche Immunsystem, das sich im Laufe der Evolution entwickelt hat, nicht durch unbedachte Experimente aus dem Gleichgewicht zu bringen. Die Störung des Mikrobioms wird bereits länger mit nicht übertragbaren Krankheiten und Autoimmunerkrankungen in Verbindung gebracht, die in der industrialisierten Welt immer häufiger auftreten.[441]

Als Rossi 2014 in den Ruhestand ging, schloss er sich mit dem Investor Flagship Pioneering zusammen, um seine Entdeckung Moderna (zusammengesetzt aus Modern und RNA) zu vermarkten. Im Jahr 2016 gab Flagship Pioneering per Presseerklärung die weitere Zusammenarbeit mit Astra-Zeneca, Bayer Crop Science und Nestlé Health Science bekannt.[442] Damit wurde eine Unternehmenskoalition rund um die Gentechnik sowohl bei Nutzpflanzen als auch beim Menschen gebildet. Die Website von Moderna gibt einen Einblick in die Vision der Erfinder dieser neuen Technologie. Dem Unternehmen zufolge ist die mRNA-Plattform wie das Betriebssystem eines Computers zu sehen, wobei das mRNA-Medikament als Programm oder „App" fungiert. Das Revolutionäre ist der genetische Code, der ein Ribosom (der RNA- oder DNA-Strang in einer Zelle) anweist, ein Protein herzustellen. Die mRNA liefert die Software und kann beliebig kombiniert werden (d. h. unterschiedliche mRNA-Codes für unterschiedliche Krankheiten). Allerdings muss das Immunsystem umgangen werden, weil es sonst nicht funktioniert; die Ribosomen müssen so reagieren, als handelte es sich um eine natürliche mRNA, und den Code genau lesen.[443] Das tut nun auch das manipulierte SARS-2-Virus: Es dringt in die Zelle ein, ohne eine Immunreaktion auszulösen.[444]

Sowohl Moderna als auch Pfizer (zusammen mit dem deutschen Unternehmen BioNTech) entwickelten später einen mRNA-Impfstoff, der das von Pradhans Gruppe entdeckte HIV-Spike-Protein, das das Immunsystem von innen heraus aktiviert, exakt nachahmt.[445] Ursprünglich hatten sowohl Moderna als auch BioNTech das Ziel, eine Krebstherapie zu entwickeln, als der SARS-2-Alarm dazwischenkam. Angesichts der sich abzeichnenden ungeahnten Gewinnchancen wechselten sie kurzerhand zur Bekämpfung der „Pandemie". In der Zwischenzeit hat Moderna, an dem Rossi selbst nicht mehr beteiligt ist, dank seiner Verbindungen zu CEPI (einer der Zweigstellen der Gates-Stiftung) und DARPA, dem Forschungsarm des Pentagon, Aufträge der US-Regierung in Höhe von einer halben Milliarde Dollar erhalten.[446] Mit der mRNA-Technik sollen nun so viele Menschen wie möglich geimpft werden, am besten die gesamte Weltbevölkerung, und zwar mit einer stark verkürzten Testphase, bei der die Phase der Tierversuche völlig übersprungen wird.

Die Idee ist, dass das Protein des Virus, auf das das Immunsystem reagieren muss, nicht mehr im Labor hergestellt wird, sondern in den menschlichen Zellen selbst, angeregt durch die von außen eingebrachte mRNA. Das Immunsystem ist dann in der Lage, einen ähnlichen Erreger zu bekämpfen. Frühere Tierversuche (nicht bei Covid, wo Tierversuche übersprungen werden) führten jedoch entweder sofort oder – in den meisten Fällen – später zum Tod, wenn ein anderes Virus durchkam: Handelt es sich um ein Virus, das mit dem in der injizierten mRNA kodierten verwandt ist, kann es zu einer Überreaktion (Zytokinsturm) kommen, bei der das Immunsystem den eigenen Körper angreift, was zu Sepsis und Organversagen führt.[447] Jedes Virus, das in die Zellen eindringt, kann nun ein „Superantigen" aktivieren, das von einem endogenen Retrovirus kodiert wird. Ein solches Superantigen, ein bakterielles oder virales Gift, verursacht eine immunologische Überreaktion, sprich: eine Autoimmunerkrankung. Da die Reaktionssysteme der Zelle nicht immer in der Lage sind, zwischen menschlicher und viraler DNA und RNA zu unterscheiden, vor allem wenn die Zellen von deren Rückständen überwältigt werden, kann dies äußerst schwerwiegende autoimmune Folgen haben, etwa Multiple Sklerose oder Alzheimer.[448]

Professor Dolores Cahill vom University College Dublin war eine der ersten, die auf diese Gefahren hinwiesen. Nachdem sie erklärt hatte, dass Covid-19 ein Deckmantel sei, um die Bevölkerung ihrer Rechte zu berauben und sie einer Zwangsimpfung zu unterwerfen, wurde sie ihres Amts als stellvertretende Vorsitzende des Europäischen Ausschusses für innovative Arzneimittel enthoben. Cahill warnte, neben Autoimmunkrankheiten könnte es auch tödliche Folgen haben, wenn innerhalb weniger Monate oder eines Jahres nach der Impfung ein anderes Virus übertragen würde.[449] Mehrere frühere Studien wiesen in die gleiche Richtung. Nach dem Ausbruch von SARS in den Jahren 2002/03 wurde bereits nach einem Impfstoff gesucht, auch die Gentherapie wurde an Mäusen erprobt; die Impfstoffe erwiesen sich als wirksam gegen SARS, verursachten aber Immunstörungen in der Lunge, die auf eine Überempfindlichkeit gegen Bestandteile des SARS-Virus hinwiesen. Damals warnten die Forscher davor, dies an Menschen auszuprobieren. Es ist immer riskant, gegen ein Atemwegsvirus zu impfen, weil das die Anfälligkeit für andere Viren erhöhen kann („Virusinterferenz").[450]

Nicht alle Pharmaunternehmen folgen dem mRNA-Weg. AstraZeneca und Johnson & Johnson sowie deren niederländische Tochtergesellschaft Janssen haben eine Methode entwickelt, Gene von SARS-2 über ein anderes Virus in die Zelle einzuschleusen (in beiden Fällen stellt sich die Frage, woher sie diese „Gene von SARS-2" haben, denn ob dieses Virus je isoliert wurde, ist fraglich). Novovax und Sanofi Pasteur setzen auf ein SARS-2-Protein oder Proteinfragment, um die Immunantwort auszulösen; das russische Sputnik-V ist ebenfalls ein Gentherapeutikum. Nur Sinovac aus China benutzt ein abgeschwächtes SARS-2-Virus als Immunstimulans, ist also die einzige Substanz, die die Bezeichnung „Impfstoff" beanspruchen kann und unter entsprechende Rechtsvorschriften fällt.[451] Pfizer und Moderna haben selbst darauf hingewiesen, dass der von ihnen entwickelte Impfstoff *nicht* als Impfstoff, sondern als „Gentherapie" zu betrachten ist.[452]

Parallel zu den erwähnten Übungen und Simulationen liefen die Vorbereitungen für einen groß angelegten Einsatz der revolutionären Gentherapien. Bereits im Juni 2019, bevor irgendjemand von einem möglichen neuen Virus wusste, meldete Dietmar Hopps deutsche Biotech-Firma CureVac zusammen mit der Tesla-Tochter Grohmann (Eigentümer Elon Musk) ein Patent auf RNA-Impfstoff-„Druckereien" an, die in der Lage sein würden, die Stoffe in Rekordzahlen herzustellen.[453] Die Gates-Stiftung hatte sich bereits im Februar 2015 mit 2 Millionen Dollar an CureVac beteiligt, als das Unternehmen einen mRNA-Impfstoff entwickelte, danach wurden weitere 2 Milliarden Dollar zugesagt. Die deutsche Regierung wiederum erwarb einen Anteil von 300 Millionen Euro, um es in deutscher Hand zu halten.[454]

Ein weiterer Serumspender stammt von Inovio, einem Konkurrenten von Moderna, der auf DNA-Immuntherapie und -„Impfstoffe" spezialisiert ist. Inovio wird vom USAMRIDD finanziert, um ein tragbares Gerät zur Verabreichung von DNA-Impfungen zu entwickeln. Das Unternehmen hat Erfahrung mit DNA-Impfstoffen gegen Coronavirus-Infektionen wie MERS und erhielt einen CEPI-Zuschuss für die Entwicklung eines Covid-19-Impfstoffs. Die MERS-DNA-Impfung wird zur Zeit im Nahen Osten getestet.[455]

DARPA und die Defense Threat Reduction Agency (DTRA) unterstützten Inovio bei der Entwicklung eines Ebola-Impfstoffs. Zudem verfügt das Unternehmen über einen DNA-Impfstoff gegen das Zika-Virus, der aber in den USA nicht für den Einsatz beim Menschen zugelassen ist. Außerhalb der USA wird viel experimentiert. 2013 begannen in Georgien zwei größere Programme: eines unter Schirmherrschaft der NATO (!) zur Erforschung von Milzbrandimpfungen beim Menschen (das frühere Programm für solche Impfungen bei Nutztieren wurde 2007 eingestellt); das andere war ein DTRA-Projekt zur Tularemie-Krankheit, das bis 2016 dauerte.[456]

Es zeigt sich immer wieder, dass sowohl hinter dem biopolitischen als auch hinter dem IT-Medien-Machtblock die Strategie des amerikanischen nationalen Sicherheitskomplexes steht. Im Januar 2020 erklärte Luciana Borio, Mitglied des Nationalen Sicherheitsrates (wo sie für die Bioverteidigung zuständig war) und inzwischen Vizepräsidentin von In-Q-Tel (dem Investitionszweig der CIA), dass in der Covid-Krise die Entwicklung und der Einsatz von diagnostischen und später therapeutischen Instrumenten zum Hauptanliegen gemacht werden mussten.[457]

Ein alarmierender Aspekte des Übergangs von der mechanischen zur psychologischen Kriegsführung gegen die Bevölkerung ist, dass nun auch der menschliche genetische Code ins Visier gerät.[458] Die Förderung (u. a. durch das Global Preparedness Monitoring Board) von Impfstoffen auf Nukleinsäurebasis zeigt, dass es sich um eine bewusste Strategie handelt. Der Slogan „Niemanden zurücklassen“, der bei der Bekämpfung der Malaria, anderer Krankheiten, der Armut oder auch de weltweiten Hungers nie verwendet wurde, spricht Bände.

Die Impfstoff-Bonanza

Nach der Ausrufung der „Pandemie“ stürzten sich die großen Pharmaunternehmen auf den Markt für innovative gentechnische Impfstoffe, meist in Zusammenarbeit mit akademischen oder privaten Biotech-Start-ups. Offensichtlich war ihnen klar, dass die Politik der Angst nie dagewesene Gewinnmöglichkeiten eröffnete. Die Impfung der gesamten Weltbevölkerung von bald 8 Milliarden Menschen, vorzugsweise als Pflichtimpfung, stellt einen Markt dar, den es nie zuvor gab.

Ein Problem ist, dass es bereits eine erfolgreiche Erstbehandlung für Covid gibt: das Malariamittel Hydroxychloroquin (HCQ). Es ist seit 1955 frei erhältlich und hat sich in Kombination mit Zink und einem Antibiotikum (Azithromycin) bei Patienten mit Symptomen innerhalb von vier Tagen als wirksam erwiesen. Mitte Februar 2020 wurden in China positive Ergebnisse mit HCQ gemeldet; in den USA entwickelte der New Yorker Arzt Vladimir Zelenko das Drei-Komponenten-Protokoll, auch akademische Fachleute empfahlen das Medikament.[459] In Frankreich etwa (in der genannten Kombination und in der ersten Phase, nicht später) Professor Didier Raoult von der IHU-Mediterranée in Marseille, einer der fünf weltweit führenden Wissenschaftler auf dem Gebiet übertragbarer Krankheiten. Raoult geriet unter Beschuss der Regierung Macron und von Sanofi-Pasteur, das einen Impfstoff entwickelte. Im Januar 2020 ließ die französische Gesundheitsministerin, Ehefrau eines leitenden Angestellten des Institut Pasteur, HCQ von der Liste frei verkäuflicher Medikamente streichen; fortan war ein Rezept erforderlich – möglicherweise ein Hinweis, dass die Pharmaindustrie HCQ als Bedrohung ansah.[460] Im Herbst 2020 erstattete die französische Gesellschaft für Infektionskrankheiten (Spilf) Anzeige gegen Raoult, weil er angeblich in der Öffentlichkeit für eine „neue" Behandlungsmethode warb, deren Wirksamkeit nicht ausreichend belegt sei.[461] Laut dem Dokumentarfilm *Hold Up* erhielt Raoult auch eine Morddrohung, wie sich herausstellte von einem Kollegen mit engen Verbindungen zum US-Pharmakonzern Gilead Sciences, und im Juni 2021 drang die Polizei wegen des Verdachts der Korruption in sein Institut in Marseille ein.[462] Andernorts gab es ähnliche Maßnahmen, um HCQ als mögliche Behandlung zu verdrängen: In den Niederlanden kaufte die Gesundheitsbehörde Ende März 2020 die HCQ-Bestände auf und wies einen Arzt der ersten Stunde an, es trotz offensichtlicher Wirksamkeit nicht mehr zu verschreiben. Großbritannien erließ ein Exportverbot für HCQ. Auch Fauci vom NIAID sprach sich gegen HCQ aus, möglicherweise weil, wie ein von Sandra Depuydt zitierter Finanzexperte freimütig bemerkte, ein Covid-Präparat nicht existieren darf, wenn es keinen Profit bringt.[463]

In der Folge kamen weitere einfache und wirksame Mittel wie Ivermectin als Erstbehandlung ins Spiel, aber es war nun klar, dass hier andere als medizinische Erwägungen im Spiel waren. Facebook, LinkedIn und Twitter sowie die Google-Tochter YouTube machten keinen Hehl aus ihrer Absicht, der offiziellen Linie zu folgen, dass diese billigen Medikamente in den Augen der Öffentlichkeit verdächtig gemacht werden müssten.[464]

Die Pharmaindustrie war inzwischen in den Wettlauf um milliardenschwere Impfstoffbestellungen eingestiegen und versuchte, wie schon bei der Schweinegrippe-Krise, einen angeblichen „Notfall“ zu nutzen, um die Suche nach neuen Therapien, diesmal experimentellen Gentherapien, zu beschleunigen. Da eine vorläufige Zulassung durch die Aufsichtsbehörden nur erteilt werden kann, wenn im Notfall keine Alternative zur Verfügung steht, kann man die Verbote von HCQ und Ivermectin als Vorbedingung für die Vermarktung eilig entwickelter Medikamente durch die Pharmariesen verstehen.

Ein Sektor mit Vorstrafen

Die pharmazeutische Industrie weist eine Bilanz auf, für die sich ein Spitzenkrimineller nicht schämen müsste. 2009 wurde berichtet, dass ein Zehntel bis ein Viertel des Umsatzes der Pharmaindustrie durch Korruption, d. h. Betrug und Bestechung, verloren geht. Einer anderen Studie zufolge verwenden Pharmaunternehmen 14 Prozent ihrer Gewinne für Forschung und Entwicklung und 35 Prozent für „Marketing und Verwaltung“.[465] Daran hat sich nichts geändert: kriminelles Verhalten ist die Regel, und der Sektor wird weiterhin mit Geldstrafen und Klagen überhäuft, die in der Regel mit einem Vergleich enden, aber dennoch die Schwere der begangenen Straftaten zeigen. Der Betrug, um den es hier geht, umfasst alle Formen der Täuschung, der Fälschung und der Lüge über die Sicherheit von Arzneimitteln. Im Jahr 2003 deckte die *New York Times* auf, dass Bayer in den 1980er Jahren Millionen von Hämophilie-Patienten mit einem Blutgerinnungsmittel belieferte, das in Asien und Lateinamerika mit dem HIV-Virus verseucht war, während man den Patienten im Westen eine sichere Version lieferte. Letztendlich musste Bayer eine Vergleichszahlung von 600 Millionen Dollar akzeptieren.[466] Zwischen 1991 und 2015 wurden insgesamt 373 Vergleiche zwischen den US-Behörden (meist der Bundesregierung) und der pharmazeutischen Industrie geschlossen, die sich auf insgesamt 35,7 Milliarden Dollar beliefen.[467] In einer Aktualisierung für 2016/17 veröffentlichte *Public Citizen* Zahlen, die darauf hinweisen, dass sich der Abwärtstrend bei den Bußgeldern 2014/15 nicht fortgesetzt hat, weil trotz niedrigerer durchschnittlicher Bußgelder erneut bundesweite Vergleiche in Höhe von 2,8 Milliarden Dollar geschlossen wurden.[468] Darüber hinaus hat das US-amerikanische Institut zur Entschädigung für Impfnebenwirkungen (VICF) seit 1988 mehr als 4 Milliarden Dollar an Schadenersatz gezahlt, davon mehr als 3,7 Milliarden seit 2006.[469]

Wie das Beispiel Bayer zeigt, ist auch der europäische Pharmasektor regelmäßig in alle Arten von Betrug und Täuschung verwickelt. Erst im Jahr 2020 verhängte die französische Wettbewerbsbehörde gegen die Pharmakonzerne Novartis, Genentech (ein US-Unternehmen) und Roche wegen Betrugs Geldstrafen von insgesamt 444 Millionen Dollar.[470] Roche stellte unter anderem Tamiflu her, angeblich ein Heilmittel gegen die Schweinegrippe von 2009. Das *British Medical Journal* deckte später auf, dass Experten, die der WHO zum Einsatz dieses und anderer antiviraler Mittel rieten, Geheimverträge mit den Herstellern hatten. Im Jahr 2017 strich die WHO Tamiflu von der Liste der unentbehrlichen Arzneimittel, weil es nicht wirkt; die lobenden Artikel, in denen es empfohlen wurde, stammten offenbar von Werbetextern, die für den Hersteller Roche arbeiteten. In den USA wurde Roche im Jahr 2020 zu einer Geldstrafe von 59,7 Millionen Dollar verurteilt, aber das Unternehmen setzt sich dennoch wieder mit aller Kraft für eine Covid-Behandlung ein.[471] Sanofi-Pasteur, das seit 1967 ein Antiepileptikum vermarktet, von dem es seit Anfang der 1980er Jahre wusste, dass es zu Missbildungen in der Schwangerschaft führen kann, wurde erst 2020 angeklagt; der französische Staat musste Schadenersatz an die Opfer zahlen. Sanofi-Pasteur ist mit zwei Projekten mit verschiedenen Biotech-Partnern im Rennen um einen Covid-Impfstoff, das eine basiert auf einem Rheumamittel, das andere auf einem DNA-Impfstoff. Dass die Firma 2012 und 2013 in den USA mit einer Geldstrafen von 152 Millionen Dollar belegt wurde, hält sie nicht davon ab, mit einer experimentellen Behandlung auf den Markt zu gehen. Ein anderes französisches Unternehmen, Servier, brachte 1978 ein Mittel gegen Diabetes (Mediator) auf den Markt, das sich nicht nur als unwirksam, sondern als giftig erwies und zu Herzproblemen führte. Trotzdem blieb das teure Medikament bis 2009 auf dem Markt. Servier wurde im März 2021 wegen Betrugs verurteilt, hat das Urteil aber angefochten.[472]

Neben den eigentlichen Pharmaunternehmen gibt es Vertriebsunternehmen, die sich in Betrugsfällen einen Namen gemacht haben. Sowohl First Databank (FDB), eine Tochtergesellschaft des Medienkonzerns Hearst, die Impfstoffe online verkauft, als auch das bereits erwähnte Unternehmen Henry Schein, das neben seiner eigenen zahnmedizinischen Ausrüstung auch Impfstoffe von Pfizer vertreibt, waren in Betrugsfälle verwickelt.[473]

Eine der Praktiken der pharmazeutischen Industrie bei der Entwicklung neuer Medikamente ist, nach Abschluss der Tierversuche (die bei Covid-Impfstoffen übersprungen wurden) Versuche an Menschen in armen Ländern durchzuführen. Bis vor kurzem war Afrika der Kontinent, auf dem dies geschah. In den Jahren 1997 bis 2003 wurde der HIV-1-Hemmer Nevirapin an ugandischen Frauen getestet, bei denen schwere Nebenwirkungen auftraten und von denen einige starben. Da es keine Berichte darüber gab, konnten die Tests fortgesetzt werden. Auch Indien ist ein beliebtes Feld für diese Aktivitäten. Im Jahr 2003 starben acht Menschen in Hyderabad (ohne zu wissen, dass sie an einem Experiment teilnahmen), nachdem sie auf Streptokinase getestet worden waren. Insgesamt starben nach Angaben der indischen Regierung zwischen Januar 2005 und November 2017 fast 5.000 Menschen an den Folgen von Tests und Forschung.[474] Darüber hinaus wird vermutet, dass die Impfung zur Geburtenkontrolle eingesetzt wird. In Kenia verabreichten die WHO und Unicef 2014 eine Tetanusimpfung auf ungewöhnliche Weise (fünf Dosen) und nur an Frauen zwischen 14 und 49 Jahren.[475]

Angesichts der Erfolgsbilanz der Unternehmen, die derzeit um die Markteinführung ihres Covid-Medikaments konkurrieren oder es noch entwickeln, würde man erwarten, dass Fragen der Sicherheit und der Produkthaftung bei den Verhandlungen an erster Stelle stehen würden, und die EU setzte die Produkthaftung wohl tatsächlich auf die Tagesordnung. Inzwischen ist jedoch bekannt, dass die Herstellung keinerlei Haftung übernehmen. In den USA sind die Pharmaunternehmen durch eine staatliche Garantie im Rahmen des National Childhood Vaccine Injury Act von 1986 abgesichert, der die normale Haftung der Unternehmen für Schäden drastisch einschränkt.[476]

Schließlich sollte auch der korrumpierende Einfluss erwähnt werden, den Pharmaunternehmen auf medizinische Fachzeitschriften ausüben, die ihre Geschäftsstrategien wissenschaftlich unterstützen (oder auch nicht). Es hat sich herausgestellt, dass unter dem Druck der Industrie etwa die Hälfte der klinischen Studien letztendlich nicht veröffentlicht wird, in der Regel, weil sie über negative Ergebnisse berichten.[477] Hingegen erschien ein Artikel, in dem HCQ als gefährlich bezeichnet wurde, in der renommierten Zeitschrift *Lancet* und wurde in den Mainstream-Medien weithin zitiert. Er musste im Juni 2020 zurückgezogen werden, nachdem sich herausstellte, dass er auf gefälschten Daten beruhte. Die Rücknahme fand in den Medien kaum Beachtung. Als GlaxoSmnithKline (GKS) 2001 ein Antidepressivum auf den Markt brachte, wurde eine Studie veröffentlicht, die das Medikament für wirksam und risikofrei erklärte. Erst 2015 enthüllte das *British Medical Journal*, dass auch ein Selbstmordrisiko festgestellt worden war. Es stellte sich heraus, dass die Studie von 2001 von einem Ghostwriter im Auftrag von GKS verfasst worden war. 1999 brachte Merck, das älteste Pharmaunternehmen der Welt, das entzündungshemmende Medikament Vioxx auf den Markt, das bei Zehntausenden zu Herzstillstand führte und erst 2004 vom Markt genommen wurde. Bei Merck beschäftigte Autoren hatten geschrieben, das Medikament sei gut verträglich, obwohl Tests eine hohe Sterblichkeitsrate ergeben hatten.[478] Oben erwähnte ich die Ghostwriter, die im Auftrag von Roche Tamiflu in den Himmel lobten.

Die Herausgeber medizinischer Fachzeitschriften sähen sich gerne als Wächter über korrekte Informationen, aber die Pharmaindustrie ist Mitverfasser aller von ihnen veröffentlichten Artikel, und die Einnahmen aus Nachdrucken von Artikeln, die von dem Unternehmen gekauft werden, dessen Produkte darin empfohlen werden, sind eine wichtige Einnahmequelle (bei *The Lancet* mehr als die Hälfte der gesamten Einnahmen). Da ist Korruption schwer zu vermeiden. Nach Aussage des ehemaligen Herausgebers des *New England Journal of Medicine*, der auf eine 20jährige Erfahrung zurückblicken kann, ist es einfach nicht mehr möglich, einem Großteil der veröffentlichten klinischen Forschung zu glauben.[479]

Spitzenreiter im Rennen um eine Gentherapie

Welche Unternehmen spielen die Hauptrolle im „Kampf gegen Covid-19“? Ich setze das in Anführungszeichen, weil 98 bis 99 Prozent der Menschheit nicht einmal merken, dass dieses Virus sich verbreitet hat, und weil es, wie Erkältungsviren das nun mal tun, längst mutiert und dabei infektiöser, aber weniger gefährlich geworden ist. Allerdings kann in diesem Fall die „Impfung“ mit experimentellen Wirkstoffen unerwartete Folgen haben. Sehen wir uns die Hauptprofiteure der Covid-Panik und die Bereitschaft der Regierungen an, die als Impfstoffe verkauften Substanzen zu propagieren. Russische, chinesische und kubanische Alternativen lasse ich außen vor, denn hier geht es nicht um Gesundheit, sondern um Katastrophenkapitalismus und Profitmöglichkeiten, also um ein westliches Phänomen.

AstraZeneca. Das schwedisch-britische Unternehmen AstraZeneca hatte ursprünglich die Nase vorn bei der erwarteten Entwicklung eines revolutionären Impfstoffs gegen Covid-19. Es hatte sich mit der Universität Oxford als wissenschaftlichem Partner an dem Wettbewerb beteiligt. AstraZeneca war nie ein bedeutender Impfstoffhersteller, stand aber auf Platz 10 der weltweit am meisten mit Geldstrafen belegten Pharmaunternehmen, mit einer Gesamtsumme von 1 Milliarde Dollar an Geldstrafen allein in den USA. Die höchste Strafe stammt aus dem Jahr 2010 und betraf die Täuschung über die Sicherheit eines Medikaments.[480] Warum sollte eine Regierung ein solches Unternehmen für ein so sensibles und möglicherweise riskantes Produkt wie eine experimentelle Gentherapie auswählen? Ich nehme die Niederlande als Beispiel, weil die Auswahl von AstraZeneca in diesem Land von spektakulärer Korruption begleitet war, wie ich in der niederländischen Version dieses Buches ausführlich darlege. Hier fasse ich zusammen.

Im März 2020 ernannte der niederländische Gesundheitsminister den scheidenden Vorstandsvorsitzenden des Chemie- und Biotech-Riesen DSM (er war einen Monat zuvor zurückgetreten) zum neuen „Corona-Beauftragten", um den Mangel an Tests zu beheben und einen Impfstoff zu finden.[481] Schon bald unterzeichnete DSM einen Vertrag über die Lieferung von 2,8 Millionen Abstrichtupfern für PCR-Tests, aber der Corona-Beauftragte zog auch AstraZeneca hinzu, das Unternehmen, in dem sein eigener Bruder Karriere gemacht hatte (er wurde schließlich Präsident von AstraZeneca Deutschland). Daraufhin unterzeichnete das Gesundheitsministerium einen Vertrag über 200 Millionen Euro und reservierte weitere 700 Millionen für weitere Käufe. Der Vertrag wurde laut Gesundheitsminister zum

Staatsgeheimnis erklärt, weil Informationen darüber „den Interessen der Niederlande oder ihrer Verbündeten schweren Schaden zufügen" könnten. Was „Verbündete" mit der „Pandemie" zu tun haben, hätte ein echtes Parlament wissen wollen, aber das niederländische Unterhaus hatte zu diesem Zeitpunkt bereits seine Rolle als repräsentative Versammlung aufgegeben, wie so viele Parlamente in anderen Ländern. Erst als ein Privatmann den niederländischen Premierminister im August nach den familiären Verbindungen hinter der Wahl von AstraZeneca fragte, kündigte der Corona-Beauftragte seinen Rücktritt an.[482]

Dies war der Anfang vom Ende für den europäischen Spitzenreiter im Impfstoffwettbewerb. In seinen Verträgen mit den Regierungen hatte AstraZeneca noch vor der Entwicklung eines Impfstoffs festgelegt, dass das Unternehmen vier Jahre lang von der Haftung für Nebenwirkungen befreit sein würde. Laut dem Vorstandsvorsitzenden von AstraZeneca handelte es sich um eine „einzigartige Situation, in der wir als Unternehmen das Risiko einfach nicht eingehen können". Ebenso blieb es AstraZeneca überlassen, zu beurteilen, wann die „Pandemie" enden würde (zum Zeitpunkt der Abfassung dieses Buchs war das der Juli 2021, aber das Unternehmen kann jederzeit „in gutem Glauben" entscheiden, dass die Zeit noch nicht gekommen ist).[483]

Nun musste sich AstraZeneca sehr schnell etwas einfallen lassen (das Rennen gewann schließlich Pfizer, siehe unten). Im Dezember 2020 gab das Unternehmen bekannt, dass der mit Oxford entwickelte „Impfstoff" „sicher" sei und (in einer zweiten Pressemitteilung) dass die gewünschte Immunreaktion in der älteren Altersgruppe eingetreten sei. Der Impfstoff ChAdOx1 nCoV-2019 basierte auf einem Adenovirus (einem grippeähnlichen Virus, das die oberen Atemwege infizieren kann) in Kombination mit dem Spike-Protein von SARS-2, um das Immunsystem zu umgehen und in die menschliche Zelle zu gelangen.[484] Die Gefahr besteht bei dieser Art von Impfstoff nicht nur darin, dass sich das Adenovirus mit natürlichen

Viren rekombinieren und Hybride mit potenziell sehr gefährlichen Eigenschaften bilden kann; auch das Spike-Protein hat sich aufgrund seiner Wirkung auf die Blutgerinnung als gefährlich, wenn nicht als eigentlicher Auslöser der Covid-Symptome erwiesen. Wie wir sehen werden, können sich diese in jedem Teil des Körpers manifestieren, da das Spike-Protein im Gegensatz zu normalen Impfstoffen nicht in der injizierten Stelle, z. B. dem Oberarm, verbleibt, sondern durch die Blutbahn zirkuliert.

Im August 2020 unterzeichnete auch die EU einen Vertrag mit AstraZeneca (den ersten EU-Vertrag), der eine teilweise Haftungsübernahme vorsah. Die Europäische Kommission will ebenso wie die nationalen Regierungen ein Klima der Angst aufrechterhalten, um die Debatte zu ersticken und den Weg für eine direkte oder indirekte Zwangs-„Impfung" zu ebnen. Die gentechnische Veränderung von Pflanzen und Tieren unterliegt in der EU strengen Regeln, ganz zu schweigen davon, dass Menschen darauf beruhenden Behandlungen unterzogen werden könnten. Laut EU-Kommissarin Kyriakides ist jedoch keine Zeit zu verlieren. „Solange es keinen Impfstoff gibt, ist niemand sicher", erklärte sie, als sie die Regeln für neue Arzneimittelprüfverfahren vorübergehend außer Kraft setzte. Im November 2020 übernahm ein Lobbyist der Pharmaindustrie das Amt des Leiters der Europäischen Arzneimittelbehörde EMA und erteilte die vorläufige Zulassung.[485]

In der Zwischenzeit testete AstraZeneca die Impfstoffe an Menschen in den USA, Brasilien und Südafrika und ab August auch in Indien (für Tierversuche war keine Zeit); Oxford testete in England. Die Tests wurden im September abgebrochen, weil eine britische Teilnehmerin, eine 37jährige gesunde Frau, einige Wochen nach der zweiten Dosis eine transversale Myelitis, eine Entzündung des Rückenmarks, entwickelte. AstraZeneca gab die übliche Erklärung ab: es sei unwahrscheinlich, dass die Erkrankung mit dem Impfstoff zusammenhänge, und nahm die Tests in Brasilien und Großbritannien wieder auf. In den USA hingegen durfte das Unternehmen die Tests erst wieder aufnehmen, als die Sicherheitsbedenken „ausgeräumt" waren.

Der Stern von AstraZeneca, anfangs bei den Bestellungen an erster Stelle, begann zu verblassen, als kurz nach der Einführung des gentechnischen Impfstoffs der Mutterkonzern und die Universität Oxford einander hinsichtlich der erforderlichen Dosis widersprachen. Daraufhin kündigte AstraZeneca eine Zusammenarbeit mit dem russischen Unternehmen Sputnik an, um zu prüfen, ob die Wirksamkeit des eigenen Impfstoffs durch den ebenfalls gentherapeutischen V-Impfstoff von Sputnik verbessert werden kann. Dann machte das Unternehmen Schlagzeilen mit einer geplanten 39-Milliarden-Dollar-Übernahme des US-Pharmakonzerns Alexion (zuvor hatte AstraZeneca selbst eine feindliche 86-Milliarden-Dollar-Übernahme durch Pfizer abgewehrt). All dies trug zu einem starken Rückgang des Aktienkurses von AstraZeneca bei. Aufgrund dieser Probleme, insbesondere der schlechten Publicity im Zusammenhang mit Nebenwirkungen, ist AstraZeneca nun das Schlusslicht im Rennen, und alle Hoffnungen auf eine „europäische" Lösung haben sich damit erledigt.[486]

Bevor ich zu den anderen Unternehmen komme, möchte ich kurz auf die eigentlichen Tests, auf deren Grundlage die vorläufige Zulassung erteilt wurde, eingehen. William Haseltine, ehemals Professor an der Harvard Medical School, hat festgestellt, dass bei allen Tests nur junge und gesunde Probanden gespritzt wurden. Dabei waren die vorgebrachten Zahlen (für AstraZeneca 18.000) zwar beeindruckend, aber in Wirklichkeit beruhten die Testergebnisse auf weniger als 100 Fällen. Bei AstraZeneca sah das Testprotokoll vor, dass der „Impfstoff" als wirksam angesehen wurde, wenn von 50 geimpften Testpersonen weniger als zwölf Symptome entwickelten, während in der Kontrollgruppe der nicht geimpften Personen bei 19 Symptome auftraten.[487] Im Folgenden werden wir sehen, dass die anderen Spitzenkandidaten sich auf ebenso minimalistische Testprotokolle stützten. Das Testprotokoll von AstraZeneca (und dasselbe gilt für Pfizer, Moderna und Johnson & Johnson) fragte nicht danach, ob der „Impfstoff“ die Ausbreitung des Virus oder Todesfälle verhindert.

Pfizer. Der alteingesessene US-Gigant Pfizer und der Newcomer Moderna wenden die mRNA-Methode an. Pfizer arbeitete mit dem deutschen Biotechnologieunternehmen BioNTech zusammen, das von zwei türkisch-deutschen Mikrobiologen gegründet wurde, die inzwischen zu Multimilliardären geworden sind. Pfizer/BioNTech war das erste Konsortium, das bekannt gab, die Suche nach einem Impfstoff sei erfolgreich gewesen. Wie das Produkt von Moderna enthält auch dieses Nanopartikel, auf die ich weiter unten eingehen werde. Ende Juli, Anfang August begannen die Tests am Menschen (auch hier wurde auf Tierversuche verzichtet); am 9. November wurde die Nachricht veröffentlicht, der Börsenwert des Unternehmens stieg, und Albert Bourla, der CEO von Pfizer, verkaufte am Tag der Bekanntgabe des neuen Produkts zwei Drittel seiner Anteile am Unternehmen und machte Millionengewinne. (Um nicht des Insiderhandels bezichtigt zu werden, hatte er bereits im August eine Option für einen solchen Verkauf gezogen).[488] Im August 2019 hatte Pfizer ein Joint Venture mit GlaxoSmithKline gegründet, dem erfolgreichsten Katastrophenkapitalisten in der Schweinegrippe-Krise. Damit sollte, wie es in einer GSK-Pressemitteilung vom 1. August heißt, ein neuer, weltweit tätiger Pharma- und Impfstoffkonzern entstehen, der sich auf das Wissen über das Immunsystem, die Nutzung der Gentechnik und neue Technologien konzentriert.[489]

Dass Pfizer seinen Erfolg nach überstürzten Tests durch Pressemitteilungen (statt wissenschaftlichen Veröffentlichungen) publik gemacht hat, wird noch problematischer, wenn man sich das Strafregister des Siegers im Corona-„Impfstoff“-Rennen ansieht. Von 2000 bis 2015 wurde Pfizer allein in den USA zu insgesamt 3,4 Milliarden Dollar an Geldstrafen (durch Vergleiche) verurteilt. Die Strafen wurden 2004, 2009, 2013 und 2015 verhängt, wir haben es also mit einem Wiederholungstäter zu tun. 2009 wurde mit 2,3 Mrd. USD die bisher höchste Geldstrafe für Arzneimittelbetrug verhängt.[490] Die USA waren auch nicht der einzige Schauplatz von Fehlverhalten. 2009 gab das Unternehmen bekannt, es habe 53 Millionen Dollar in anhängigen Gerichtsverfahren wegen der Haftung für den Tod von Kindern in Nigeria im Zusammenhang mit dem bakteriellen Hirnhautentzündungsmedikament Trovan gezahlt, das es dort in den späten 1990er Jahren verabreicht hatte.[491] 2004 unterzeichnete Pfizer aufgrund seines Interesses an neuen Impfstoffen und Medikamenten eine Vereinbarung mit Genstruct, einem Unternehmen, das wie Moderna von Flagship Pioneering finanziert wird, um an einer neuen Generation von Medikamenten zu arbeiten. 2014 begann Pfizer mit der Finanzierung der Johns Hopkins University für ein Forschungsprogramm zum Thema „Strategische Immunisierung in Ländern mit niedrigem und mittlerem Einkommen".[492]

Nicht unerwartet war Anthony Fauci einer von denen, die das neue Medikament von Pfizer als Meilenstein anpriesen und seine baldige Zulassung vorhersagten. Die bereits erwähnten Risiken wurden dabei ebenso ausgeblendet wie die möglichen Folgen der Einspritzung von Nanopartikeln in den menschlichen Körper. Fauci selbst ist Inhaber eines Co-Patents für HIV-bezogene Peptide, die in den Gentherapien von Pfizer und Moderna verwendet werden. Nachdem das US-Gesundheitsministerium und das Pentagon Pfizer bereits im Juli 2020, als die Versuche begannen, einen Auftrag über 100 Millionen Dosen für 195 Milliarden Dollar erteilt hatten, mit der Option auf weitere 500 Millionen Dosen (wie bei Moderna und AstraZeneca erfordert der Impfstoff von Pfizer die Verabreichung von zwei Dosen), war die Zulassung eine ausgemachte Sache.[493] Um nicht zurückzubleiben, gab die EU bekannt, dass sie ebenfalls 300 Millionen Dosen des wertvollen Impfstoffs gekauft hatte, und im Mai 2021, nach dem Aus für das Produkt von AstraZeneca, folgte eine Bestellung von 1,8 Milliarden Dosen von Pfizer/BioNTech, vier für jeden EU-Bürger – Mann, Frau und Kind.

Auch Moderna partizipierte an dem Glücksfall. Nachdem im April 2020 eine Subvention der US-Regierung in Höhe von knapp einer halben Milliarde bekannt gegeben wurde, schossen die Aktien des Unternehmens in die Höhe. Wie Bourla bei Pfizer verdienten auch die Führungskräfte von Moderna kräftig mit. Im Laufe des Jahres 2020 verkaufte CEO Stéphane Bancel Moderna-Aktien im Wert von 40 Millionen Dollar, Chief Medical Officer Tal Zaks für 60 Millionen Dollar und Präsident Stephen Hoge für mehr als 10 Millionen Dollar, was stark nach Insiderhandel riecht.[494] Ab 1. Mai 2020 war das Unternehmen außerdem „strategischer Partner" des Schweizer Pharmakonzerns Lonza, der einen mRNA-Impfstoff von Moderna in Lizenz herstellte. Einige Tage zuvor war Moderna-Direktor und Glaxo-Veteran Moncef Slaoui in den Vorstand von Lonza berufen worden; am 15. Mai wurde er von Trump zum Projektleiter der Operation Warp Speed ernannt, um die Suche nach einem Impfstoff mit Blick auf die Wiederwahl des Präsidenten zu beschleunigen. Slaoui trat als Direktor von Moderna zurück, durfte aber seine Aktien behalten (allein seine Aktienoptionen waren um fast 200 Prozent im Wert gestiegen).[495]

Ende 2020 gaben Pfizer/BioNTech bekannt, der mRNA-basierte BNT162b2-„Impfstoff" habe eine 90-prozentige Wirksamkeit erreicht; die mRNA-1273 von Moderna übertraf dies mit 94,5 Prozent. BioNTech teilte das BNT162b1-Serum mit Shanghai Fosun Pharmaceutical Co., Ltd (Fosun Pharma), um eine Version für den chinesischen Markt zu entwickeln.[496] Diese offensichtlichen PR-Erfolge nahm die wissenschaftliche Gemeinde indes nicht einfach so hin. Das *British Medical Journal* stellte fest, die beiden Unternehmen hätten unvollständige Ergebnisse veröffentlicht, während die langfristigen Nebenwirkungen unbekannt seien und das Risiko, an Covid-19 zu erkranken, nur geringfügig (um weniger als ein Prozent) reduziert werde.[497] Der bereits zitierte emeritierte Harvard-Professor William Haseltine disqualifizierte ebenfalls die Testprotokolle von Pfizer und Moderna. Auch hier werden in der PR der Unternehmen große

Zahlen genannt, aber in Wirklichkeit basieren die Ergebnisse auf weniger als 100 Tests. Pfizer hatte sogar die kleinste Gruppe von allen, nämlich 32 Impflinge; bei sieben oder weniger mit Symptomen wurde der Impfstoff als erfolgreich angesehen (mit einer Kontrollgruppe von 25). Bei Moderna wurden 53 Personen geimpft; bei 13 oder weniger mit Symptomen (im Vergleich zu einer Kontrollgruppe von 40) wurde das Produkt als Erfolg gewertet.[498] Auf dieser Grundlage wird inzwischen Millionen von gesunden Menschen ein völlig neuartiges Medikament gespritzt. Wie wir noch sehen werden, hat diese Impfkampagne zudem das Potenzial, eine echte Pandemie auszulösen.

Das *BMJ* veröffentlichte einen Brief einer Gruppe von Professoren aus vier Ländern, die die Presseerklärungen von Pfizer und Moderna (sowie von AstraZeneca) kommentierten. Die Autoren fragten, warum diese Ergebnisse nicht nach Altersgruppen aufgeschlüsselt wurden, warum nicht berichtet wurde, wie sie die Übertragung des Virus beeinflussen, wie lange der Schutz wirksam sei und warum all dies nicht wie üblich in wissenschaftlichen Fachzeitschriften, sondern in Pressemitteilungen veröffentlicht worden sei. Die Autoren waren der Ansicht, dies gefährde die Integrität des Testverfahrens und untergrabe das Vertrauen der Öffentlichkeit in die Impfstoffe. Es muss nicht überraschen, dass der Pfizer-„Impfstoff"-Test von Pfizer bezahlt wurde.[499] Der Leiter der Abteilung für Infektionskrankheiten am Pariser Krankenhaus Pitié-Salpêtrière warnte, die Einführung dieser gentechnischen Therapien mit ihren unvorhersehbaren Folgen berge das Risiko, die Impfung als solche zu diskreditieren.[500]

Der Kläger in dem oben erwähnten Verfahren in Florida, der Whistleblower Dr. Leonard Horowitz, hatte ebenfalls die Protokolle von Pfizer und Moderna untersucht und war zu denselben Schlussfolgerungen gekommen. Darüber hinaus war das Vorhandensein eines HIV-Gens im Impfstoff verschwiegen worden. Horowitz schrieb ein Buch über seine Erfahrungen (er war Anfang der 1990er

Jahre von Henry Schein entlassen worden, nachdem er aufgedeckt hatte, dass diese Firma für die Ansteckung einer Reihe von Zahnpatienten mit HIV verantwortlich war) und brachte 2008 ein eigenes antimikrobielles und antivirales Medikament auf den Markt.[501] Die Versuche, so Horowitz, seien nicht schlüssig, was die Folgen der Verwendung des Spike-Proteins angeht, das HIV nachahmt und die Übertragbarkeit des Virus erhöht. Es kann daher neue, unbekannte Infektionen verursachen. Pfizer erklärte, die Genetik sei nicht berücksichtigt worden, obwohl es sich um eine gentechnische Therapie handelt; es hatte praktisch alle Risikokategorien von den Versuchen ausgeschlossen, für die der angebliche Schutz angeblich tatsächlich benötigt wird. Kein Wunder, dass WHO-Chef Tedros erklärte, das Virus könne sich auch nach der Verabreichung des „Impfstoffs"ausbreiten – möglicherweise sogar in einer gefährlicheren Form.[502]

Dr. Michael Yeadon, der seit drei Jahrzehnten in der pharmazeutischen Forschung tätig ist und unter anderem Vizepräsident für Forschung bei Pfizer war, erklärte, die Zulassung eines mRNA-Impfstoffs ohne die ausdrückliche Klarstellung, dass er nur für experimentelle Anwendungen verwendet werden darf, komme einer kriminellen Täuschung gleich.[503] Wie wir gesehen haben, ist Pfizer kriminelle Täuschung nicht fremd. Im Folgenden komme ich auf Pfizer zurück, weil in Israel ein einzigartiges und sehr beunruhigendes Experiment durchgeführt wird, wobei das Unternehmen ein Monopol erhalten hat und die Regierung von Benjamin Netanjahu und seinem Nachfolger die Bevölkerung unter starken Druck setzte, sich impfen zu lassen.

Johnson & Johnson. In der Public-Citizen-Übersicht über das Strafregister von Unternehmen liegt Johnson & Johnson mit einer Gesamtstrafe von 2,8 Milliarden Dollar für den Zeitraum 1991-2015 auf Platz 3. Die Summe ist inzwischen stark gestiegen: 2018 wurde das Unternehmen wegen eines krebserregenden Babypuders zu einer Geldstrafe von 4,7 Milliarden Dollar verurteilt.[504] Zudem ist es in den Opioid-Skandal in den USA verwickelt. Der Einsatz synthetischer Opioide als (süchtig machende) Schmerzmittel wurde als Ursache für den historisch einmaligen Rückgang der Lebenserwartung in den USA identifiziert. Fentanyl und frühere Generationen von Opioiden verursachten Hunderttausende von Todesfällen durch Überdosierung, trotzdem forderte der Haupthersteller Purdue Pharma Ärzte weiterhin auf, sie zu verschreiben. Auch Johnson & Johnson wurde deswegen verklagt und wird mehr als 8 Milliarden Dollar an Geldstrafen und Schadenersatz zahlen müssen, wenn es sich schuldig bekennt.[505] All dies hat Johnson & Johnson nicht abgehalten, in ein neues und risikoreiches Gebiet einzusteigen. Die mit dem Konzern verbundene Robert Wood Johnson Foundation ist der größte Geldgeber für medizinische Studien in den USA.[506]

Der Impfstoff von Johnson & Johnson basiert auf einer Einzeldosis eines gentechnisch veränderten Adenovirus, das sich nicht vermehren kann und dem Spike-Protein von SARS-2 (Ad26.COV2.S) ermöglicht, in menschliche Zellen einzudringen. Das Unternehmen hat im Rahmen von Warp Speed 1,45 Milliarden Dollar von der US-Regierung erhalten. Im Oktober 2020 gab Johnson & Johnson jedoch die Einstellung der Tests seines Impfstoffs Covid-19 bekannt, weil ein Teilnehmer auf unerklärliche Weise erkrankt war. Daraufhin wurde die Möglichkeit, sich für einen der 60 000 verfügbaren Plätze (verteilt auf 200 Standorte in den USA, Argentinien, Brasilien, Chile, Kolumbien, Peru, Mexiko und Südafrika) anzumelden, bis zu einer Entscheidung des Ausschusses, der „schwerwiegende unerwünschte Ereignisse" untersucht, ausgesetzt.[507] Im Juli gab es in Südafrika Proteste gegen die Erprobung von Covid-19-Medikamenten an sozial benachteiligten Menschen, während billige und weithin verfügbare Medikamente und traditionelle Medizin unterdrückt wurden.[508]

„60.000 Plätze und 200 Standorte" klingt nach viel, aber im Haseltine-Vergleich von Testprotokollen taucht das nicht auf. Im Fall von Johnson & Johnson wurden 77 Geimpfte positiv auf SARS-2 getestet; da weniger als 28 von ihnen Symptome zeigten, galt der Impfstoff als erfolgreich. Dass wir es mit einem starken Medikament zu tun haben, geht aus der Warnung von Johnson & Johnson hervor, dass Fieber, Muskel- und Kopfschmerzen auftreten, die bei jungen Menschen besonders schwerwiegend sein können.[509] In Europa entwickelte die Johnson-&-Johnson-Tochter Janssen in Delft, Niederlande, einen verwandten Impfstoff. Seine (vorläufige) Zulassung erfolgte so eilig, dass, wie Willem Engel von der niederländischen Anti-Lockdown-Initiative *Viruswaarheid* im März 2021 aufdeckte, in den Begleitunterlagen immer noch von zwei Dosen die Rede ist, obwohl dieser „Impfstoff" wie der von Johnson & Johnson nur einmal verabreicht wird.

Johnson & Johnson war nicht nur direkt an *Event 201* beteiligt, sondern hat auch Verbindungen zu dem neuen Machtblock, in dem Verteidigungs- und Geheimdienstaktivitäten und IT zusammenlaufen. Paul Duprex, ein ehemaliger Mitarbeiter von Johnson & Johnson mit Erfahrung in der Funktionsgewinnforschung, wechselte mit Unterstützung der DARPA an das University of Pittsburgh Medical Center (UPMC). Dort arbeitete er mit dem NIH und dem israelischen Ministerium für Wissenschaft und Technologie an Nanokörpern, Nanopartikeln, die als Antigene fungieren.[510] Das UPMC ist das Zentrum der akademischen Forschung im Bereich der Bioverteidigung in den USA, für die nach den Milzbrandanschlägen auf Daschle und Leahy große Summen ausgegeben wurden (obwohl das Anthrax hausgemacht war). Jeffrey Romoff, der Leiter des Unternehmens, wollte UPMC zum „Amazon des Gesundheitswesens" machen. Bereits im Januar 2020 arbeitete das UPMC an einem Impfstoff gegen SARS-2. Auf Grundlage des in China veröffentlichten Genoms des Virus wurde ein Impfstoff entwickelt, der das Spike-Protein von SARS-2 mittels eines adenoviralen Adjuvans, also der von Johnson & Johnson und AstraZeneca verwendeten Methode, in die Zelle einschleust. Das UPMC ging jedoch seinen eigenen Weg, und mit einem Millionen-Dollar-Zuschuss des CEPI im Februar begann Duprex zusammen mit dem Institut Pasteur in Frankreich und dem österreichischen Unternehmen Themis (das im Mai 2020 von Merck übernommen wurde) mit der Arbeit an einem gentechnisch veränderten Masernvirus (Merck ist Weltmonopolist bei Masernimpfstoffen) als Grundlage für den SARS-2-Impfstoff. Darüber hinaus wurde ein zweiter Impfstoff (eigentlich der dritte) auf Anthrax-Grundlage vorgeschlagen, ein sehr riskantes Experiment, weil auf diese Weise ein noch gefährlicheres SARS-2 entstehen kann.[511]

Gilead Sciences. Das letzte Unternehmen in diesem Zusammenhang hat keinen Impfstoff, sondern hat als erstes ein Medikament, *Remdesivir*, auf den Markt gebracht.[512] Nachdem die WHO es als bestes Medikament bezeichnet hatte, stieg die Aktie des Unternehmens sprunghaft an. Finanzanalysten erwarteten einen Umsatz von etwa 2,5 Milliarden Dollar und einen Anstieg des Marktwerts der Firma um 12 Milliarden Dollar (inzwischen hat die WHO festgestellt, dass Remdesivir wenig oder gar nicht wirkt).[513] Das Wuhan Institute of Virology hat die exklusiven Patentansprüche von Gilead auf das Medikament bestritten, aber das wäre ein Rückzugsgefecht, weil es sowieso nicht wirkt. Gilead hat auch Tamiflu (von Roche vermarktet) entwickelt, das die Dauer einer Grippeinfektion um höchstens einen Tag verkürzen soll und 2017 von der WHO von der Medikamentenliste gestrichen wurde.

Gilead Sciences wurde 1987 von einem Arzt gegründet, der auch Absolvent der Harvard Business School war, und wie wir gesehen haben, war Donald Rumsfeld bei seiner Berufung ins Pentagon im Jahr 2001 federführend. George P. Shultz, Reagans Außenminister, war ebenfalls mit dem Unternehmen verbunden, ebenso wie Etienne Davignon, ehemaliger EU-Kommissar und Vorsitzender der Bilderberg-Gruppe.[514] Wie andere Pharmakonzerne hatte auch Gilead mit Klagen zu kämpfen, u. a. wegen angeblicher Verzögerungen bei der Einführung neuer antiretroviraler Medikamente, um die Rendite älterer Präparate zu maximieren. Gilead wurde auch für juristische Tricks kritisiert, die die Bemühungen von Ländern wie Indien behindern, generische Alternativen zu entwickeln.[515] In Frankreich geriet Gilead in die Schlagzeilen, nachdem bekannt wurde, dass der Leiter der Abteilung für Infektionskrankheiten am Pariser Saint-Antoine-Krankenhaus, der HCQ für riskant erklärt hatte, finanzielle Verbindungen zu Gilead unterhält.[516] Wenn es also ein Unternehmen gibt, das HCQ (und Ivermectin) vom Markt fernhalten will, dann ist es der Hersteller von Remdesivir.

Dilyana Gaytandzhieva, die so wichtige Arbeiten über US-Biowaffenlabors geliefert hat, enthüllte auch Einzelheiten eines Hepatitis-C-Projekts in Georgien, das von der CDC mit Gilead und dem dortigen Gesundheitsministerium durchgeführt wurde. Dieses Projekt hatte mindestens 249 Todesfälle zur Folge. Die georgischen Behörden baten daraufhin Gilead um Hilfe bei der Vertuschung des Falls. Bereits 2016 wurde festgestellt, dass die antiviralen Medikamente gegen Hepatitis C bei Patienten, die eine Infektion mit dem Hepatitis-B-Virus haben oder hatten, zu einer Reaktivierung des B-Virus und schweren Leberproblemen oder sogar zum Tod führen können. Im Jahr 2020 stellte Gilead ein neues experimentelles Medikament gegen Hepatitis C zur Verwendung bei georgischen Patienten zur Verfügung. Außerdem lud Georgien Gilead ein, Remdesivir im Land zu testen.[517]

Schutz oder Inkubation einer tatsächlichen Pandemie?

Inzwischen wurde weltweit eine groß angelegte Impfkampagne gestartet. Auf Facebook kursiert die Reklamereihe *Count me in*, in der Fotomodelle erklären, dass sie geimpft werden wollen, „wenn sie an der Reihe sind“. Und dann: „Auf Wiedersehen, Covid.“ Solche Kampagnen, die mit Gesang und Tanz eine festliche Atmosphäre schaffen und oft die Grenze zur Lächerlichkeit überschreiten, haben sich bis in die letzten Winkel der Erde ausgebreitet. Gleichzeitig starteten Mainstream-Medien und IT-Plattformen eine intensive Zensurkampagne, um Impfwarnungen von der Öffentlichkeit fernzuhalten. Ein dringender offener Brief an die Europäische Arzneimittelbehörde EMA vom 28. Februar 2021 (und an die Führung der Europäischen Kommission und der EU) mit sachdienlichen Fragen zur Zirkulation des Spike-Proteins im Körper und zu anderen gefährlichen Wirkungen der Covid-„Impfstoffe“, der zwölf angesehene Medizinern unterzeichneten, wurde nicht für würdig befunden, beantwortet zu werden.[518]

Die Internetgiganten Facebook, Twitter und Google arbeiten zusammen, um die Mauer des Schweigens aufrechtzuerhalten, wie Mark Zuckerberg in einer Sitzung des Rechtsausschusses des US-Senats bestätigte. Zuckerberg erklärte auch, die Aufgabe der Faktenüberprüfung werde dem international tätigen Poynter Institute überlassen.[519] Ich habe erwähnt, dass das Poynter Institute nicht nur von Facebook, sondern auch von der Gates Foundation, eBay-Eigentümer Pierre Omidyar und George Soros subventioniert wird. In den USA haben das Poynter Institute und Facebook das Media-Wise Voter Project ins Leben gerufen, das sich hauptsächlich an junge Menschen aus Minderheitengruppen richtet. Dahinter steht eine Zusammenarbeit zwischen Poynter und der Stanford University, die von Google finanziert wird, um Millionen von Teenagern beizubringen, „Fakten von Fiktion“ zu unterscheiden. Die McChrystal-Gruppe des ehemaligen JSOC-Kommandeurs Stanley McChrystal und eine Reihe angeschlossener Organisationen wie Crosslead begegnen Dissidenten mit den Methoden der Aufstandsbekämpfung, indem sie führende Skeptiker als „Gesundheitsfreaks“ oder „Heilpraktiker“ labeln und in Verruf bringen. Crosslead ist wiederum mit den in Kapitel 3 erwähnten Kohlberg, Kravis, Roberts (KKR) verbunden, die ihrerseits auch in den medizinischen Bereich vorgedrungen sind. 2017 übernahm KKR die WebMD Health Corp, den zweitgrößten institutionellen Apothekenvertrieb. In einem Artikel vom Februar 2011 mit dem Titel „A Prescription for Fear“ („Ein Rezept für Angst“) beschuldigte das *New York Times Magazine* das Unternehmen, unnötige Medikamente zu verschreiben.[520]

Nach anfänglichem Leugnen gibt es nun offene Forderungen nach Einschränkung der Freiheit von Menschen, die den „Impfstoff“ nicht wollen. Ohne „Impfpaß“ muss das Leben sehr viel unangenehmer werden. Bereits im März 2019 gab *Scientific American* einen Vorgeschmack auf das, als es sich dafür aussprach, Impfverweigerer aus der Gesellschaft auszuschließen, und sie mit betrunkenen Autofahrern gleichsetzte, deren Verhalten die Gesundheit, Sicherheit und Lebensgrundlage unschuldiger Umstehender gefährdet.[521]

Man kann die Weitsicht einer ganzen Reihe von Institutionen und Publikationen nur bewundern, die lange vor Ankündigung der „Pandemie“ aktiv die Impfung und die Strategie, Freiheiten davon abhängig zu machen, propagiert haben. Bereits im Oktober 2019 kursierte während *Event 201* eine Umfrage, wonach sich 65 Prozent der US-Bevölkerung freiwillig gegen ein Coronavirus impfen lassen würden, selbst wenn der Impfstoff noch im Versuchsstadium wäre. Nach der Ausrufung der Pandemie gab es also eine Menge, worauf man aufbauen konnte. Auf einer Sitzung der technischen Beratergruppe der WHO für Verhaltensbeeinflussung im Oktober 2020 wurden die Hindernisse erörtert, die vor allem bei der Impfung von Kindern überwunden werden müssen.[522] Insbesondere die Medien sollten zu diesem Zweck „erzogen“ werden, vor allem wenn sie über Anti-Impfgefühle berichten. Die Akzeptanz von Impfungen sollte auf jede Weise gefördert werden. Eine wichtige Aufgabe sei es, Vertrauen zu schaffen und zu verhindern, dass die Menschen Gerüchten und „Verschwörungstheorien“ über die Profite der Pharmaunternehmen und die überstürzte Einführung gentechnischer Therapien („Infochemie“) folgen.

Im Januar 2021 zeigte die bereits zitierte Umfrage der PR-Agentur Edelman in 28 Ländern, dass in 20 von ihnen die Bereitschaft zur Impfung unter 70 Prozent lag. Das würde natürlich nicht ausreichen, um ein echtes Apartheidsystem einzuführen, weil diejenigen, die sich verweigern, der besser informierte und unabhängig denkende Teil einer Bevölkerung sind. Noch wichtiger war der spektakuläre Einbruch des Vertrauens in *alle* Formen der Information. Die Mehrheit der Befragten ist inzwischen der Meinung, dass die Nachrichtenorganisationen in erster Linie interessengesteuerte Ansichten verbreiten, statt die Öffentlichkeit zu informieren. Richard Edelman zufolge besteht der Bruch zwischen den am besten „informierten" Bürgern (Zelikows „relevante politischer Gemeinschaft", der loyale städtische Kader) und der Masse. Der „öffentliche Mythos" funktioniert nicht mehr. Wie erwähnt sind wir laut Edelman in die Ära des Informationsbankrotts eingetreten.[523] Kein geringes Eingeständnis von einem Unternehmen, das mit „Storytelling" als PR-Methode groß geworden ist.

In der Zwischenzeit schuf Israel eine einzigartige Versuchsanordnung, um die Wirkung der mRNA-Impfung zu ermitteln. Die Regierung Netanjahu räumte Pfizer ein Monopol ein und übte noch nie dagewesenen Druck auf die Bevölkerung aus, sich der Behandlung zu unterziehen. Als dieses Buch entstand, war dies bei etwa der Hälfte der israelischen Bevölkerung (d. h. dem jüdischen Teil) erfolgreich. Palästinensische Israelis hingegen sind von diesem „Privileg" weitestgehend ausgeschlossen, es gibt also eine Test- und eine Kontrollgruppe. Der Vorstandsvorsitzende von Pfizer, Albert Bourla, erklärte, dass Israel tatsächlich als Labor fungiert.[524]

Die Ergebnisse dieses Experiments sind jedoch nicht ermutigend, sie deuten vielmehr auf eine mögliche Katastrophe hin. In den acht Wochen seit Beginn der Impfkampagne hat sich die Gesamtzahl der Covid-Todesfälle im Vergleich zu den zehn Monaten davor verdoppelt. Es scheint, als würden die Geimpften zu Verbreitern des Virus, sogar von Mutanten, die noch gefährlicher sind, da in einer Reihe von Fällen neue Symptome auftreten. Wie in den Vereinigten Arabischen Emiraten, Großbritannien und Portugal, die ebenfalls den Weg der Massenimpfung eingeschlagen haben, ist ein starker Anstieg der Todesfälle zu verzeichnen. In Israel ist dies jedoch nur auf die Gentherapie von Pfizer zurückzuführen. Bei den Palästinensern (wie auch in Jordanien) sind die Todesfälle dagegen zurückgegangen, und in Gaza gibt es praktisch kein Covid, obwohl dieses Freiluft-Gefangenenlager einer der am dichtesten besiedelten Orte der Erde ist.[525]

Die WHO wies bereits darauf hin, dass eine Impfung nicht vor einer weiteren Infektion schützt. Wir haben in der Tat gesehen, dass die Ausbreitung des Virus in den Testprotokollen nicht berücksichtigt wurde, weder bei Pfizer noch bei der Konkurrenz. Möglicherweise tritt etwas anderes auf, nämlich dass der normale „Lebenszyklus" eines Virus – von infektiös und gefährlich zu hochvirulent, aber weniger gefährlich („Virusentropie") – grundlegend beeinträchtigt oder sogar umgekehrt werden kann. 2015 erwies sich, dass Hühner, die gegen die Marek-Krankheit geimpft worden waren, zwar nicht selbst erkrankten (wie erwartet), aber in der Lage waren, das Virus in einer viel gefährlicheren Variante weiterzugeben.[526] Beim Pfizer-Experiment wurde die Möglichkeit, unwirksame mRNA zu injizieren, bis Mai 2021 dadurch verstärkt, dass das Serum bei minus 70 bis minus 20 Grad Celsius gelagert werden sollte, was logistisch schwierig zu bewerkstelligen war.[527]

Auf die Möglichkeit einer gefährlichen Mutation wies auch der Virologe und Impfstoffexperte Dr. Geert Vanden Bossche hin, der früher bei GAVI und der Gates-Stiftung beschäftigt war. Er machte mit einem offenen Brief von sich reden, in dem er warnte, die Massenimpfung in einer Pandemie schaffe „ein unschlagbares Monster", und forderte einen sofortigen Stopp der Impfungen, da sonst ein superinfektiöses Virus entstehen könne, das gegen unsere wertvollste Waffe, das menschliche Immunsystem, völlig unempfindlich ist. Schließlich haben wir gesehen, dass die „Impfstoffe" das Spike-Protein verwenden, das dem von SARS-2 ähnelt, um das Immunsystem zu umgehen. Wie bei den Hühnern mit der Marek-Krankheit können die Empfänger des Impfstoffs also zu asymptomatischen Überträgern einer potenziell tödlichen Variante werden, die die Gefahr der Ausrottung eines großen Teils der menschlichen Spezies in sich birgt.[528]

Es wurde angedeutet, Vanden Bossche verfolge in Wirklichkeit die Interessen seiner früheren Arbeitgeber, GAVI und der Gates-Stiftung (oder CEPI und der Impfstoffhersteller), um ein dauerhaftes Impfsystem zu etablieren. Seine Aufforderung, die Versuche abzubrechen, und seine Warnungen decken sich jedoch weitgehend mit den erwähnten Analysen von Dolores Cahill, Judy Mikovitz, Bhakdi u. a. in ihrem offenen Brief über die Gefahren des Spike-Proteins, Montagnier in einem weiteren eindringlichen Interview auf der Website von *France-Soir* („Die Varianten werden durch die Impfstoffe verursacht") usw. Auch Dr. Romeo Quijano, ehemaliger Professor für Pharmakologie an der Universität der Philippinen in Manila, wies auf die Gefahren des Gen-Editierens durch mRNA-Impfstoffe hin, die den Erreger aggressiver machen und Interferon-Reaktionen vom Typ I hervorrufen können, die u. a. zu Thrombosen führen können.[529]

Welcher Gedanke auch immer hinter den Impfkampagnen steckt, die in den vier genannten Ländern am radikalsten durchgeführt werden und zu einem Anstieg der Sterblichkeit führen – klar ist, dass wir es mit einer unverantwortlichen Strategie zu tun haben. Wenn man davon ausgeht, dass es nicht die Absicht sein kann, israelische Juden, Briten, Araber in den Vereinigten Emiraten und Portugiesen zu asymptomatischen Überträgern eines noch tödlicheren Virus zu machen, so scheint es, dass all dies auf Korruption, gedankenlosem Konformismus und der Unfähigkeit beruht, die medizinischen Folgen der experimentellen Impfstoffe zu verstehen. Alles Folgen der Notwendigkeit, eine unruhige Weltbevölkerung im Zaum zu halten, wozu der biopolitische Komplex seine revolutionärsten Techniken einsetzt und zukünftige Möglichkeiten vorwegnimmt, aber die Risiken, die unkalkulierbar sein können, nicht ausreichend berücksichtigt. Welche anderen Beweggründe könnte es also für die Massenimpfkampagne geben?

Impfung als neurologische Fernsteuerung

2014, als Rossi und Flagship Pioneering Moderna auf den Weg brachten, startete auch das Biological Technologies Office (BTO) der DARPA sein Programm In Vivo Nanoplatforms. Es erforscht implantierbare Nanotechnologien (ein Nanometer ist ein Milliardstel eines Meters). Dabei geht es unter anderem um ein „Hydrogel", mit dem medizinisch relevante Werte aus dem Zellkern über ein Netzwerk wie 5G übertragen werden können. Das Hydrogel wird über einen Spender, der unter die Haut gelegt wird, in den Körper eingebracht. Die (Re-)Programmierung des menschlichen Organismus, der „Transhumanismus" (eine Fantasie u. a. des Zukunftsforschers Ray Kurzweil und von Googles Eric Schmidt) rückt damit in greifbare Nähe. Nach dem bekannten Muster einer öffentlich finanzierten Erfindung, die anschließend privatisiert wird, wurde die Hydrogeltechnologie an ein neues Unternehmen, Profusa, übertragen. Im März 2020 gab es bekannt, dass es einen injizierbaren Biochip im Angebot habe, mit dem „Covid nachgewiesen werden kann". Mithilfe der Hydrogeltechnologie in Kombination mit einer ebenfalls von der DARPA finanzierten Lichtsensortechnik kann das mRNA-Serum in den menschlichen Körper gebracht werden.[530]

Die Nanotechnologie geht auf die späten 1950er zurück. Der Quantenphysiker Richard Feynman äußerte die Hoffnung, es werde eines Tages möglich sein, Atome nach Wunsch einzeln anzuordnen. In den folgenden Jahren gab es weitere wichtige Entdeckungen, und in den 1990er Jahren setzte ein Hype ein, der das Nanokonzept weithin bekannt machte. 2000 rief Bill Clinton die Nationale Nanotechnologie-Initiative (NNI) ins Leben. Diverse Universitäten, die NASA sowie Hewlett-Packard und Motorola hatten sich bereits zuvor beteiligt.[531]

Das führt zu einem bereits angedeuteten Aspekt: der Idee der Kontrolle des Geistes, eine Strategie, die für die herrschende Klasse der physischen Gewalt vorzuziehen ist. Ich habe das MKULTRA-Programm in Kapitel 1 kurz erörtert. Neben den von Regierung und

Medien verbreiteten Fake News und irreführenden Informationen, der Korrumpierung der Universitäten durch Abhängigkeit von Projektgeldern und der allgemeinen Senkung des Bildungsniveaus werden auch (bio-)chemische Strategien der Gedankenkontrolle entwickelt. Auch Viren können Veränderungen der geistigen Aktivität hervorrufen, etwa die Tollwut, die infizierte Tiere extrem aggressiv macht. Eine Infektion des zentralen Nervensystems mit bestimmten Viren kann zu Reizbarkeit, Schlaflosigkeit, Hyperaktivität und Lernschwierigkeiten führen. Es gibt aber auch positive Auswirkungen: 2010 wurde entdeckt, dass das gewöhnliche Grippevirus Menschen sozialer machen kann.[532]

Genetisch veränderte Viren können sowohl bei Nutzpflanzen als auch bei Menschen eingesetzt werden. Mit solchen Viren behandelte Insekten können Pflanzen in gentechnisch veränderte Sorten verwandeln, auch als Biowaffe. Beim Menschen können sie bei einer Infektion schwerwiegende psychologische Folgen haben, die von Drogenabhängigkeit bis hin zu Demenz reichen.[533]

SARS-2, bei dem es sich wahrscheinlich um ein im Labor hergestelltes Virus handelt, hat bei vielen Patienten auch neurologische Auswirkungen, die vom Verlust des Geruchs- und Geschmackssinns bis zur Verlangsamung der Gehirnfunktion, Verwirrung, Übererregung usw. reichen. Bei SARS-1, MERS und Influenza sind diese Anzeichen viel seltener. Es stellt sich die Frage, ob die Schöpfer des Virus bei ihrer Gain-of-Function-Forschung bewusst auf diese neurologischen Auswirkungen abzielten. Bei allen Covid-Patienten, die auf der Intensivstation eines Straßburger Krankenhauses einer MRT-Untersuchung unterzogen wurden, war der Frontallappen des Gehirns am stärksten betroffen. Die Auswirkungen von SARS-2 auf die Hirnfunktionen waren außergewöhnlich: Mehr als die Hälfte der Patienten war verwirrt, ein Drittel litt unter Desorientierung und Verlust der Bewegungskoordination.[534] Der Frontallappen des Gehirns ist der Teil, in dem die spezifische Form der Demenz auftritt, die u. a. zu automatischem Gehorsam führt. Umgekehrt zeigten gesunde Probanden, die an den Milgram-Experimenten teilnahmen, eine verminderte Funktion dieses Teils des Gehirns, der eine wichtige Rolle bei moralischen Entscheidungen spielt.[535]

Die Biotechnologie ist einer der Bereiche, in denen die Nanotechnologie große Durchbrüche ermöglichen kann. Sie würde die Medizin revolutionieren, indem synthetische Antikörper im menschlichen Körper bösartige Zellen aufspüren und zerstören. Neue Impfstoffe, die auf Nanotechnik basieren, werden nicht mehr auf Viren und Bakterien setzen, sondern z. B. auf kleine Kohlenstoffstäbchen, die Medikamente nach und nach in den Körper einbringen können.[536]

Die Technik hat jedoch einen klaren Nachteil. In den Niederlanden ist der Biotech-Gigant DSM, der bereits im Zusammenhang mit der Auswahl von AstraZeneca als Impfstoffhersteller erwähnt wurde, auch in der medizinischen Nanotechnologie tätig. Neben der Verwendung von injizierten Nanodrähten zur Krebsfrüherkennung können Nanomoleküle (aus Kohlenstoff oder anderen Materialien) auch dazu dienen, kontinuierlich Informationen über den jeweiligen Gesundheitszustand und die Impfhistorie zu liefern, eines der Ziele der Gates-Stiftung und verwandter Gruppen. Die DSM-Forschung wurde bereits vor mehr als einem Jahrzehnt kritisiert, als das Rathenau-Institut in den Niederlanden davor warnte, dass sie eine permanente staatliche Überwachung ermöglichen würde (das Institut nannte dies eine „heimliche Bevölkerungsumfrage").[537]

Ich habe bereits auf das Patent hingewiesen, das Microsoft im März 2020 von der Weltorganisation für geistiges Eigentum (WIPO) erteilt wurde, um die im menschlichen Körper stattfindenden Aktivitäten zur Schaffung von Kryptowährung zu nutzen („Mining"). Zu diesen körperlichen Aktivitäten gehören Strahlung, Gehirnaktivität, Blut- und Körperflüssigkeitszirkulation, Organaktivität und Augenbewegungen, Gesichts- und Muskelbewegungen sowie jede andere Aktivität, die erfasst und gemessen werden kann. So können unser Körper und unser Geist mit Hilfe neuer Technologien von Microsoft kolonisiert werden.[538] Per Impfung können sogenannte Nanosomen (Kapseln aus nanoskaligen Tröpfchen), die als Transportsystem dienen, um eine Substanz an einen bestimmten Ort im menschlichen Körper zu bringen, Zugang zu ihm erhalten.

Die Impfstoffe von Pfizer und Moderna enthalten, wie bereits erwähnt, Nanopartikel, und es hat sich gezeigt, dass diese Partikel Magnetfelder erzeugen können, die dann, wie andere Bestandteile des mRNA-Impfstoffs, im Körper zu zirkulieren beginnen. In den sozialen Medien wurden Bilder von Menschen gezeigt, die sich Metallgegenstände auf die Stirn, den Oberarm und andere Körperteile kleben, zunächst ohne richtige Erklärung, einfach als kuriose Nebenwirkung. Wie sich herausstellte, werden die Nanopartikel, um die es hier geht, dem Serum in großen Mengen zugesetzt, um das Einbringen von Genen in die Zelle und damit verbundene Prozesse zu erleichtern, ein Verfahren, das Magnetofektion genannt wird.[539] Es gibt noch eine andere, spektakulärere Möglichkeit, die sie bieten, nämlich die Fernsteuerung von Verhalten durch magnetische Stimulation in den Schaltkreisen des Tiefenhirns. Chinesische Forschungen haben gezeigt, dass es auf diese Weise möglich ist, die Bewegungen von Tieren zu steuern.[540]

Die Impfung mit Substanzen, die magnetische Nanopartikel enthalten, ist offensichtlich die ideale Form, um sie in den Körper einzubringen, da sie unter dem Deckmantel der Gesundheitsfürsorge durchgeführt wird und die Menschen Schlange stehen, um sich impfen zu lassen. Letztlich könnte es aber darum gehen, die Menschheit zu überwachen, sie sogar dazu zu bringen, sich nach Anweisungen von außen zu verhalten. Dazu müsste zunächst jedes Individuum ordnungsgemäß gekennzeichnet werden.

Biometrische Identifizierung

Im September 2019 stand das Thema Impfung und Identifizierung, die Voraussetzung für eine garantierte Überwachung, auf der Tagesordnung der Jahreskonferenz der *ID2020 Alliance* in New York. Dieses Gremium wurde 2016 im UN-Gebäude unter anderem von Microsoft, der Rockefeller Foundation und GAVI gegründet. Dort startete die Allianz ein Programm zur Einführung einer digitalen Identität mittels Impfung, in Zusammenarbeit mit der Regierung von Bangladesch und einer Reihe anderer Partner wie der Stadt Austin (Texas), dem CITRIS Policy Lab an der University of California Berkeley und der humanitären Organisation Care USA. Der Plan war, die Impfung zur Schaffung einer digitalen Identität zu nutzen, ein Schritt, der nach Angaben des Regierungsvertreters von Bangladesch den Zugang zu Dienstleistungen und Lebensunterhalt sichern wird. Da die Daten jedoch hauptsächlich bei US-amerikanischen Unternehmen und Institutionen landen, haben die USA faktisch die Kontrolle.[541]

Die Gates-Stiftung finanzierte auch das erwähnte Projekt am MIT, bei dem die Impfhistorie einer Person mit Hilfe eines Impfstoffs durch Tätowiertinte oder Farbe auf die Haut aufgebracht wird. Er basiert auf Nanokristallen (so genannten Quantenpunkten), die fünf Jahre lang aktiv bleiben und Nahinfrarotlicht aussenden, das von einem speziell ausgestatteten Smartphone empfangen werden kann. All dies geschieht ohne das Wissen des Patienten und ist für das bloße Auge unsichtbar. Wie wir im vorigen Kapitel gesehen haben, war auch ein chinesischer Gastforscher daran beteiligt. Mit dieser „Bake", so der leitende Forscher Kevin McHugh, der inzwischen an der Rice University tätig ist, könne man schnell und anonym feststellen, ob jemand geimpft wurde.[542] Wenn es nur um den Impfstatus ginge, würde eine solch bahnbrechende Forschung auf diesem Niveau und in diesem Umfang freilich nicht stattfinden, denn der kann auch in dem kleinen Büchlein verzeichnet werden, das früher von Reisenden in ferne Länder mitgenommen wurde.

Dies geht auch aus einem anderen von Gates (mit MasterCard und wiederum GAVI) finanzierten Projekt hervor: „Trust Stamp". Dabei geht es um einen biometrischen digitalen Personalausweis in

Kombination mit Impfdaten. Begründet wurde dies mit der Feststellung, dass zwar jedes Jahr 2 bis 3 Millionen Menschenleben durch Impfungen gerettet werden, die Daten über den Impfstatus von Kindern in Entwicklungsländern (aber auch in den USA, Italien oder Australien) jedoch sehr oft unvollständig sind. Das WEF stellte in Davos ein Programm zu sicherem Reisen („The Known Traveler") vor, zu dem Google, Accenture, VISA, Marriott, Interpol und verschiedene nationale Polizeibehörden sowie die kanadische und die niederländische Regierung beigetragen hatten, um das Netz ständiger Überwachung zu erweitern.[543] Reisen, Einkäufe von Waren und Dienstleistungen, kurz gesagt: das gesamte aktive Leben sollte aufgezeichnet werden.

2019 wurde ein Partnervertrag zwischen GAVI, NEC und Simprints geschlossen, um biometrische Daten durch Impfungen zu generieren. GAVI-Chef Seth Berkley erklärte, dies müsse in allen Ländern geschehen. Ein ID2020-Mitarbeiter erwähnte den Gesundheitsaspekt nicht einmal: Es gehe nur darum, eine angebliche „Identitätslücke" zu schließen – eine Voraussetzung für die Kontrolle der Bürger.[544]

Erst mit dem Ausbruch von SARS-2 kamen diese Projekte in Gang. Im April 2020 machte Gates selbst Vorschläge für den Einsatz von Technologie zur Verfolgung von Bürgern im großen Stil und forderte die USA auf, dem deutschen Beispiel zu folgen. IT-Anwendungen könnten dann nachverfolgen, wo „wir" uns aufgehalten haben, und die entsprechenden Daten an Institutionen weitergeben, die mehr über „unsere" Kontakte wissen möchten. Auf dieser Grundlage, so Gates, könnte der Zugang zu öffentlichen Orten und Veranstaltungen wieder gewährt werden.[545]

Das erste Unternehmen, das in dieses Geschäftsfeld einsteigt, das britische Unternehmen VST Enterprises, arbeitet mit den Vereinten Nationen im Rahmen des Programms für nachhaltige Entwicklung zusammen, das auch eine Reihe von Projekten im Bereich der Cybertechnologie umfasst, die nichts mit Ökologie zu tun haben, aber in allen 193 Mitgliedsstaaten umgesetzt werden sollen. Eine neue Generation von Strichcodes (jenseits des quadratischen QR-Codes) soll verhindern, dass sie manipuliert werden können. Zusätzlich zu den Vereinbarungen mit der eigenen Regierung hat VST Verträge mit 15 Ländern für einen Covid-Pass abgeschlossen, mit den USA, Kanada, Mexiko, Indien, Südafrika und einer Reihe von EU-Ländern, darunter die Niederlande (Deutschland wurde hier nicht erwähnt). Dies ermöglicht den Behörden, die sensibelsten persönlichen und medizinischen Informationen anzufordern. Das verstößt zwar gegen die ärztliche Schweigepflicht, aber die Technologie wurde dennoch von der EU mit dem „Seal of Excellence" ausgezeichnet. Im Mai 2020 unterzeichnete VST einen Vertrag mit dem Unternehmen für digitale Gesundheit und Eigentümer des Covid-Passes, Circle Pass Enterprises, um den VCode® in den Pass zu integrieren. Die GAVI ist hier ein wichtiger Akteur im Hintergrund, da sie seit langem einen digitalen Gesundheitsausweis für Kinder empfiehlt, ebenso wie ihre ID2020-Partner, die Rockefeller Foundation und Microsoft.[546]

Microsoft selbst ist inzwischen ebenfalls in das Rennen um einen Vax-Pass eingestiegen, ebenso wie IBM, Oracle und das IT-Unternehmen Salesforce, das unter anderem für GAVI arbeitet und bei dem der Mitverfasser des *Lock-Step*-Szenarios von Rockefeller/GBN, Peter Schwartz, inzwischen Vizepräsident für Strategie ist.[547] Darüber hinaus haben eine Reihe von Fluggesellschaften, darunter Lufthansa und Virgin, ihren eigenen Pass entwickelt, denn „wieder fliegen zu können" hat sich als starker Anreiz erwiesen, um die Öffentlichkeit dazu zu bringen, die Injektionsnadel trotz anhaltender Skepsis zu akzeptieren. Aber eine echte Injektion ist tatsächlich optional, nachdem die Johns Hopkins University bestätigt hat, dass mRNA auch mit einem als PCR-Test getarnten Wattestäbchen in die Nase eingeführt werden kann.[548]

Microsoft, der IT-Riese Oracle, das Verteidigungsunternehmen MITRE, Salesforce und mehrere kleinere Unternehmen und medizinische Einrichtungen haben sich in der Vaccination Credential Initiative (VCI) zusammengeschlossen, die einen weltweit gültigen Impfpass schaffen will. Diese Firmen sind auch in der von MITRE geleiteten Covid-19 Healthcare Coalition aktiv, an der In-Q-Tel (Investitionszweig der CIA) und das Datenunternehmen Palantir teilnehmen. Hier entpuppt sich die Gesundheitsfürsorge als Fürsorge des militärischen Geheimdienstapparats. Auch Google taucht in dieser Koalition auf: Schließlich ist das Unternehmen auch im Bereich der DNA-Tests tätig. Die Ehefrau von Sergey Brin, Anne Wojcicki, ist Geschäftsführerin des DNA-Testunternehmens 23andMe – ihre Schwester Susan ist Geschäftsführerin bei der Google-Tochter YouTube, einem der aktivsten Vollstrecker der Corona-Zensur in den sozialen Medien.[549]

Offenbar ist das Panoptikum, das elektronische Kuppelgefängnis, bereits in Betrieb und wird von einer kleinen Gruppe von Menschen betrieben. Es bedarf jedoch noch einer ganzen Reihe weiterer Innovationen, um zu einer die gesamte Gesellschaft umfassenden Realität zu werden. Die Nanotechnologie ist in dieser Hinsicht ein wichtiger Weg in die Zukunft, aber ihre verschiedenen Anwendungen sind noch weit davon entfernt, integriert zu werden. Zu Beginn des 21. Jahrhunderts wurde die Nanotechnologie als „zweite Schöpfung" gefeiert, da alle Materialien ausgehend von ihren Atomen und Molekülen neu aufgebaut werden könnten. So können Ingenieure jetzt beispielsweise Elemente, die den Funktionen des Lebens ähneln, in Materialien einbauen. Dazu gehören Sensoren, die in der Lage sind, eine Schwächung oder ein anderes Problem zu „sehen" und Maßnahmen zu empfehlen.[550] Ein weiteres Beispiel sind die bereits erwähnten Quantenpunkte, die aus mehreren tausend Atomen bestehen und als Medikamentenspender in den Körper eingebracht werden können.

Die Magnetofektion kann nicht nur Bewegungen von außen induzieren. Wie wir in dem Projekt von Charles Lieber in Harvard mit der Technischen Universität Wuhan gesehen haben, kann man Nanodrähte in lebende Organismen integrieren, um die elektrische Kommunikation zwischen Zellen zu registrieren und Zugang zur Sinneswahrnehmung der geimpften Person zu erhalten (Nanodrähte heißen so, weil sie mindestens dreimal so lang wie dick sind). Nachdem der Zugang zur Biomasse von 7 bis 8 Milliarden Menschen, die kontrolliert werden müssen, durch die Impfung erreicht wurde, ist die Fernsteuerung dieser Menschen keine absurde Vorstellung mehr. Ein Schweizer Spezialist für Neuro-Engineering warnt in diesem Zusammenhang vor der Manipulation der menschlichen Persönlichkeit durch große IT-Unternehmen. Er plädiert für ein „Recht auf psychologische Kontinuität", um persönlichkeitsverändernde Eingriffe zu vermeiden, mit denen im Militärbereich bereits experimentiert wird.[551]

Joscha Wullweber zeigt in seiner Studie zu diesem Thema, wie Regierungen bewusst versucht haben, die Nanotechnologie in ein positives Licht zu rücken, um nicht den Fehler zu wiederholen, der die Genmanipulation anrüchig werden ließ. Der Gründer des US-Computerunternehmens Sun Microsystems warnte bereits um 2000 vor der Gefahr, dass Nanotechnologie, Genetik und Informatik miteinander verschmelzen und selbstreplizierende Nano-Roboter entstehen könnten.[552] Studien über die Auswirkungen von Nanopartikeln auf Algen und Wasserflöhe haben jedoch gezeigt, dass sie die Sterblichkeit erhöhen und eine antibakterielle Wirkung haben, die nicht immer erwünscht ist. Wenn Nanopartikel erst einmal in die Zelle eingedrungen sind (und ihre Aufnahme in den Zellkern und das Mitochondrium ist dokumentiert, die Magnetofektion soll genau das ermöglichen), kann dies die Zellfunktionen beeinträchtigen, die DNA mutieren lassen und sogar zum Absterben der Zellen führen. Als Folge der unzureichenden Risikoanalyse, so Wullweber, könnte die hart erkämpfte Akzeptanz der Nanotechnologie schnell wieder schwinden. Der Traum von einer milliardenschweren Industrie, die noch weitgehend unreguliert ist, kann sich dann in einen Albtraum verwandeln.[553]

Eine künstlich intelligente Menschheit?

Als Reaktion auf die Ende der 1960er und Anfang der 1970er Jahre ausgebrochene Krise trat der Kapitalismus eine Flucht nach vorn an, die ihn letztlich zu einem wirklich weltumfassenden, integralen System machte. Dies hat dazu geführt, dass das Leben bis in die entlegensten Winkel des Planeten der Marktdisziplin unterworfen wurde. Gleichzeitig hat sich die Weltbevölkerung nicht nur spektakulär vermehrt, sondern ist auch unruhig geworden, insbesondere nach dem Finanzkollaps von 2008. Deshalb werden Strategien zur Wiederherstellung der Disziplin entwickelt, deren gemeinsames Element die Nutzung technologischer Durchbrüche im Bereich der Nanotechnologie, der IT-Revolution, 5G und Mikrobiologie liegt, um nur die wichtigsten zu nennen. Im Prinzip gibt es keinen Grund, warum das Leben selbst (als Bewegungsprozess von Protein-Nukleinsäure-Kombinationen) nicht durch künstliche Intelligenz fernsteuerbar werden sollte. Um dieses Ziel zu erreichen, sind Injektionen mit Nukleinsäure und magnetischen Nanopartikeln ein wichtiger erster Schritt. Damit sollte es letztlich möglich sein, dem globalen Kapitalismus eine neue sozial-natürliche Basis zu geben, eine „neue Normalität". Und zweifellos hat es die Oligarchie eilig, genau das zu erreichen.

Meine These ist, dass die Verknüpfung menschlicher Organismen mit künstlicher Intelligenz zum Nutzen der Oligarchie, die heute den Planeten kontrolliert, prinzipiell möglich ist, in ihrer Gesamtheit aber noch in den Kinderschuhen steckt. Es bedarf einer Reihe von Erfindungen, die noch gemacht und integriert werden müssen, und außerdem wird der Faktor Mensch paradoxerweise unterschätzt. Letztlich werden sich die Menschen bewusst werden müssen, dass das, was auf den Weg gebracht wird, eine demokratische Anwendung der neuen Technologien, die die Selbstbestimmung aller ermöglichen würde, verhindern soll.

Die technologischen Durchbrüche in den genannten Bereichen haben potenzielle Folgen, die sich nur auf der Skala geophysikalischer Epochen (Holozän, Pleistozän usw.) messen lassen. Zu diesem Thema wurden im 20. Jahrhundert tiefgreifende Einsichten entwickelt, bei denen die Rolle der Information im Mittelpunkt steht. So schlug der französische Theologe Pierre Teilhard de Chardin bereits in den 1920er Jahren vor, der räumlichen Ausdehnung des Universums eine zweite, chemisch-physikalische *Involution* hinzuzufügen, von der einfachen zur immer komplexeren, einschließlich einer Dimension des Bewusstseins. Deshalb, so Teilhard, ist in jedem Körper, beginnend mit dem kleinsten Molekül, im Prinzip bereits eine „Psyche" vorhanden. Diese kann nicht als solche wahrgenommen werden, ebenso wenig wie ein Physiker eine Veränderung der Masse auf dieser Ebene wahrnehmen kann, und doch kann er sie vermuten und dann berechnen.[554]

Wir können daher davon ausgehen, dass „Psyche", Intelligenz und Information als Aspekt des Lebens allgegenwärtig werden. Der russische Biologe Wladimir Wernadski, der 1924 das Konzept der Biosphäre (der Sphäre um die Erde, in der das Leben entsteht und sich weiterentwickelt) entwickelte, erweiterte diesen Begriff unter dem Einfluss von Teilhard um das Konzept der *Noosphäre* (der „Schicht" des Bewusstseins, von griechisch *nous,* Geist) erweitert. Während die Biosphäre als solche nur eine evolutionäre Entwicklung impliziert, fügt die Noosphäre die Dimension des bewussten Lebens hinzu und impliziert, dass der Mensch als seine höchste Form in diese Entwicklung eingreifen kann.[555]

Dieser Eingriff hat dazu geführt, dass wir vom Anthropozän (von anthropos, Mensch) sprechen, dem geophysikalischen Zeitalter, in dem das menschliche Leben den Planeten vollständig beherrscht. James Lovelock (bekannt für die Gaia-Theorie der sich selbst regulierenden Biosphäre, die das Leben auf der Erde schützt, u. a. indem sie den Planeten kühl hält) spricht sogar von einem Zeitalter jenseits des geophysikalischen Anthropozäns, dem *Novazän.* In seinem gleichnamigen Buch spekuliert er über eine Zukunft, in der der Kosmos als solcher durch die von der Menschheit geschaffene künstliche Intelligenz, die an Orten operieren kann, an denen Menschen nicht überleben können, zu Bewusstsein kommt.[556] Diese künstliche Intelligenz wird in der Lage sein, das Leben noch Hunderte von Millionen Jahren zu erhalten, zumindest wenn es uns gelingt, einen Atomkrieg zu verhindern, und kein großer Meteorit einschlägt. Künstliche Intelligenz sollte also nicht in militärische Anwendungen integriert werden, die sich dem Zugriff des Menschen entziehen können.

Abgesehen davon leitet die spektakuläre Erweiterung der menschlichen Psyche durch die künstliche Intelligenz eine neue Ära der unbegrenzten Möglichkeiten ein. Die ursprüngliche menschliche Intelligenz bleibt jedoch unverzichtbar (und selbst der vollkommensten künstlichen Intelligenz überlegen), denn sie beruht auf der Intuition, der Fähigkeit, Probleme aus dem Gefühl heraus zu ergründen.[557] Ob diese authentische Intelligenz, die ihre Überlegenheit moralischen Überlegungen und der Intuition verdankt, überleben wird, ist nicht sicher. Immerhin erleben wir bereits die Bemühungen der großen IT-Konzerne, in enger Zusammenarbeit mit US-amerikanischen und anderen Geheimdiensten alle unsere Bewegungen und Gedanken zu verfolgen, um mittels Algorithmen abweichende „Intelligenz" buchstäblich undenkbar zu machen.

Unter diesen Umständen ist der Versuch, die Menschheit mittels Nanotechnologie mit künstlicher Intelligenz zu verbinden, um die Macht der herrschenden Ordnung zu erhalten, eine gefährliche Illusion. Die autoritären, wenn nicht gar diktatorischen Implikationen dieses Vorhabens sind bereits offenkundig, auch wenn sich die Covid-Krise, die „Pandemie der Angst", dadurch auszeichnet, dass die Mehrheit der Menschen, angestachelt durch Medien und Regierungen, tatsächlich „Maßnahmen" fordert und sogar darauf besteht, sich impfen zu lassen.

Im Gegensatz zu den in fast jeder Hinsicht verfrühten Vorstellungen von einer künstlich intelligenten Menschheit, den damit verbundenen medizinischen Technologien und der damit verbundenen totalen Kontrolle der heutigen Machthaber steht die Idee einer relativ autonomen, potenziell selbstbewussten Weltbevölkerung. Schließlich ist der Durchbruch zu einer neuen, radikal demokratischen Gesellschaft auch durch die Digitalisierung des Alltagslebens in greifbare Nähe gerückt. Darum geht es in unserem letzten Kapitel.

7
Radikale Demokratie und digitale Planung

In den vorangegangenen Kapiteln haben wir gesehen, dass die herrschende Kapitalistenklasse, die ein noch nie dagewesenes Maß an Konzentration und Bereicherung erreicht hat, mit der Covid-Krise versucht, die nach 2008 weltweit entstandenen sozialen Protestbewegungen zum Stillstand zu bringen – durch Lockdowns, Zensur und Einschüchterung. Die daraus resultierende sozialpolitische Krise war also nicht das Ergebnis eines medizinischen Notfalls. Vielmehr agieren die Regierungen unter der Schirmherrschaft des internationalisierten Staates und letztlich der kapitalistischen Oligarchie, die durch ihre Kriegserklärung an die Gesellschaft eine revolutionäre Situation geschaffen haben. Nun geht es darum, eine Handlungsperspektive für diese Situation zu entwickeln.

In diesem Kapitel möchte ich die Konturen der alternativen Gesellschaft skizzieren, deren Durchbruch die herrschenden Klassen zu verhindern versuchen.[558] Dieser Durchbruch setzt die Enteignung der Oligarchie voraus, die die Errungenschaften der IT-Revolution zu ihrem Privateigentum gemacht hat, sowie die Vergesellschaftung der Großunternehmen, für die der Aufstieg der passiven Indexfonds, die in Kapitel 3 besprochen wurden, den Weg geebnet hat. Im Mittelpunkt der Errungenschaften der IT-Revolution steht das Internet, das in all seinen Anwendungen in den Dienst der gesamten Menschheit gestellt werden muss. Diese historische Aufgabe ist unausweichlich, denn die herrschende Oligarchie selbst und der von ihr geleitete vielschichtige Staatsapparat haben durch die Ausrufung der „Pandemie" die Situation forciert und durch ihren Angriff auf die Bevölkerung einen Showdown provoziert. Die Menschen werden daher begreifen müssen, dass es nur einen Weg zur Befreiung aus der Umklammerung gibt, die die Regierungen ihren Gesellschaften auferlegt haben, und das ist der Weg nach vorne, zu einer Gesellschaft jenseits des Kapitalismus. In jedem Land, unter den dortigen

Umständen und mit den dort vorhandenen Möglichkeiten, wird dies unterschiedliche Formen annehmen, aber es wird kein Zurück geben.

Die Befreiung, die notwendig ist, um die Gesellschaft zu verändern, entspringt also nicht einer ideologischen Überzeugung, sondern wird von der Tatsache diktiert, dass die Lockdowns, und Massenimpfungen die mit der Zeit neben der Unterdrückung auch Armut, Krankheit und Hunger verursachen, unhaltbar sind. Hier ist der Vergleich mit den beiden Weltkriegen des 20. Jahrhunderts unerlässlich. Diese Kriege waren zum Teil eine Reaktion auf die starke Zunahme sozialer Unruhen, insbesondere Arbeiterrevolten, und auf die politische Organisation der arbeitenden Bevölkerung und der mit ihr verbundenen Intellektuellen. Ihnen folgten jedoch soziale Explosionen, die noch gewalttätiger waren: nach dem Ersten Weltkrieg die russische Revolution, nach dem Zweiten die chinesische, koreanische und vietnamesische Revolution und die Entkolonialisierung Asiens und Afrikas, die kubanische Revolution und so weiter.

Obwohl die ideologische Ausrichtung der Bewegungen, die den Lockdowns von 2020/21 vorausgingen, diffus und widersprüchlich ist, ist eine Wiederbelebung zu erwarten. Laut Klaus Schwab, dem Orakel von Davos, ist dies in der Tat eine der größten Gefahren der Lockdowns. Er zitiert Branko Milanovc, der unter dem Titel „The Real Pandemic Danger is Social Collapse“ in *Foreign Affairs* schreibt, wenn Regierungen bei der Bekämpfung von Unruhen auf Gewalt zurückgreifen, könnten „Gesellschaften anfangen zu zerfallen“. Schwab warnt, dies sei möglicherweise bereits in vollem Gange.[559] Es gibt also keinen klaren ideologischen Impuls, aber auch die Revolutionen der Vergangenheit waren in dieser Hinsicht nicht eindeutig. Die theoretische Selbstgewissheit der aus solchen Revolutionen als neue Machthaber hervorgehenden Gruppen wurde auf Dauer sogar zum Hindernis für die weitere Entwicklung. Neben der Sicherung der Lebensmittelversorgung und der öffentlichen Ordnung muss eine Revolution als demokratischer Durchbruch ergebnisoffen sein.

Um Slavoj Žižek zu zitieren, ist der Kern der Revolutionsidee die Bereitschaft, die Chancen zu nutzen, die sich in einer unsicheren historischen Situation bieten – ohne sich des Ausgangs ganz sicher zu sein.[560]

In dem jetzt geschaffenen Corona-Ausnahmezustand geht es in erster Linie darum, die Freiheit und die Grundrechte zurückzuerobern, gerade weil es diesmal keinen Fahrplan gibt, der uns vorschreibt, was wir „nach Vorschrift" zu tun haben (also auch keine Ideologie, die verdreht oder verfälscht werden kann). Das bedeutet, dass sich die Bewegung auf breiter Front frei entfalten kann, und darum geht es bei einer Revolution. Ich beginne mit der Frage, warum die IT-Revolution ein weltgeschichtlicher Durchbruch auch im Hinblick auf die gesellschaftliche Erneuerung ist.

Individuum versus Kollektiv: ein überwindbarer Widerspruch?

Der Sozialismus der Industriellen Revolution, aus dem die Arbeiterbewegung im 19. Jahrhundert hervorging, war notwendigerweise kollektivistisch. In Staaten wie Deutschland, Österreich-Ungarn, Japan nach der Meiji-Revolution und später Russland fand die Spätindustrialisierung unter der Schirmherrschaft des Staates statt; es gab keine liberale Tradition zur Verankerung des Individualismus. Die Erfordernisse der Industrialisierung und dieses politische Defizit führten zu einer Orientierung, bei der der Staat die führende Rolle spielte. Nach der russischen Revolution und der Revolution von oben unter Stalin zehn Jahre später nahm dies die Form eines Staatssozialismus mit einer autoritären Kommandowirtschaft an. Innerhalb einer Generation verwandelte sich die Sowjetunion in einen modernen Industriestaat, was nur möglich war durch die Aufpeitschung der Bevölkerung zu übermenschlichen Leistungen, unterstützt durch Staatsterror, der jede Initiative und Autonomie buchstäblich auslöschte.

Infolgedessen fehlte dem Ostblock, der sich nach der Niederlage des Dritten Reiches konstituierte, die Vitalität, die nur durch freie Kreativität und ein Höchstmaß an Demokratie gewährleistet werden kann. Die Kommandowirtschaft, in der das Zentrum die Prioritäten der Produktion von oben verordnet, begann sich aufgrund dieses Mangels in den 1960er Jahren zu verlangsamen, zunächst in den am weitesten entwickelten Ländern mit einer demokratischen Tradition wie der Tschechoslowakei. Dort wurden vielfältige Alternativen formuliert, bis hin zu Marktmechanismen, 1968 aber setzten die Truppen des Warschauer Paktes der Bewegung zur Erneuerung des Staatssozialismus ein Ende.[561] Die UdSSR und der Ostblock brachen erst Ende der 1980er Jahre zusammen, so dass die Weltöffentlichkeit die Idee des Sozialismus, seine Probleme und Möglichkeiten, noch 20 Jahre lang im Lichte des stagnierenden, autoritären sowjetischen Beispiels beurteilte.

Zur gleichen Zeit brach im Westen eine neue Ära an, die IT-Revolution. In diesem sich entwickelnden Umfeld treffen zum ersten Mal in der Geschichte individuelle Freiheit und dichte Kollektivität aufeinander. Im Prinzip steht es jedem frei, sich alle gewünschten Informationen zu beschaffen, sie nach seinen Vorlieben zu bearbeiten und gleichzeitig Teil eines Prozesses zu sein, der alle Entscheidungen in einem dynamischen, hochgradig anpassungsfähigen Prozess zusammenfasst. Die daraus entstehende Gesellschaftsordnung kann nicht auf der Grundlage eines zuvor erstellten Entwurfs festgelegt werden, sondern befindet sich in ständiger Entwicklung. Die Kombination aus subjektiver Freiheit und objektiver Kohärenz ist in jedem Tätigkeitsbereich zu erkennen.

Das durch die IT-Revolution geschaffene zentrale, interaktive Netz, das Internet, ist jedoch Eigentum der kapitalistischen Oligarchie in den USA. Dies theoretisierte bereits Marx in einer Passage der Skizzen zum *Kapital*. Darin führt er aus, wie nach der Logik der kapitalistischen Produktion die Arbeitsmittel, also Werkzeuge, Maschinen und die ihnen zugrundeliegenden Fertigkeiten, Schritt für

Schritt von der Kapitalistenklasse enteignet werden. Der Endpunkt ist „ein automatisches System von Maschinen (…), das von einem Automaten in Bewegung gesetzt wird, einer sich bewegenden Kraft, die sich selbst bewegt. Diese Maschine besteht aus *Information*, mechanisch und intellektuell." Die Arbeiter sind nur Glieder in diesem automatisierten System; ihr ganzes Wissen und Können ist in dem enthalten, was Marx das „gesellschaftliche Gehirn" nennt.[562]

Keine schlechte Vorhersage, wenn man bedenkt, dass dies Mitte des 19. Jahrhunderts geschrieben wurde (als die Dampfmaschine noch ein Wunderwerk der Technik war), einfach indem man der Logik der fortschreitenden Trennung der Arbeiter von ihren Existenzmitteln folgt. Wir sehen, wie menschlicher Erfindungsreichtum und menschliches Können in das soziale Gehirn einfließen und doch am Ende dem Kapital gehören – „unserem" Google, Microsoft, Apple usw. und der Oligarchie, die hinter ihnen steht. Dennoch ist alles, was im Internet zirkuliert, einschließlich des „Internets der Dinge", des Internets als regulierendem System der Produktion, letztlich auf Arbeit – geistige und manuelle Arbeit – zurückführbar.

Das ist der große Widerspruch, in dem unsere modernen Beziehungen gefangen sind. Aber das Internet ist nicht nur Eigentum des Kapitals, sprich: der großen IT-Konzerne, der ICANN als der Agentur, die die Domain-Namen vergibt, die alle in den USA konzentriert sind und unter dem Schutz des amerikanischen Nationalen Sicherheitsstaates stehen.[563] Es ist gleichzeitig ein „öffentlicher Dienst" für die Weltbevölkerung, die ihre Individualität durch dieses Medium verwirklichen kann. Und wie sehr sie auch durch offene und versteckte Zensur verzerrt sein mag, wie beunruhigend auch manche Ausstrahlungen aus den dunklen Tiefen des „sozialen Gehirns" sein mögen, dies ist das befreiende, demokratische Potential der IT-Revolution. Um zu verhindern, dass dieses Potenzial Wirklichkeit wird, haben die Oligarchie und der von ihr kontrollierte internationalisierte Staat eine Revolution von oben entfesselt. Die Möglichkeiten des Internets sind jedoch für diejenigen, die noch nie Zugang zu einem so mächtigen Werkzeug hatten, von weitaus größerer Bedeutung als für die Mächte, denen die IT-Revolution bestenfalls dazu dient, ihren Griff auf die Gesellschaft zu festigen.[564]

Heute ist praktisch die gesamte Weltbevölkerung, selbst in Afrika, wo es oft an Strom mangelt, über Mobiltelefon und Laptop mit dem Internet verbunden. Da die Information, das Wissen, an sich sozial ist (man kann sich Informationen beschaffen, ohne dass sie einem anderen vorenthalten werden), verhindert nur das kapitalistische Regime, das geistige Eigentumsrechte an Informationsprodukten (wissenschaftliche Zeitschriften, Medikamente usw.) festschreibt, eine allgemeine Nutzung. Objektiv, „technisch" gesehen, ermöglichen die neuen Produktivkräfte der Welt den Übergang zu einer anderen, humaneren Gesellschaftsform. Nur die erzwungenen Regelungen der verfallenden kapitalistischen Gesellschaft halten sie zurück. Noch bevor dies die Form einer offenen Diktatur im Namen eines Virus annahm, wurde auf dem Weltwirtschaftsforum in Davos 2009, ein Jahr nach dem Finanzkollaps, ein „New Deal on Data" vorgestellt. Die Idee war, „Lieferanten" von Daten zu unabhängigen Eigentümern zu machen, die Anspruch auf Einkommen aus ihrem Eigentum haben – das Gegenteil der von Shoshana Zuboff beschriebenen Aneignung von Informationen durch die IT-Konzerne.[565]

Aber gerade das Dogma des „Marktes", der ideologische Eckpfeiler des gegenwärtigen kapitalistischen Regimes (sein materieller Eckpfeiler ist schlicht und einfach die Klassenmacht), wird durch die neuen IT-Möglichkeiten, insbesondere Big Data, obsolet. Die Idee des neoliberalen Ideologen Friedrich Hayek, die Masse an Informationen, die benötigt wird, um eine moderne Wirtschaft am Laufen zu halten, sei zu groß, um sie zentral zu planen, und nur Marktbeziehungen könnten diese komplexe Maschinerie am Laufen halten, war schon immer eine Fiktion: Dass Planung im Sinne der sowjetischen Kommandowirtschaft zu solchen Misserfolgen und schließlich zur Stagnation führte, lag am Mangel an Demokratie.[566] Gerade dank der kybernetischen Anpassung in einem System, in dem die zentrale Planung mit den digitalisierten individuellen Präferenzen verknüpft ist, kann eine flexible Planung realistisch sein, ganz ähnlich wie Supermärkte auf die Nachfrage ihrer Kunden reagieren. Das Gleiche gilt für die Sphäre der Regierung, die ebenfalls kontinuierlich überwacht, interpelliert und angepasst werden kann.

Die Tatsache, dass der „Sozialismus" in unserer Zeit kein hohes Ansehen genießt, beruht auf der berechtigten Kritik an Missständen, am Staatsterror zur gewaltsamen Durchsetzung ideologischer Grundsätze und am Stalinismus als systematischer Willkür eines von der politischen Polizei übernommenen Staates. Die radikale Abschaffung des wirtschaftlichen Eigentums beruhte auf einem Missverständnis der Rolle, die Initiative und Kreativität spielen müssen. „Unternehmertum" ist ein unverzichtbarer Aspekt der Gesellschaft, der neue Möglichkeiten erforscht und ausprobiert, und sollte nicht mit riesigen Konglomeraten verwechselt werden, die jede neu erdachte Tätigkeit und Erfindung in ein monopolistisches Ertragsmodell für Aktienbesitzer umwandeln. Auch der Wunsch, die Religion abzuschaffen, war ein unnötiger Angriff auf die persönliche Freiheit und die Rolle des individuellen Gewissens. All diese Unzulänglichkeiten lassen sich zum Teil durch die besonderen Umstände im Russischen Reich erklären, auf das die Revolution nach der Niederlage der geplanten Weltrevolution 1922-1924 zurückgeworfen wurde, aber nur zum Teil.

Inspiriert von den ideologischen Wurzeln, aus denen es hervorging, konnte sich das staatssozialistische System immer wieder neu erfinden (vor allem unter Chruschtschow; Gorbatschow kam zu spät und konnte nur noch die Kapitulationsurkunde unterschreiben). Alle Aspekte der sowjetischen Erfahrung verdienen es, eingehend untersucht zu werden, insbesondere auch die in der UdSSR (und später in Chile) gemachten Erfahrungen mit digitaler Planung.

Digitale Experimente im sowjetischen Staatssozialismus

Der Staatssozialismus der UdSSR nahm nach der gescheiterten Weltrevolution Gestalt an. Rückblickend ist dies der Moment, in dem die innere Herausforderung, die aus der industriellen Revolution hervorging, die sozialistische Arbeiterbewegung, zu einer äußeren Herausforderung für den Westen wurde. Dies trug dazu bei, die ideologische Einheit des Westens bis Ende der 1980er Jahre zu festigen. Als der Staatssozialismus implodierte, geriet folglich auch der Kapitalismus in eine existenzielle Krise. Es dauerte jedoch bis zur Jahrtausendwende, bis sich diese Krise in ihrer ganzen Intensität offenbarte und die Herrschenden auf die Politik der Angst zurückgreifen mussten, um die Bevölkerung an die bestehende Ordnung zu binden.

Die im Rahmen der Fünfjahrespläne Ende der 1920er Jahre eingeführte Kommandowirtschaft sollte die sowjetische Gesellschaft innerhalb einer Generation durch (anfangs extremen) Zwang in einen modernen Industriestaat verwandeln, wohl wissend, dass das Land, sollte dies nicht gelingen, erneut dem Imperialismus zum Opfer fallen würde. Ohne zentrale Lenkung hätte die UdSSR die Nazi-Invasoren nicht besiegen können, wenn auch unter beispiellosen Verlusten an Menschen und Ausrüstung. In den 60ern, als sich das Wachstum nach der anfänglichen halsbrecherischen Industrialisierung, dem Krieg und dem anschließenden Wiederaufbau zu verlangsamen begann, bot sich die digitale Transformation als Möglichkeit an, einen qualitativen Durchbruch zu erzielen. In vielerlei Hinsicht ist das, was damals erreicht wurde, immer noch von Bedeutung, auch wenn das Projekt schließlich einer konservativen Reaktion zum Opfer fiel, die sein revolutionäres Potenzial blockierte.

Die Entwicklung von Computern begann in den 1940er Jahren an der Akademie der Wissenschaften in Kiew. Militärische Anwendungen hatten Vorrang, und als die sowjetische Führung von dem in den USA entwickelten automatischen Luftverteidigungssystem erfuhr, wollte sie ein ähnliches System für sich haben.[567] Ideologische Barrieren, die Theorien wie die Kybernetik (flexible Anpassung durch Rückkopplung) verdächtig machten, wurden erst nach Stalins Tod beseitigt; Parteichef Nikita Chruschtschow sprach sich in seiner Rede auf dem 20. Parteitag 1956, in der er den Stalinismus anprangerte, auch für Schritte zur Einführung der Fabrikautomation aus. Pläne, das vorgesehene Luftverteidigungsnetz auch in Friedenszeiten für die zivile Nutzung zur Verfügung zu stellen, waren inzwischen auf seinem Schreibtisch gelandet, aber auch hier gab es sofort Blockaden. Aber die Idee der Digitalisierung der Kommandowirtschaft hielt sich hartnäckig, ebenso wie eine Schule, die die Rentabilität der Unternehmen als Hebel zur Effizienzsteigerung propagierte.[568]

1961 forderte Chruschtschow erneut die Nutzung der digitalen Technologien für die Planwirtschaft. Dies war die Zeit nach den Erfolgen im Weltraum wie dem Sputnik, und die Hoffnung, die UdSSR könne den Westen überholen, war auf ihrem Höhepunkt. Computer wurden in der sowjetischen Presse als „Maschinen des Kommunismus" gepriesen, und man glaubte, die UdSSR werde mittels der Anwendung der Kybernetik auf eine ganze Volkswirtschaft erfolgreicher sein als die Amerikaner. In den USA stellte ein Bericht für das Council for Foreign Relations fest, die Kybernetik für sei die zentrale Verwaltung einer komplexen Gesellschaft gut geeignet: Die Planziele könnten angepasst werden, ohne dass man abwarten müsse, wie die Ergebnisse nach dem Planungszeitraum von fünf Jahren aussähen. Die CIA warnte, die Sowjetunion sei beim Aufbau eines integrierten Informationsnetzes weit fortgeschritten und die Drohung Chruschtschows, die Russen würden „den Westen begraben", könnte Wirklichkeit werden.[569]

In diesem optimistischen Klima begann das Computerzentrum der Akademie der Wissenschaften der Sowjetukraine mit der Entwicklung eines automatischen Wirtschaftskontrollsystems (russisch: OGAS), das auf früheren Plänen für eine computergesteuerte Luftverteidigung aufbaute.[570] Alexej Kossygin, der damalige stellvertretende Vorsitzende des Ministerrats, förderte diese Aktivitäten. 1964, als schließlich ein ausgefeilter Entwurf vorlag, wurde Chruschtschow von seinen Politbürokollegen abgesetzt und eine vorsichtigere Linie eingeschlagen. Unter dem konservativen Leonid Breschnew und mit Kossygin als Premierminister entschied sich die neue Führung stattdessen für eine größere Autonomie der Unternehmen. Damit kam sie den Bedenken der lokalen Partei- und Firmenchefs entgegen, die nicht alle Details ihrer Aktivitäten von den Computern des Zentrums erfassen lassen wollten.[571] Die Stimme der Arbeiter und der Bevölkerung im Allgemeinen war in diesem Patt irrelevant.

Auf dem Weg zu einer globalen Plan-Technokratie?

Die Idee der digitalen Planung schlug nun eine andere Richtung ein. Kossygin wollte die wirtschaftliche Zusammenarbeit mit dem Westen intensivieren, um die sowjetische Wirtschaft zu modernisieren; gleichzeitig stimmte die Führung einem US-Plan für einen gemeinsamen Think Tank zu, der die Probleme der entwickelten Industriegesellschaft untersuchen sollte. Kossygins Schwiegersohn wurde oberster sowjetischer Vertreter im neu gegründeten Internationalen Institut für Angewandte Systemanalyse (IIASA) in Laxenburg bei Wien und blieb in dieser Position bis 1986.[572]

Dies hätte die Grundlage für eine globale digitale Planungsinfrastruktur werden können, aber vom Westen wurde das IIASA in erster Linie als Möglichkeit gesehen, das sowjetische System zu untergraben. Nach der neoliberalen Wende unter Thatcher/Reagan wurde die anglo-amerikanische Unterstützung für das Institut praktisch eingestellt. Dennoch sollten die hier entwickelten Computermodelle von den Vereinten Nationen und dem Club of Rome (gegründet von Olivetti, Fiat und anderen Pionieren des Ost-West-Handels) zur Lösung globaler Probleme im Zusammenhang mit der Bewirtschaftung der Weltressourcen oder der Umweltverschmutzung eingesetzt werden und wären auch für die digitale Planung geeignet.

Auf sowjetischer Seite wurde die im vorigen Kapitel erwähnte Theorie der Biosphäre von Wernadski aus den 1920er Jahren wiederbelebt. Gemeinsam mit US-Wissenschaftlern, die über die Sorglosigkeit entsetzt waren, mit der Mitglieder der Reagan-Administration die Risiken eines Atomkriegs abtaten, kam man auf der Grundlage der IIASA-Computermodelle zur Theorie des nuklearen Winters.[573] Das Aussterben des Lebens auf der Erde musste nicht zwangsläufig die Folge eines Atomkrieges sein; die Komplexitätstheorie („Chaostheorie") zeigte, dass auch klimatische Systemveränderungen allmählich oder durch eine plötzliche Katastrophe das Überleben gefährden könnten.[574] Dass die Menschheit eines Tages von ihren eigenen Machthabern im Namen der Volksgesundheit in tödliche Gefahr gebracht werden könnte, war damals wohl noch nicht vorstellbar.

Wie bereits erwähnt, unterscheidet sich die Planung in einem digitalen System qualitativ von der Planung der Kommandowirtschaft, mit der ein Staat die Zwangsindustrialisierung vorantreibt. Es geht nicht einfach um den Einsatz von Computern, sondern um die Eingabe riesiger Datenmengen, Big Data, und dann darum, Ergebnisse *zu entdecken*, anstatt sie zu diktieren. Das Dilemma der sowjetischen Planer, die mit dieser Vorstellung arbeiteten, wird deutlich, wenn wir sehen, dass ihre Berechnungen an die Öffentlichkeit weitergegeben wurden, wenn es um die Gefahren eines Atomkriegs und des darauf folgenden nuklearen Winters ging, aber nicht wenn es um die sowjetische Wirtschaft ging. Als sich am Vorabend des Amtsantritts von Gorbatschow herausstellte, dass nicht die zentral diktierten fünf Prozent Wachstum, sondern magere zwei Prozent aus den Computermodellen hervorgingen, kam dies nicht an der Zensur vorbei.[575]

Gorbatschow kam zu spät, um die gesellschaftlichen Strukturen der Kommandowirtschaft in ein digitales Planungssystem umzuwandeln, zumal die vorangegangenen Marktreformen den Kurs auf eine Restauration der kapitalistischen Verhältnisse praktisch unumkehrbar gemacht hatten. Die Bemühungen um eine digitale Planung scheiterten damit endgültig, ebenso wie der einzige Gesellschaftstyp, der die Chance hatte, sie zum Erfolg zu führen.[576]

Cybersyn in Chile

Ein zweites digitales Planungsexperiment fand in Chile unter der Regierung der *Unidad Popular* von Salvador Allende statt. Hier war die kybernetische Steuerung der Ausgangspunkt, da es noch nie eine Planwirtschaft gegeben hatte, so dass es keine Interessen gab, die mit der früheren Kommandowirtschaft verbunden gewesen wären. Das Cybersyn-Projekt basierte auf der Idee einer integrierten Volkswirtschaft mit kybernetischer Steuerung. Versorgungsprobleme, Streiks, alles, was eine Änderung der geplanten Ziele erforderte, wurde mit Hilfe eines Netzes von Fernschreibern erfasst und die Ziele entsprechend angepasst. Geleitet wurde das Projekt von einem britischen Computerexperten, der wegen seiner fortschrittlichen Ideen aus dem IIASA herausgehalten wurde, um das vermeintlich unpolitische Profil des Instituts zu wahren. Am Ende fiel das Cybersyn-Projekt, kaum umgesetzt, Pinochets blutigem Staatsstreich zum Opfer, der die Herrschaft des Volkes beendete.[577]

Wir befinden uns heute in einer Situation, die in vielerlei Hinsicht jener grausamen Episode ähnelt, obwohl die physische, mechanische Folter durch eine psychologische Kriegsführung ersetzt wurde und die Menschen nicht im Gefängnis, sondern einfach zu Hause an heimtückischen Krankheiten infolge des unablässigen Stresses, an den Nebenwirkungen der „Impfung" und in extremen Fällen durch Selbstmord sterben. Wie wir gesehen haben, wurde dieser psychologische Krieg vom internationalisierten Staat im Namen der Oligarchie angezettelt und von den Regierungen, die unter seiner Schirmherrschaft agieren, ausgeführt. Alles, um einen demokratischen Durchbruch zu verhindern, der die Errungenschaften und Möglichkeiten der IT-Revolution in den Dienst des Gemeinwohls stellen könnte, des Überlebens der Menschheit in Freiheit durch ein System digitaler Planung.

1908 erschien in Russland der Science-Fiction-Roman *Roter Stern* über eine imaginäre sozialistische Gesellschaft auf dem Mars. Zusammen mit der Fortsetzung *Ingenieur Menni*, die fünf Jahre später folgte, bot er den Lesern die optimistische Zukunftsvision einer idealen Gesellschaft. Die Bücher waren ein großer Erfolg, aber der Autor, Alexander Bogdanow, fand kein gutes Ende. Bogdanow war Arzt und Wirtschaftswissenschaftler, vor der Revolution ein führender Bolschewik, und lebte wie Lenin teilweise im Schweizer Exil. In dessen Augen war Bogdanow mit seiner Suche nach einer Synthese zwischen subjektivem Willen und objektiver Realität (einer frühen Version der Systemtheorie)[578] indes zu weit in die positivistische Richtung abgedriftet, die unter Einfluss der Naturwissenschaft auch den Marxismus durchdrungen hatte. In *Materialismus und Empiriokritizismus* von 1909, einer charakteristischen, heftigen Anprangerung dieser Strömung, geißelte Lenin auch Bogdanow. Nach der Revolution wandte sich Bogdanow von der Politik ab und nahm 1928 an sich selbst eine riskante Bluttransfusion vor, die ihn das Leben kostete. Dass der Terror gegen die Intellektuellen, der gerade begonnen hatte, dabei eine Rolle spielte, ist vorstellbar.

In seinen beiden Zukunftsphantasien (eine dritte in Gedichtform folgte)[579] skizzierte Bogdanow eine Gesellschaft, die allen Idealen der europäischen Sozialisten entsprach. Die Produktionsmittel (Fabriken, Transportmittel, Grund und Boden) befinden sich in gemeinschaftlichem Besitz, der Klassenkonflikt ist gelöst, Geld wird nicht mehr verwendet. Die Erziehung basiert auf kollektiven Grundsätzen und Werten, und die Wirtschaft ist wissenschaftlich und zentral geplant. Die Künste dienen der Gesellschaft, es gibt keine politische Hierarchie mehr - nicht einmal eine führende kommunistische Partei. Gewalt, Krieg und Rassenungleichheit sind verschwunden und die medizinische Wissenschaft so weit fortgeschritten, dass die Menschen ein langes Leben ohne Krankheiten führen. Sie leiden auch nicht unter den Auswirkungen der Schinderei in Fabriken, weil sie die Freiheit haben, den Arbeitsplatz zu wechseln, offen und ehrlich miteinander umzugehen und so fort.

Kurz gesagt, eine Freude, am Leben zu sein. Doch als der Erdling Leonid einem der Marsianer ein Kompliment für das Glück und den Frieden macht, die auf dem Roten Planeten herrschen, erfährt er zu seiner Überraschung, dass es große Probleme gibt. Es gibt so viele gefährliche Industrien, dass sie unterirdisch arbeiten müssen; wegen der wechselnden Arbeitskräfte kommt es ständig zu Unfällen. Die Bevölkerung wächst so schnell, dass Nahrungsmittelknappheit und Hungersnöte drohen. Die Rohstoffe, einschließlich der radioaktiven Materie, die als Energiequelle dient, gehen zur Neige, und die Marsianer haben begonnen, ihre geliebten Wälder zur Gewinnung von Brennstoffen abzuholzen, was zu einer drastischen Schädigung der natürlichen Umwelt führt. Und weil die Menschen immer länger leben, müssen sie gedrängt werden, ihr Leben selbst zu beenden, wofür überall Selbstmordkliniken eingerichtet wurden. Leonid erfährt, dass die Menschen auf dem Mars erst nach der Beseitigung des offensichtlichsten Gegners, der herrschenden kapitalistischen Klasse, begannen, sich den wirklichen Katastrophen zu stellen, die über der Menschheit schweben. Diese ergeben sich nämlich aus den negativen Folgen des technischen Fortschritts, des Verhältnisses zwischen Mensch und Natur, zwischen Männern und Frauen und so weiter.

Es würde zu weit führen, den philosophischen Hintergrund dieser seltsamen Mischung aus Optimismus und Pessimismus zu erörtern. Es geht um den bereits erwähnten Gegensatz zwischen individueller Freiheit und objektiver, kollektiver Realität. Wie erwähnt, kann dieser Widerspruch im Zeitalter der IT-Revolution überwunden werden, aber Bogdanow musste dafür noch eine Lösung finden, genau wie Lenin in der erwähnten Schrift von 1909.

Es ist nicht meine Absicht, eine Liste mit schönen Dingen für die Menschen zu erstellen; alles, was folgt, sind bestenfalls Vorschläge, in eine progressive Richtung zu denken. Dennoch gibt es eine

Reihe von Lehren, die man aus *Roter Stern* ziehen kann, nämlich dass alle offensichtlichen Formen der Vergesellschaftung Nachteile haben, mit denen man sich im Voraus auseinandersetzen muss, genauso wie es Probleme der menschlichen Existenz gibt, die von keinem bestimmten sozialen System endgültig gelöst werden können. Die heute, mehr als hundert Jahre später, realisierte digitale Infrastruktur stellt jedoch in jeder Hinsicht eine wesentliche Bedingung für die Vergesellschaftung der Produktion in dem Sinne dar, den schon Marx andeutete: „ein automatisches System von Maschinen (...) die von einem Automaten bewegt werden". Es liegt auf der Hand, dass dabei die ökologischen Grenzen, wie Verschmutzung und Strahlung (etwa durch das geplante 5G-Netz), berücksichtigt werden müssen.

Die digitale Infrastruktur ermöglicht auch Zahlungsformen, die Geld, wie wir es kennen, überflüssig machen können. Blockchain als transparente Buchführung über alle Transaktionen, gekoppelt mit einem System von Quittungen für Arbeit oder andere Dienstleistungen, kann Geld ersetzen.[580] Geld als Währung kann unter einem anderen Namen weiterbestehen, da es eine Rechnungseinheit geben muss; der Punkt ist, dass es nicht in erbliches Privatkapital für eine bestimmte Klasse von Menschen umgewandelt werden kann. Sicherlich wird eine Nationalbank, die reale Zinsen auf Ersparnisse zahlt und zu einem etwas höheren Prozentsatz produktive Kredite vergibt, um kreatives Unternehmertum zu ermöglichen, weiterhin notwendig sein. Aber die Erträge des Unternehmertums müssen ab einer bestimmten Grenze und nach dem Tod des Gründers an die Gesellschaft zurückfließen. Demokratie und Transparenz sind in einem solchen Prozess, der als ergebnisoffenes Experiment betrachtet werden muss, entscheidend. Das ist es nämlich, was bei den in den vorangegangenen Kapiteln diskutierten „Besser als Bargeld"-Plänen fehlt.

In einem digitalen Planungssystem wird die Wirtschaft in einer *Noonomie* aufgehen, in dem Sinne, dass die verbleibende physische Anstrengung der Arbeit so weit wie möglich aus ihr entfernt wird, so dass nur noch die kreativen Aufgaben übrig bleiben.[581] Auch die Bildung wird sich an dieser Perspektive orientieren. Da die Entwicklung in einer Noonomie so schnell voranschreitet, dass jede „Vor“-Schulung bald überholt sein wird, ist eine ständige Rückbesinnung auf den Bildungsbereich notwendig. Der kommunistische Theoretiker Paul Boccara hat die Idee eines ständigen Wechsels von Arbeit und Bildung entwickelt, um mit der Informationsgesellschaft Schritt zu halten. Damit würde auch der Arbeitsmarkt abgeschafft, denn das Einkommen ist von der Arbeit unabhängig und steht auch demjenigen zu, der eine Ausbildung erhält. Boccaras Modell unterscheidet sich also von einem Grundeinkommen, das Passivität voraussetzt. Für Interessierte gibt es immer eine Ausbildung, die zu einer Rückkehr in eine kreative oder überwachende Rolle im zunehmend automatisierten Arbeitsprozess führen wird.[582]

Auch die Bildung selbst ist schöpferisch im Sinne der Transaktionstheorie von John Dewey: Ausgangspunkt ist, dass es keine Realität außerhalb der Bildung gibt, die den „dafür ausgebildeten“ Menschen erwartet, sondern dass die letztendliche Realität das Produkt der Bildung als humanistisches Streben ist (was im Grunde genommen schon weitgehend der Fall ist).[583] Es braucht nicht weiter ausgeführt zu werden, dass Kultur, Musizieren, Sport zur Körperbildung usw. von klein auf in einer langen, abwechslungsreichen Schulzeit eine tragende Rolle spielen. Der Aufenthalt in der Natur, ihre Bewunderung und ihr Schutz müssen ebenfalls eine im Mittelpunkt der Erziehung stehen. Da es in den Meeren und Ozeanen bereits sechsmal mehr Plastik als Plankton gibt, wird die Erziehung in diesem Bereich durch eine globale Säuberung angeregt.[584]

Auch hier ist die Erfahrung des sowjetischen Staatssozialismus zu berücksichtigen. Unmittelbar nach der Machtergreifung übertrug Lenin dem Volkskommissar für Bildung, Lunatscharski, zusätzlich die Verantwortung für den Naturschutz. Noch zu Lebzeiten Lenins richtete er das Ministerium für Naturschutzgebiete ein, die 1933 2,7 Millionen Hektar Land umfassten.[585] Zu diesem Zeitpunkt war jedoch im Rahmen der Kommandowirtschaft ein Angriff auf die Natur eingeleitet worden, der dem des Kapitalismus gleichkam.

Demokratie ist offensichtlich am schwersten im Voraus zu skizzieren. Sie nimmt unweigerlich neue, unerwartete Formen an, wie die 1905 entstandenen Sowjets, für die es keinen historischen Präzedenzfall gab (insbesondere nicht in der sozialistischen Tradition, die auf die direktive Rolle des Staates fixiert war). Die Erfahrung der aktuellen Covid-Krise, eines Parlaments, das sich selbst ausschaltet und der Regierung in Panik vor einer aufgebauschten „Pandemie“ absurde Befugnisse einräumt, erinnert daran, dass in einer echten Demokratie ein Abberufungsverfahren für alle repräsentativen Organe gelten muss. Gleichzeitig ermöglichen Digitalisierung und Internet, jede Abstimmung in voller Transparenz zu treffen. Zudem sollten die Metadaten, die sich heute in den Händen von IT-Monopolen und spezialisierten Unternehmen wie Palantir, aber auch Airbnb, Uber, Krankenhäusern und Versicherungen befinden, Bürgern, Stadt- und Landesregierungen und der Wissenschaft im Rahmen einer demokratischen Selbstregulierung zur Verfügung gestellt und anonymisiert werden.[586]

Die Voraussetzungen für einen Übergang zu einer Big-Data-Demokratie und einem neuen ökologischen Sozialismus, zugeschnitten auf die Verhältnisse des 21. Jahrhunderts, sind gegeben. Innerhalb der allgemeinen Parameter einer Neuausrichtung der Gesamtgesellschaft würde eine spezifische digitale Regulierung vier weitere Schritte erfordern: 1) Verständnis des gewünschten Ergebnisses, 2) Messung während der „Fahrt“, ob dieses Ergebnis erreicht wird, 3) Entwurf von Algorithmen (Planungsregeln, die eine Anpassung auf Grundlage neuer Daten ermöglichen) und 4) regelmäßige, eingehende Analyse der Fähigkeit des Algorithmus, sich selbst zu korrigieren und wie erwartet zu funktionieren.[587] Vertretungsorgane, die auf allen Ebenen bürgernah sind und deren digital transparente Aktivitäten auch von weiter entfernten Personen verfolgt werden können, werden ihrerseits in der Lage sein, hochqualifizierte Mitglieder anzuziehen, wobei die Parteizugehörigkeit bestenfalls die Philosophie und die Richtung der Politik vorgibt, aber keine Fraktionsdisziplin.

Mit dem fast globalen Covid-Ausnahmezustand haben die Regierungen, die unter der Schirmherrschaft des internationalisierten Staats (Weltbank, WHO usw.) agieren, ihre Gesellschaften in einen Griff genommen, den sie nicht mehr lockern können. Auch hier ist der bevorstehende Umbruch nicht aus dem lang gehegten Wunsch nach einer anderen Gesellschaftsform mit einer klaren politisch-ideologischen Ausrichtung entstanden. Er wird der Gesellschaft durch die Machtergreifung von oben aufgezwungen. Die Menschheit wird entweder ihre Freiheit zurückgewinnen oder in die digitale Sklaverei geführt werden. Da Letzteres für eine wachsende Zahl von Menschen unvorstellbar ist, muss eine alternative Gesellschaftsordnung an die Stelle des bankrotten Kapitalismus treten. Die Vorbereitungen und Experimente, mit denen dies realisiert wird, und die ständigen Rückkopplungen werden schließlich zu einer radikalen Demokratie mit digitaler Planung führen.

Die Frage ist also: Wer wird dies bewirken?

Parallele Macht in einer gespaltenen Gesellschaft

Die bereits erwähnte extreme Eigentumskonzentration sowohl auf Unternehmensebene (IT-Konzerne, passive Indexfonds usw.) als auch auf der Ebene der Oligarchie vereinfacht die Vergesellschaftung. Nicht durch einen totalen Zusammenbruch der Wirtschaft und des sozialen Lebens, wie es jetzt durch den Covid-Ausnahmezustand versucht wird, um „besser wiederaufzubauen“, dem von den Regierungen in aller Welt bis zum Erbrechen wiederholten WEF-Slogan. Eine Revolution in diesem Sinne ist mit der Störungsanfälligkeit der modernen Gesellschaft nicht mehr vereinbar, wie wir leider bald feststellen werden. Heutzutage kann eine Großstadt nicht einen halben Tag lang ohne Versorgung auskommen, sonst kommt es zu

Chaos und Plünderungen. Der Übergang zu einem neuen System wird Institutionen hervorbringen müssen, die parallel zu den bestehenden funktionieren.

Um nur ein Beispiel zu nennen: Eine Nationalbank kann als Folge einer Finanzkrise eingerichtet werden; bei mehreren Rettungsaktionen nach dem Zusammenbruch von 2008 befanden sich große Banken häufig in formellem Staatsbesitz. Die Regierungen waren jedoch nicht gezwungen, den Kurs in Richtung einer funktionsfähigen Staatsbank einzuschlagen oder sich mit den Betriebsräten der Bankangestellten, den Gewerkschaften und der breiten Öffentlichkeit zu diesem Thema zu beraten. Da ein erneuter Zusammenbruch unausweichlich ist, sollte eine solche Chance nicht wieder verpasst werden. Die Medien hingegen können nach Kanälen, Tages- oder Wochenzeitungen aufgeteilt werden, mit einer Leitung von Redakteuren, deren Arbeit von den Abonnenten honoriert wird oder nicht. Im Internet ist der parallele Informationsfluss, auch wenn er noch (und derzeit zunehmend) durch die Zensur behindert wird, bereits in Gang gekommen. Wie im Ersten Weltkrieg, als die kriegführenden Staaten nahezu vollständige Macht über die Wirtschaft erlangten, werden in der gegenwärtigen Krise die Bedingungen für eine neue Gesellschaft bereits auf verschiedene Weise von der alten Gesellschaft geschaffen.[588] Die Frage ist also: Wer wird die notwendige Machtergreifung von unten durchführen?

Die entscheidende Rolle der Kaderebene

In Kapitel 2 haben wir gesehen, dass die Klassenstruktur im entwickelten Teil der Welt grob gesagt aus einem städtischen Kader, einem aus der Einwanderung hervorgegangenen Subproletariat, das sich ebenfalls in den Großstädten konzentriert, und einer teilweise abgehängten einheimischen Mittel- und Arbeiterklasse besteht. Letztere bezeichnet die Kader, die die Politik und die Mainstream-Medien dominieren, als „links“, die Marginalisierten werden als rechts dargestellt, aber diese Bezeichnungen sind derzeit nicht mehr hilfreich. Denn die Mehrheit der städtischen Kader ist loyal gegenüber der bestehenden Ordnung, die sie vergleichsweise gut entlohnt; der Rest ist zwar nicht gut bezahlt, aber auch gespalten. Die städtische Einwandererbevölkerung steht der formellen Politik in den Ländern, in denen sie gelandet ist, relativ gleichgültig gegenüber; und zu Recht oder zu Unrecht haben die Ausgegrenzten oft das Gefühl, ihre Arbeitsplätze, ja ihre Welt werde ihnen von den Neuankömmlingen „weggenommen". Wie erwähnt, arbeiten die einwanderungsfeindlichen national-populistischen Parteien hart daran, diese Kluft am Leben zu erhalten.

Das war nicht immer so. In den 1970er Jahren wurden die Kader unter dem Einfluss einer kämpferischen Arbeiterklasse, die im Gleichgewicht mit ihren eingewanderten Kollegen immer noch bei weitem die Oberhand hatte, nach links gedrängt. Trotz ihrer offensichtlichen Grenzen waren die IIASA, der Club of Rome und andere Bollwerke der zukunftsorientierten Technokratie Teil der progressiven Entwicklung. Die neoliberale Gegenoffensive hob dann den Klassenkompromiss mit der organisierten Arbeiterschaft auf und verschaffte den städtischen Kadern, oder besser gesagt: einem Teil von ihnen, die privilegierte Stellung, die sie heute genießen. Kulturell mögen die IT-Kader des Silicon Valley noch Teil der 68er-Bewegung gewesen sein, wie ein Steve Jobs von Apple, der den Personal Computer als Hebel für die individuelle Emanzipation sah (an sich eine richtige Einschätzung). Während der Computer und das Mobiltelefon jedoch zu unverzichtbaren Werkzeugen für jedermann wurden, öffnete sich eine große Kluft zwischen den Kaderleuten, deren Fähigkeiten gefragt waren, und dem Rest der Bevölkerung.

Dennoch wird es darauf ankommen, wie diese relativ privilegierten städtischen Kader auf die Lockdowns reagieren, mit denen die Regierungen in der ganzen Welt den Unruhen in den unteren Klassen und den marginalisierten Bevölkerungen begegnet sind. Wenn es erneut zu dauerhaften Einschränkungen kommt, wenn die Folgen der experimentellen Anwendung von intravenösen Gentherapien sichtbar werden, wird eine echte Depression einsetzen und/oder die Solidarität unter den eingewanderten und einheimischen subalternen Kräften wachsen, was, wie wir gesehen haben, das Hauptproblem der Macron-Regierung in Frankreich ist – wird der Kader dann wirklich weiterhin abseits bleiben?

Wie Bucharin zur Zeit der russischen Revolution schrieb, ist es immer ein mühsamer Prozess, wenn die Kader ihre privilegierte Stellung aufgeben müssen, denn nur im Kapitalismus kann diese Klasse eine solche Position einnehmen.[589] Doch die IT-Revolution hat sowohl den Kadern als auch dem Rest der Bevölkerung die Mittel an die Hand gegeben, sich aktiv und auf der Grundlage von Informationen politisch zu engagieren. In dieser Hinsicht hat die 68er-Bewegung selbst das theoretische Fundament für eine Revolution neuen Typs gelegt.

In seinem Manifest *Die Gesellschaft des Spektakels* schrieb der französische Philosoph Guy Debord, eine Machtergreifung, die das kapitalistische Regime beendet, werde nicht mit der Art und Weise vergleichbar sein, wie die kapitalistische Bourgeoisie selbst an die Macht kam. Die Bourgeoisie entstand als „Klasse der Wirtschaft", der wirtschaftlichen Entwicklung; sie war eine dynamische Kraft, die sich in den Städten konzentrierte und mit dem freien Handel und der frühen Manufaktur außerhalb des Einflussbereichs der Zünfte verbunden war. Die stagnierende Agrarwirtschaft des späten Feudalismus mit ihrer geringen Produktivität war dieser aufstrebenden Klasse nicht gewachsen. Das „Proletariat" im Kapitalismus hingegen, im Sinne der Klasse, die die Klassengesellschaft als solche abschaffen will, wird nicht als „Klasse der Wirtschaft" an die Macht kommen und die räuberische Dynamik des Kapitals durch Produktivitätssteigerung übertreffen. Der Arbeitersozialismus und der Staatssozialismus als seine letzte historische Verkörperung haben gezeigt, dass dies unmöglich ist. Selbst die Sowjetunion und ihr Block, die über beispiellose natürliche Ressourcen verfügten, eine hochentwickelte technische und wissenschaftliche Elite und ein überlegenes Bildungssyste, das die übrige Bevölkerung zur Alphabetisierung und kulturellen Entwicklung brachte, erwiesen sich letztendlich als unfähig, den Kapitalismus des Westens zu überholen.

Nach Debord können die fortschrittlichen Kräfte der Bourgeoisie also nur aufgrund ihrer Fähigkeit, als *Bewusstseinsklasse* über den kapitalistischen Horizont hinauszuschauen, überlegen sein.[590] Im Übergang von der Ökonomie zur Noonomie vereinheitlicht die Tatsache, dass sich das Leben immer mehr um Informationen dreht, die gesamte Gesellschaft. In einer seiner frühen Schriften vertrat Marx die Ansicht, dass eine bestimmte Klasse die gesamte Gesellschaft unter einer Bedingung befreien kann: dass die Gesellschaft sich in der gleichen Situation befindet wie diese Klasse.[591] Wenn man an die Emanzipation der industriellen Arbeiterklasse denkt, wird man feststellen, dass diese Bedingung nicht erfüllt war – die Arbeiterklasse war zahlenmäßig noch klein, und die komplexe soziale Struktur, mit der sie konfrontiert war, teilte in keiner Weise ihre harten Arbeitsbedingungen, ihre beengten Wohnverhältnisse und ihren schlechten Gesundheitszustand. Heute ist die gesamte Gesellschaft trotz zunehmender Einkommensungleichheit auf nationaler und internationaler Ebene zunehmend um die digitale Infrastruktur herum organisiert; alles dreht sich um die eine universelle Währung: Information. Wer wird die „Klasse des Bewußtseins" sein, die die Führung übernimmt, um die Gesellschaft aus der kommenden Depression herauszuführen (vorausgesetzt, ein großer Krieg kann vermieden werden)?

Die Strategie, die in der gegenwärtigen Epoche am geeignetsten erscheint, ähnelt der Doppelmacht der klassischen Revolutionstheorie, wenn auch nicht in erster Linie als Modell für den Kampf um die Staatsmacht, sondern als parallele Gesellschaftstypen. Um uns auf die Informationstechnologie zu beschränken, würde die Open-Data-Bewegung, deren ikonische Figur Aaron Swartz war (er nahm sich das Leben, als er erfuhr, welche Strafen in den USA für die Veröffentlichung geschützter wissenschaftlicher Texte gegen ihn gefordert wurden), als Beispiel dienen. Open Data will ein Datenuniversum parallel zu den Big Data der Wirtschaft, den „Bürgerdaten". Die Fülle der Daten selbst wirkt bereits auf eine Kultur hin, die sich von der bürgerlichen Kultur des besitzergreifenden Individualismus entfernt, einem kurzsichtigen Individualismus, der keine Verantwortung für die umfassenderen Fragen des menschlichen Überlebens übernimmt. Die freie Verfügbarkeit dieser Daten schafft Erwartungen und Gewohnheiten, die dazu beitragen, eine demokratische Kultur gegen die Kontrolle durch Unternehmen und technokratische oder anderweitig autokratische Regierungen aufzubauen.[592]

Natürlich sind die Informationen, die in allen Bereichen unseres Lebens zirkulieren und diese steuern, nicht einheitlich in Inhalt und politischer Handschrift. Die Kontraste zwischen den Lebenswelten der städtischen Oberschicht, der Einwanderer und der einheimischen Überflüssigen sind enorm. Wir leben in einer Post-Wahrheits-Umgebung: Was für den einen Moses und die Propheten sind, ist für den anderen Fake News und umgekehrt. Aber das ist nur vorübergehend, denn der Covid-Albtraum, wie er uns auferlegt und durch ständige Unterdrückung, die Depressionen hervorruft, aufrechterhalten wird, basiert im Wesentlichen auf Lügen und Verzerrungen, wie wir in Kapitel 1 gesehen haben. Dass erhebliche Mehrheiten an diese Lüge glauben, macht sie nicht wahr. Es genügt, sich an Zelikows ursprüngliche Idee zu erinnern, dass die Kader an einem öffentlichen Mythos festhalten und ihn aktiv propagieren sollten, um sicherzustellen, dass die Massen ihn weiterhin als Wahrheit akzeptieren, unabhängig davon, ob er tatsächlich wahr ist. Dies macht deutlich, dass das ganze Unterfangen ein starkes voluntaristisches Element enthält.

Der Mythos Covid wird in dieser Hinsicht als der große Gleichmacher wirken. *Alle* Parteien werden herausfinden, dass der große äußere Schock, der die Machtergreifung der Oligarchie verdecken soll, eine Lüge ist. *Alle* Menschen sehnen sich nach Freiheit. Dahinter steht der Wunsch nach einer lebenswerten Welt für alle, ohne klassen-, national- oder ethnopolitische Widersprüche und im Einklang mit der Natur. Eine Welt, die sich vom Kapital als der alles durchdringenden und alles korrumpierenden gesellschaftlichen Kraft befreit hat, die all diese Widersprüche aufrecht erhält.

Sobald der Belagerungszustand aufgehoben ist, können wir mit dem Aufbau dieser Welt beginnen, wenn wir es nicht schon getan haben.

---

[1] F. William Engdahl, „Können wir der WHO vertrauen?" *Global Research*, 25. April 2020 (online); Michel Chossudovsky, „The Covid-19 Roadmap: Towards Global Economic Chaos and Societal Destruction" (Anhang: The Reverse Transcription-Polymerase Chain Reaction Test (RT-PCR). *Global Research*, 13. Oktober 2020 (online)

[2] Patrick Henningsen, „COVID-19: Trigger for a New World Order. Economic Stagnation and Social Destruction". *Global Research*, 24. August 2020 (online).

[3] Präsident Lukaschenko in einem YouTube-Video von *Vagabond*, 11. August 2020 (online).

[4] Flo Osrainik, *Das Corona-Dossier. Unter falscher Flagge gegen Freiheit, Menschenrechte und Demokratie* [Vorwort: Ullrich Mies]. Neuenkirchen: Rubikon, 2021, S. 148; Magufulis Vizepräsident ist ein Insider des Weltwirtschaftsforums; neben der „Pandemie" ging es auch um die Ausbeutung von Tansanias Nickel- und anderen Mineralvorkommen; Jeremy Loffredo und Whitney Webb, „Tanzania's Late President Magufuli: ‚Science Denier' or Threat to Empire?" *Global Research*, 2. April 2021 [orig. *Unlimited Hangout*] (online).

[5] Angaben der jeweiligen Gesundheitsinstitute, RIVM (Niederlande) und FOHM (Schweden), in Ad Broere, „Lockdown leidt niet tot lagere sterfte", *De Andere Krant*, 3 (4) [2020], S. 5; David Klooz, *The Covid-19 Conundrum*. n.p. [Apple Books] 2020, S. 5.

[6] *Bloomberg*, „99% of those who died from virus had other illnesses, Italy says" (18. März 2020) (online).

[7] Klaus Schwab und Thierry Malleret, *Covid-19: The Great Reset*. Genf: World Economic Forum, 2020, S. 247; Kit Knightly, „WHO (Accidentally) Confirms Covid is No More Dangerous Than Flu", *OffGuardian*, 8. Oktober 2020 (online). Covid-Zahlen auf *Worldometer*, „current corona figures" (online).

[8] Stadler zitiert in Osrainik, *Das Corona-Dossier*, S. 156-8; *Yahoo News*, „The PM who regrets taking tough coronavirus lockdown measures". Die Erklärung des Mailänder Krankenhausdirektors ist in demselben Bericht enthalten (3. Juni 2020, online).

[9] Chossudovsky, „The Covid-19 Roadmap"; *Associated Press*, „German researchers develop 1st test for mew virus from China" (16 January.2020, online); *Wikipedia*, „Kary Banks Mullis".

[10] Barry Atkinson und Eskild Petersen, „SARS-CoV-2 shedding and infectivity". *The Lancet*, 395 (10233) 15. April 2020 (online).

[11] Walter Van Rossum, *Meine Pandemie mit Professor Drosten. Vom Tod der Aufklärung unter Laborbedingungen*. Neuenkirchen: Rubikon, 2021, S. 65-9.

[12] *Buitenparlementaire onderzoekscommissie*. 2020. „Bevindingen die vernietigend zijn

voor de corona test-moleculair bioloog Peter Borger". *Potkaars podcast*, 22 Nnovember (online); Van Rossum, S. 47. Der Originalartikel wurde in *Eurosuveillance* veröffentlicht. Vol. 25, no. 3, am 23. Januar 2020. Siehe auch die Website von *Eurosurveillance.*

[13] Osrainik, *Das Corona-Dossier,* S. 134f.

[14] „WHO Information Notice for IVD Users 2020/5; Nucleic acid testing (NAT) technologies that use polymerase chain reaction (PCR) for detection of SARS-CoV-2" (20. Januar 2021, online).

[15] George Orwell, *1984. A Novel.* Harmondsworth: Penguin, 1954 [1949], S. 160-61, Hervorhebung hinzugefügt.

[16] Beverly J. Silver, „Labor, war and world politics: contemporary dynamics in world-historical perspective". In Kees van der Pijl, Hrsg., *Handbook of the International Political Economy of Production.* Cheltenham: Edward Elgar, 2015, S. 7-9.

[17] Greg Jaffe, „A decade after the 9/11 attacks, Americans live in an era of endless war", *The Washington Post*, 4. September 2011.

[18] John Locke, *Two Treatises of Government* [Einleitung: P. Laslett]. New York: Mentor, 1965 [1690]. pp. 421, 425.

[19] Domenico Losurdo, *Contre-histoire du libéralisme* [trans. B. Chamayou]. Paris: La Découverte 2013 [2006]. Die Behandlung des Wikileaks-Herausgebers Julian Assange ist in dieser Hinsicht ein Beispiel; sie unterscheidet sich nicht von der Behandlung von Antonio Gramsci durch das italienische faschistische Regime in den 1930er Jahren.

[20] Kevin Phillips, *The Cousins' Wars. Religion, Politics, and the Triumph of Anglo-America.* New York: Basic Books, 1999; Radhika Desai, *Geopolitical Economy. After US Hegemony, Globalization and Empire.* London: Pluto Press, 2013, S. 31-3.

[21] Michel Foucault, *Sécurité, territoire, population. Cours au Collège de France (1977-1978)* [ed. M. Senellart]. Paris: Gallimard-Seuil 2004, S. 267-71; siehe auch seine *Surveiller et punir. Naissance de la prison.* Paris: Gallimard, 1975.

[22] Carl Schmitt, *Political Theology. Four Chapters on the Concept of Sovereignty* 2. lAufl. [übersetzt G. Schwab, Vorwort T.B. Strong]. Chicago: University of Chicago Press, 2005 [1934, 1922], S. 5.

[23] Schmitt, *Der Hüter der Verfassung,* 4. lAuf. Berlin: Duncker & Humblot, 1996 [1931], S. 159, Hervorhebungen hinzugefügt.

[24] Carl Schmitt, *Der Führer schützt das Recht. Zur Reichstagsrede Adolf Hitlers vom 13. Juli 1934*; in: *Deutsche Juristen-Zeitung*, 39. Jg., Heft 15 (1. August 1934), S. 945-950.

[25] Robert W. Cox, *ProduktionProduction, Power, and World Order. Social Forces in the Making of Histor.* New York: Columbia University Press, 1987; Antonio Gramsci, *Selections from the Prison Notebooks (Auswahl aus den Gefängnis-Notizen)* [übersetzt, hrsg. von Q. Hoare und G.N. Smith]. New York: International Publishers 1971 [geschrieben 1929-'35], S. 182 Anmerkung.

[26] Foucault zitiert in Stefan Elbe, *Virus Virus Alert . Security, Governmentality, and the AIDS Pandemic* . New York: Columbia University Press, 2009, S. 59 bzw. 79; Hervorhebung hinzugefügt.

[27] Mike Robinson, „COVID Coercion UK: SAGE Documents Reveal Psychological Operations Against Public". *21 Wire*, 20. Mai 2020 [orig. *UK Column*, 14. Mai] (online).

[28] Annette Dowideit und Alexander Nabert, „Innenministerium spannte Wissenschaftler für Rechtfertigung von Corona-Maßnahmen ein", *Welt am Sonntag.* (7. Februar 2021, mit Beilage „*Maximale Kollaboration*") (online).

[29] Zitiert in Ibid.

[30] Dr. Angelo Giorgiani, interviewt für *Stiftung Corona-Aussschuss* (Dr. Rainer

Fuellmich), Session 39, *OVAL-Media* (online).

[31] Philip Willan, *Puppet Masters. The Political Use of Terrorism in Italy*. Londen: Constable, 1991

[32] Giorgiani, in *Stiftung Corona-Aussschuss.*

[33] Giuseppe Tomasi di Lampedusa, *The Leopard* [übersetzt von. A. Colquhoun, Vorwort. David Gilmour]. London: Campbell/Everyman's Library, 1991 [1958], S. 22; zur passiven Revolution siehe Gramsci, *Selections from the Prison Notebooks*, S. 105-20.

[34] Merkel zitiert in Osrainik, *Das Corona-Dossier*, S..274.

[35] Naomi Klein,. *The Rise of Disaster Capitalism.*. Harmondsworth: Penguin, 2007.

[36] Jeff Halper, *War Against the People. Israel, the Palestinians and Global Pacification.* London: Pluto Press. 2015, p. 180.

[37] Klein, *The Shock Doctrine*, S. 111.

[38] Ebd., S. 16, Hervorhebung hinzugefügt

[39] Max Parry, „Is the Global Pandemic a Product of the Elite's Malthusian Agenda and US Biowarfare?" *Unz Review,* 16. März 2020 (online).

[40] Klein, *The Shock Doctrine*, S. 41

[41] Clara van den Berg, „Ziek van angst", *De Andere Krant*, „Covid-1984", 3 (4), S. 5.

[42] Andrey Korotayev, Kira Meshcherina und Alisa Shishkina, „A Wave of Global Sociopolitical Destabilization of the 2010s: A Quantitative Analysis", *Democracy and Secutiryt*, 14 (4) 2018, S. 331-357.

[43] Andrew Edgecliffe-Johnson, „Trust in governments slides as pandemic drags on. Erosion of early public support around the world threatens vaccine rollouts". *Financial Times*, 13. Januar 2021 (online); *Edelman Trust Baromater 2021* [pdf] (online); Ullrich Mies in Flo Osrainik, *Das Corona-Dossier. Unter falscher Flagge gegen Freiheit, Menschenrechte und Demokratie.* Neuenkirchen: Rubikon, 2021, S. 18-9.

[44] Joseph A. Schumpeter, *Capitalism, Socialism, and Democracy*. New York: Harper & Brothers, 1942, S. 268; zum Arbeitsmarkt, M. Kalecki, 'Political Aspects of Full Employment' [1943], in E.K. Hunt und J.G. Schwartz, Hrsg., *A Critique of Economic Theory*. Harmondsworth: Penguin, 1972.

[45] Daniele Ganser, *NATO's Secret Armies. Operation Gladio and Terrorism in Western Europe.* London: Frank Cass, 2005, S. 26-8; Cees Wiebes und Bert Zeeman. The Pentagon Negotiations March 1948: the launching of the North Atlantic Treaty", *International Affairs*, 59 (3) 1983, S. 351-63.

[46] Dietrich Rueschemeyer, Evelyne H Stephens, en John D. Stephens, *Capitalist Development and Democracy*. Chicago: University of Chicago Press, 1992; Jean Fourastié, *Les trente glorieuses ou la Révolution invisible de 1946 à 1975*. rev. ed. Paris: Fayard, 1979.

[47] Peter Dale Scott, *Deep Politics and the Death of JFK* [mit einem neuen Vorwort]. Berkeley, Cal: University of California Press 1996 [1993].

[48] Gianfranco Sanguinetti, *Over het terrorisme en de staat* [übersetzt aus dem Französischen]. Bussum: Wereldvenster. 1982 [1979]; Ganser, *NATO's Secret Armies.*

[49] Michel Crozier, Samuel P. Huntington, und Joji Watanuki, *The Crisis of Democracy. Bericht über die Regierbarkeit von Demokratien an die Trilaterale Kommission*. New York: New York University Press, 1975, S. 9, Hervorhebung hinzugefügt.

[50] Siehe mein Buch *Global Rivalries from the Cold War to Iraq*. Londen: Pluto und New Delhi: Sage Vistaar, 2006, Kapitel 5.

[51] Peter Dale Scott, *The American Deep State. Wall Street, Big Oil, and the Attack on US Democracy*. Lanham, Maryland: Rowman & Littlefield, 2015, S. 149.

[52] Len Colodny und Robert Gettlin, *Stiller Coup. The Removal of a President.* New York:

St. Martin's Press, 1992.

[53] James Mann, *Silent Coup. The Removal of a President.* New York: Penguin, 2004, S. 138-9; Robert Scheer, *With Enough Shovels. Reagan, Bush und der Atomkrieg.* New York: Random House 1982.

[54] Samuel P. Huntington, *American Politics. The Promise of Disharmony.* Cambridge, Mass.: Harvard University Press, 1981, S, 232.

[55] Scott, *The American Deep State*, S. 32, 39.

[56] Glenn Greenwald, *No Place to Hide. Edward Snowden, the NSA and the Surveillance State.* London: Hamish Hamilton, 2014.

[57] *Neoliberalismus* bezieht sich auf die vollständige Unterordnung der Gesellschaft unter das Kapital („den Markt"); *Neokonservatismus* auf die aggressive Verbreitung dieses Systems in der ganzen Welt durch die Vereinigten Staaten, sei es durch Regimewechsel oder auf andere Weise.

[58] Raúl Delgado Wise und David T. Martin, „The political economy of global labour arbitrage". In Van der Pijl, Hrsg., *Handbook of the International Political Economy of Production.* S. 70.

[59] Werner Seppmann, *Ausgrenzung und Herrschaft. Prekarisierung als Klassenfrage.* Hamnburg: Laika Verla, 2013.

[60] Marcus Taylor und Sébastien Rioux. *Global Labour Studies.* Cambridge: Polity Press, 2018, S. 88-9; Jeroen Merk, „Production beyond the Horizon of Consumption : Spatial Fixes and Anti-Sweatshop Struggles in the Global Athletic Footwear Industry". *Global Society*, 25 (1) 2011, S. 73-95.

[61] William I. Robinson, „Global Capitalism Post-Pandemic", *Race & Class,* 62 (2) 2020, S. 2, 7f.

[62] Sergey Bodrunov, *Noönomy.* Englische Fassung der russischen Ausgabe, vorgestellt auf der Konferenz "Marx in a high technology era: globalization, capital and class", University of Cambridge, 2018; Robinson, "Global Capitalism Post-Pandemic", S.7.

[63] *World Economic Forum . Resetting the Future of Work Agenda: Disruption and Renewal in a Post-Covid World* [in Zusammenarbeit mit Mercer]. Genf: WEF, 2020

[64] Thomas Piketty, *Capital in the Twenty-First Century* [trans. A. Goldhammer]. Cambridge, Mass.: Harvard University Press, 2014, S. 463.

[65] Jeff Halper, *War Against the People. Israel, the Palestinians and Global Pacification.* London: Pluto Press. 2015, p. 258.

[66] Mike Davis, *Planet of Slums.* London: Verso, 2017 [2006], S. 205

[67] Samuel P. Huntington, *The Clash of Civilizations and the Remaking of World Order.* London: Touchstone, 1998, S. 211; der Originalartikel ist Huntington, "The Clash of Civilizations? *Foreign Affairs*, 72 (3) 1993, S. 22-49.

[68] Martin Van Creveld, *The Transformation of War.* New York: The Free Press, 1991, S. 223.

[69] Benjamin Netanjahu, Herausgeber. *Terrorism. How the West Can Win.* London: Weidenfeld & Nicolson, 1986, S. 225-6; Dominick Jenkins, *The Final Frontier. America, Science, and Terror.* London: Verso, 2002, S. 75.

[70] Stephen Gill, *Power and Resistance in the New World Order.* Basingstoke: Palgrave Macmillan, 2003, S. 213.

[71] Claude Serfati, *Le militaire. Une histoire française.* Paris: Éditions Amsterdam, 2017, S. 203.

[72] Jennifer Clapp und Eric Helleiner, „Troubled futures? The global food crisis and the politics of agricultural derivatives regulation". *Review of International Political*

Economy, 19 (2) 2012, S. 184-5; *Der Spiegel,* „'Land Grabbing': Ausländische Investoren kaufen Agrarland in der Dritten Welt auf", 18. Februar 2013 (online).

[73] Korotayev, Meshcherina und Shishkina, „A Wave of Global Sociopolitical Destabilization of the 2010s", S. 332, 336, 338; Beverly J. Silver, „Labour, war and world politics: contemporary dynamics in world-historical perspective". In Kees van der Pijl, Hrsg., *Handbook of the International Political Economy of Production.* Cheltenham: Edward Elgar, 2015, S. 7-9. *Edelman Trust Baromater 2021* [pdf] (online)

[74] Zbigniew Brzezinski, *Strategic Vision. America and the Crisis of Global Power..* [mit neuem Nachwort]. New York: Basic Books, 2013 [2012[, S. 28-32.

[75] Darunter der Wirtschaftswissenschaftler Joseph Stiglitz und der Journalist. Paul Mason. Diese und die ILO zitiert in Frank Deppe, *Autoritärer Kapitalismus. Demokratie auf dem Prüfstand.* Hamburg: VSA, 2013, S. 268-9. Siehe auch Patrick Zylberman, „L'avenir, ‚cible mouvante'. Les États-Unis, le risque NRBC et la méthode des scénarios. " In Serge Morand und Muriel Figuié, Hrsg. *Émergence des maladies infectueuses. Risques et enjeux de société.* Versailles : Eds. Quae 2016, S. 83.

[76] Brian Wheeler,. „EU should ‚undermine national homogeneity´ says UN migration chief" [Interview mit Peter Sutherland], *BBC News,* 21. Juni 2012 (online) .

[77] *United Nations, Intergovernmental Conference on the Global Compact for Migration.* 10-11 Dezember 2018, Marrakesch, Marokko (online).

[78] Christophe Guilluy, *La France périphérique. Comment on a sacrificié les classes populaires.* Paris: Flammarion, 2015.

[79] Ebd., S. 26-7.

[80] *Kerncijfers Amsterdam 2018* (online), S. 8.

[81] Michael Lind, „The New National American Elite", *Tablet,* 20. Januar 2021 (online),

[82] Jeffrey A. Tucker, „Who Wanted Pandemic Lockdowns? " *American Institute for Economic Affairs*, 9. Februar 2021 (online).

[83] *Edelman Trust Barometer 2021.*

[84] Guilluy, *La France périphérique*, S. 33. Im Jahr 2018 lebten beispielsweise 456.103 Menschen mit Migrationshintergrund in Amsterdam, davon 265.449 Zuwanderer der ersten Generation; im Vergleich zu 398.113 Niederländern; *Kerncijfers Amsterdam 2018.*

[85°] Aarti Betigiri, „Unrest in India as it prepares for the world's biggest election" *The Interpreter*, 13. Februar 2019 (online); Hintergrundinformationen in Radhika Desai, „Forward March of Hindutva Halted?"*New Left Review*, II (30), 2004. pp. 49-67.

[86] Soutik Biswas, „Why has India's Assam ereupted over an änti-Muslim' law? " *BBC*, 13. Dezember 2019 (online); *BBC*, „Delhi election: Arvind Kejriwal returns as chief minister after AAP victory", 11. Februar 2020 (online).

[87] *Worldometer*, „current corona figures" (online) Zahlen für April 2021. Im Mai stiegen die Zahlen an, sind aber immer noch weit von den Werten entfernt, die in einigen anderen Ländern registriert wurden.

[88] Sandra Cuffe, „Chile protests 2 months on: "We're ready to continue to the very end'. Government concessions have failed to satisfy protesters who've vowed to stay in the streets until their demands are met"*Al Jazeera*, 18. Dezember 2019 (online).

[89] Osrainik, *Das Corona-Dossier*, S. 239.

[90] Christophe Guilluy, „The *gilets jaunes* are unstoppable". (Interview von Fraser Myers) *Spiked.com*, 11. Januar 2019 (online).

[91] Claude Serfati, „Frankreich. ‚Militaro-securité globale´. Le jour d'après est déjà là." *Alencontre*, 15. Dezember 2020 (online).

[92] Ebd.

[93] Annie Lacroix-Riz, *Les élites françaises entre 1940 et 1944. De la collaboration avec l'Allemagne à l'alliance américaine.* Paris: Armand Colin, 2016.

[94] *Wikipedia*, „French Elections".

[95] Douglas Valentine, *The Phoenix Program.* New York: William Morrow & Co [Authors Guild Backinprint.com Ed.]. 2000 [1990]; Peter Dale Scott, „The United States and the Overthrow of Sukarno, 1965-1967". *Pacific Affairs*, 58 (2) 1985, S. 264.

[96] T. David Mason und Dale A. Krane, „The Political Economy of Death Squads: Toward A Theory of the Impact of State-Sanctioned Terror". *International Studies Quarterly*, 33 (2) 1989, S. 178.

[97] Zitiert in Andrew Cockburn, *Kill Chain. The Rise of the High-Tech Assassins.* New York: Henry Holt & Co, 2015, S. 116-7.

[98] Nafeez Mossadeq Ahmed, „How the CIA made Google. Inside the secret network behind mass surveillance, endless war, and Skynet". *Insurge Intelligence*, 22. Januar 2015 (online).

[99] Jeremy Scahill, *Dirty Wars. The World is a Battlefield.* London: Serpent's Tail, 2013, S. 102-1; Brennan zitiert in Cockburn, *Kill Chain,* S. 219.

[100] Greenwald, *No Place to Hide,* S. 81.

[101] Ahmed, „How the CIA made Google".

[102] Halper, *War Against the People*, , S. 29.

[103] Tim Dickinson, „Michael Hastings, Rolling Stone Contributor, Dead at 33". *Rolling Stone*, 18. Juni 2013 (online); *Fox News.* „Journalist Michael Hastings sent chilling email to colleagues before death" (24. Juni 2013) (online); *Civil Liberties Defense Center,* „Who Killed Michael Hastings? " (13. November 2013) (online).

[104] Zum Beispiel die Stadt Boston (*MSN News*, 18. April 2020), der Bundesstaat Missouri, *The Kansas City Star*, 1. September 2020, usw. usw.

[105] Brook Manville, „Are We Really Fighting Coronavirus ‚Like A War?'" [Interview mit Stan McChrystal], *Forbes* 2. April 2020 (online).

[106] *CNN-Meinung* von Stan McChrystal und Terry McAuliffe, „How to win the fight against a virus that knows no boundaries", 10. April 2020 (online).

[107] Leonard G. Horowitz, *Complaint for Injunctive Relief Against Unfair and Deceptive Trade by Civil Conspiracy in Violation of the Florida Whistleblower Act, Civil Rights, and Public Protection Laws.* Zivilklage gegen Pfizer, Inc., Moderna Inc., Hearst Corp. und Henry Schein, Inc. vor dem US-Bezirksgericht für den mittleren Bezirk von Florida, 1. Dezember 2020 [pdf], S. 20-22, 25, 48-9.

[108] Claude Serffati, *Le militaire. Une histoire française.* Paris: Éditions Amsterdam, 2017, S. 187f.

[109] Laurent Guyénot, „Prequel to Charlie Hebdo: The March 2012 Mohammed Merah Affair (a Mossad-DCRI Co-Production?)" in Kevin Barrett, Hrsg. *We Are NOT Charlie Hebdo. Free Thinkers Question the French 9/11.* Lone Rock, Wisconsin: Sifting & Winnowing Books, 2015, S. 96-101. Die Wochenzeitung *L'*Express hatte vorausgesagt, dass Sarkozy ein „internationales, außergewöhnliches oder traumatisierendes Ereignis" brauchen würde, um nicht zu verlieren, Ibid.

[110]Gilles Kepel, *Terreur dans l 'Hexagone. Genèse du djihad français* [mit Antonine Jardin]. Paris: Gallimard, 2015, S. 273 & passim.

[111] Die Kapitel in Barrett, ed. *We Are NOT Charlie Hebdo*, sind sehr uneinheitlich, aber letztlich näher an dem, was wirklich hinter dem Ereignis steckt, als die Analyse von Kepel.

[112] Serfati, *Le militaire* , S. 190, und Serfati, „France ‚Militaro-securité globale´".

[113] Serfati, „France. ‚Militaro-securité globale´"

[114] „Accomplished pharma prof thrown in psych hospital after questioning official Covid narrative", *LifeSite*. 11. Dezember 2020 (online).

[115] Osrainik, *Das Corona-Dossier*, S. 277, zitiert nach *The Times*, 9. November 2020.

[116] Esther Rosenberg und Karel Berkhout, „Hoe defensie de eigen bevolking in de gaten houdt.' *NRC-Handelsblad*, 15. November 2020.

[117] Iraklis Oikonomou, „Hijacking European Integration. EU Militarization as a Class Project", in Kees van der Pijl, Hrsg., *The Militarization of the European Union*. Newcastle: Cambridge Scholars Publishing, 2021, S. 32.

[118] Siehe mein Buch *The Making of an Atlantic Ruling Class*. London: Verso, 1984 [Nachdruck mit neuem Vorwort, 2012].

[119] Jeffrey T. Richelson und Desmond Ball, *The Ties That Bind. Intelligence Cooperation between the UKUSA Countries-The United Kingdom, the United States of America, Canada, Australia and New Zealand*, 2nd ed. Boston: Unwin Hyman, 1990 [1985], S. 135-44.

[120] James Bridle, *New Dark Age. Technology and the End of the Future*. London: Verso, 2018, S. 27, 30.

[121] Michel Alhadeff-Jones, „Three Generations of Complexity Theories: Nuances and ambiguities". In Mark Mason, Hrsg., *Complexity Theory and the Philosophy of Education* [Vorwort, M. Peters]. Chichester: Wiley, 2008, S. 65-6. Der Begriff „Algorithmus" stammt von dem verfälschten Namen eines persischen Mathematikers.

[122] Mariana Mazzucato, *The Entrepreneurial State. Debunking Public vs. Private Sector Myths*. London: Anthem Press 2014, S. 63; Yasha Levine, *Surveillance Valley. The Secret Military History of the Internet*. New York: Public Affairs, 2018, S. 7, 61-2, 73.

[123] Paul Boccara, *Transformations et crise du capitalisme mondialisé. Quelle alternative ?* Pantin: Le Temps des Cérises, 2008, S. 80 ; Duccio Bassosi, *Il governo del dollaro. Interdipendenza economica e potere statunitense negli anni di Richard Nixon (1969-1973)*. Florence: Edizioni Polistampa, 2006, S. 3-4.

[124] Nafeez Mossadeq Ahmed, „How the CIA made Google. Inside the secret network behind mass surveillance, endless war, and Skynet". *Insurge Intelligence*, 22. Januar 2015 (online).

[125] John Bellamy Foster und Robert W. McChesney, „Monopoly-Finance Capital, the Military-Industrial Complex, & the Digital Age", *Monthly Review*, 66 (3) 2014, S. 17.

[126] Levine, *Surveillance Valley*, S. 147, 150; Ahmed, "How the CIA made Google".

[127] Ebd., S. 158, 161; der Bestseller von Shoshana Zuboff, *The Age of Surveillance Capitalism. Der Kampf um eine menschliche Zukunft an der neuen Grenze der Macht*. London: Profile Books 2019, befasst sich nur mit dem zivilen wirtschaftlichen Aspekt des Internets.

[128] Mazzucato, *The Entrepreneurial State*, S. 105f.; Ahmed, „How the CIA made Google".

[129] Levine, *Surveillance Valley*, S. 175-6, 181.

[130] François Chesnais, *Les dettes illégitimes. Quand les banques font main basse sur les politiques publiques*. Paris: Raisons d'agir, 2011, S. 37-8.

[131] Jan P. Nederveen Pieterse, „Political and economic brinkmanship". *Review of International Political Economy*, 14 (3) 2007, S. 467-486.

[132] James Jorgensen, *Money Shock. Ten Ways the Financial Marketplace is Transforming Our Lives*. New York: American Management Association, 1986, S. 95-6; Chen Min; Mao Shiwen, und Liu Yunhao, „Big Data: A Survey". *Mobile Network Applications*, 19, 2014,

S. 174.

[133] Susanne Soederberg, *Debtfare states and the poverty industry. Money, discipline and the surplus population.* London: Routledge, 2014.

[134] Jack Rasmus, *Systemic Fragility in the Global Economy irtschaft.* Atlanta, Georgia: Clarity Press, 2016, S. 217-22;. Anastasia Nesvetailova, *Financial alchemy in crisis. The great liquidity illusion* [mit R.P. Palan]. London: Pluto Press, 2010, S. 9-13.

[135] Michel Foucault, *Surveiller et punir. Naissance de la prison.* Parijs: Gallimard, 1975, S. 216; Stephen Gill, *Power and Resistance in the New World Order.* Basingstoke: Palgrave Macmillan, 2003, S. 191-2

[136] Nick Dyer-Witheford, *Cyber-Proletariat. Global Labour in the Digital Vortex.* Londen: Pluto Press und Toronto: Between the Lines, 2015, S. 95-6.

[137] William I. Robinson, „Global Capitalism Post-Pandemic", *Race & Class,* 62 (2) 2020, S. 3-4.

[138] Walter Van Rossum, *Meine Pandemie mit Professor Drosten. Vom Tod der Aufklärung unter Laborbedingungen.* Neuenkirchen: Rubikon, 2021, S. 234-5.

[139] *Americans for Tax Fairness und Institute for Policy Studies,* „Net Worth of US Billionaires Has Soared by $1 Trillion to Total of $4 Trillion Since Pandemic Began". *Global Research,* 10. Dezember 2020 (online).

[140] Catherine Austin Fitts, „The Injection Fraud—It's Not a Vaccine". *Global Research,* 1. Januar 2021 [orig. 28. Mai 2020] (online).

[141] Joseph A. Camilleri und Jim Falk, *Worlds in Transition. Evolving Governance Across a Stressed Planet.* Cheltenham: Edward Elgar, 2009, S. 427-9.

[142] Zitate aus Tim Schwab, „Bill Gates' Charity Paradox". *The Nation,* 20. März 2020 (online).

[143] Fred Moody, *I Sing the Body Electronic. A Year with Microsoft on the Multimedia Frontier.* London: Coronet, 1995, S. 81 & passim; David Klooz, *The Covid-19 Conundrum.* n.p. [Apple Books] 2020,, S. 52.

[144] Jane Mayer, *Dark Money. The Hidden History of the Billionaires Behind the Rise of the Radical Right..* New York: Doubleday, 2016, S. 317-8, 320.

[145] Glenn Greenwald, „With new D.C. policy group, Dems continue to rehabilitate and unify with Bush-era neocons". *The Intercept.* 17 July2017 (online); *.Alliance for Securing Democracy* 2020 (online); Stephen Kinzer, „In an astonishing turn, George Soros and Charles Koch team up to end US ‚forever war´ policy", *.Boston Globe,* 30. Juni 2019 (online).

[146] Thomas Piketty, *Capital in the Twenty-First Century* [übersetzt von A. Goldhammer]. Cambridge, Mass.: Harvard University Press, 2014, S. 463.

[147] Levine, *Surveillance Valley,* S. 127; Foster und McChesney, „Monopoly-Finance Capital", S. 22.

[148] Peter Phillips, *Giants. The Global Power Elite* [Vorwort ‚W. I. Robinson]. New York: Seven Stories Press. 2018, S., 264-5, 262-74.

[149]°Tim Schwab, „Journalism's Gates Keepers". *Columbia Journalism Review,* 21. August 2020 (online); Van Rossum, *Meine Pandemie mit Professor Drosten,* S. 145.

[150] Van Rossum, *Meine Pandemie mit Professor Drosten,* S. 137, 140-41

[151] Phillips, *Giants. The Global Power Elite,* S. 284-5, 298.

[152] Paul McKeigue *et al.* „'Briefing Note on the Integrity Initiative", *Working Group on Syria Propaganda and Media,* 21. Dezember 2018 (online).

[153] Mohamed Elmaazi und Max Blumenthal, „The Integrity Initiative and the UK's Scandalous Information War. The carefully concealed offices of a covert, British

government-backed propaganda mill at the center of an international scandal the mainstream media refuses to touch." *MintPress*, 18. Dezember 2018 (online).

154 Siehe mein Buch *Flight MH17, Ukraine and the new Cold War. Prism of Disaster..* Manchester: Manbchester University Press, 2018, S. 135, 139, 143 155.

155 Naomi Klein, „Screen New Deal. Under Cover of Mass Death, Andrew Cuomo Calls in the Billionaires to Build a High-Tech Dystopia." *The Intercept*, 8. Mai 2020 (online) .

156 Vandana Shiva, „Bill Gates' Global Agenda" [Auszug aus *Oneness vs. the 1 %*] *Children's Health Defense*, August 2020 (online).

157 Osrainik, *Das Corona-Dossier*, S.. 259.

158 Austin Fitts, „The Injection Fraud—It's Not a Vaccine".

159 Akela Lacy, „How New York Gov. Andrew Cuomo is Using the Pandemic to Consolidate Power". *The Intercept*, 28. April 2020 (online); und Anuja Sonalker, CEO von *Steer Tech*, zitiert in *The Intercept Newsletter* (online).

160 Gerd Junne, „Das amerikanische Rüstungsprogramm: Ein Substitut für Industriepolitik". *Leviathan. Zeitschrift für Sozialwissenschaft*, 13 (1) 1985, S. 23-37.

161 Robinson, „Global Capitalism Post-Pandemic", S. 5.

162 Giorgio Agamben, „Bioscurity and Politics". *Quodlibet*, 11. Mai 2020 (online).

163 Gaetano Mosca, *The Ruling Classe* [Hrsg. und Einleitung: A. Livingston; Übersetzt von.: H. Kahn]. New York: McGraw-Hill 1939 [1896], S. 72-3.

164 Karel van Wolferen, *The Enigma of Japanese Power. People and Politics in a Stateless Nation.* New York: Knopf, 1989.

165 Der bahnbrechende Artikel von Bode ist als Kapitel in dem von Bob Jessop und Henk Overbeek herausgegebenen Band *Transnational Capital and Class Fractions. The Amsterdam School Perspective Reconsidered* [Vorwort, Gerd Junne]. London: Routledge 2019.

166 Siehe Nikos Poulantzas, *Pouvoir politique et classes sociales*, 2 Bände. Paris: Maspero, 1971.

167 John Maynard Keynes, *The General Theory of Employment, Interest and Money.* Basingstoke: Macmillan, 1970 [1936], S. 376.

168 Gary Burn, *The Re-emergence of Global Financet.* Basingstoke: Palgrave Macmillan, 2006; Jacob Morris, „The revenge of the rentier or the interest rate crisis in the United States". *Monthly Review*, 33 (8) 1982, S. 28-34.

169 Francis Fukuyama, „The End of History? " *The National Interest*, 16, 1989, S. 3-18.

170 Zitiert in Leon Kreitzman, *The 24 Hour Society*. London: Profile Books, 1999, S. 19.

171 Patrick Zylberman, *Tempêtes microbiennes. Essai sur la politique de sécurité sanitaire dans le monde transatlantique.* Paris : Gallimard, 2013, S. 29.

172 Samuel P. Huntington, „The Clash of Civilizations?" *Foreign Affairs*, 72 (3) 1993, S. 22-49.

173 Philip Zelikow, „Thinking about Political History'te". *Miller Center Report* (University of Virginia), 14 (3) 1999, S. 5-7; zu Zelikow siehe mein Buch *The Discipline of Western Supremacy*. Bd. III von *Modes of Foreign Relations and Political Economy*. London: Pluto Press, 2014, S. 222, 224-6.

174 Christopher Bollyn, *The War on Terror. The Plot to Rule the Middle East* [Vorwort, A. Sabrosky]. n.p.: Bollyn, 2017.

175 Agamben, „Biosecurity and Politics".

176 William K. Carroll, *The Making of a Transnational Capitalist Class. Corporate Power in*

the Twenty-First Century (mit C. Carson, M. Fennema, E. Heemskerk und J.P. Sapinski). London: Zed Press 2010; Kees van der Pijl und Yuliya Yurchenko, „Neoliberal Entrenchment of North Atlantic Capital. From Corporate Self-Regulation to State Capture“, *New Political Economy*, 20 (4) 2015, S. 495-517.

[177] Phillips, *Giants. The Global Power Elite*, S. 188-92, 216-7.

[178] Thierry Meyssan, „Envers qui Emmanuel Macron est-il débiteur?“ *Voltairenet.org*, 11. Dezember 2018 (online). Zu den weiteren wichtigen Verbindungen des französischen Präsidenten gehört der Multimillionär und Mitterrand-Berater Jacques Attali. Macrons Zeit bei der Rothschild-Bank scheint weniger bedeutend zu sein.

[179] Willy Van Damme, „Duopolie dagbladen: Belgische eenheidsworst voor Nederland“. *De Andere Krant*, 3 (6) [2020], S. 3.

[180] Phillips, *Giants. The Global Power Elite,* S. 4, 123; „Médias français. Qui possède quoi? “, separates Informationsblatt bei *Le Monde Diplomatique*, Dezember 2016.

[181] Barbara Boland, „Top 50 U.S. Think Tanks Receive Over $1B from Gov, Defense Contractors“. *The American Conservative,* 14. Oktober 2020 (online); Phillips, *Giants. The Global Power Elites*, S. 241, 246.

[182] Wolfgang Streeck, *Gekaufte Zeit. Die vertagte Krise des demokratischen Kapitalismus* [Frankfurter Adorno-Vorlesungen 2012]. Frankfurt: Suhrkamp, 2013.

[183] Peter Gowan, „Crisis in the heartland. Consequences of the new Wall Street system“. *New Left Review* 2. Reihe (55) 2009, S. 9. Der „Nobelpreis für Wirtschaft“ wird von der schwedischen Zentralbank mit Zustimmung des (norwegischen) Nobelkomitees verliehen und soll die Wirtschaftswissenschaften als Quasi-Naturwissenschaft darstellen.

[184] Phillips, *Giants. The Global Power Elite*, S. 75.

[185] Zuboff, *The Age of Surveillance Capitalism*, S. 67-8; Christopher Rude, „The role of financial discipline in imperial strategy. “ In Leo Panitch und Martijn Konings, Hrsg., *American empire and the political economy of global finance*. Basingstoke: Palgrave-Macmillan, 2008, S. 211.

[186] Einzelheiten in Nesvetailova, *Financial Alchemy*, S. 27-37; Nesvetailova und Ronen Palan, *Sabotage. The Business of Finance*. n.p. Allen Lane, 2020, S. 53-64.

[187] Christos Lynteris, „The Greek Economic Crisis as Evental Substitution“. In A. Vradis und D. Dalakoglou, eds. *Revolt and Crisis in Greece. Between a Present Yet to Pass and a Future Still to Come*. Oakland, CA: AK Press & London: Occupied London, 2011.

[188] Rasmus, *Systemiic Fragility*, S. 221-2.

[189] *FXCM*, „Will Quantitative Easing Stop the Coronavirus Pandemic Ecnomic Fallout? “ (9 april 2020). (online).

[190] Tyler Durden, „ ‚This Couild Take the Dollar Down´, Alasdair Macleod Warns ‚There's A Real Crisis in the Winds´.“. *ZeroHedge*, 31 januari.2021 (orig. Greg Hunter, *USAWatchdog*) (online).

[191] Jan Fichtner und Eelke M. Heemskerk, „The New Permanent Universal Owners: : Index funds, patient capital, and the distinction between feeble and forceful stewardship“. *Economy and Society,* 49 (4) 2020, S. 494.

[192] Phillips, *Giants. The Global Power Elite*, S. 71.

[193] Werner Rügemer, „Blackrock-Kapitalismus. Das neue transatlantische Finanzkartell". *Blätter für deutsche und internationale Politik*, 81 (10) 2016, S. 75-84.

[194] Fichtner und Heemskerk, „The New Permanent Universal Owners“, S. 496, 510.

[195] Phillips, *Giants. The Global Power Elite*, S. 51.

[196] Rudolf Hilferding, *Das Finanzkapital.* Frankfurt: Europäische Verlagsanstalt 1973

[1910].

[197] Phillips, *Giants. The Global Power Elite*, S. 155.

[198] Ebd., S. 163-82.

[199] Anthony Hall, Was COVID-19 a Cover for an Anticipated of Planned Financial Crisis?". *Global Research*, 20. August 2020 (online).

[200] Michael Snyder, „Why Did Hundreds Of CEOs Resign Just Before The World Started Going Absolutely Crazy? *End of the American Dream*, 24. März 2020 (online); Radhika Desai, „The Unexpected Reckoning. Coronavirus and Capitalism. *Canadian Dimension*, 17. März 2020 (online).

[201] Thomas Wade, „Timeline: The Federal Resaerve Responds to the Threat of the Coronavirus". *American Action Forum*, 29. Juni 2020 (online).

[202] *The Conversation,* „Paying for coronavirus will have to be like war debt-spread over generations. " 11 juni.2020 (online).

[203] Austin Fitts, „The Injection Fraud—It's Not a Vaccine"..

[204] *Daily Mail,* 23. Mai 2020, „Lockdowns failed to change the course of pandemic and are now destroying millions of livelihoods worldwide, JP Morgan study claims" (online).

[205] Robinson, „Global Capitalism Post-Pandemic", S. 7.

[206] Flo Osrainik, *Das Corona-Dossier. Unter falscher Flagge gegen Freiheit, Menschenrechte und Demokratie* [Vorwort, Ullrich Mies]. Neuenkirchen: Rubikon, 2021, S. 117; *Wikipedia*, 'MasterCard'.

[207] Hall, „'Was COVID-19 a Cover? ".

[208] W. Stanley Jevons., „Sun-Spots and Commercial Crises". *Nature,* Bd. 19**,** 1879, S. 588-590.

[209] Nafeez Mossadeq Ahmed, „How Facebook Will Rule the World-Unless We Stop It". *Insurge Intelligence*, 23. Dezember 2017 (online); Eric Gordon und Jessica Baldwin-Philippi, „Making a Habit Out of Engagement: How the Culture of Open Data Is Reframing Civic Life". In Brett Goldstein (Hrsg. mit Lauren Dyson), *Beyond Transparency: Open Data and the Future of Civic Innovation.* San Francisco, Cal.: Code for America Press, 2013, S. 139.

[210] *The Observer.* „Robert Mercer: the big data billionaire waging war on mainstream media". 26. Februar 2017 (online).

[211] Pepe Escobar, „Future of Western Democracy Being Played Out in Brazil.". *Consortium* News, 9. Oktober 2018 (online); Luc Rivet, „The Movement: What is Steve Bannon cooking up in Europa?" *Sputnik,* 18. September 2018.(online).

[212] Ahmed, „How Facebook Will Rule the World".

[213] Ebd..; *The Observer,* „Robert Mercer: the big data billionaire".

[214] Jörg Nowak, „Brazil: Fascism on the Verge of Power? " *SP the Bullet*, 17. Dezember 2018 (online); Escobar, „Future of Western Democracy".

[215] Nowak, „Brazil: Fascism on the Verge of Power? "

[216] Christophe Guilluy, „The *gilets jaunes* are unstoppable." (Interview von Fraser Myers) *Spiked*.com, 11. Januar 2019 (online).

[217] Zylberman, *Tempêtes microbiennes,* S. 424.

[218] Thomas Ferguson, *Golden Rule. The Investment Theory of Party Competition and the Logic of Money-Driven Political Systems*. Chicago: Chicago University Press, 1995.

[219] *BNN*, „Pim Fortuyn Moordcomplot", YouTube-Dokumentation, 19. Mai 2012 (online)

[220] Stan van Houcke,. „Geert Wilders en Israël", *Stan van Houcke blogspot,* Mai 2007

(online); Naomi O'Leary, „Geert Wilders' American Connetions". *Politico,* 14. Februar 2017. (online); *Follow the Money*, „Het financiële fundament onder Forum voor Democratie: Zuidas, vastgoed en orthodoxe christenen." (14. Oktober) 2020) (online).

[221] Naná de Graaff und Bastiaan.van Apeldoorn, „The transnationalist US foreign-policy elite in exile? A comparative network analysis of the Trump administration", *Global Networks*, 21 (2) 2019, S. 229, 235-6; Bastiaan van Apeldoorn und Naná de Graaff, *American Grand Strategy and Corporate Elite Networks. The Open Door since the end of the Cold War.* London: Routledge, 2016.

[222] Rachael Revesz, „Eric Trump said ‚we have all the funding we need out of Russia', golf writer claims. A journalist recalled the statements from the now-President and his son during a trip to North Carolina". *The Independent*, 7. Mai 2017 (online); Craig Unger, „Trump's Russian Laundromat. How to use Trump Tower and other luxury high-rises to clean dirty money, run an international crime syndicate, and propel a failed real estate developer into the White House." *The New Republic*, 13. Juli 2017 (online).

[223] *Wikileaks, The Wikileaks Files. The World According to US Empire* [Vorwort Julian Assange]. London: Verso, 2015, S. 214-6.

[224] Phillips, *Giants. The Global Power Elite,* S. 155-8.

[225] William M. Arkin, „Exclusive: Inside the Military's Top Secret Plans if Coronavirus Cripples the Government". *Newsweek*, 18. März 2020 (online).

[226] Ebd.

[227] *Cybereason Blackout,* „Operation Blackout Summary of Events." (5. November 2019) (online)

[228] Whitney Webb, „Engineering Contagion: UPMC, Corona-Thrax and "The Darkest Winter". *Unz* Review, 25. September 2020 (online).

[229] Polly St. George. „A Coup in the Making", *Amazing Polly*, 10. September 2020 (online).

[230] Ebd.

[231] Rosa Brooks, „What's the worst that could happen? " *Washington Post,* 3. September 2020 (online).

[232] *AsiaTimesOnline.* „Opinions harden against the hard men. Geopolitical chaos of their own making may yet be the unmaking of a slew of leaders, Trump included." 10 October 2020 [separate Links zu verschiedenen Korrespondenten online].

[233] Riccardo Corsetto, „Conte, Leonardo SpA and the U.S. Embassy behind the Election Data Switch fraud to take out Trump. Italy and Conte played a key role in the international cyber plot to take out Trump. Leonardo Finmeccanica's Cyber Warfare satellites are among the means used". *Quotidiano Soveranista*, 5. Januar 2021 (online); teilweise basierend auf der Aussage des ehemaligen CIA-Stationschefs Bradley Johnson, „Brad Johnson: Rome, Satellites, Servers: an Update" (19. Dezember 2020, online).

[234] *Times of Israel,* „White House was reportedly not interested in the intel, but it was passed onto NATO, IDF; when it reached Israel's Health Ministry, ´nothing was done´". 16. April 2020 (online).

[235] Kit Knighly, „ ‚The Storming of the Capitol´: America's Reichstag Fire? The four big lies underpinning this story show it was likely a stage4d event te". *OffGuardian,* 7. Januar 2021, und „Prepare for the new ‚Domestic Terrorism Bill. The Patriot Act 2 is on the way, from the same author behind the smash-hit original". *OffGuardian*, 8. Januar 2021 (online).

[236] Robert Miller, „The Coronavirus is Man-Made According to Luc Montagnier, the Man Who Discovered HIV". *Gilmore Health News*, 16. April 2020 (online); Pierre Lescaudron, „Compelling Evidence That SARS-CoV -2 Was Man-Made'. *Sott.net*, 26. Juni 2020 (online).

[237] Frank Ryan, *Virolution.* London: HarperCollins, 2009.

[238] J. D. Bernal, *Science in History,* 4 Bände. Bd. 3. *The Natural Sciences in Our Time.* Harmondsworth: Penguin, 1969 [1954], S. 918.

[239] Judy Mikovits und Kent Heckenlively, *Plague of Corruption. Restoring Faith in the Promise of Science* [Vorwort, Robert F. Kennedy, Jr.] New York: Skyhorse, for Children's Health Defense, 2020, S. 199-201; Ryan, *Virolution*, S. 75, 118.

[240] Ryan, *Virolution*, S. 81, 129; Lescaudron, „Compelling Evidence That SARS-CoV-2 Was Man-Made".

[241] Ryan, *Virolution*, S. 133-4.

[242] Michael Friedman, „Metabolic Rift and Human Microbiome". *Monthly Review*, 70 (3) 2018, S. 75; Ryan, *Virolution*, S. 177-9.

[243] Ryan, *Virolution*, S. 27.

[244] Ebd., S. 69-70, 18, 88-9.

[245] Jared Diamond, *Guns, Germs and Steel. A Short History of Everybody For the Last 13,000 Years.* New York: Vintage, 1998, S. 77-8.

[246] Mikovits und Heckenlively, *Plague of Corruption.* S. 141 u.v.m.

[247] Annie Riley Hale, *The Medical Voodoo.* New York: Gotham House, 1936, S. 179.

[248] Patrick Zylberman, *Tempêtes microbiennes. Essai sur la politique de sécurité sanitaire dans le monde transatlantique.* Paris: Gallimard, 2013, S. 188.

[249] *Reuters Fact-check*: „Vaccines Caused 1918 Influenza" n.d. (online).

[250] David Klooz, *The Covid-19 Conundrum,* n.p. [Apple Books] 2020, S. 6-9.

[251] Peter C. Gøtzsche, „Our prescription drugs kill us in large numbers." *PubMed.gov* 30 Ocktober 2014 (online).

[252] Ilana Löwy und Patrick Zylberman, „Introduction: Medicine as a Social Instrument: Rockefeller Foundation, 1913–45". *Studies in History and Philosophy of Science,* 31 (3, Sonderausgabe), 2000, S. 367-8, 371.

[253] Klooz, *The Covid-19 Conundrum*, S. 10-11.

[254] Gary G. Kohls, „ Did psychopath Rockefeller create the Spanish Flue pandemic of 1918? " *Fort Russ News*, 22. Mai 2020 (online); Löwy und Zylberman, „Introduction: Medicine as a Social Instrument", S. 377.

[255] Klooz, *The Covid-19 Conundrum*, S. 26; Kohls, „Did psychopath Rockefeller create the Spanish Flue? " Sal Martingano, n.d. „The 1918 ‚Spanish Flu': Nur die Geimpften starben" (online).

[256] Klooz, *The Covid-19 Conundrum*, S. 25-6; Hale, *The Medical Voodoo*, S. 179.

[257] Zylberman, *Tempêtes microbiennes*, S. 49.

[258] Ebd., S. 29, 71, 489.

[259] Walter van Rossum, *Meine Pandemie mit Professor Drosten. Vom Tod der Aufklärung unter Laborbedingungen.* Neuenkirchen: Rubikon, 2021 S. 107-11; Zylberman, *Tempêtes microbiennes*, S. 129-32.

[260] Zylberman, *Tempêtes microbiennes*, S. 187; Catherine Austin Fitts, „The Injection Fraud-It's Not a Vaccine", *Global Research*, 1. Januar 2021 [orig. 28. Mai 2020] (online).

[261] Whitney Webb, „All Roads Lead to Dark Winter". *Unlimited Hangout*, 1. April 2020 (online); Zylberman, *Tempêtes microbiennes*, S. 129-32.

[262] Whitney Webb, „Engineering Contagion: UPMC, Corona-Thrax und ‚Der

dunkelste Winter'. " *Unz* Review, 25. September. 2020 (online).

[263] Zylberman, *Tempêtes microbiennes*, S. 92; Webb, „All Roads Lead to Dark Winter".

[264] Webb, „All Roads Lead to Dark Winter"; Zylberman, *Tempêtes microbiennes*, S.. 439.

[265] Zylberman, *Tempêtes microbiennes*, S. 405.

[266] Ebd., S. 224, 434.

[267] F. William Engdahl, „WHO , Swine Flu Pope' under investigation for gross conflict of interest". *Voltaire Network*, 9. Dezember 2009 (online).

[268] „Accomplished pharma prof thrown in psych hospital after questioning official Covid narrative", *LifeSite*. 11. Dezember 2020 (online).

[269] Sonia Shah, „D'oú viennent les coronavirus? Contre les pandémies, l'écologie". *Le Monde Diplomatique*, März 2020. [orig. in *The Nation*].

[270] Mikovits und Heckenlively, *Plague of Corruption*, S. 141-61; Ryan, *Virolution*, S. 77.

[271] Zylberman, *Tempêtes microbiennes*, S. 167=8, 171, 181

[272] Siehe mein Buch *Global Rivalries from the Cold War to Iraq*.. London: Pluto Press 2006, Kapitel 4 und 5.

[273] James A. Paul, „Der Weg zum *Global Compact*: Zur Annäherung von UNO und multinationalen Unternehmen" [Übersetzt von Th. Siebold], in Tanja Brühl *et al. Die Privatisierung der Weltpolitik: Entstaatlichung und Kommerzialisierung im Globalisierungsprozess*. Bonn: Dietz, 2001, S. 114-5.

[274] Ebd., S. 126-7.

[275] Daan de Wit, *Dossier Mexicaanse griep. Een kleine griep met grote gevolgen*. Rotterdam: Lemniscaat, 2010, S. 113.

[276] Paul, „Der Weg zum *Global Compact*", S. 107-8.

[277] Rosemary Frei, „Did Bill Gates Just Reveal the Reason Behind the Lock-Downs? " *OffGuardian*, 4. April 2020 (online); De Wit, *Dossier Mexicaanse griep*, S. 98-9.

[278] Joseph A. Camilleri und Jim Falk, *Worlds in Transition. Evolving Governance Across a Stressed Planet*. Cheltenham: Edward Elgar, 2009, S. 413-4.

[279] Zylberman, *Tempêtes microbiennes*, S. 183.

[280] Siehe meinen Beitrag „The Sovereignty of Capital Impaired: Social Forces and Codes of Conduct for Multinational Corporations", in Henk Overbeek, Hrsg., *Restructuring Hegemony in the Global Political Economy. The Rise of Transnational Neo-Liberalism in the 1980s*. London: Routledge. 1993.

[281] De Wit, *Dossier Mexicaanse griep*, S. 95; Zylberman, *Tempêtes microbiennes*, S. 37, 226.

[282] Camilleri und Falk, *Worlds in Transition*, S. 396-7; De Wit, *Dossier Mexicaanse griep*, S. 12.

[283] Zylberman, *Tempêtes microbiennes*, S. 72, 213.

[284] De Wit, *Dossier Mexicaanse griep*, S. 96-7, 126-7; Engdahl, „WHO ‚Swine Flu Pope' under investigation"'..

[285] Camilleri und Falk, *Worlds in Transition*. pp. 404-5.

[286] *WHO, International Health Regulations,* 3. Auflage. Genf: World Health Organization, 2005 [1969], S. 1; Camilleri und Falk, *Worlds in Transition*, S. 415-6.

[287] *WHO, International Health Regulations*, S. 17

[288] Camilleri und Falk, *Worlds in Transition*, S. 418.

[289] Zylberman, *Tempêtes microbiennes*, S. 484-5.

[290] Camilleri und Falk, *Worlds in Transition*, S. 424.

[291] Van Rossum, *Meine Pandemie mit Professor Drosten*, S. 67, 75-7.

[292] Engdahl, „WHO ‚Swine Flu Pope' under investigation"'; De Wit, *Dossier Mexicaanse griep*, S. 20-21.

[293] Van Rossum, *Meine Pandemie mit Professor Drosten*, S. 230-31.
[294] De Wit, *Dossier Mexicaanse griep*, S. 25-7, 29.
[295] Ebd., S. 57, 64-5, 82-4; Van Rossum, *Meine Pandemie mit Professor Drosten*, S. 78-9.
[296] De Wit, *Dossier Mexicaanse griep*, S. 143., 200, 201-3; Flo Osrainik, *Das Corona-Dossier. Unter falscher Flagge gegen Freiheit, Menschenrechte und Demokratie* [voorwoord Ullrich Mies]. Neuenkirchen: Rubikon, 2021, S. 178-80;
[297] Ulrich Beck, *Risikogesellschaft. Auf dem Weg in eine andere Moderne*. Frankfurt: Suhrkamp 1986.
[298] Peter Phillips, *Giants. The Global Power Elite* [Vorwort, W. I. Robinson]. New York: Seven Stories Press. 2018, p. 124.
[299] Siehe *The Discipline of Western Supremacy*. Bd. III von *Modes of Foreign Relations and Political Economy*. London: Pluto Press, 2014, S. 229f.
[300] Zylberman, *Tempêtes microbiennes*, S. 152.
[301] Ebd., S. 425f.
[302] Ebd., S. 415, 402f.
[303] Ebd., S. 430f.
[304] *Rockefeller Foundation* und *Global Business Network*, *Scenarios for the Future of Technology and International Development* [Judith Rodin, Peter Schwartz, Vorworte]. New York: Rockefeller Foundation und San Francisco: Global Business Network, 2010, S. 9
[305] Ebd., S. 18 f.
[306] *EU Publications Office. Infected.* (31. Januar 2012) pdf (online).
[307] Wang Hui, *The End of the Revolution. China and the Limits of Modernity* [Übersetzt von R. Karl et al.]. London: Verso, 2009, S. 27-32.
[308] F. William Engdahl, „The Eurasian Century is Now Unstoppable. The transfer of the geopolitical center of gravity to Eurasia is something the West will have to get used to". *Russia Insider*, 4. Oktober 2016 (online).
[309] Siehe meinen Beitrag „Who Will Protect the Baltic Energy Highway?" in Van der Pijl, Hrsg. *The Militarization of the European Union*. Newcastle: Cambridge Scholars, 2021, S. 104-7.
[310] David Lane, „Post-Soviet Regions. From Interdependence to Countervailing Powers? ". In David Lane und Guichang Zhu, Hrsg. *Changing Regional Alliances for China and the West*. Lanham, Maryland: Lexington Books, 2018, S. 6-7.
[311] Zbigniew Brzezinski, *Strategic Vision. America and the Crisis of Global Power*. [mit neuem Nachwort]. New York: Basic Books, 2013 [2012], S. 4, 75-89.
[312] John Lee, „China Steps up the Long March to 5G. As the U.S. increases pressure on technology exports, China's race for self-sufficiency becomes more urgent."*The Diplomat*, 6. Mai 2020 (online).
[313] Eamonn Fingleton, *In Praise of Hard Industries. Why manufacturing, not the information economy, is the key to future prosperity*. Boston: Houghton Mifflin, 1999, S. 117-23; Lee, "China Steps up the Long March to 5G".
[314] Gisela Grieger, „5G in the EU and Chinese telecoms suppliers." *European Parliament Research Service. At a Glance*. (April 2019, online); *Deutsche Welle*, „EU rules out Huawei ban but maps out strict ruiles on 5G", 28 Jjanuary 2020 (online).
[315] *Great Game India*, „Transcript: Bioweapons Expert Dr. Francis Boyle on Coronavirus". (5. Februar 2020, online).
[316] Max Parry, „Is the Global Pandemic a Product of the Elite's Malthusian Agenda and U.S. Biowarfare?" *Unz Review*, 16. März 2020 (online).
[317] Pierre Lescaudron, „Compelling Evidence That SARS-CoV -2 Was Man-Made".

Sott.net, 26. Juni 2020 (online) .

[318] Whitney Webb, „Bats, Gene Editing and Bioweapons: Recent Darpa Experiments Raise Concerns Amid Coronavirus Outbreak". *Unz Review,* 30. Januar 2020 (online).

[319] Stefan Elbe, *Security and Global Health. Towards the Medicalization of Insecurity.* Cambridge: Polity Press, 2010, S. 73.

[320] Patrick Zylberman, *Tempêtes microbiennes. Essai sur la politique de sécurité sanitaire dans le monde transatlantique.* Paris : Gallimard, 2013, S. 95-7.

[321] Webb, „Bats, Gene Editing and Bioweapons.".

[322] Lescaudron, „Compelling Evidence That SARS-CoV -2 Was Man-Made.".

[323] *Wikipedia*, „Sidney Gottlieb"; Wayne Madsen, „U.S. conducted biological weapons research at least until 2003 despite 1969 presidential order, 1972 treaty." *Strategic Culture*, 23. August 2016 (online).

[324] Parry, „Is the Global Pandemic a Product of the Elite's Malthusian Agenda? "

[325] Lescaudron, „Compelling Evidence That SARS-CoV-2 Was Man-Made"; *Al Jazeera World*, 'Who Killed Robert Kennedy?'" 14 November 2018 (online).

[326] *Wikipedia* , „MKNAOMI"; Charles Morgan, „What's in the Future for the National Security Community? " *West Point Visual Information Division,* 17. April 2018 (online).

[327] Elbe, *Security and Global Health,* S. 73-4.

[328] Madsen, „U.S. conducted biological weapons research".

[329] Judy Mikovits und Kent Heckenlively, *Plague of Corruption. Restoring Faith in the Promise of Science* [Vorwort Robert F. Kennedy, Jr.] New York: Skyhorse, für Children's Health Defense, 2020, S. 61.

[330] *Great Game India*, „Transcript: Bioweapons Expert Dr. Francis Boyle"; Zylberman, *Tempêtes microbiennes*, S. 143.

[331] Webster G. Tarpley, *9/11 Synthetic Terror Made in USA*, 4. Joshua Tree, Kalifornien: Progressive Press. 2008 [2005], S. 311 ff.; Elbe, *Security and Global Health,* S. 77-8.

[332] Parry, „Is the Global Pandemic a Product of the Elite's Malthusian Agenda?"; Madsen, „U.S. conducted biological weapons research".

[333] Zylberman, *Tempêtes microbiennes.* S. 281-2, 286.

[334] Elbe, *Security and Global Health,* S. 81; Webb, „Bats, Gene Editing and Bioweapons".

[335] Madsen, „U.S. conducted biological weapons research".

[336] Dilyana Gaytandzhieva, „The Pentagon Bio-weapons". *Dilyana.Bg*, 29. April 2018 (online).

[337] Webb, „Bats, Gene Editing and Bioweapons".

[338] Elbe, *Security and Global Health*, S. 75.

[339] Gaytandzhieva, „The Pentagon Bio-weapons".

[340] Madsen, „U.S. conducted biological weapons research".

[341] Gaytandzhieva, „The Pentagon Bio-weapons".

[342] Ebd.

[343] Judy Mikovits hält Ebola (wie HIV) für das Ergebnis einer Impfung unter Verwendung von Tiergewebe; Mikovits und Heckenlively, *Plague of Corruption*, S. 152-8.

[344] Webb, „Bats, Gene Editing and Bioweapons".

[345] Ebd.; MERS-Todesfallzahlen in Walter van Rossum, *Meine Pandemie mit Professor Drosten,* S. 85.

[346] Michael S. Northcott, E-Mail vom 30. Januar 2021 in Northcott und Daniel

Broudy. E-Mail-Austausch im Rahmen der Arbeitsgruppe *Propaganda and the „War on Terror"*. Januar 2021 (online).

[347] Siehe die Website des Erasmus MC, z. B. „Principal investigator: Prof. R.A.M. (Ron) Fouchier. Deputy Head of the Erasmus MC department of Viroscience" (online)

[348] Gaytandzhieva, „The Pentagon Bio-weapons".

[349] Lescaudron, „Compelling Evidence That SARS-CoV-2 Was Man-Made"".

[350] Steve Hilton, „Steve Hilton investigates origins of COVID-19, links to US commissioned research ". *The Next Revolution (Fox News)* 25. Januar 2021 (online); Madsen, „U.S. conducted biological weapons research".

[351] Zitiert in Katherine Eban, „The Lab-Leak Theory: Inside the Fight to Uncover COVID-19's Origins". *Vanity Fair*, 3. Juni 2021 (online)

[352] Hilton, „Steve Hilton investigates origins of COVID-19". Der Artikel in der *Washington Post* wurde am 30. Dezember 2011 veröffentlicht.

[353] Osrainik, *Das Corona-Dossier,* S. 195.

[354] Fred Guterl, „Dr. Fauci Backed Controversial Wuhan Lab with Millions of U.S. Dollars for Risky Coronavirus Research". *Newsweek*, 28. April 2020 (online); Hilton, „Steve Hilton investigates origins of COVID-19".

[355] Einer Richard A. Rothschild meldete 2015 ein Patent auf einen Covid-Test an und 2020 ein weiteres.; „Le Pr Fourtillan, un des iintervenants du documentaire *Hold-Up*, place en détention provisoire", *Le Figaro*, 18. April 2021 (online).

[356] Guterl, „Dr. Fauci Backed Controversial Wuhan Lab"; Hilton, " Steve Hilton investigates origins of COVID-19".

[357]Webb, „Bats, Gene Editing and Bioweapons"; Arthur Neslen, "US military agency invests $100m in genetic extinction technologies". *The Guardian*, 4. Dezember 2017 (online).

[358] *ETC-Gruppe.* „The Gene Drive Files. Disclosed emails reveal military as top funder; Gates Foundation paying $1.6 million to influence UN expert process.'(4 December 2017) (online).

[359] Der ursprüngliche Link wurde entfernt, aber ich habe ihn auf *MIT Africa* entdeckt: „Storing medical information below the skin's surface" (3. Februar 2020) (online).

[360] Robert F. Service, „Why did a Chinese university hire Charles Lieber to do battery research?" *Science,* 4. Februar 2020 (online).

[361] *Great Game India*, „Transcript: Biowapeans Expert Dr. Francis Boyle".

[362] Dany Shoham, „China and Viruses: The Case of Dr. Xiangguo Qiu". *BESA Center Perspectives Paper* Nr. 1.429 (Begin-Sadat-Zentrum für strategische Studien), 29. Januar 2020.(online)

[363] Nicoletta Lanese, „Questions surround Canadian shipments of deadly viruses to China". *The Scientist*, 9. August 2019 (online)

[364] Shoham, „China and Viruses"; *Great Game India*, „Transcript: Biowapeans Expert Dr. Francis Boyle".

[365] Elbe, *Security and Global Health*, S. 41.

[366] Fan Wu *et al.* „A new coronavirus associated with human respiratory disease in China". *Nature*, Bd. 579 (3. Februar 2020), S. 265-269 (online).

[367] Leonard G. Horowitz, *Complaint for Injunctive Relief Against Unfair and Deceptive Trade by Civil Conspiracy in Violation of the Florida Whistleblower Act, Civil Rights, and Public Protection Laws.*. Zivilklage gegen Pfizer, Inc, Moderna Inc, Hearst Corp. und Henry

Schein, Inc, US District Court for Middle Distric of Florida, 1. Dezember [pdf], S. 20, 28; Prashant Pradhan *et al.* „Uncanny similiarity of unique inserts in the 2019-nCooV spike protein to HIV-1 gp120 and Gag" [withdrawn] *BioRXiv. The Prepint Server for Biology.* n.d. [2020]. (online)

[368] Ich folge der Lektüre der Fauci-E-Mails und der Ereignisse von Chris Martenson, „Fauci Lab Leak Cover-up Revealed Via Emails" *Peak Prosperity*, Episode 007, 5. Juni 2021 (online).

[369] Ebd.

[370] Jonathan Swan und Bethany Allen-Ebrahimian, „Top Chinese Official Disowns U.S. Military Lab Coronavirus Conspiracy". *Axios auf HBO*, 22. März 2020 (online).

[371] Fan Wu *et al.* „A new coronavirus associated with human respiratory disease".

[372] Tyler Durden, „Coronavirus Uses Same Strategy As HIV To Evade, Cripple Immune System: Chinese Study Finds"'. *Zero Hedge*, 27. Mai 2020 [orig. *South China Morning Post* gleichen Datums] (online)

[373] Lescaudron, „Compelling Evidence That SARS-CoV-2 Was Man-Made".

[374] *Dimsumdaily Hong Kong,* „Czech molecular biologist, Dr. So□ a Peková explains in layman terms that COVID-19 virus originates from a lab, and the Americans try to refute it" (Aktualisiert) 30. März 2020 (online),

[375] Judy Mikovits wird zitiert in Lescaudron, „Compelling Evidence That SARS-CoV-2 Was Man-Made".

[376] Horowitz, *Complaint for Injunctive Relief Against Unfair and Deceptive Trade,* S. 29.

[377]„Accomplished pharma prof thrown in psych hospital'", *LifeSite.* 11. Dezember 2020 (online).

[378] Jean Claude Perez und Luc Montagnier. „Covid-19, SARS and Bats Coronaviruses Genomes Peculiar Homologous RNA Sequences", *International Journal of Research -GRANTHAALAYAH,* 8 (7) 2020, pp. 217-263. (Online-Version); *FranceSoir*,. „Le défi de la vérité: Luc Montagnier, prix Nobel de médicine" (17. Dezember 2020) (online)

[379] Emily Makowski, „Theory that Coronavirus Escaped from a Lab Lacks Evidence. The pathogen appears to have come from wild animals, virologists say, and there are no signs of genetic manipulation in the SARS-CoV-2 genome. " *The Scientist*, 5. März 2020 (online); die niederländische Tageszeitung *NRC-Handelsblad* verleumdete am 20. April 2020 unter der Überschrift „Corona Jihad" die sachkundigen Wahrheitsverkünder.

[380] Hilton, „Steve Hilton investigates origins of COVID-19"..

[381] Lescaudron, „Compelling Evidence That SARS-CoV-2 Was Man-Made".

[382] Ebd.

[383] Sheila Kaplan und Matt Richtel, „The Mysterious Vaping Illness That's Becoming an Epidemic. A surge of severe lung ailments has baffled doctors and public health experts". *The New York Times*, 31. August 2019 (online).

[384] Dennis Thompson, „Flu Season That's Sickened 26 Million May Be at Its Peak". *US News*, 21. Februar 2020 (online).

[385] Godfree Roberts, „Last Man Standing. China gewinnt groß mit Covid-19. What Were We Thinking?" *Unz Review*, 22. März 2020 (online).

[386] Leng Shumei, „Why was a US military lab handling high-level disease shut down in July 2019? ". *Global Times*, 15. März 2020 (online)

[387] Webb, „Bats, Gene Editing and Bioweapons".

[388] Shawna Williams, „CDC suddenly shuts down US Army's Fort Detrick

bioweapons lab due to ‚lapses in safety'." *The Scientist*, 7. August 2019 (online); Parry, „Is the Global Pandemic a Product of the Elite's Malthusian Agenda? "

[389] Lescaudron, „Compelling Evidence That SARS-CoV-2 Was Man-Made"; Sarah M. McClanahan, „Innovation Fitness-Soldaten Push Their Limits". *Maryland National Guard News*, 3. August 2019 (online).

[390] *The Straits Times,* „US military may have brought coronavirus to Wuhan, says China in war of words with US" (13. März 2020, online).

[391] „China Focus: Confident novel coronavirus outbreak under control by late April: health expert". *Xinhua.net*, 27. Februar 2020 (online).

[392] Steven Lee Myers,. „China Spins Tale That the U.S. Army Started the Coronavirus Epidemic" *New York Times*, 13. März 2020 (online).

[393] Swan und Allen-Ebrahimian, „Top Chinese Official Disowns U.S. Military Lab Coronavirus Conspiracy".

[394] Roberts, „Last Man Standing. China Wins Big With Covid-19", basierend auf Thomas Polin Hon Wing, „Wuhan's Outbreak: China Demands An Honest Accounting". *Facebook,* 1. März 2020.

[395] Frances Mulraney und Glenn Owen, „Revealed: U.S. government gave $3.7 million grant to Wuhan lab at center of coronavirus leak scrutiny that was performing experiments on bats from the caves where the disease is believed to have originated'". *Mail on Sunday,* 12. April 2020 (online).

[396] Zitiert in Roberts, „Last Man Standing. China Wins Big With Covid-19".

[397] Thierry Meyssan, „Covid-19 and the Red Dawn-E-Mails". *Voltaire Network*, 28. April 2020 (online); Pepe Escobar, „How Bniosecurity is Enabling Neo-Feudalism". *Strategic Culture Foundation*, 15. Mai 2020 (online)

[398] Meyssan, „Covid-19 and The Red Dawn Emails'; Patrick Henningsen, „COVID-19: Trigger for a New World Order. Economic Stagnation and Social Destruction". *Global Research*, 24 augustus 2020 (online).

[399] Matthew Mosk, Kathlyn Folmer und Josh Morgoilin, „As Coronavirus threatened invasion, ‚Red Dawn' team tried to save America". *ABC* News, 28 juli 2020 (online).

[400] Eric Lipton *et al.* „He Could Have Seen What Was Coming: Behind Trump's Failure on the Virus". *The New York Times*, 11 Apri 2020 (online); Webb, COVID-19: Trigger for a New World Order. Economic Stagnation and Social Destruction All Roads Lead to Dark Winter".

[401] Lipton *et al.* „He Could Have Seen What Was Coming".

[402] Karl Kautsky, „Der Imperialismus", *Die Neue Zeit*, 2. Band, 1914, S. 908-922.

[403] Siehe Lenins Vorwort zu Nikolai Bucharin, *Imperialism and World Economy*, Londen: Merlin 1972 [1915], und sein eigenes späteres Werk *Imperialism, the Highest Stage of Capitalism* [1917] in *Collected Works*, Bd. 22. Moskau: Progress, 1964.

[404] Senta Depuydt, „Does the coronavirus pandemic serve a global agenda?" *Sott.net* [orig. *Children's Health Defense. org*]. 20. März 2020 (online).

[405] *WHO,* „Global leaders unite to ensure equitable access new vaccines, tests and treatments for Covid-19" (4. April 2020, online).

[406] Israel Shamir, „Eat Your Lemon".*Unz Review*, 26. November 2020 (online).

[407] Jack Denton, „Biden's China priorities could be challenged by the landmark new EU-China investment treaty". *Market Watch*, 1. Januar 2021 (online).

[408] Siehe Joseph R. Biden, Jr., *Renewing America's Advantages. Interim National Security Strategic Guidance.* (März 2021) Washington: Thge White House [pdf].

[409] Naomi Klein, *The Shock Doctrine. The Rise of Disaster Capitalism.* Harmondsworth:

Penguin, 2007, S. 13.

[410] Michel Foucault, *Sécurité, territoire, population. Cours au Collège de France (1977-1978)* [ed. M. Senellart]. Parijs: Gallimard-Seuil 2004, S. 24, Hervorhebungen hinzugefügt; Alexandre Macmillan, „La biopolitique et le dressage des populations", *Culture & Conflit,* no. 78, 2010, S. 39-53.

[411] Peter C. Gøtzsche, „Our prescription drugs kill us in large numbers", *PubMed.gov* 30. Oktober 2014 (online).

[412] Jens Martens und Karolin Seitz, *Philantropic Power and Development. Who Shapes the Agenda?* Aachen: Misereor/Brot für die Welt/Global Policy Forum, 2015, S. 23-4, 28.

[413] Zitiert in Samantha Sault, „This is what Bill Gates had to say about epidemics, back in 2015.". *World Economic Forum*, 19. März 2020 (online); *FortRuss*, „Revealed. Dr. Fauci Plotted with Bill Gates Before Pushing COVID Panic and Doubts About Hydroxychloroquine Effectiveness" (8. April 2020((online)

[414] Joseph A. Camilleri und Jim Falk, *Worlds in Transition. Evolving Governance Across a Stressed Planet.* Cheltenham: Edward Elgar, 2009, S. 427; *Gates Foundation*, „How we work", o.D. (online).

[415] Flo Osrainik, *Das Corona-Dossier. Unter falscher Flagge gegen Freiheit, Menschenrechte und Demokratie* [voorwoord Ullrich Mies]. Neuenkirchen: Rubikon, 2021, S. 70-71.

[416] Leonard G. Horowitz, *Complaint for Injunctive Relief Against Unfair and Deceptive Trade by Civil Conspiracy in Violation of the Florida Whistleblower Act, Civil Rights, and Public Protection Laws..* Zivilklage gegen Pfizer, Inc, Moderna Inc, Hearst Corp und Henry Schein, Inc, US District Court for Middle District of Florida, 1. Dezember [pdf], S. 20-22, 25, 48-9.

[417] Tim Schwab, „Bill Gates's Charity Paradox". *The Nation*, 20. März 2020 (online).

[418] Sault, „This is what Bill Gates had to say about epidemics".

[419] Rosemary Frei, „Did Bill Gates Just Reveal the Reason Behind the Lock-Downs?" *OffGuardian*, 4. April 2020 (online).

[420] Zitiert in Martens und Seitz, *Philantropic Power and Development.*, S. 39.

[421] Raul Diego, „Mass-Tracking COVI-PASS Immunity Passports To Be Rolled Out In 15 Countries". *ZeroHedge,* 29. Juni 2020 [orig. *MintPress*] (online)

[422] Walter van Rossum, *Meine Pandemie mit Professor Drosten. Vom Tod der Aufklärung unter Laborbedingungen.* Neuenkirchen: Rubikon, 2021, S. 99, 103

[423] Peter Phillips, *Giants. The Global Power Elite* [Vorwort W.I. Robinson]. New York: Seven Stories Press. 2018, p. 241.

[424] Andrew Edgecliffe-Johnson, „Trust in governments slides as pandemic drags on. Erosion of early public support around the world threatens vaccine rollouts.". *Financial Times*, 13. Januar 2021 (online); *Edelman Trust Baromater 2021* [pdf] (online)

[425] *Global Preparedness Monitoring Board. A World At Risk. Annual report on global preparedness for health emergencies.* Geneva: Weltgesundheitsorganisation und Weltbankgruppe, 2019, S. 6.

[426] Zitiert in Van Rossum, *Meine Pandemie mit Professor Drosten*, S.103.

[427] *Global Preparedness Monitoring Board, Eine Welt in Gefahr,* S. 30.

[428] Van Rossum, *Meine Pandemie mit Professor Drosten*, S. 100-101, 112-3.

[429] *Global Preparedness Monitoring Board, Eine Welt in Gefahr,* S. 15.

[430] Paul Anthony Taylor, „European Plans for ‚Vaccine Passports'. Were in Place 20 Months prior to the Pandemic. Coincidence? " *Global Research*, 3. April 2021 (online).

[431] Osrainik, *Das Corona-Dossier*, S. 245-6

[432] *European Union, EU/WHO Global Vaccination Summit.* 12. September 2019 (online);

in den Vereinigten Staaten hat ein Kind im Alter von sechs Jahren bereits 55 Impfungen erhalten. Daan de Wit, *Dossier Mexicaanse griep. Een kleine griep met grote gevolgen.* Rotterdam: Lemniscaat, 2010, S. 81.

433 *World Economic Forum*, „2030Vision - partnering together to scale technologies for the global goals", o.J. (online).

434 Van Rossum, *Meine Pandemie mit Professor Drosten*, S. 225-7.

435 Robert F. Kennedy, Jr., „Before COVID, Gates Planned Social Media Censorship of Vaccine Safety Advocates with Pharma, CDC, Media, China and CIA". *Global* Research, 12. März 2021. [orig. *Children's Health Defense*] (online); Horowitz, *Complaint for Injunctive Relief Against Unfair and Deceptive Trad ,* pp. .2-3; Van Rossum, *Meine Pandemie mit Professor Drosten*, pp. 114-6.

436 Max Parry, „Is the Global Pandemic a Product of the Elite's Malthusian Agenda and U.S. Biowarfare?" *Unz Review,* 16 maart 2020 (online); Osrainik, *Das Corona-Dossier*, S. 39; Kennedy, Jr.,'Before COVID, Gates Planned Social Media Censorship".

437 Zitiert in Kennedy, Jr., „Before COVID, Gates Planned Social Media Censorship".

438 Judy Mikovits und Kent Heckenlively, *Plague of Corruption. Restoring Faith in the Promise of Science* [Vorwort Robert F. Kennedy, Jr.] New York: Skyhorse, für Children's Health Defense, 2020, S. 63, 99, 201.

439 Raul Diego, „An experimental new vaccine developed jointly with the US government claims to be able to change human DNA and could be deployed as early as next year through a DARPA-funded, injectable biochip". *MintPress*, 17. September 2020 (online).

440 Frank Ryan, *Virolution.* London: HarperCollins, 2009, S. 140, 190.

441 Mikovits und Heckenlively, *Plague of Corruption,* S. 143, 152, 155-6; Michael Friedman, „Metabolic Rift and Human Microbiome". *Monthly Review*, 70 (3) 2018 , S. 70.

442 Horowitz, *Complaint for Injunctive Relief Against Unfair and Deceptive Trade,* S. 10-11.

443 *Moderna*, „mRNA-Plattform: Enabling Drug Discovery & Development'. (n.d. online).

444 Tyler Durden, „Coronavirus Uses Same Strategy As HIV To Evade, Cripple Immune System: Chinese Study Finds". *Zero Hedge*, 27. Mai 2020 [orig. *South China Morning Post*] (online).

445 Horowitz, *Complaint for Injunctive Relief Against Unfair and Deceptive Trade*, S. 29.

446 Whitney Webb, „Bats, Gene Editing and Bioweapons: Recent Darpa Experiments Raise Concerns Amid Coronavirus Outbreak". *Unz Review,* 30. Januar 2020 (online).

447 Michael S. Northcott, E-Mail vom 23. Januar 2021 in Northcott und Daniel Broudy. E-Mail-Austausch im Netzwerk Propaganda und der „Krieg gegen den Terror". Januar 2021 (online).

448 Ryan, *Virolution*, S. 178, 191-, 198; David Martin und Judy Mikovits zitiert in Nakia Freeman, „The mRNA COVID Vaccine Is Not a Vaccine". *Global Research*, 15. Januar 2021 (online).

449 Dolores Cahill, „Why People Will Start Dying a Few Months After the First mRNA "Vaccinations". *Wakkeren.Nl,* 3 January 2021 (online); Aoife Gallagher, „UCD professor asked to resign from EU committee over Covid-19 claims". *Irish Times*, 13. Juni 2020 (online).

450 C.-T. Tseng et al. „Immunization with SARS Coronavirus Vaccines Leads to Pulmonary Immunopathology on Challenge with the SARS Virus.". *PLoS ONE* 7(4)

2012 (online). Diese Forschung war übrigens durch die Angst vor einem absichtlichen Ausbruch motiviert worden; Greg G. Wolff, „Influenza vaccination and respiratory virus interference among Department of Defense personnel duiring the 2017-2018 influenza season". *Vaccine,* 38 (2) 2020, S. 350-54 (online).

[451] Johnny Vedmore, „Pfizer's Experimental Covid-19 Vaccine-What You're Not Being Told". *Unlimited Hangout,* 18. November 2020 (online); David Klooz, *The Covid-19 Conundrum.*, o.P. [Apple Books] 2020, S. 30.

[452] Horowitz, *Complaint for Injunctive Relief Against Unfair and Deceptive Trade*, S. 35 n. 6

[453] Fanny Jimenez, „Tesla und Curevac haben unbemerkt einen Impfstoff-Drucker entwickelt und bereits im Juni 2019 ein Patent dafür angemeldet". *Business Insider*, 6. September 2020 (online).

[454] Martens und Seitz, *Philantropic Power and Development*, S. 35; Osrainik, *Das Corona-Dossier*, S. 205.

[455] Webb, „Fledermäuse, Genmanipulation und Biowaffen".

[456] Dilyana Gaytandzhieva, „Die Biowaffen des Pentagons". *Dilyana.Bg*, 29. April 2018 (online).

[457] Horowitz, *Complaint for Injunctive Relief Against Unfair and Deceptive Trade,* S. 27; Webb, „Bats, Gene Editing and Bioweapons" (Fledermäuse, Genmanipulation und Biowaffen)

[458] Pierre Lescaudron, „Compelling Evidence That SARS-CoV -2 Was Man-Made"'. *Sott.net*, 26. Juni 2020 (online)

[459] Senta Depuydt, „Does the coronavirus pandemic serve a global agenda? " *Sott.net* [orig. *Children's Health Defense. org*]. 20. März 2020 (online); Klooz, *The Covid-19 Conundrum*, S. 31; Harvey A. Risch, „Early Outpatient Treatment of Symptomatic, High-Risk Covid-19 Patients that Should Be Ramped up Immediately as Key to the Pandemic Crisis", *American Journal of Epidemiology',*189 (11) 2020, S. 1218-1226.

[460] „Accomplished pharma prof thrown in psych hospital after questioning official Covid narrative", *LifeSite.* 11. Dezember 2020 (online).

[461] Philippe Descamps, „Une médicine sous influence. Des conflits d'intérêts qui suscitent la défiance". *Le Monde Diplomatique*, November 2020, S. 22.

[462] Pierre Barnérias, *Hold Up. Retour sur un Chaos* (Dokumentarfilm, November 2020 (online); Hugues Maillot und Christophe Cornevin, „Marseille : l'IHU du professeur Raoult perquisitionné lundi", *Le Figaro*, 14. Juni 2021 (online).

[463] „Het RIVM schaft hydroxychloroquine aan tegen het coronavirus", *De Telegraaf*, 28. März 2020; „Revealed. Dr. Fauci Plotted with Bill Gates Before Pushing COVID Panic and Doubts About Hydroxychloroquine Effectiveness". *Fort Russ*, 8. April 2020 (online); Depuydt, „Does the coronavirus pandemic serve a global agenda? ".

[464] *Newsmax,* „Breakthrough Drug: Ivermectin zeigt ‚erstaunliche' Ergebnisse gegen Coronavirus". 7. Januar 2021 (online).

[465] De Wit, *Dossier Mexicaanse griep*, bzw. S. 114 und 122.

[466] Mikovits und Heckenlively, *Plague of Corruption*, S. 68.

[467] Sammy Almashatet *et al. Twenty-Five Years of Pharmaceutical Industry Criminal and Civil Penalties: 1991 Through 2015.* o.P..: Public Citizen, 2016 (online), S. 4

[468] *Public Citizen. Twenty-Seven Years of Pharmaceutical Industry Criminal and Civil Penalties: 1991 Through 2017,* 14. März 2018 (online).

[469] Osrainik, *Das Corona-Dossier*, S. 248

[470] „Pharmaceutical giants fined record €444 million for ‚abusive practices'," *The Brussels Times*, 9. September 2020.

[471] Descamps, „Une médicine sous influence", S. 23; De Wit, *Dossier Mexicaanse griep*, S. 118 f.

[472] *The Brussels Times,* 9. September 2020; Descamps, „Une médicine sous influence", S. 23.

[473] Horowitz, *Complaint for Injunctive Relief Against Unfair and Deceptive Trade*, S. 11.

[474] Martina Groeneveld, „Corona-vaccins getest op Afrikaanse bevolking: ethisch of niet? " *Viruswaarheid*, o.D.. [2020] (online).

[475] Van Rossum, *Meine Pandemie mit Professor Drosten*, S. 122; Klooz, *The Covid-19 Conundrum*, S. 47-8.

[476] Mikovits und Heckenlively, *Plague of Corruption*, S. 112.

[477] Descamps, „Une médicine sous influence", S. 23.

[478] Ebd..

[479] Harvey Marcovitch, „Editors, Publishers, Impact Factors, and Reprint Income. ". *PLoS Medicine,* 7 (10) 2010 (online)

[480] Jill Ettinger, „May Cause Outrage: The 9 Biggest Big Pharma Fines Ever". *Organic Authority*, 1. August 2012 (online)

[481] Gerard van Erp, „Wie is de speciale Coronagezant Feike Sijbesma eigenlijk?" *Viruswaarheid*.n.d. [2020] (online).

[482] *Algemnen Dagblad*, 2. Juli 2020. „Mondkapjes, vaccins en tests zijn een aanslag op de schatkist"; *Nine For News*, „Rutte geconfronteerd met belangenverstrengeling rond coronavaccin".. (21. August 2020, online).

[483] JayTe, „Red Flags Soar As Big Pharma Will Be Exempt From COVID-19 Vaccine Liability Claims". *The Duran*, 2. August 2020 (online); *Reuters*, „AstraZeneca to be exempt from coronavirus vaccine liability claims in most countries" . 2020. (online); Jordan Williams, „AstraZeneca's no-profit pledge for vaccines has expiration date: report". *The Hill*, 8. Oktober 2020 (online).

[484] F. William Engdahl, „What's Not Being Said About the Pfizer Coronavirus Vaccine., Human Guinea Pigs'?" *Global Research,* 15. November 2020 (online).

[485] *NOS*, „Europese Commissie wil soepelere regels in jacht op vaccin" [AFP], (29. Juni 2020) (online).

[486] Simon Jack, „AstraZeneca vaccine-was it really worth it? " *BBC News,* 30. März 2021 (online); Reuters-Meldungen zwischen dem 1. und 12. Dezember 2020 (online, aber nicht mehr zugänglich).

[487] Joseph Mercola, „How COVID-19 Vaccine Trials Are Designed". *Global Research*, 9. November 2020 (online).

[488] Engdahl, „What's Not Being Said About the Pfizer Coronavirus Vaccine"; Osrainik, *Das Corona-Dossier*, S. 220-21.

[489] Michel Chossudovsky,. „The GSK-Pfizer Multibillion Dollar Global Vaccine Monopoly. Big Money for Big Pharma". *Global Research*, 5. Januar 2021 (online)

[490] Jaimy Lee, „These 23 companies are working on coronavirus treatments or vaccines-here's where things stand" *MarketWatch*, 6 May 2020; (online); Almashat *et al.*, *Twenty-Five Years of Pharmaceutical Industry*; Zahlen für 2009 aus *Drugwatch.com* (online).

[491] Groeneveld, „Corona-vaccins getest op Afrikaanse bevolking ".

[492] Horowitz, *Complaint for Injunctive Relief Against Unfair and Deceptive Trade*, S. 9-10, 25.

[493] Ebd., S. 29, 31 ff., 38; zu Fauci S. 58.

[494] *NPR* [*National Public Radio*]. „Bad Optics or Something More? Moderna Executive Stock Sales Raise Concerns. " (4 September 2020). (online).

[495] Osrainik, *Das Corona-Dossier*, S. 203-4; *Wikipedia*, „Moncef Slaoui".

[496] Engdahl, „What's Not Being Said About the Pfizer Coronavirus Vaccine".

[497] Peter Doshi, „Pfizer and Moderna's ‚95% effective' vaccines-let's be cautious and first see the full data". *BMJ Opinion,* 26. November 2020 (online); Jan B. Hommel [Jan Bonte], „Het Pfizer/BioNTech Vaccin tegen het SARS-CoV-2 virus". *Kritische beschouwingen over de gezondheidszorg.* 21. Dezember 2020 (online).

[498] Mercola, „How COVID-19 Vaccine Trials Are Designed".

[499] Jose M. Martin-Moreno *et al.* „Covid-19 vaccines: where are the data? " *BMJ Opinion* (*British Medical Journal*) 27 November 2020 (online); Hommel, "Het Pfizer/BioNTech Vaccin"

[500] „Le chef du service infectiologie de la Pitié-Salpêtrière, à Paris, commente les dernières données rendues publiques sur deux vaccins. " *Le Parisien,* 8. Dezember 2020 (online).

[501] Horowitz, *Complaint for Injunctive Relief Against Unfair and Deceptive Trade*, S. 2 n.1, 4

[502] Robert Hart, „WHO Chief Warns Vaccine Won't End Covid-19 Pandemic As Moderna, Pfizer Announce Early Successes", *Forbes*, 16. November 2020. (online).

[503] Zitiert in Engdahl, „What's Not Being Said About the Pfizer Coronavirus Vaccine"..

[504] *BBC News*, „Johnson & Johnson to pay $4.7bn damages in talc cancer case", 13. Juli 2018 (online)

[505] Descamps, „Une médicine sous influence", S. 23.

[506] Osrainik, *Das Corona-Dossier,* S. 105.

[507] *AsiaTimesOnline,* „Johnson & Johnson pauses Covid Vaccine Trial". 13. Oktober 2020 (online).

[508] Groeneveld, „Corona-vaccins getest op Afrikaanse bevolking".

[509] Mercola, „How COVID-19 Vaccine Trials Are Designed"; Doshi, „Pfizer and Moderna's ‚95% effective' vaccines".

[510] Whitney Webb, „Engineering Contagion: UPMC, Corona-Thrax und "The Darkest Winter". *Unz* Review, 25. September 2020 (online).

[511] Ebd.

[512] Jeannie Baumann, „Hundreds of Corona Patients Allowed to Try Gilead's Ebola Drug".. *BloombergLaw* 10. März 2020 (online).

[513] *Bloomberg Law*, „Gilead Surges After WHO Comments on Coronavirus Drug Testing" . (24. Februar 2020) (online); Osrainik, *Das Corona-Dossier*, S. 226.

[514] De Wiit, *Dossier Mexicaanse griep*, S. 42, 108, 120.

[515] *Wikipedia* , „Gilead Sciences".

[516] Die betreffende Person verteidigte sich mit der Behauptung, sie sei angegriffen worden, weil sie eine Frau sei, Descamps, „Une médicine sous influence", S. 22.

[517] Dilyana Gaytanzhieva,. „Gilead had paid $178 million to doctors to promote drugs despite patient deaths". *Arms Watch*, 14. Oktober 2020 (online).

[518] Sucharit Bhakdi *et al. Dringender Urgent Open Letter from Doctors and Scientists to the European Medicines Agency regarding COVID-19 Vaccine Safety Concerns,* 28. Februar 2021 (online).

[519] Horowitz, *Complaint for Injunctive Relief Against Unfair and Deceptive Trade*, S. 50 f.

[520] Ebd., S. 49, 23-4.

[521] Zitiert in Mikovits und Heckenlively, *Plague of Corruption*, S. 160.

[522] *WHO Technical Advisory Group on Behavioural Insights and Sciences for Health, Behavioural Considerations for Acceptance and Uiptake of Covid-19 Vaccines.* [Sitzungsbericht,

15. Oktober 2020]. Genf: World Health Organization.

[523] *Edelman Trust Barometer 2021*; Edgecliffe-Johnson, „Trust in governments slides as pandemic drags on".

[524] Gilad Atzmon, „ CEO Albert Bourla Admits Israel Is the ‚World's Lab'." *Unz Review*, 27. Februar 2021 (online).

[525] Ebd.

[526] Mike Whitney, „Operation Vaxx-All Deplorables: Codename: ‚Satan's Poker'. " *Unz Review*, 10. März 2021 (online).

[527] Vedmore, „Pfizer's Experimental Covid-19 Vaccine".

[528] Vanden Bosssche zitiert in Whitney,. „Operation Vaxx-All Deplorables".

[529] Zitiert in Engdahl, „What's Not Being Said About the Pfizer Coronavirus Vaccine". Auf den Philippinen wurde ein Dengue-Impfstoff von Sanofi-Pasteur (dessen Patent Fauci und das NIAID besitzen und über die Risiken Bescheid wussten) Hunderttausenden von Kindern verabreicht, was zu etwa 600 Todesfällen führte, bis die Regierung von Manlia dem ein Ende setzte.

[530] Diego, „An experimental new vaccine developed jointly"; Freeman, „The mRNA COVID Vaccine Is Not a Vaccine ".

[531] Joscha Wullweber, *Hegemonie, Diskurs und Politische Ökonomie. Das Nanotechnologische Projekt*. Baden-Baden: Nomos. 2010, S. 156-9, 178.

[532] Lescaudron, „Compelling Evidence That SARS-CoV-2 Was Man-Made".

[533] Gaytandzhieva, „The Pentagon Bio-weapons"; Lescaudron, „Compelling Evidence That SARS-CoV-2 Was Man-Made".

[534] Julie Helms *et al.* „Neurologic Features in Severe SARS-CoV-2 Infection". *New England Journal of Medicine* 15. April 2020 (Korrespondenz) (online).

[535] Lescaudron, „Compelling Evidence That SARS-CoV-2 Was Man-Made".

[536] Wullweber, *Hegemonie, Diskurs und Politische Ökonomie*, S. 162

[537] Mensje Melchior, „Dokteren met nanotechnologie". *Medisch Contact*, 2. Dezember 2009 (online).

[538] Vandana Shiva, „Bill Gates' Global Agenda" [Auszug aus *Oneness vs. the 1 %*] *Children's Health Defense*, August 2020 (online).

[539] Wu Kai *et al.* „Magnetic nanoparticles in nanomedicine: a review of recent advances". *Nanotechnology*'30(50) 2019 (online); Bi Qunjie *et al.* „Review. Magnetofection: Magic magnetic nanoparticles for efficient gene delivery". *Chinese Chemical Letters*, 31 (12) 2020, S. 3041-3046 (online).

[540] Wu Songfang *et al.* 2021. „Genetically magnetic control of neural system *via* TRPV4 activation with magnetic nanoparticles." *Nanotoday*, 39 (Vorabdruck, *ScienceDirect*) (online).

[541] Chris Burt, „ID2020 and partners launch program to provide digital ID with vaccines. " *BiometricUpdate.com* (20. September 2019) (online); Osrainik, *Das Corona-Dossier,* S. 101-3, 109.

[542] Kevin J. McHugh, „Biocompatible near-infrared quantum dots delivered to the skin by microneedle patches record vaccination", *Science Translational Medicine.* 11 (523) 18 December 2019 (online); *MIT Africa*, „Storing medical information below the skin's surface". (3 February 2020) (online)

[543] Van Rossum, *Meine Pandemie mit Professor Drosten*, S.. 124

[544] Burt, „ID2020 and partners launch program". Neben einer strengen Warnung vor "Verschwörungstheorien" werden auch die Milliardenmärkte für Gesichtserkennung, Identifizierung von Gesten usw. aufgeführt.

[545] Zitiert in Diego, „Mass-Tracking COVI-PASS Immunity Passports To Be Rolled Out In 15 Countries“

[546] Ebd.

[547] Osrainik, *Das Corona-Dossier,* S. 112-3; *Financieel Dagblad,* „Amerikaanse techbedrijven storten zich op vaccinatiedata“. (8. Februar 2021, online);

[548] Jan Walter, „Johns Hopkins University bevestigt: Vaccinweigeraars kunnen gevaccineerd worden met behulp van PCR test“. *Viruswaarheid*, 11. Februar 2021 (online).

[549] Whitney Webb, „Silicon Valley and WEF-Backed Foundation Announce Global Initiative for COVID-19 Vaccine Records“. *Unlimited Hangout*, 15. Januar 2021 (online).

[550] Wullweber, *Hegemonie, Diskurs und Politische Ökonomie*, S. 163.

[551] Marcello Ienca, „Do We Have a Right to Mental Privacy and Cognitive Liberty? “ *Scientific American*, 30. Juli 2017 (online).

[552] Wullweber, *Hegemonie, Diskurs und Politische Ökonomie*, S. 239

[553] Ebd., S. 246-7, 266, 272.

[554] Pierre Teilhard de Chardin,. „The Phenomenon of Man“ [1959] in J.J. Clarke, ed. *Nature in Question. An Anthology of Ideas and Argumentsn*. London: Earthscan 1993, S. 183 f.

[555] William Rees, „Scale, complexity and the conundrum of sustainability“. In M. Kenny und J. Meadowcroft, eds. *Planning Sustainability*. London: Routledge, 1999, S. 110.

[556] James Lovelock, *Novacene. The Coming Age of Hyperintelligence* [mit B. Appleyard]. o. P.: Allen Lane 2019, S. 25-7, 37. Siehe auch seine *The Revenge of Gaia.* [Vorwort C. Tickell]. Harmondsworth: Penguin 2007.

[557] Lovelock, *Novacene,* S. 19-20.

[558] Dieses Kapitel basiert auf „Democracy, Planning, and Big Data. A Socialism for the Twenty-First Century? “ in *Monthly Review*, 71 (11) 2020, S. 28-41.

[559] Klaus Schwab & Thierry Malleret, *Covid-19: Der große Reset.* Genf: World Economic Forum, 2020, S. 83-8; das Zitat von Milanovic findet sich auf S. 84; sein Artikel in *Foreign Affairs* erschien im März 2020.

[560] Zitiert in Hjalmar Jorge Joffre-Eichhorn, ed. *Lenin 150 (samizdat)* Hamburg: LockAss Books, 2020, S. 131.

[561] Ji□ í Kosta, *Abriss der sozialökonomischen Entwicklung der Tschechoslowakei 1945-1977.* Frankfurt: Suhrkamp 1978.

[562] Karl Marx, *Grundrisse, Grundlegung zur Kritik der politischen Ökonomie. Rough Draft* [Übers. und Einleitung: M. Nicolaus]. Harmondsworth: Penguin, 1973 [1857-'58], S. 692, 694

[563] Prabir Purkayashta und Rishab Bailey, „U.S. Control of the Internet. Problems Facing the Movement to International Governance“. *Monthly Review*, 66 (3) 2014, S. 114, 118-9.

[564] Michel Bauwens, Vasilis Kostakis, und Alex Pazaitis*, Peer to Peer: The Commons Manifesto*. London: University of Westminster Press, 2019, S. 33-4.

[565] Timo Daum, *Das Kapital sind wir. Zur Kritik der digitalen Ökonomie.* Hamburg: Nautilus, 2017, S. 183-4; Shoshana Zuboff, *The Age of Surveillance Capitalism. The Fight for a Human Future at the New Frontier of Power.* London: Profile Books 2019.

[566] Wlodzimierz Brus, *Sozialisierung und politisches System* [Übersetzt von E. Werfel]. Frankfurt: Suhrkamp 1975, S. 192-3.

[567] Benjamin Peters, „Normalizing Soviet Cybernetics“. *Information & Culture: A*

Journal of History, 47 (2) 2012, S. 169-70, 154.

568 Slava Gerovitch, „InterNyet: why the Soviet Union did not build a nationwide computer network". *History and Technology*, 24 (4) 2008, S. 338-40; Evsej G. Liberman, *Methoden der Wirtschaftslenkung im Sozialismus. Ein Versuch über die Stimulierung der gesellschaftlichen Produktion* [Übersetzt von E. Werfel]. Frankfurt: Suhrkamp, 1974 [1970], S. 11.

569 Alexander Vucinich, „Science", in Allen Kassof, ed. *Prospects for Soviet Society.* New York: Praeger, for the Council on Foreign Relations, 1968, S. 319-20; Gerovitch, „InterNyet', S. 335-6; Peters, „Normalizing Soviet Cybernetics", S. 165.

570 *Ukrainische Datenverarbeitung*, „Academician Glushkov's ‚Life Work'.". 2012 (online).

571 Michael A. Lebowitz, *The Contradictions of Real Socialism. The Conductor and the Conducted.* New York: Monthly Review Press, 2012, S. 118-9; Gerovitch, "InterNyet", S. 343.

572 Egl□ Rindzevi□ i□ t□ , *The Power of Systems. How Policy Sciences Opened Up the Cold War* World. Ithaca, NY: Cornell University Press, 2016, S. 44, 48, 69, & passim.

573 Robert Scheer, *With Enough Shovels. Reagan, Bush, and Nuclear War.* New York: Random House 1982; John Bellamy Foster, „Late Soviet Ecology and the Planetary Crisis", *Monthly Review*, 67 (2) 2015, S. 9-11.

574 William Rees, „Scale, complexity and the conundrum of sustainability". In M. Kenny und J. Meadowcroft, Hrsg. *Planning Sustainability.* London: Routledge, 1999, S. 109-10; Georgi Golitsyn und Aleksandr Ginzburg, "Natural analogs of a nuclear catastrophe".In Y. Velikhov, ed. *The Night After ... Climatic and biological consequences of a nuclear war* [Übersetzt von A. Rosenzweig, Y. Taube]. Moskau: Mir Publishers, 1985.

575 Rindzevi□ i□ t□ , *Die Macht der Systeme*, S. 146.

576 Manuel Castells, *End of Millennium* [Bd. III von *The Information Age: Economy, Society and Culture*]. Malden, Mass.: Blackwell, 1998, S. 47-56.

577 Katharina Loeber, „Big Data, Algorithmic Regulation, and the History of the Cybersyn Project in Chile, 1971-1973". *Social Sciences*, 7 (65) 2018 (online); Rindzevi□ i□ t□ , *The Power of Systems*, S. 71-2.

578 Alexander A. Bogdanov, *Tektology. The Universal Science of Organization* [Übersetzt von V.N. Sadovsky *et al.*; Vorwort V.N. Sadovsky und V.V. Kelle; Hrsg., Einleitung, P. Dudley]. Hull: Centre for Systems Studies Press, 1996 [1913-1917]. Auf diesen Gedankengang wurde ich von Örsan □ enalp aufmerksam gemacht, der über Bogdanov promoviert.

579 Ich zitiere aus dem Nachwort von K.R. Grasham in Alexander A. Bogdanov, *Red Star. The First Bolshevik Utopia* [bestehend aus *Red Star*, *Engineer Menni*, und *A Martian Stranded on Earth*; Hrsg., K.R. Graham und R. Stites; Übersetzt von C. Rougle]. Bloomington, Indiana: Indiana University Press, 1984 [1908, 1913], S. 241-3.

580 Zu diesem Thema siehe Paul Cockshott und Allen Cottrell, *Towards a New Socialism.* Nottingham: Spokesman Books, 1993, und Cockshott eund David Zachariah, *Arguments for Socialisms.* E-Book. 2011 [1989-2011].

581 Sergey Bodrunov, *Noönomy.* Englische Fassung der russischen Ausgabe, vorgestellt auf der Konferenz „Marx in a high technology era: globalisation, capital and class", University of Cambridge, 2018, S. 124.

582 Paul Boccara, *Transformations et crise du capitalisme mondialisé. Quelle alternative ?* Pantin: Le Temps des Cérises, 2008, S. 31, 37f.; und der ursprüngliche Plan in Boccara, *Une sécurité d'emploi ou de formation. Pour une construction révolutionnaire de dépassement contre le*

chômage. Pantin : Le Temps des Cérises, 2002.

[583] Deborah Osberg, Gert Biesta und Paul Cilliers, „From Representation to Emergence: Complexity's challenge to the epistemology of schooling". In Mark Mason, Hrsg., *Complexity Theory and the Philosophy of Education* [Vorwort, M. Peters]. Chichester: Wiley, 2008, S. 213.

[584] Bodrunov, *Noönomy*, S. 126.

[585] Foster, „Late Soviet Ecology", S. 2.

[586] Tim O'Reilly, „Open Data and Algorithmic Regulation". In Brett Goldstein (Hrsg. mit Lauren Dyson), *Beyond Transparency: Open Data and the Future of Civic Innovation*. San Francisco, Cal.: Code for America Press, 2013, S. 292.

[587] Ebd., S. 289f.

[588] W. I. Lenin, *The Impending Catastrophe and How to Combat it* [1917]. *Collected Works*, Bd. 25. Moskau: Progress, 1972.

[589] Nicolas Boukharine, *Économique de la periode de transition. Théorie générale des processus de transformation* [transt. E. Zarzycka-Berard, J.-M. Brohm, intro, P. Naville]. Paris: Études et Documentation Internationales, 1976 [1920], S. 104.

[590] Guy Debord, *La société du spectacle*. Paris: Gallimard, 1992 [1967], S. 82.

[591] Karl Marx, *Zur Kritik der Hegelschen Rechtsphilosophie* [1844], *Marx-Engels Werke*, Berlin: Dietz, 1972. Bd. 1, S. 388.

[592] Eric Gordon und Jessica Baldwin-Philippi, „Making a Habit Out of Engagement: How the Culture of Open Data Is Reframing Civic Life". In Goldstein, *Beyond Transparency*, S. 139-40.

Printed in Poland
by Amazon Fulfillment
Poland Sp. z o.o., Wrocław

82525561R00184